集人文社科之思　刊专业学术之声

集刊名：德国哲学

主办单位：湖北大学哲学学院　湖北省哲学史学会

主　　编：彭富春　舒红跃

副主编：庄　威　杨宗伟

CHINESE JOURNAL OF GERMAN PHILOSOPHY
(2024) Vol.46

**2024年卷（下）　总第46期**

集刊序列号：PIJ-2014-092

中国集刊网：www.jikan.com.cn/ 德国哲学

集刊投约稿平台：www.iedol.cn

中文社会科学引文索引（CSSCI）来源集刊
AMI（集刊）核心集刊
中国知网CNKI收录
集刊全文数据库（www.jikan.com.cn）收录

# 德国哲学

**2024 年卷（下）**
**总第 46 期**

CHINESE JOURNAL OF
**GERMAN PHILOSOPHY**

(2024) Vol.46

主　编／彭富春　舒红跃

副主编／庄　威　杨宗伟

社会科学文献出版社
SOCIAL SCIENCES ACADEMIC PRESS (CHINA)

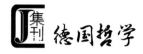

2024年卷（下）总第46期
2025年7月出版

# 自由的体系

——法国大革命在德国古典哲学中的三种理解路径及其当代意义[*]

余 玥[**]

**【内容提要】** "自由的体系"一方面包括自由的自我实现,另一方面包括对各种实现路径的系统理解和反思。面对法国大革命中自由的作用及其所导致的正面和负面后果,费希特、康德和黑格尔都建立了自己"自由的体系",来对它进行理解。虽然这些理解路径差异巨大,但在其中,"任意"的作用却日益得到重视。从费希特人民主权学说对任意的教化,到康德公法学说对任意与理性一致性间紧张关系的强调,再到黑格尔对任意在启蒙精神中的作用的辩证分析,"任意"问题逐渐成为对法国大革命进行理解的关键问题。只有把握这一关键,才能获得稳定的思想坐标,去定位当代哲学和法学关于法国大革命后社会与法律复杂互动关系的不同见解。

**【关键词】** 自由的体系;任意;法国大革命;法律;社会

狭义的德国唯心主义传统(从康德到黑格尔)几乎是与法国大革命在同一时间段内走到历史舞台中心的。与"唯心主义"这个词语可能给人的印象不同,德国哲学家们都密切地关注着邻居在舞台中心的举止表现,并在自己的思想中对之进行回应,且这些回应都具有相当务实的意义。而与对这一德国哲学传统的"一贯体系性发展"的一般印象不同,这些对法国大革命的思想回应,尽管各自看来的确都有着强烈的体系化色彩,但仔细

---

* 本文系国家社科基金一般项目"德国古典哲学进程中的黑格尔共同体思想研究"(项目批准号:19BZX092)的阶段性成果。
** 余玥,四川大学哲学系教授,主要研究方向为德国古典哲学、现代性理论、实践哲学及美学。

考察就会发现，在不同回应间，差异是明显存在且难以克服的，而这些差异也是今日诸实践哲学、法哲学和政治哲学争论的焦点，因此很难说存在着一种关于革命思考的线性的一贯发展。

这并不是说革命对德国古典哲学的影响因此是失焦的、纷杂的。它仍然具有十分突出的特色和可以理解的整体语境，在本文中，这种特色和语境被归入"自由的体系"这一思考脉络中。其关键结论是：在对法国大革命的反思过程中，费希特、康德和黑格尔都发展出了自己的"自由体系"学说，在其中，"任意的自由"所具有的体系重要性日益凸显，而这也是为了回应法国大革命所提出的问题，即为什么一种出于理性的追求自由的革命活动，会最终演变为白色恐怖、屠杀和专政？

上述思考脉络分别体现在费希特的《纠正公众对于法国革命的评论》（1794）（以下简称《评论》），康德的《道德形而上学》（1797）及《学科之争》（1798）和黑格尔的《精神现象学》（1806）之中。在费希特那里，通过一种理性的人民主权学说，任意被完全消化在了一种人的自我教化的进程内部。而在康德那里，一方面，就其公法研究来说，任意的危险始终威胁着以理性一致性为核心的法律系统，这种威胁也存在于法国大革命的参与者对基于原始契约建立的现有政治系统的破坏作用之中；另一方面，体现了道德理想的法国大革命，也可以引发旁观者的主观同情，这种同情是由历史的合目的性希望所引起的。在黑格尔那里，这种任意的法国大革命本身就被看作一种复数的个体理性的表现，它一方面具有启蒙的积极作用，另一方面却也陷入交互攻讦的绝对恐怖之中。没有这样一种对任意与法国大革命关系的理解，是无法进一步对自由的真正形态进行哲学思考的。事实上，通过对上述三条理解路径的分别考察和交互比较可以看出，要真正理解法国大革命，就必须严肃面对"任意"问题对于"自由体系"之现实化的意义，否则法国大革命以及它所带来的世界新面貌就会显得飘忽不定。

尽管当代哲学对法国大革命的思考颇多，但几乎没有人从"自由的体系"这条线索出发进行考察。当阿伦特不得不承认在当代存在着对革命精神的失忆时，以及当我们不得不面对法国大革命在过往及今日研究中飘忽不定的面目时，通过引入这一线索，可以帮助我们建立一个坐标系，以便回忆和安置法国大革命的不同思想效应，从而获得对现代共同体思想诞生的整体性认知。本文最后一部分的核心工作，就是去澄清这一认知的核心之一就在于确立法律和社会间的各种可能互动途径，其中尤其是黑格尔的"市民社会"思路在当代仍然具有相当的理论潜力。

## 一　法国大革命的费希特理解

在进入费希特对法国大革命的理解之前，为了了解"自由体系"这一思考脉络的独特性，也为了表明德国哲学家们看到的革命与整个世界舞台的复杂关系，简要提及一下法国大革命的英国影响是很必要的。这种必要性不仅在于革命的后果在英国引起的反响显得更为迅疾和猛烈，而且是由于法国大革命——以及她的"姊妹"美国独立革命——发生的原因与英国有关。作为与英国在欧洲大陆权力争夺战中失败的一方，法国人曾怀着热情，参与到美国人民反抗英国的革命行动中，因为这敌人也是法国之敌。"两个世界的英雄"拉法耶特，这一被华盛顿尊为"父亲"的法国杰出统帅，直接参与了美国革命，而他的慷慨友谊也为法国人在法国大革命中争得了富兰克林、杰斐逊等人的部分支持。两场革命因此具有非常深刻且微妙的共振关系，尽管在阿伦特《论革命》一书的影响下，它们如今显得好像是完全不同的两种模式并且优劣分明，但就历史根柢而言，这种共振关系仍然十分明确，尤其对于两场革命的共同亲历者来说更是如此，比如英国人潘恩。

关于法国大革命发生前后的第一手资料，很多都是潘恩带给英国人的。他们也的确抱着紧张的心态关注着这个老对手家里的大事，并且对此议论纷纷。众所周知的、最著名的革命批评者柏克，其思考核心在于"传统的稳定作用"：政治艺术的精妙施为不是异想天开之事，它需要小心翼翼地小幅试错，需要经验的长期累积，而这些宝贵的经验就沉积在传统中。但革命的剧烈破坏之力，却破坏了这些起着重要稳定器作用的传统，进而将一切卷入动荡和恐怖之中（它也在法国大革命进程中被证实），因此这些革命行动是值得被严厉批判和坚决抵制的。[1] 潘恩的想法则完全不同，在他献给

---

① 〔英〕柏克：《法国革命论》，何兆武、许振洲、彭刚译，商务印书馆，2011。

华盛顿的名著《人的权利》中，关于革命正当性的论述，是和所有人都拥有的自由平等权利以及争取此天赋权利的义务绑定在一起的。"所有人的地位都相同……这是一切真理中最伟大的，而发扬这个真理益处最多。从这个角度来看待人，并从这个角度来教育人，就可以让他同他的一切义务紧紧联系起来。"① 这一点也体现在他和杰斐逊都参与撰写的《人权宣言》之中："第一条：在权利方面，人人与生俱来而且始终自由与平等。非基于公共利益不得建立社会差异。"② 如果这些关乎平等的基本权利都得不到保障，却去谈论什么传统在具体政治实践的稳定作用，那就是混淆视听乃至别有居心了。

本文所关心的革命的德国影响，是在这些英式回应已经传播开后发生的。其中德国最早的关于法国大革命的评论，来自费希特1793~1794年所写的《评论》，其深受潘恩公民的自由平等权利学说（以及洛克的所有权保护的革命理论）影响，并且致力于回应柏克所提出的"政治稳定性"问题。然而，初看起来令人惊讶的是，费希特却将《评论》最重要的思想渊源明确归给了康德哲学，而将其真理目的，坚定导向了其后首次问世的知识学。这是为什么呢？

要回答上述问题，就需要理解"自由的体系"对于德国哲学家的意义。这将在之后展示，目前不妨先看看费希特自己对此的表述。在完成《评论》的写作后，费希特于1793年9月20日致信康德，表明此书写作与康德哲学的直接联系，并对康德表示感谢：

> 最尊敬的恩师……我曾经高兴地读了您的《论理性范围内的宗教》等书，现在我以同样高兴的心情期待您的《道德形而上学》的问世。我研究自然法权、国家法和政治学的计划正在继续进行，而要完成这个计划，也许需要我花半辈子时间。我为了这美好的前景也必须经常利用您在这方面的工作。……您，伟大的、对于人类最为重要的人，您的工作是永远不可磨灭的，它们将结出丰硕的果实，它们将在人类当中引起一场新的震动，使人世间的原理、意见和制度经历一场彻底

① 〔美〕潘恩：《人的权利》，乐国斌译，上海译文出版社，2018，第40~41页。
② 朱福惠、邵自红编《世界各国宪法文本汇编·欧洲卷》，厦门大学出版社，2013，第236页。

的新生。我认为，没有一种东西不会受到它们后果的影响。……我承认，对您的思考将永远是我的灵感之源，它逼使我，就我的作用范围而言，不会在对人类没有做出贡献的情况下退出它的舞台。①

在这段充满赞美之词的文字中，值得关注的有三点。

（1）正是基于一种革命的时代状况，费希特才表达了对康德的尊敬、感谢和期望，尤其是对其尚未出版的《道德形而上学》的期望。很显然，这是因为费希特认定，康德将在其中支持乃至更深刻系统地阐述费希特所支持的革命理由。然而事实却是，康德在其中提供的革命评论与费希特期待的大相径庭。为此，我们必须解释为什么费希特会有此希望，而它又缘何破灭（后者将在本文第二部分详细展开）。

（2）这些文字显然表达了费希特对于革命所导向的美好时代前景的信念。新时代将在原理、意见和制度上都是全新的，这明显指向费希特自己所酝酿创立的新的知识学和法权学说。它也直接对应着法国大革命的现实（共和国立法将1792年作为"共和元年"，一切从头开始），以及《评论》的写作（《评论》的出版地点和出版时间，被费希特自己标注为："太阳城"，"古老黑暗时代的最后一年"）。

（3）这里还有着费希特对于自己工作重点和脉络的一个说明：《全部知识学的基础》（1794），是进行原理奠基活动的核心，它被《评论》（1794）和《自然法权基础》（1795）前后紧密包围住，并且与其他工作共属于一个大的实践行动的规划。知识学的基础，就是一个本原行动着的主体，这并非仅仅是哲学思考的结果，也是革命时代的需求。

对于第三点，在完成《全部知识学的基础》一书后，费希特于1795年在给巴格森的信中，做了一个说明："我的体系是第一个自由体系；正像法兰西民族使人摆脱了外部柳锁一样，我的体系使人摆脱了自在之物、外部影响的柳锁，在自己的第一原理中把人视为独立不倚的存在者……这个体系是在法兰西民族使用外部力量争取政治自由的年代里，通过与我自己、与一切根深蒂固的偏见在内心做过的斗争产生的，并不是没有借助法兰西

---

① 〔德〕费希特：《行动的哲学》，洪汉鼎、倪梁康译，译林出版社，2013，第84~86页。

民族的力量。"① 这非常明确地将"自由的体系"与革命结合在了一起，并且提醒我们，就算费希特这样的被视作典型的"唯心主义者"的德国哲学家，在他考虑原理问题的时候，也是几乎不可切除其对具体实践之深度思考的，这些思考不仅是务实的，并且就是原理思考中的支撑性因素。

而这种原理与实践的本源共生关系，也可以从"自由的体系"为什么是整个德国古典哲学最核心也最困难的问题看出来。"自由的体系"是一个在一般原理层面就自带张力的提法，它首先关系到：自由，也就是自我实现的动力，究竟拥有哪些可能的途径？这些途径是不是理性一致的，或者是任意和混乱的，甚至可能相互冲突的？如果冲突，我们应该如何做？然后关系到，我们应该如何整体性地看待和规定这些不同路径？又如何具体地对不同的路径选择进行评估和排序，使之稳定一致（系统化）？最后关系到，这种系统化的结果，为什么不是对自由的损害或颠覆，而就是自我实现的自身的好要求？

在作为历史重启事件的大革命之后，"自由的体系"还要求在实践原理层面回答以下问题：那种不依赖于任何外在力量（无论是上帝、国王、大家长还是别的什么）的自由伦理规定，它仅仅必然地出于每个人自身的目的设定并依据其自身的能力，能否成就一个持续繁荣的良序社会，而这个社会对于每个人和所有人来说，都是自愿可接受并为之贡献心力的？

以上实践原理层面的问题，还关系到诸多现实实践层面的具体问题，比如：如果上述社会可能，且我们的现实社会并非这一良序社会，那么我们应该如何行动，以现实地建构出这一社会？并且，由于它与之前的现实社会不同，所以我们是否需要一个全新的开端（这个开端也许就是法国大革命）？以及，我们是否以及在何种程度上，需要考虑这个新开端与之前社会的关系（这涉及对之前社会是否也是自我实现的诸可能途径之一的判定，以及对其是否有必要被纳入系统整体范围的判定）？还是说，我们不必急于现实地建构它，而是更应该将这一良序社会看作一个具有调节效力的理想，而我们要在现实中始终保持一种逐渐改良的态度？如果是这样，那么，当现实中发生了一次看似具有时代开端性意义的革命事件的时候，我们如何

---

① 《费希特文集》第5卷，梁志学编译，商务印书馆，2014，第613页。

确知这并非就是理想社会实现的开始（尽管历史地来看，它可能是偶然发生的，并且是有问题的），因此我们也不必（哪怕只是在一定程度上）放弃我们的现实改良原则而参与到这一革命行动之中？等等。

本文所提及的所有德国哲学家，他们作为法国大革命的评论者，都关注以上诸多复杂问题，并且试图对此进行解答。在对这些解答的对比之中，而不是对这些解答的轻易接受之中，我们能更清楚地看出解答这些问题的困难程度，以及这些解答路径各自的优劣，还有并非更不重要的——这些解答对于今日思考革命的意义。所有一切都将在本文进程中被逐渐展示清楚。而当费希特将"自由的体系"放入革命评论—知识学—法权学说等实践哲学的整体中进行考虑时，他自己或多或少也意识到了上述诸多问题的复杂程度。对这个整体进行充分地考虑显然不是本文的工作，所以以下我们主要围绕《评论》来讨论费希特的核心想法。依据对此的梳理，我们可以比较轻松地看出对上述实践原理和现实层面那些问题的费希特式回应。

费希特自己对革命评论之核心目的的说法是："在我看来，法国大革命正是一幅关于人的权利和人的价值这个伟大课题的瑰丽画卷。"① 在这个句子中，关于人的权利的提法，显然受到潘恩的影响，它指向每个人的各种能力的正当性使用。而当人们运用自己的能力去寻求自由与平等时，他是在做一件正当的事情，其原因又在于人的价值。在后一点上，康德的教诲之功毫无疑问地居于中心地位：人的价值就在于努力去实现那些由他自己理性所规定的目的，所有人终极目的的实现，也就是每个人价值的完整体现，为此"人以及一般而言每一个理性存在者，都作为目的的自身而实存，不仅仅作为这个或者那个意志随意使用的手段而实存，而是在他的一切无论是针对自己还是针对别人的行为中，必须始终同时被视为目的"②，而这同时就是人自身自由的目标以及人类平等的体现，因此人拥有正当性，运用自己的能力去追求它，从而这也就是人的权利。"人的权利"和"人的价值"是两个互相支撑的要点，而法国大革命给人们的启示就是，每个人可以通过合理的方式，运用自己的能力，去达到自己和他人共同的终极目的。

---

① 〔德〕费希特：《纠正公众对于法国革命的评论》，李理译，梁志学校，商务印书馆，2017，第 1 页

② 李秋零主编《康德著作全集》第 4 卷，中国人民大学出版社，2010，第 436 页

在这个意义上，没有康德的工作，潘恩的主张就缺乏牢不可破的根基。

而两项关键评论工作的内容也是围绕以上目的展开的，它们分别关乎革命的合法性和明智性。合法性评论是要说明革命的目的是否恰当，而明智性评论则是要说明革命的手段是否恰当①，其中前者更为关键（事实上，《评论》一书工作的核心在于合法性评论，明智性评论是没有完成的）。至于评论的方式，费希特采用一种通俗的写作文风，力图邀请读者共同思考。采取这一方式的原因仍然和评论的目的直接相关：首先，这种来自读者与作者共同的反思能力不仅指向革命建国这一独特时刻的问题，而且指向新的共同体如何持续的问题。而可持续性是衡量革命是否成功的最重要标准，它本来要求人民不仅必须省视和反思自己的当前处境，而且必须不断地独立思考，对共同体中为大家一致认同的那些价值进行反思，纠正错误的判断和评论，并朝着共同的方向前进。革命的合法性和明智性，都必须在这样一个自觉研究和反思的传统中受到检验，而这同时也是对柏克"稳定性问题"的回答。其次，这样一个反思进程，由于它不是依据任何外在的力量，而是仅仅依据共同体的自觉来被推动的，所以它就是人民自我"教化"（Kultur）的进程。大革命的合法性和明智性都体现在人民的自我教化进程之中。最后，由于这种持续性的教化要求，我们也必须反对暴力革命，或者革命中的那些不去寻求共同反思而直接诉诸强制改变的因素。

在这一共同反思的进程中，对于依据自身权利实现自身价值这一共同目的而言，关键在于人民的自我教化。费希特对教化的说明是："教化系指锻炼一切力量，以达到完全自由的目的，达到完全不依赖于所有那些不是我们自己，不是我们的纯粹自我的东西的目的。"② 也就是去培养那些必需

---

① 费希特对此的说法是："在对一场革命进行评论的时候……只能提出两个问题：第一个是关于它的合法性的问题，第二个是关于它的明智性的问题。就第一个问题而言，要么可以一般地问：人民究竟是否有权随意改变其国家宪法？要么可以具体地问：人民有权以某种特定方式，通过某些人和某些手段，按照某些原理任意改变其国家宪法吗？第二个问题是：那些为达到预期目的而选择的手段是最合适的手段吗？按理说，这个问题应当这样提出：这些手段在业已给定的情况下是最佳手段吗？"〔德〕费希特：《纠正公众对于法国革命的评论》，李理译，梁志学校，商务印书馆，2017，第10页。

② 〔德〕费希特：《纠正公众对于法国革命的评论》，李理译，梁志学校，商务印书馆，2017，第51~52页。

的能力，使得我们可以合理且明智地实现我们自身理性的目的和价值，争取我们自身的权利。这一工作分两步进行：第一，它要求我们对感性进行抑制，使我们不受欲望、情感、想象的愚弄，直接面对自身的理性规定性。第二，它还要求对感性的教化，使我们可以将在第一步中反思和理解到的理性本质具体地用于实际感性生活之上，并产生效果。费希特自己对此的说法是：在教化的战斗性进程中，"感性必定会发生两种情况。首先，它会被抑制和被奴役；它不应再发号施令，而应服役效劳；它不应再自以为能够给我们规定或决定目的。这是我们的自我得到解放的第一步行动，即对感性的抑制。——但这还远远不是全部发生的情况。感性不仅不应当是统治者，而且还应当是仆人，一个灵活、能干的仆人；它应当被使用。这里包括，人们寻找它的一切力量，以各种方式陶冶它们，无限提高和加强它们。这是我们的自我得到解放的第二步行动，即对感性的教化"①。

　　基于这种教化观念，费希特在《评论》中逐渐展开了关于人民主权学说的以下几个要点。第一，主人与奴隶的关系，根本上不是什么君主与人民关系，而只是自身不同能力及其运用之间的关系。第二，人民有能力通过自身教化增强自身的自主理性力量，并重建国家。自我教化意味着人民是自由的，当且仅当所有人民都是能进行自我教化的理性主体。由此，他们也是平等的。只有经过自由人民的平等理性讨论和同意，并且为了人民运用其感性力量各自工作，一个国家才能被以合理且持续的方式建立起来。第三，即使在现有国家建立之初，这项权利就已经让渡给国家统治者了，人民也有权收回它。这是因为人民始终拥有让渡权。这一权利是让渡行为可以发生的基础，所以此权利本身不能被让渡。并且，人民授权给统治者，是为了获得相应的保护承诺，如果承诺未被履行，则之前的授权合法性基础就不再存在，人民就有权收回权利，并重新授权他人。第四，收回权力的前提是人民进行了自我教化。这就是说，人民对转让和收回权利的判断，不能基于感性的欲望、想象、情感，而必须基于自身的理性规定性。因为这种规定性一定不能受到现实世界的侵扰，所以它必定内在于我们的心灵之中，只能通过所有人的自由意志被确认；而因为没有什么现实经验

---

① 〔德〕费希特：《纠正公众对于法国革命的评论》，李理译，梁志学校，商务印书馆，2017，第52页。

应该破坏它的效力，所以它就能够长期稳固地作为我们判断的应然标准起作用。

以上分析的关键在于表明，国家是这样一个在自我教化进程中才出现的共同体：人民通过排除感性干扰，运用普遍理性和每个人内心中的自由意愿，平等地达成一致契约，并授权允许国家的存在，以保障和促进人民运用各自的感性能力进行工作，从而现实化其自由意愿。因此，国家存在的合理性明确地属于许可法的范围，它并非必然被需要的，也非永恒的，而是临时的、经同意产生的，并具有其感性世界的使命的。同意产生国家的成文契约是一项社会契约。拥有成文法的社会被称为道德社会领域，它被包含于拥有许可法的自然社会领域之中（它们又都属于良心领域）。因此，国家是依赖于社会才产生的。费希特对此的说法是："我们已经证明，国家本身是靠社会才存在的，国家本身应将她必须归功于社会的东西归功于社会：我们即使没有国家作中介，也会对社会心满意足。"①

而社会公民之所以会许可国家的存在，就是为了成立一个第三方机构，它拥有以下权利，即当有人违反契约时，强制使他重新回到正当生活之中并履行他应该履行的契约，也就是拥有强制执行的权利。国家拥有强制执行权，是为了更好地实现其在感性世界中的使命，即保护公民的所有权。所有权保护关系到自我教化第二步的实现。它既包括身体所有权，也包含精神所有权。其中，身体所有权包括我有权拥有我的身体，以及我的身体所占据的和活动的空间，乃至使得我的身体可以持续维持下去的那些物资；精神所有权则特别指我有权按照我的想法改变物质的性状，拥有赋予它新的用途的力量，比如将铁做成农具，费希特将之称为劳动塑形的力量。由这种力量产生的结果，也就是我的劳动产品，是我的所有物。如果我的身体权利、劳动权利以及获得我的劳动所得的权利得不到保证，国家就违反了许可其存在的契约，人民就可以合理收回其权利，也就是说，他们不再许可这个国家的存在。这就是法国大革命具有合理性的最关键理由。

在以上的确算得上通俗易懂的、以人民主权学说为核心的革命评论中，

---

① 〔德〕费希特：《纠正公众对于法国革命的评论》，李理译，梁志学校，商务印书馆，2017，第110页。

我们可以总结和引申出费希特式革命理解的四点关键，并在其后与康德的对比中，更清楚地去阐明其优点和问题。

（1）尽管存在着感性运用、劳动分工和实际所有物上的差异，但在原理层面上，所有人都共享着一种普遍的自由（单数的自由），即进行自我教化的自由。所有人都可以不受经验干扰地运用内心深处的纯粹自由意志，将自己置于与自己平等的那些理性人的共同体中，与他们就可被许可的那些自由的感性运用方式达成一致。这样的共同体，就被称为社会。自我教化的社会系统就是一个自由的体系。

（2）为了让这一系统持续有效地运行，允许基于人们的普遍同意签订成文契约，让渡部分权利，也就是契约被破坏时的强制执行权利，给一个第三方机构，也就是国家。这一权利的让渡，起码要以不损害社会成员的自我教化权利（包括通过立法让渡权利的权利）为界。而让渡这些权利的现实目的，就是要保障自由的感性运用及其成果不受损害，也就是保护社会成员的身体和劳动所有权。

（3）国家的成立有赖于社会成员的自由教化和授权。因此，当国家行为对自由教化不利时，也就是说，当它不能保护社会成员的身体和劳动所有权时，或者甚至当它试图侵害他们的立法权时，社会成员就有权收回对它的授权或转交他者，另订契约。这种收回和转交权力的方式，就可以是社会成员所发动的革命（但绝非自下而上的暴力革命）。

（4）从上述三点中，可以引申出以下要点：由于革命的合法性基础并非在旧国家中被奠定的，而是一贯地存在于社会领域，国家仅仅是进行社会教化的工具，所以，当国家政权发生变动时，需要考虑的也就不是新旧国家的关系问题，而只是它们分别与社会成员的自我教化进程的关系问题。换言之，判断一个经由革命被建构出来的、拥有全新开端的国家是不是一个可能持续繁荣的良序国家，只需要考虑社会成员的自我教化的要求，而不需要特别考虑之前国家的状况，也不需要特别考虑这两者之间的延续性问题（除非出于明智性的要求）。

很快我们将看到，尤其是在第四点上，康德呈现出与费希特非常不同的革命理解，并且导致他不仅没有在《道德形而上学》中给出费希特想要的支持，相反展现了一种严厉的批评。

## 二 法国大革命的康德理解

《道德形而上学》出版于 1797 年。与《评论》写作时相比，此时的革命形势已经发生了巨大的变化：路易十六被处死，巴黎陷入恐怖统治，随后经历了热月政变和督政府的上台，以及路易·波拿巴的崛起。换言之，革命已经失败，它后期的混乱和它不幸与痛苦的结局已被看见，而在费希特的《评论》的写作期，一切都显得是崭新的、充满喜悦的。基于这种惨痛的现实，也基于理性的思考，康德在《道德形而上学》公法部分对革命的总判断是：

> 对于立法的国家首脑来说，人民没有合法的反抗；因为只有通过服从国家首脑的普遍立法意志，一种法权状态才是可能的。……因此，（不完善的）国家宪政的变革有时也许是必要的，但这种变革只能由统治者自身通过改革来完成，但不能由人民，从而通过革命来完成，而且即便革命发生，那种变革所涉及的也只能是执法权，而不是立法权。……只允许一种消极的反抗，亦即（在议会中的）拒绝。①

拒绝（尤其是立法意义上的）革命合理性，在公法法权体系上主要有两个彼此相关的理由：理性一致性原则（基于自由意志对自身的理性道德自律）和自然状态中的相互倾轧。关于后者，康德是这样说的：

> 毕竟先天地存在于这样一种（非法权的）状态的理性理念中的是：在达到一个公共的法律状态之前，个别的人、民族和国家永远不可能在彼此的暴力行为面前是安全的，……因此，如果他不想放弃所有的法权概念，那么，他必须决定的第一件事便是如下原理：人们必须走出每个人都按自己的想法行事的自然状态，并与其他所有人（他不可能避免与他们陷入彼此影响中）联合起来，服从一种公共法律的外在

---

① 李秋零主编《康德著作全集》第 6 卷，中国人民大学出版社，2010，第 331 页。

强制……也就是说，他首先应当进入一种公民状态。①

这段话之所以与对革命的拒斥有关，是因为走出自然状态的相互倾轧，就在于我们能够依据自身的理性一致性，摆脱那些任性自然的纷扰，而革命却使得这些严肃努力获得的成果付诸东流。具体而言，首先，正是由于无法权的自然状态是一个充满混乱和危险的状态，由于我们寻求在彼此影响的关系中的起码和平，以便在共同生活中建立秩序，获得所有人持久繁荣的发展机会，人民才必须使用他们的联合意志，在平等的基础上订立他们都自愿同意的契约，以促成一种公共的法权状态，即公民状态，也就是国家。

其次，自由、平等和独立的人民可以使用其联合意志，订立原始契约，创建良序国家，是因为人民具有实践理性原则的理念。最初创立国家的立法根据和"公民宪政"的最初来源，因此也不是一个经验历史根据和来源，而是理念性的。只有具有理念层面的公民人格性身份的人民，才是真正能够运用其自律的自由，平等地与他人达成共同原始国家契约的人民。也正因如此，这一契约从订立之初，就体现了不受任性自由经验所干扰的理性一致性。在其订立之后，当然也不应为任何任意的自由（包括各种类型的革命）所破坏。

再次，公共法权状态在理念层面的三种最高权力是最高统治权（立法权）、最高执法权和最高司法权，三者互为补充、互相隶属，两两联合。最高立法者就是人民联合的普遍意志的体现，因此其意志不容非议；最高执政者体现着保证法律实施的最高强制力，所以其执行能力不容违背；最高法院体现着普遍意志的公平正义，所以其判决不可更改。普遍意志的实现需要最高强制力的保证，最高强制力的合理性来源于普遍意志的公平公正，而最高强制力不能违背又是因为它体现了普遍意志。由此，它们互相补充和隶属。而除了这三种最高权力互相隶属，其他的都隶属其下。国家状态下的社会因此不能被理解为平等公民的联合，因为社会法权状态必定是包含单向隶属层级的状态，而平等公民彼此隶属。平等公民的联合"与其说

---

① 李秋零主编《康德著作全集》第6卷，中国人民大学出版社，2010，第322页。

是一个社会，倒不如说它在造就一个社会"①，因为它是最初国家签约得以成立的条件，而非其目的或结果。

紧接着，一旦这种基于理性一致性的"公民宪政"状态被破坏，一旦人们取消已有的公共法权状态和最高立法权，人民就只能退回自然状态，这样其权利得不到保护，则他们又要求重返公共法权状态。所以，一旦允许取消和破坏现有最高法权，则毋宁是说，最高立法权不应是最高的；但为了防止退回自然状态，我们又应确立体现普遍意志的最高立法权的最高地位。这就是破坏理性一致性会必然产生的矛盾："因为为了有权反抗，就必须现成有一部公共的法律来允许人民反抗，也就是说，最高立法本身已经包含着一个规定，即它不是最高立法，而且使作为臣民的人民在同一个判断中成为臣民之上的、人民臣服的统治者；这是自相矛盾的。"②

所以，原初契约一旦订立，则一切现有政权的合法性，都应视作最终来源于此。因此，为了持续保持公共法权状态，既不陷入自相矛盾，也不陷入只有任性自由的自然状态，不能允许对现有政权的合法性进行根本的颠覆。也就是说，革命在公共法权上应被禁止。

在以上简要的康德革命评论勾勒中，我们可以非常明确地察觉到康德和费希特的共同之处——它显然也是费希特当年会对康德报以期望的原因：二者都认为，国家得以建立的根据，是一种基于原理性的普遍理性（单数理性）的共同同意；国家契约是平等公民基于其自由意志所签订的契约；感性的任意性不能作为国家建立的根据。我们随后还将看到，二者都认为，共和国才是真正合法的政体形式。但在这些共有认知下，为什么他们对革命合法性的判断却截然相反呢？原因如下。

（1）费希特认为存在着一种良知领域到自然社会领域，再到道德社会领域以至国家状态的自我教化的理性连续统。自然状态本身就是一种类型的社会状态，即每个人秉持各自道德良知互不干扰，平等共存，未订立契约的状态——这里体现了卢梭的影响。相反，康德认为自然状态到国家状态存在着一个断裂，即任意、混乱和危险的自然状态——这里显然有着霍布斯的影响，只有经过一次原初的理性的公共立法，才能进入良序的公共

---

① 李秋零主编《康德著作全集》第6卷，中国人民大学出版社，2010，第319页。
② 李秋零主编《康德著作全集》第6卷，中国人民大学出版社，2010，第331页。

法权状态。

（2）因为上述自我教化的理性连续统，所以在费希特那里，理性立法进程是一个持续进程。它在感性世界（现象界）中容许出现错误和改正，也容许改变实际的统治者和统治制度。各实际统治者的统治合理性只与理性连续统相关，而互不相关。相比之下，康德则强调：因为只有经过原初契约，国家状态才会出现，否则就会坍塌回自然状态，所以，任何实际的统治者和统治制度，都只有借助这一原初立法事件（最初的国家创立事件），才能与自身一致的普遍理性同意相关。而现有国家作为原初立法事件之后存在的国家，已经具有经同意的合理性。

（3）在费希特那里，因为理性连续统在感性世界（现象界）中的最重要任务是落实其自身，也就是实现每个人的普遍自由意志，所以，公共法权的首要任务就是所有权保护。国家要平等地保护每个人的所有权（包括劳动权）。判定首要任务是否完成的标准，是这个平等结构是否被满足。相反，对于康德来说，因为理性公共立法在现实中（现象界）始终有跌入自然状态（自由任性的存在者互相争斗）的风险，所以，公共法权的首要任务就是保持和平。国家要维持和平，就要维持原初立法后必定出现的立法和守法层级的分化。判定首要任务是否达成的标准，是这个层级结构是否被维持住。

（4）由此，非常明显的，在费希特那里，被推导出的是一种可被许可的革命，它指向一个连续的教化进程，它也可以作用在立法层面，并体现为可持续的关于理性契约的协商、承认和改动。相反，对于康德而言，只有一种立法层面上应被禁止的革命。

出现这种基于对自然状态和理性一致性的不同理解所产生的对革命的相反判断，主要是因为在康德那里，理解一种任意自由及其危害的现实性，这对于自由体系来说远比费希特所认为的重要。费希特革命评论的起点是排除了任意自由的、自身去规定着自身的自由行动。任意自由只有在其后诸如劳动职业选择等环节，才有其作用和现实体现。也正是因为这一点，他的法权学说才与知识学是完全一致的：因为二者在其初始状态中均没有掺入任何任意性。相比之下，尽管在进行道德奠基时，康德首先也排除了任意自由，但在讨论革命的公法合法性的时候，他却始终伴随性地考虑了任意自由，并且甚至将之与自由的自身规定同样放到了最初就加以考虑。

这也决定了康德的道德奠基学说与法权学说的差异性：毕竟后者处理的是那些可以包含内心任性的外在自由问题，也就是行动上的普遍自由共存的问题，而前者却并不特别考虑这种外在自由的重要性。

在任意自由对于革命问题和"自由体系"的重要性得到初步勾勒后，进而提出这样一个问题：费希特和康德毕竟都严格区分了任意的个体自由与自规定的共同体的自由，只不过康德在其公法学说中，强调了伴随着后一自由的任意个体自由的危害性而已。但是否毕竟还存在一种可能性，就是那种后来在国家状态中才出现的、自规定的共同体的自由，本来就是从看似任意的个体自由中生长出来的呢（并且因此任意的自由甚至不仅是"另一种"伴随性的、危害性的自由，而毋宁是"这种"自由自身实现的一个重要环节）？研究康德历史学说和黑格尔精神现象学对革命的看法，能让我们对这一问题做出更准确的洞察。

《道德形而上学》出版一年后，在1798年，康德写作了《重新提出的问题：人类是否在不断地向着更善进步？》（收入《学科之争》）。其中，在"我们时代的一个证明人类道德趋势的事件"这一小标题下，康德出人意料地给予了法国大革命一个相对肯定性的评价：

> 我们在自己这个时代目睹了一个富有才智的民族进行的革命，这场革命可能会成功或者失败；它可能会如此充满了不幸和暴行，以至于一个思维健全的人如果会希望第二次从事时成功地完成革命的话，就绝不会决定以这样的代价来进行这场试验。——依我说，这场革命的确如愿以偿地在所有旁观者的心灵中获得了一种同情，这种同情几乎接近于狂热，其表现本身就带有危险，因此，除了人类里面的一种道德禀赋之外，它不可能以别的什么为原因。①

这显然是说，尽管革命中充满了问题和灾难，但革命毕竟是值得同情的，并且毕竟体现了人类的道德禀赋，或者说表明了人类的道德趋势。为什么此处康德的革命评价，大异于一年之前的呢？

---

① 参见李秋零主编《康德著作全集》第7卷，中国人民大学出版社，2010，第82页。

首先必须指出，这种差异是由视角差异带来的。法权领域的行动者（革命的参与者），运用理性的范围，是拥有法权权威的范围。他们的理性运用因此是私自运用，这种运用不可反对那个体现了理性一致性的国家权威（最高立法者）。但在此处，康德非常明确地是以旁观者视角来考察革命的，对于旁观者而言，此一国的国家权威并非被他承认或需他承认的，所以，他进行的是一种理性的公开运用。① 其对象是历史进程的一些征兆，其方式则是运用主观的反思判断力，来证明从这些征兆中可以看出合乎我们理性所普遍希望的历史性的向善趋势，对这一趋势的反思判断的可能基础就在于我们先天的道德禀赋。因此，我们之所以同情革命，只是由于我们在内心的反思判断中，看到了革命这一特殊事件中体现出来的、合乎我们理性所普遍希望的历史性的向善趋势，而不是由于我们参与革命行动所带来的实际利弊，更不是由于我们赞成反对公共法权领域的现实最高权威。

在此基础上，更进一步地，那些联合起来的人民所进行的革命，它所体现的被普遍希望的向善趋势，无非就是"共和主义的宪政"，它在法权上表明一个民族独立建制的合法性，在目的上也表明这个民族免受侵略的道德性②，其最终形态，就是一个人与其他所有人自愿相互交往的普遍关系之中的那种永久和平状态，也就是世界公民状态。这也合乎道德实践理性的原则，即每个人都应该不仅将他人作为手段，而是作为目的加以尊重。因此，在旁观者看来，革命不是由于它的暴力反抗和恐怖屠杀，而是由于它的自由平等的人民联合，才体现出这种被希望的历史的向善趋势的。由此也可以看出，康德认为，就理念和目的而言，唯一合法的宪政，只可能是纯粹共和国的宪政。它也是我们基于理性的道德禀赋，在主观上所普遍希望出现的。但就现实行动而言，我们只能将它视为调节性的，在客观上，我们仍然始终需要采取温和的改良主义的措施。

但这里存在的问题是：仅仅通过现实的温和改良，理性的公民共和国宪政就真的能够在现实中实现吗？现实中那些仍被任意运用的自由，真的能够在历史进程中逐渐现实地基于自律的自由而被约束，并最终建立其自

---

① 关于参与者视角与旁观者视角的进一步阐述，参见方博《权利与启蒙——康德对革命的双重拒斥》，《哲学分析》2019 年第 2 期。

② 李秋零主编《康德著作全集》第 7 卷，中国人民大学出版社，2010，第 82 页。

由的世界公民法权体系吗？怎么从一种始终包含着陷入任意自由彼此冲突之危险的状态中，彻底地造就出永久和平来呢？关于这个问题，有着非常复杂的讨论，而我在下文中，仅仅给出了一种基于"自由体系"的、可以被希望和相信的解决方案，它基于康德自己在稍早前的《纯然理性界限内的宗教》中的一段相关表述：

> 因为有理性的存在者的每个物种在客观上，在理性的理念中，都注定要趋向一个共同的目的，即促进作为共同的善的一种至善。但是，由于道德上的至善并不能仅仅通过单个的人追求他自己在道德上完善来实现，而是要求单个的人，为了这同一个目的联合成为一个整体，成为一个具有善良意念的人们的体系。只有在这个体系中，并且凭借这个体系的统一，道德上的至善才能实现；但是关于这样一个整体，即一个遵循德性法则的普遍共和国的理念，是一个与所有的道德法则完全不同的理念；就是说，要致力于这样一个整体，……这种义务将需要以另外一个理念为前提条件，即一个更高的道德存在者的理念。①

这段表述提示我们，要回答上述问题，我们需要拥有的是体系的、历史的和宗教的眼光。这是因为：其一，不可能通过单个人的努力，而只能通过人类的整体协作，普遍共和国才会出现。因为共和国的真正基础是公民对彼此人格性的尊重，以及由此而来的互不伤害和互助的和平；其二，但每个个体现实都不能摆脱任意的自由，也无法仅仅凭借个体自身的道德理念，就与他人联合起来，共同摆脱陷入任意自由彼此冲突之危险的状态；其三，因此，普遍共和国出现的前提，就是另一个关乎人类整体性的、体系性的道德理念，即比一切个体良知更高的道德存在者的理念。

事实上，康德还进一步认为，我们可以就在理性的范围内，理解这种理念成就普遍共和国的实际历史进程，而不将之视作一种奇迹，通过它，任意而为的个体才神奇地团结在了一起。粗略地说，这是因为我们可以通过理性发现，在我们的内心中，更高道德存在者已经置入了我们对自身自

---

① 李秋零主编《康德著作全集》第6卷，中国人民大学出版社，2010，第98页。

由的唯一先天认识，即进行自我规定的道德律，这是一个先天事实。这个事实是被给予的，而非我们任意选择的。除此之外，我们还可以通过理性发现，更高道德存在者还给予我们一种先天的向善的道德禀赋，使我们具有实践道德律的意念，从而能够理解并倾向于道德律所要求的那种普遍共和国。不仅如此，更高道德存在者还给予我们一种理性的反思判断的能力，以便在我们的经验中，通过我们对那些在自然进程中的彼此分离和对立的不幸经验的反思和总结，发现联合的必要，将之设立为对我们而言的目的，并从而将我们引向彼此合作和和平。这些不幸经验既包括我们被动遭受的不幸，如自然灾害，也包括我们出于自己的任意自由而造成的不幸，如战争。但无论是哪一种，它们都通过反思被证明，灾害本身都不可能是目的，正如那些被动获得或任意造就的幸福本身也不是目的一样，但它们却毕竟增加了我们对苦难的经验和应对策略，因此历史地看来，似乎并不是无助于人类发展的。通过这种合目的论的反思判断，就连个体性任意自由的危害，也并非不可被主观希望为是在通往全人类理性自由的漫长历史中或也有所助益的一步。当然，只有当更高道德存在者，也就是上帝，以及全部历史都得到了体系上的合理位置和作用范围规定后，以上主观希望才是理性上可能的。

## 三　法国大革命的黑格尔理解

在引入了康德的历史哲学后，再来比较黑格尔与康德的革命评价之不同，就是一件非常有趣的事情。在本节中，我们首先进行这一比较，并指出二者的关键差异，然后再回到黑格尔的"自由体系"构想，论述他为什么会产生与康德如此不同的革命评价。

黑格尔与康德一样，重视从任意的自由向着自由的自身规定体系的历史进程及其理性根据说明，他们也都重视在思考具有自身一致性的自由体系的同时，始终伴随性地思考那些差异性的、可能彼此冲突的任意自由。然而二者的差异还是非常明显的。

（1）对于康德而言，即使考虑整个历史进程，任意自由的冲突更多地也只是具有激发我们主体性反思判断的某种"积极意义"，而很难说具有什么客观的积极意义。而相反，我们将在随后的革命影响讨论中看到，黑格尔认为，任意自由的冲突，在历史进程中是具有客观积极意义的，尽管它仍然是要被否定的。

（2）对于康德来说，克服任意自由所带来的混乱与冲突，在实践上是国家立法和区分层级的理由（走出非理性的自然状态），在理想上是普遍希望永久和平的世界公民共和国的理由（走出国家间战争状态）。而对于黑格尔来说，并不需要特别考虑前国家的自然状态对国家立法的重要性，因为就事实而言，任意自由所带来的混乱与冲突状态，其现实重要性与其说是先于国家而存在的，不如说是后于一种整体伦理性的国家出现的。

（3）在康德那里，为了实现普遍共和国的理想，需要一种整体性的理念。它在国家建立后的历史进程中，并非以建构性的方式，而是以调节性的方式指导着我们的实践。而在黑格尔这里，整体性的理念在历史进程的最初就已经体现在前现代伦理国家的建构之中，真正的问题反而在于，在它被个人的任意自由破坏之后，如何可能基于人自身的自由规定去重新实现它，使得它既体现共同的自由意志，又成就个人的自由任意。

（4）康德认为，无论是进行初始立法，还是反思性地理解那个指向普遍共和国的整体性的理念，其基础都是所有人的普遍实践理性（单数理性），而非自由任意。相反，对于黑格尔来说，在前现代的伦理国家解体后，必须严肃思考"诸差异性的任意自由也表达着理性"的合理性（复数理性）问题，并且甚至在克服这些任意自由的交互冲突时，也要特别考虑这种复数理性表达的合理性。

（5）基于以上考虑，正如本文第二节所述，革命在公法实践上不能允许（参与者视角），但在合共和国目的的历史进程中可被反思地同情（旁观者视角）。但对于黑格尔而言，革命造成了一种有问题的然而毕竟属于法权的状态。虽然它超越了之前的整体性伦理国家，成就了每个人差异性的自由表达，但也造成了法权状态的极端不稳定。为了获得这种复杂的辩证认知，我们必须进行参与者与旁观者视角的不断切换。

以上言及的黑格尔的革命理解，主要体现在1806年的《精神现象学》中，具体来说，它属于"精神"章"自身异化了的精神：教化"节中题为"绝对自由与恐怖"的那部分内容。在这个时候，大革命中的各种势力已经轮番登场完毕，他们各自的主张、对自身主张的合理性论证，以及其在现实世界中所造成的或好或坏的结果也已得到充分表达，并且并非在理性探讨中而是在血色恐怖中厮杀为一片，最终为拿破仑所收割。不唯如此，耶拿战役，这一决定普鲁士和德国民族命运的重要战役也已经打响，德意志精神陷入风雨飘摇，大革命的后果中，现在开始包含着对德国哲学存在环境自身的直接威胁。事情何以至此，德国哲学已经无法仅用旁观者的眼光来加以反思了。黑格尔的革命评论，就是在这一情形下写下的，它包含着对任意自由在自由体系中的重要性地位的巨大提升：任意自由不是一个国家状态之前的自然状态的主题，也不是一个在历史中可被希望为有益于人类总体善的主题，而就是一个大革命及其失败中体现出来的现实威胁性因素，尽管这种威胁本身就意味着一种全新时代的来临，并且这一新时代来得绝不是毫无道理的。

在进入对此的具体分析之前，需要大致说明一下"教化"章的主题，以及它与黑格尔之前已分析过的伦理形态间的关系。教化时代同时也就是启蒙和革命的时代，在这个时代之前的精神形态代表，则是伦理实体的国家，在其中，"伦理实体所保有的对立，曾是严密地保持在它的简单的意识之内的，而且，这简单的意识和它自己的本质曾是一个直接的统一体"①。这就是说，除了绝对主宰以外，国家内每个人的个体自由任意，在得以实现的优先性上，均低于整体的伦理规定。而整个国家的伦理精神要求，才是真正第一位的精神规定，尽管在其内部也充满了张力和不满。相比之下，教化时代则是一个典型的个体性表达的时代，个体通过自我教化（Bildung）②，从原来的伦理实体国家中分裂出来，成为最重要的现实力量，也因为如此，相对于整体性的伦理国家，有着无数丰富个体表达的教化时代也是一个分裂的时代。黑格尔对此的说法是："这种个体性将自己教化成它自在的那个样子，而且只因通过这段教化它才自在的存在，它才取得现实

---

① 〔德〕黑格尔：《精神现象学》下卷，贺麟、王玖兴译，商务印书馆，1997，第38页。

② 注意，虽然汉语译本中都使用了"教化"一词，但在费希特那里，对应的德文是："Kultur"，而在黑格尔这里，却是"Bildung"。当然，在本文中，仍然采用了现行汉译本的做法，而没有分开翻译两个词，是因为它们的确都有在革命时代培养和塑造出自身主体性意识的启蒙含义。

的存在；它有多少教化，它就有多少现实性和力量。"① "表示分裂性的语言乃是表示这整个教化世界最完全的语言，乃是这整个教化世界的真的现实存在着的精神。"②

因此，教化实质上就是一种自我启蒙的工作，其目标是让每个人可以理性运用各自不同的能力（差异化的能力），从原先整体性的伦理规定中脱离出来，去自由地实现自身。也就是说，只有通过自我启蒙的工作，个体才获得自身的现实性，其程度取决于其独立运用自身能力的程度——它同时也就是个体理性的实现程度。黑格尔曾用一句虽有点绕但颇值得玩味的话来对此进行总结："你们要在为你们自己时是所有你们在你们自己中时所是的那样，都要是有理性的。"③ 在这个意义上，理性的自我教化造就分裂的现实，形成分裂的世界理解和世界道说。众多个体各自进行自身教化工作，就一方面将自身从原来的整全性伦理世界中分立出来，另一方面，也将自身明确确定为与他者不同的差异性个体：我是我，不是他。这样一来，就有了基于不同分裂个体的对世界的复数的理性表达。

当然，这并不意味着，个体自我与他者没有联系。尽管教化的分裂有着各种各样丰富的表现（比如，个体可以更侧重思维的重要性，也可以更侧重物质的重要性等），但其目的都是运用那些差异化的自我自身的能力，造就属于它的现实，也就是一种能为其所用的现实。因此，启蒙的最终形态，就是以效用为真理的，这种效用明白地就是指对差异性自我而言的、构成其自我确认的那些效用，"在这里，有用性就是真理，而真理性同样也就是自身确定性"④。这样一来，他者只有当能够被自我整合到以其自身为中心的效用性网络中的时候，才是对世界理解和世界道说有价值的。事实上，狄德罗在《拉摩的侄儿》中，就已经非常明确地展现了这样一个时代的最明显特征，即一个世界，就算它再美好，如果没有我自己的参与，也就是说，没有对于我自己而言的效用，那也是没有意义的。⑤ 而这样一部小

---

① 〔德〕黑格尔：《精神现象学》下卷，贺麟、王玖兴译，商务印书馆，1997，第42页。
② 〔德〕黑格尔：《精神现象学》下卷，贺麟、王玖兴译，商务印书馆，1997，第64页。
③ 〔德〕黑格尔：《精神现象学》下卷，贺麟、王玖兴译，商务印书馆，1997，第79页。
④ 〔德〕黑格尔：《精神现象学》下卷，贺麟、王玖兴译，商务印书馆，1997，第113页。
⑤ 参见〔法〕狄德罗《拉摩的侄儿》，载《狄德罗哲学选集》，江天骥、陈修斋、王太庆译，商务印书馆，2012，第228页。

说，恰恰也是"教化"章从一开始就引入的对照性文本，这绝非黑格尔想当然而为之的。在这个《拉摩的侄儿》的新世界里，受到教化的人，就是有教养的人，就是知道什么时候做什么事情是合适的人，这是因为他能够对他自己和他在其所身处的整个世界中的位置有所把握，他了解时代，并能够为自己在时代之中争取最合适的位置。而在这方面做得最好的人，甚至可能占据世界的宝座，比如罗伯斯庇尔。

通过以个体自我能力运用为中心的效用性世界网络建构，真理性和现实性就结合了起来。黑格尔对此写道："这样，精神就作为绝对自由而呈现出来了；它现在是这样一种具有自知之明的自我意识，它知道它对它自己的确定性乃是实在世界以及超感觉世界的一切精神领域的本质，或者反过来说，它知道本质和现实乃是意识对它自己的知识。"① 这种知识的具体内容如下。

（1）每一个差异的个体都是和自身统一的，他人只是从反面强化了这种统一。这就是说，每个人（以及党派）都是通过认定"我是我，不是他"，通过排除他者主张的合理性，来凸显自身的中心地位的。这种封闭的统一性和自我确认最终导向了如下原则：所有的自我确认都是在差异中的自我确认，它意味着对差异的否定——我是为我而行动，不是为他而行动的。差异和差异否定（后者不是指不存在差异，而是指差异只不过是为了自我确认）被凸显到了首要的位置。

（2）因此，所谓的绝对自由，就是要求有教养者从自身出发去理解世界，并且要求这种理解必须产生实际的效果，它甚至还包含了我对别人行动之于我的意义的判断。别人的行动，最好是能支持我的行动和我所追求的效果的，如果不是这样，那么我最起码可以将之排除出我的行动考虑的范围之内。

（3）革命因此首先是个体主体兴起和他使用其能力造成的世界效用网络的结果，它的合理性就在于，它是这样一种尝试：每个个体都是基于其自我认识和自我确认，利用自己的能力，来参与实现其对世界的理解。

（4）这样一来，就存在着复数的理性理解和教化实践。这就是黑格尔与费希特在自我教化概念上的最关键不同之一（而对于康德，就公法讨论而言，

---

① 〔德〕黑格尔：《精神现象学》下卷，贺麟、王玖兴译，商务印书馆，1997，第115页。

教化根本不是一个主题）。随之而来的麻烦则是：在基于个体自由的复数世界理解之间，完全可能存在冲突。这是因为那些核心性的个体主体，是凭借自身的世界理解才居于核心地位的，既然如此，他就必定会根据他对世界的个体理解，对他人对他的有用性做出评价，也会破坏妨碍他的那些现有规则。因为他要求的只是他理解中的世界，而这样做的合理性正是来自他的绝对自由。他反对一切对这种自由和主动性构成障碍的规则。这些规则不是他们自己，而是别人代表他们做出的。因此，他也反对一切代表。黑格尔对此的精彩说法是，"当自我只是被代表着和观念地被呈现着时，它就不是现实的；它在哪里有代表，它就不在哪里"①，显然，它也是对罗伯斯庇尔革命恐怖政策来源及其自反对性的糟糕结果的合理性说明：这个代表人民反对一切代表的人，这个将无数人送上断头台的人，最终自己也被送上了断头台，因为"代表人民"本身就包含着个体性的绝对自由所极力反对的东西。

（5）这就是说，每一个人都是一个独立的理性统一体，他们原来生活在整体性的伦理界线之下。但此时，这一原先的界限已经解除，个体现在凭借自己对世界的理解去建立与他人的联系。这种联系建立是个别的、偶然的和非对称的。每个人都按照自己的理解去试图创造属于自己的世界，争取自己的世界宝座，其他人对于他只有可能的有用性的地位。换言之，其他人都可能是在他所代表的世界理解下的人而已。然而，所有其他的人都不会承认这样的代表。而消除这种想要"代表他人"之人存在可能的唯一途径，就是消除他和世界的关联。这是因为个体的主体性地位在形而上学的意义上是不可消除的，所以就只能切断这种主体性地位与世界的现实关系链条：让其现实死亡。这就是大屠杀和断头台的滥觞。

（6）不仅如此，因为每个人在启蒙运动中就是应该按照自己的世界理解去塑造世界的，所以有每个人依据自己的世界观去代表他人的危险，所以这种消灭和屠杀不会仅仅限于有罪者，而且会进展到所有的"有嫌疑者"。这就是白色恐怖和追捕思维犯的滥觞。

而我们从以上这些革命进程中复数理性和任意自由所引起的或好或坏的结果中，可以得出什么样的结论呢？首先，黑格尔显然想要说明的是：

---

① 〔德〕黑格尔：《精神现象学》下卷，贺麟、王玖兴译，商务印书馆，1997，第118页。

如果我们要理解自由体系的一致性，并且是基于自由自身的实现历程客观地去理解它，那么我们就必须严肃对待复数形式的、作为自由的合理展现的任意的个体性自由，而不是首先贬抑它。我们不仅需要如康德那样伴随性地思考差异性的任性，而且甚至要将之视为一个必要的建构性环节来看待。这是因为，相比于实体般不可变异的普遍一致性，差异性的多元自由是具有解放力量的。自由权利允许当我们没有真正理解这种一致性也是为着我们每个个体自身的时候，运用自己个体的力量，亲身参与进行一种获得解放的自由探索和尝试，这是自由权利的题中应有之义。尽管这种尝试中可能包含着十分严重的错误。——这就是对革命的正面评价，它体现了一种历史参与者的眼光。

但另一方面，就精神的历史进程的观察者而言，这些错误中最为严重的，就是大革命造成了一种对个体权利的片面强调，从而使得自由的普遍一致性陷入极端不稳定的境地。换言之，最严重的错误，就是使我们丧失了在不同任意自由理解间的公共元素，丧失了理性交流、协商、相互承认并达成对共同义务的认知的可能。而只有在后者中，一种包含了对我们个体自由的肯定的共同自由体系才可能出现。法国大革命以自我毁灭的方式，揭示了一条从任意自由到自由的自规定体系的道路：在任意自由权利行使者的相互倾轧的尸体上，精神只有带着这样否定性的意识经验，以及对这一有问题的意识的形态的反思，在另一个国度重建起自由的整体规定。——这就是对革命的否定性评价，它体现了一种历史观察者的智慧，并且不仅如此，它还提示了"另一个国度"的人民（在黑格尔那里，这很明显就是德国，因为革命评论之后的章节，就是关于从康德开始的德国哲学的章节），在面对这种来自他国的现实威胁时，必须带着怎样的精神教训和遗产，来转而参与自身国度的伦理共同体形态的建设。在那里，参与者的视角将再度占据主要位置。

这条伦理共同体建设的道路，就不再是革命道路这样的、从任意自由到自由的自规定体系的否定性的混乱之路，在任意自由相互倾轧的那个国度里，这条路是一条看不到希望的绝望之路。然而，毕竟存在着一条正确的道路，在其中，个体的任意自由不是相互倾轧而是相互成就的，个人行使其任意自由的权利也是与他理解和自愿接受的义务相一致的，理性的交流和相互承认（尽管它们也仍然可以是为了个体自我的有用性需要）也是发挥着关键作用的。这条道路指向黑格尔从 20 年代开始正式探索的市民社会的道路。尽管对这条道路的详细探索，以及由此可以对革命所作出的再评价，不再是本文能够完成的（它涉及对黑格尔法哲学的深度研究），但我们仍然可以借助今日的革命讨论，对它的重要性再加以略微提示，并同时将之与费希特和康德方案的当代影响加以粗略比较。

## 四　革命之德国影响的今日回音

1963 年，在阿伦特写作的《论革命》一书中，她谈及了"对革命精神的失忆"，"革命后的思想对革命精神的失忆，以及无法概念化地来理解革命精神，这都是步革命无法为革命精神提供一种持久制度的后尘"。[①] 这一评价显然是针对法国大革命之后世界所面对的无数更深重灾难，以及思想界对此所做理解的严重不足状况来说的。有趣的是，在阿伦特的论述中，无论是费希特、康德还是黑格尔的工作，都没有被系统性地提及。那么，这些工作，在今日还可以意味着什么呢？

让我们从阿伦特自己的想法入手。阿伦特区分了自由与解放，并将法国大革命更多地理解为一种解放性的革命："自由的实质内容是参与公共事务，获准进入公共领域。如果革命仅以保障公民权利作为唯一目标，那它的目的就不是自由，而是解放。""解放是免于压制，自由则是一种政治生活方式。"[②] 在这里，她的意思是，法国大革命的积极意义在于解放，而非建立了一种真正基于公众交往和相互承认的良序国家，或者政治秩序。解放性的法国大革命，与其说依据彼此同意，不如说依赖一种排斥意见交换、单纯追求公共幸福的单一意志，它反抗旧制度的方式是暴力的。与之形成鲜明对照的，则是美国的立国。"在法国大革命失败的地方美国革命大获成功……中心从公共自由转向公民自由，或者说，从以公共信服之名分享公共事务，转向了一种保障，即追求私人幸福将得到公共权力的保护和促

---

① 〔美〕阿伦特：《论革命》，陈周旺译，译林出版社，2011，第 217 页。
② 两处引文均见〔美〕阿伦特《论革命》，陈周旺译，译林出版社，2011，第 21 页。

进。"① 由此，我们就拥有了两种基本的革命模型。

我们很容易发现阿伦特上述对法国大革命的评价与康德和黑格尔的某些相似之处：法国大革命虽然具有解放意义（无论那是主观征兆性的，还是客观的），却没有建立真正的自由系统。然而同样容易发现的是，这种评价与费希特的革命理解几乎在每一个关键点上都是正相反对的。法国大革命的精神——起码在其前半段，与美国革命一样——既不欠缺一种基于理性的意见交换和政治承认，更非不保护私人幸福而过度强调公共幸福。如果考察法国大革命前半段的历史情况，费希特的见解显然可以获得更多的支持，而阿伦特却对之轻描淡写、语焉不详。

但这并不意味着，阿伦特的革命模型区分是无效的。因为问题恰恰在于：既然有着同样的革命精神来源，为什么在美国革命后成功建立了持久的民主国家，而在法国革命却不幸沦为恐怖和暴政并草草收场？对此，一个可能的康德式回答是：因为在美国，革命指向的是初次建国，不存在违背原始契约的问题。但在法国，则多出了一个问题，即结构化的国家权力的和平和秩序化功能本来应该是优位的，它在法国是业已存在的。对其的革命性破坏，违背了理性原则，因此很容易带来混乱和糟糕的后果，而这些后果本可以借助温和的改良进程被尽可能地避免。我们已经看到，康德正是因此反对费希特，并指出：在任何一个已经成立并且正在生效的宪政结构中，都不可能容许一种超越宪政基础的抵抗权和更改宪政的权利。这一点也得到了一批当代公法学者的支持，比如齐佩利乌斯在《德国国家学》中，就基于康德对此的论述，否定了革命的抵抗权："在抵抗权理论中存在着如下思想：在国家的实定法律秩序之上，存在着一种具有更高位阶的法，它支持人们抵抗非正义的国家权力及其法律。……如果人们将法律理解为获得保障实施的法律，就根本不存在超越法律之上的抵抗权利，就像不存在革命权一样。但这并不排除最初被视为违法的反抗行为，事后被评价为合法的；事实上，这是将变革后确立的主观法溯及既往地适用于法律颁布之前的行为。但就宪法所赋予的'抵抗权'而言，它应当被合乎理性地理解为，如果法治的、民主的宪法秩序已经不复存在，即抵抗权本身也已不

---

① 〔美〕阿伦特：《论革命》，陈周旺译，译林出版社，2011，第118页。

再是一种得到法律保障的权利时，它才能予以适用；因为如果将抵抗权原则上作为行之有效的法律体系的一个固定组成部分，就会破坏现存法律体系的可信赖性及其实质性功能，这一点早已为康德所预见。"①

然而这个康德式的回答，却可以引出更深层次的问题。费希特、康德、阿伦特都认为，立法形成结构化国家权力的最重要条件是公民自由运用其理性，进行平等商谈，并签订经各自确认的契约。在这个时候，如果处于优位的、理性的结构化的国家权力的和平和秩序化功能，从一开始就是在一个实际的民主国家中得到实施的，那么基于理性的公共运用提出异议，进行磋商，温和改良的前景总是可期的。但如果这一理性结构仅仅有形式的意义，在实际上，和平和秩序却是由专制权力所保证的，这一权力事实拒绝甚至威胁公民的相互尊重、民主协商与理性承认的进程，且业已进行的各种温和改良建议和措施看似都对改变此情况无效果或难以指望，那么，我们是否仍不应发动改变现实宪政秩序的抵抗或革命（虽然这并不妨碍我们以旁观者的身份，同情地看待那些实际的抵抗行为）呢？

我将在本文末尾尝试提出一种可能的、极为简略的哈贝马斯式的回应，并将在这一回应的最后转入黑格尔的市民社会构想。通过区分合法性与正当性，哈贝马斯似乎提供了这样一种可能性，即在一个既有国家中，当公民的相互尊重、民主协商与理性承认的进程受到根本威胁时，人们虽然不能合法地去改变现实宪政秩序，但可以正当地反抗它。这是因为，由于我们不能破坏法律规范的结构一致性，所以我们不能要求这种反抗是合法的（这合乎康德的要求）。但这并不意味着，在我们的生活中只有一个法律的规范性系统。相反，存在着一个我们生活在其中的广阔的事实空间，它虽然不能混同于规范系统，但在一定条件下，却应该可以对规范系统（乃至立法）发生影响，并且这种事实影响可被视作正当的。这就意味着，我们必须区分开事实和规范，区分开事实意义的正当性和规范意义上的合法性，但同时必须小心考察它们的相互影响条件。

当公民在公共领域中真诚、真实和正当地彼此交往、平等商谈并形成了共识的时候，此共识就具有事实的正当性。而当它关乎法律的订立和具

---

① 〔德〕齐佩利乌斯：《德国国家学》，赵宏译，法律出版社，2011，第194页。

体实施内容时，它就应该间接地对法律规范系统发挥可能的影响。同时，我们还必须注意到，发生商谈的事实领域是一个高度复杂和差异化的领域，也就是多元化的市民社会。在其中存在着复数的理性认知，它们可以反映公民的偏好、利益和特殊实践方式，等等。这些都是要被小心保留下来的。在这个意义上，公法学家康德对待革命的问题就在于：他过于强调基于单数理性的一致性的规范的法效力，而忽视了存在复数理性认知和商谈的事实领域现实影响规范领域的可能（康德只有在一种可被希望的历史进程整体上才承认了这种可能）。而费希特则不仅错误地要求事实上的商谈共识直接去影响法规范系统，而且还将这种共识达成的基础建立在了一种单数的规范性理性上。这两种问题都必须被避免。

正因如此，在《作为程序的人民主权》中，在考虑法国大革命对今日社会和政治生活的启示时，哈贝马斯反复强调了"两个方面的相互作用"："这样，对合理结果的规范性期待归根结底依赖于这样两个方面之间的相互作用：一方面是具有建制结构的政治意志形成过程，另一方面是一个本意不在于形成决议、在此意义上不具有组织形式的公共领域的自发的、不受权力强制的交往之流。"① 如果这种"相互作用"在今日的确是值得深入考察的，那么，它也就提供了一个契机，让我们重新审视黑格尔的革命批判，其市民社会及国家学说。因为保有任意自由、复数理性的事实空间（市民社会），促进在这个空间中市民的平等交往和商谈，并且让它间接地影响国家立法和制度化的进程，而不是沦为个体自由间的相互倾轧，这也正是黑格尔革命批判和市民社会学说的主旨所在。在这个意义上，真正具有正当性的革命，不是暴力革命，而是建立并完善现代市民社会的革命。——最后的最后，这种重返黑格尔的尝试，可以被期望在今日进而重新激活"自由体系"及其系列相关的问题的讨论，因为它或可缓解甚或疗愈阿伦特那里"无法概念化地来理解革命精神"所带来的那些人类的现代性之痛苦。

---

① 〔德〕哈贝马斯：《作为程序的人民主权》，载《在事实与规范之间：关于法律和民主法治国的商谈理论》，童世骏译，生活·读书·新知三联书店，2014，第643页。

# 李凯尔特与历史主义危机*

邵 华**

**【内容提要】** 历史主义既可以表示历史研究方法论，也可以表示一种世界观，前者坚持历史认识的客观性，后者主张一切文化创造相对于历史而存在，容易导致价值相对主义。李凯尔特一方面坚持历史认识的客观性，另一方面又反对价值相对主义。就前一个方面而言，李凯尔特从新康德主义立场发展了文化科学认识论—方法论，批判狄尔泰的心理主义。就后一个方面而言，李凯尔特捍卫文化价值的客观有效性，并将其植根于先验的绝对价值。文化科学的认识客观性最终也依赖于价值的客观有效性。但在他的思想中先验和经验、永恒和历史之间始终存在张力，克服历史主义危机的努力并不成功，并引起了后来哲学解释学的批判。但他的思考对于发展解释学方法论和应对当代历史主义危机仍有借鉴意义。

**【关键词】** 历史主义；客观主义；相对主义；解释学

李凯尔特是新康德主义西南学派的代表人物，他对于文化科学方法论的研究在解释学史上占有一席之地。李凯尔特所处的时代正是历史主义盛行的时期，历史主义反映了人类历史意识的觉醒，对于解释学的发展产生了深远的影响。狄尔泰等人在对精神科学进行奠基的时候，深受历史主义影响。但李凯尔特却将历史主义和相对主义、虚无主义等同起来，试图通过方法论的逻辑严格性和先验价值基础，克服历史主义对于科学研究和生活实践产生的负面影响。但这种尝试并不成功，并且受到了后来哲学解释

---

* 本文受中央高校基本科研业务费资助（项目批准号：2023WKZD014）。

** 邵华，华中科技大学哲学学院、华中科技大学解释学研究中心暨伽达默尔文献馆副教授，主要研究方向为解释学和实践哲学。

学的批判。然而，历史主义的幽灵仍然在当代世界徘徊，历史主义的危机并没有被克服，在后现代语境中反而越来越严重。回顾李凯尔特的思想和解决之路也许能够给我们带来某些启示。

## 一　历史主义及其危机

历史主义①是 18 世纪末以来西方重要的哲学—文化思潮，但这一概念的含义极为含糊不清，有各种各样甚至相互冲突的界定。赫尔德、黑格尔、马克思、兰克、狄尔泰等人的思想都可以冠以历史主义之名，虽然它们的差异极大。德怀特·李和罗伯特·贝克区分了历史主义的五种含义②：①一种立足于历史进行解释和评价的方式；②一种立足当下生活审视历史的方式；③一种观念论的哲学；④历史相关主义和相对主义；⑤历史预言。含义①强调对于事物要从其历史的发生过程进行解释和评价，由此相信历史知识在人类事务中的特殊重要性。含义②将当下生活作为历史发展的一部分，要理解过去的生活，就要熟悉当前生活。含义③指向克罗齐、柯林武德的观念论哲学，认为人只能理解自己的创造物，一切历史都与思想和意义有关，因而必须加以理解。含义④认为各种观念都与历史相关，只是反映了它们的社会学前提，从而否定历史中绝对原则的有效性。含义⑤是波普尔赋予的，指以预言历史为目的的社会科学方法论，试图发现历史的内在规律性和必由之路，从而成为改良社会的工具。

从对"历史主义"的不同使用方式中我们可以发现，含义⑤比较特别，这是一种历史决定论，与一般所说的历史主义不大相同。其他几种含义都有关联性。含义④是对知识整体的一种评价立场，将各种观念作为历史环境的产物，会导致相对主义态度。它不仅仅适应于历史学科，而历史主义一词常作为史学家解释的方法或其主题。德怀特·李和罗伯特·贝克综合第①、②、③种含义给出了历史主义的一般定义："（a）历史主义是一种信

---

① 德文用 Historismus 表示，引入英文后有两个词表示：historism 和 historicism。

② 〔美〕德怀特·李、罗伯特·贝克《"历史主义"的五种含义及其评价》，焦佩锋译，载复旦大学当代国外马克思主义研究中心编《当代国外马克思主义评论》（7），人民出版社，2009，第 308~316 页。

念，即任何东西的真实性、意义以及价值，比如任何评价的基础，都涵盖在历史之中，更具体地说，（b）它是一种反实证主义和反自然主义的观点，即历史知识是理解和评价人类当下政治的、社会的以及人类理智处境与问题的基本或唯一要求。"①

兰德区分了历史主义的两个层面：世界观和方法论。他将历史主义一般界定为："按照一种特有的历史方式来进行思考，或者在对人类活动世界的理解和体验中运用一种特有的历史观点。"② 历史主义作为一种思考方式，既可以指历史学家对过去事件进行研究的方法论，其中包含了特有的历史思考的概念和原则；也可以指更广泛的世界观，即建立在类似的一群概念之上的对人和世界的总括性的见解。作为世界观的历史主义将一切存在的事物（包括思想体系）都历史化了，突出了事物在历史中的流动变化和不可重复性、无目的性；作为历史知识方法论的历史主义，则强调历史研究关注事物的个性与独特性、发展与相互关联。这两个层面的历史主义有所牵连，但并不一定相契合。作为世界观的历史主义把任何思想体系（包括宗教传统）都历史化了，强调价值是在历史中产生的，并且只具有暂时性，这样会产生相对主义困境，这正合乎上文历史主义的含义④，而那些发展出历史主义方法论的历史学家们，如兰克、德罗伊森等并没有这种历史主义的世界观。

正是由于历史主义世界观的流行，历史主义经常被指责为相对主义。"这种历史主义可能摧毁对我们的文明来说至关重要的思想和信仰遗产——从形而上学到神学再到自然法。"③ 历史主义虽然和相对主义有着密切联系，但不能等同于相对主义，它们之间有着复杂的关系。被指责为相对主义的历史主义其实是历史主义发展较为晚近的产物。从历史主义的发展来看，历史主义作为德国思想的代表，经过18世纪末德国浪漫派的孕育和19世纪德国历史学派的培养，最终在20世纪初被赋予"历史主义"这一名称而广为人知。神学家恩斯特·特勒尔奇在1922年出版的重要著作《历史主义及

---

① 〔美〕德怀特·李、罗伯特·贝克《"历史主义"的五种含义及其评价》，焦佩锋译，载复旦大学当代国外马克思主义研究中心编《当代国外马克思主义评论》(7)，人民出版社，2009，第319页。

② 〔美〕喀尔文·G. 兰德：《历史主义在狄尔泰、特勒耳奇和梅涅克著作中的两个含义》，章克生译，《现代外国哲学社会科学文摘》1965年第10期。

③ 〔意〕卡洛·安东尼：《历史主义》，黄艳红译，上海人民出版社，2010，第1页。

其问题》让"历史主义"首次进入书名。在该书中他把历史主义界定为
"我们关于人类及其文化和价值的所有思想的本质性历史化"①。正是这本书
以及一篇名为《历史主义的危机》的文章对历史主义的描绘才让"历史主
义"这一概念流行起来。这种意义上的历史主义排除了超时代的价值的可
能性,将所有价值看成相对于特定历史环境的,因而是暂时性的。对于捍
卫基督教信仰的特勒尔奇来说,这种历史主义正是要克服的对象。

　　历史学家弗里德里希·梅尼克在 1936 年出版的《历史主义的兴起》中对
历史主义的起源进行了全面而深入的探讨。他认为历史主义源于对自然法传
统的反抗,自然法传统肯定了所有时代中人性的齐一性、理性的稳定性和长
存不变的至高人类理念,历史主义则将从莱布尼茨到歌德的思想运动中所获
得的生命原则运用于历史中,突出了生命的流动性以及个体性。不过 19 世纪
历史主义的个体化思想方法并不排除在人类生命中寻找普遍法则和类型的努
力。人们一方面承认人类的普遍结构,同时承认这种结构依赖于个体中的条
件,因而历史主义也成为现代思想的稳定成分。然而随着历史主义的充分发
展,它变得肤浅化而走向了相对主义,"迄今为止伴随它的危险是陌生的粗糙
成分侵入其思想世界以及自身的肤浅化。这种肤浅化会使得人们认为它将导
致一种漫无节制的相对主义,可能会使得人类的创造性力量瘫痪无力"②。

　　由于"历史主义"这一概念是为了描述 19 世纪末到 20 世纪初的"历
史主义的危机"而流行起来,所以历史主义天然地打上了相对主义的烙印,
但实际上早期历史主义并非如此。早期的历史主义者虽然主张历史现象的
个性和独特性,但也不否认现象背后隐藏着的本质一致性,如兰克主张如
实直书,但又认为每个时代都与上帝直接相通,重建过去是为了发现历史
背后的神意。但是后来历史主义的发展越来越放弃了本质的一致性和对西
方文化的信仰,这就产生了所谓历史主义的危机。③

---

① 〔德〕斯特凡·约尔丹主编《历史科学基本概念辞典》,孟钟捷译,北京大学出版社,
2012,第 145 页。
② 〔德〕弗里德里希·梅尼克:《历史主义的兴起》,陆月宏译,译林出版社,2009,第 4 页。
③ 伯恩斯(R. M. Burns)和皮卡德(H. R. Pickard)编辑的《历史哲学:从启蒙到后现代性》
一书(张羽佳译,北京师范大学出版社,2009)将历史主义划分为古典历史主义和世俗历
史主义两个阶段。前者包括赫尔德、洪堡、施莱尔马赫、黑格尔、兰克,后者包括狄尔
泰、文德尔班、李凯尔特、齐美尔、韦伯。两个阶段大致以 19 世纪 80 年代为分界线,历
史主义危机正是在后一阶段产生的。

李凯尔特生活的时期正是历史主义发展到相对主义乃至虚无主义的阶段。他认可特勒尔奇的观点，历史主义的危机是这个时代最深刻的危机，不仅涉及科学问题也涉及实践问题。"如果保持一致，每种历史主义将终结于相对主义，甚至虚无主义。或者通过选择这种或那种特殊的历史生活形态，以从中得出一种世界观的内容——这种世界观的视域比自然主义观狭隘得多——它掩盖了其无益和空洞。"① 作为一种世界观，"历史主义是一个怪物（Unding），是相对主义和怀疑主义的一种形式，将其推至其逻辑结论就只会导向彻底的虚无主义"②。李凯尔特明确表示自己拒绝一切形式的历史主义。实际上李凯尔特一生都被历史主义所困扰。对于一个哲学家而言，历史主义意味着哲学本身也不过是特殊时代和文化信念的反映，从而取消了哲学的普遍真理要求，因此克服历史主义成为当时哲学的重要任务。"作为一种世界观，历史主义使无原则成为原则，因此它在历史哲学和一般哲学中被坚决地反对。"③

除了历史主义之外，李凯尔特认为时代的另一个敌人是自然主义，即当时流行的实证主义形式。自然主义反对形而上学，主张对整个世界进行科学性的研究，从历史和文化领域中发现自然规律性。历史主义和自然主义都否认了人类的精神文化价值的绝对性，都有导向文化相对主义和怀疑主义倾向。不过历史主义在认识论上反对自然主义将自然规律扩展到历史文化领域，强调历史不同于自然的独特性，以及认识方法上不同于科学说明的理解的重要性。就此而言，李凯尔特和历史主义呈现出复杂的关系。在他捍卫历史文化科学的独立的科学地位时，他同历史主义一道反对自然主义。他对于文化科学方法论的探讨继承了历史主义，追求历史文化科学不同于自然科学的客观性；同时他又反对历史主义否认普遍价值和真理的相对主义倾向，并为此诉诸康德式的先验价值。

为了进一步澄清问题，我们可以区分历史认识的相对主义和价值的相

---

① Heinrich Rickert, *The Limits of Concept Fromation in Natural Science: A Logical Introduction to the Historical Sciences*, edited and translated by Guy Oakes, New York: Cambridge University Press, 1986, p. 18.

② 转引自〔美〕格奥尔格·G. 伊格尔斯《德国的历史观》，彭刚、顾杭译，译林出版社，2006，第 206 页。

③ Heinrich Rickert, *Die Probleme der Geschichtsphilosophie*, Heidelberg, winter, 1924, S. 130.

对主义。历史主义的相对主义是就价值层面而言的，而对于历史认识本身，历史主义一般持客观主义态度，认为我们可以从历史的关联出发客观地认识历史现象，因此也可称为"历史客观主义"。但恰恰是这种历史客观主义立场容易导致价值相对主义。比如从特定的时空背景和条件去解释基督教，获得对它的客观认识，但由于把它看成特定历史条件和关系的产物，就会倾向认为基督教包含的思想和价值不是绝对有效的。又比如通过考察前人的世界观，发现其历史局限性，从而认为人类的一切世界观都是相对的。当然一个人可以接受历史认识的客观主义而反对价值相对主义，比如特勒尔奇以历史学家的身份客观研究基督教，同时又反对基督教的相对性。李凯尔特也表现出类似的倾向，既坚持历史认识的客观性，也坚持价值的客观有效性。这使得李凯尔特成为试图克服历史主义危机的"历史主义者"：在坚持历史认识的客观性方面，他和典型的历史主义者是一致的，但又反对历史主义导致的价值相对主义。实际上他认为只有捍卫价值的客观有效性才能保障历史认识的客观性。

## 二　文化科学方法论及对心理主义的批判

19 世纪后期，科学分类、不同科学之间研究方式的差异等受到哲学界的重视。李凯尔特早年受其老师文德尔班的影响，关注历史学作为一门科学的可能性问题，力图捍卫历史认识不同于自然科学的客观性。

文德尔班对历史科学的方法论反思最初是在 1894 年的演讲《历史和自然科学》中勾勒出来的。他认为科学的划分不应该基于对象（如自然和精神），而应基于逻辑方法。例如心理学虽然研究人的精神现象，但也可以采用自然科学方法，因而属于自然科学。"我们在这里提出了一种纯粹方法论上的，以严格的逻辑概念为依据的经验科学分类法。分类的原则是它们的认识目标的形式性质。"[①] 为此他区分了"制定法则的"（nomothetic，或译为"规范化的"）科学和"描述特征的"（idiographic，或译为"表意化的"）科学。前者研究一般规律，后者研究特殊的历史事实。自然科学和历史学

---

① 〔德〕文德尔班：《历史与自然科学》，载洪谦主编《现代西方哲学论著选辑》上册，商务印书馆，1993，第 68 页。

分别是两类科学的典范。同样的东西既可以成为制定法则的对象，也可以作为描述特征的对象。对于这两类科学的划分，文德尔班特别关注个别和普遍的逻辑关系。自然科学通过对个别东西的归纳，获得类概念和规律，而把个别的东西抛弃掉。相反，在历史学中不是特殊的东西归属于类概念之下，而是个别的东西融入整体观念中，成为其重要组成部分。他批评实证主义的历史哲学试图将自然科学的认识方式运用于历史中，通过归纳总结出人类生活的几条抽象的普遍规律，而掩盖其大量的例外情况，这无助于我们认识历史。从价值论的观点来看，无论是个人生命还是历史过程，正因为它们是一次性的，才有价值。历史学的意义就在于将一去不复返的过去保存在人类记忆中。

文德尔班的学科分类思想对李凯尔特产生了重要影响。李凯尔特也认为像狄尔泰那样从对象上划分自然科学和精神科学是不恰当的，因为对于精神现象也可以使用自然科学方法研究，因而属于自然科学。他强调首先要从研究方法或形式的观点来进行分类，但不同于文德尔班，他认为也要兼顾研究对象或质料的观点，由此他区分了自然科学和文化科学。这种划分是基于价值概念的。自然科学是将与价值无关的存在和现象作为自己的对象，其任务在于发现这些存在和现象的普遍概念联系和规律。文化科学的对象是与价值相关的文化现象，其任务是从对象的特殊性和个别性方面叙述对象的一次性发展，因为对象的个别方面和特殊性对于文化价值才有意义。自然科学采用普遍化的方法，力求形成普遍的概念和规律，个别之物只是作为从属于普遍概念和规律的事例。文化科学则采取历史的个别化的方法，将个别对象置于普遍的历史联结中，把握它体现的价值。"我们必须明确地把历史的、个别化的方法标志为价值联系的方法，反之，自然科学是一种对规律的或普遍概念的联系进行的研究，它不研究文化价值，也不研究它的对象和文化价值的关系。"① 从原则上来讲，任何东西都可以进行自然科学研究，包括物体和心灵的整个现实都可以作为与价值无关的自然。因此，对于文化科学以个别化的方法挑选出来的文化现实，自然科学也可以用普遍化方法对其加以考察。一个文化事件的意义在于它区别于其

① 〔德〕亨里希·李凯尔特：《李凯尔特的历史哲学》，涂纪亮译，北京大学出版社，2007，第82页。

他文化事件的特性，它和其他文化事件相同的东西对于文化科学是非本质性的，但对于自然科学研究来说则是本质性的。

李凯尔特认为文德尔班科学分类是不充分的，而且可能造成误解：自然科学专注于普遍规律，历史学专注于不会重复的个别事件。李凯尔特反对将科学的题材看成绝对对立的：不是绝对普遍的，就是绝对特殊的。他提出的普遍化方法和个别化方法涉及的只是相对差别。自然科学也考察个别事物，历史学也形成普遍概念。历史学运用普遍概念是为了达到对个别东西的判断，但个别的东西也是作为普遍东西的组成部分，这就不同于自然科学将个别只是作为被普遍概念涵盖的事例。例如马基雅维利作为个体构成了意大利"文艺复兴"的组成部分，而不是作为其事例。他主张因果性范畴也可以运用于历史，但历史的因果联系不同于自然科学的因果规律，始终是独特的、个体性的联系和发展。两类科学的主要区别在于文德尔班所揭示的它们的目的或旨趣，这决定了个别化方法对于历史科学更为典型，而普遍化方法对于自然科学更为典型。

李凯尔特也反对文德尔班的这一观点：历史学要像艺术那样创造直观形象。虽然历史学家可以创造直观，生动地再现历史现实，但这种直观不同于艺术的直观，而是始终与历史事实相一致的个别的直观。而且直观或塑造形象并不能表明历史学的逻辑本质，只有历史学形成其概念的方式才能确立历史学的科学性，比如直观活动展开的范围、规定材料联合和编制的观点、对于什么才具有历史意义的判断等，这些属于先天的东西并不包含在直观材料中，却是构成历史学的科学性质的东西。"只有在历史学由以形成它的往往非直观的概念的那种方式中，才能发现历史学的科学性质。只有在研究历史学如何把直观改造为概念这样一种观点出发，才能从逻辑学上对历史学有所理解。"[①] 可见，李凯尔特作为新康德主义者力图在先验逻辑上来确立历史文化科学的科学性，为此他关注概念形成的原则。

从新康德主义的观点来看，概念对于实在具有优先性。概念对经验材料进行组织加工才形成科学研究的事实。事实不是直接被给予的，而是被概念塑造的。概念简化了实在的经验，使其变成我们可以认识的对象。概

---

① 〔德〕亨里希·李凯尔特：《李凯尔特的历史哲学》，涂纪亮译，北京大学出版社，2007，第 75 页。

念化的过程就是一个选择的过程，即把所与材料中本质要素和非本质要素区别出来。这种选择原则就是先验逻辑的原则，它决定了科学方法的特征。两类科学的本质在于概念形成的原则，"决定了科学方法的形式特征必须隐含在它借以把握实在的概念形成方式中"①。由此，李凯尔特拒绝那个时代突出心理理解的解释学理论。19世纪以来的解释学传统强调我们对于过去事物的重新体验，以克服自我的偏见，如实地重构过去，达到对历史文化恰当理解。李凯尔特认为历史对象的知识不是通过直觉的经验或同情，而是通过形式上的概念形成原则建构起来的。理解本质上是一种逻辑过程而非心理过程，而解释学传统强调理解中的同情和感觉，削弱了历史科学的科学性。

对解释学传统的拒斥态度反映了他和狄尔泰的差异。虽然李凯尔特和狄尔泰都力图为人文社会科学的特殊性奠基，反对实证主义统一科学的理想，且他们都以康德的继承者自居，要将康德的批判事业引入人文社会科学领域，但他们的思想又极为不同，引起了广泛的争论。李凯尔特批判狄尔泰将心理学作为精神科学的基础。他认为心理学也像自然科学一样是根据一般化形成的，不能作为研究个别文化对象的基础。而且作为历史科学对象的文化不是由心理对象构成，历史科学的方法不能根据心理对象来确定。历史科学的理解不是心理上重新经验过去行动者的感觉和思想，而是对文化意义的把握。文化的意义类似于语词的意义，是客观的、公共的，能被不同的个体所经验，但不能还原为心理过程。李凯尔特明确提出"心理学不能作为文化科学的基础"②。不过，通过与狄尔泰的争论，他也部分地吸收了狄尔泰的思想。特别是狄尔泰1910年出版了《精神科学中历史世界的建构》一书，表达了他成熟的解释学思想。李凯尔特认识到对他人心灵的重新体验具有方法论的重要性。他在《自然科学概念形成的界限》一书的1923年版中对以前的观点进行了修正。③ 他认为在历史研究中理解和

---

① Heinrich Rickert, *Science and History: A Critique of Positivist Epistemology*, translated by George Reisman, Princeton: Van Nostrand, 1926, p.36.

② 〔德〕亨里希·李凯尔特：《李凯尔特的历史哲学》，涂纪亮译，北京大学出版社，2007，第124页。

③ 参见 Katherina Kinzel, "Neo-Kantianism as Hermeneutics? Heinrich Rickert on Psychology, Historical Method, and Understanding", *British Journal for the History of Philosophy* 29 (4), 2021, pp.614-632。

重新体验是不可分的，历史学要将两者结合起来，为此他提出"重新体验的理解"或"解释性的重新体验"。"历史理解必须是对他人有意义的心灵生活的解释性的重新体验的事情。我们现在可以宣称，心灵生活既是在其实际存在的个体性中被'重新体验'的，也是在其非实在意义的个体性中被'理解'的。"① 虽然李凯尔特给予了重新体验以方法论的重要性，但他还是强调重新体验和理解是两个不同的层次，不能混淆。为了与反心理主义观点保持一致，李凯尔特严格区分意义和作为其载体的经验实在，理解针对的是前者，而经验实在（包括心理过程）是外在于理解的把握的，而狄尔泰则混淆了两个层次，未能真正摆脱对历史的心理解释的局限。②

李凯尔特批判狄尔泰将心理学作为精神科学的基础，从根本上反映了他们对于认识主体的不同观念。对于狄尔泰而言，认识主体不是纯粹理性主体，而是同时具有情感、意志的历史性的存在。在认识过程中，主体的整体机能同时发挥作用。只有通过他的描述心理学的计划才能够把握这个完整的主体。李凯尔特虽然同意狄尔泰的批评，即传统认识论主体只是一种人为的抽象，但又认为他提出的主体只是经验主体。哲学家所要确定的可能经验的最终条件不是经验主体，而是先验主体，它是经验对象（包括经验主体）成为可能的条件。先验主体是不能通过心理学或历史发现的，它是否实际存在并不重要，而是为了认识论分析的目的所设定的知识的最终条件。心理的、历史的主体并不能作为认识理论的基础。认识论要考察知识的概念，因而有必要将认识的主体抽象出来。所以狄尔泰对传统认识论的批判是混淆了先验和经验层次。心理学并不能提供认识条件的最终有效的分析，我们必须超出心理学领域进入先验主体领域。

正是因为坚持先验立场，李凯尔特也反对狄尔泰对认识主体的历史化。

---

① Heinrich Rickert, *The Limits of Concept Fromation in Natural Science: A Logical Introduction to the Historical Sciences*, edited and translated by Guy Oakes, New York: Cambridge University Press, 1986, p. 164.

② 由于历史联系作为意义联系超越个体验领域，晚年狄尔泰不得不从心理学转向解释学，以为精神科学奠基。他其实和新康德主义者一样面临着对超个人的意义的理解问题，并且认为这种理解可以是客观的。李凯尔特对狄尔泰的心理主义的批判主要是针对他的中期思想，并且包含了诸多误解。当然不可否认，即使狄尔泰后期转向解释学，也没有完全摆脱心理主义。比如，他把历史文化世界一方面作为意义的客观化，另一方面又看成生命体验的表达。

狄尔泰的心理主体也是历史性的主体。我们固然可以强调人的历史性，但这种观点只是经验性的观点。历史的人是经验的人、个别化的主体。而认识论主体则是超出了历史经验的先验主体。它不是认知的对象，相反其他东西对它来说才成为对象，包括历史主体。所以历史学只是为哲学提供了经验材料，但不能成为哲学的基础。历史学归根结底是经验科学，它以先验认识论为其前提。①

总体而言，对新康德主义者来说，认识是主体决定客体。他们关注主体的先天认识模式和概念形式。自然科学和文化科学的感觉材料没有本质区别，它们的对象构成都是由概念形式决定的。这样就将两类科学方法的差别还原为概念形式的差别。这种解决方式回避了狄尔泰的问题，即对于意义的理解经验是否不同于自然科学的经验。狄尔泰用生命经验改变了康德认识论的经验概念，认为生命关联构成了精神科学的对象。他强调认识主客体之间的同一性，他们都是具有文化生命的历史存在者。新康德主义者则走向了纯粹科学逻辑，他们不仅回避了狄尔泰的问题，也忽视了他对先验主体的改变。② 在新康德主义那里，认识主体是无血肉的抽象的先验主体，本身不被历史生活所推动，并且有分裂思维形式和认识内容的倾向。

## 三 文化价值与历史认识客观性

价值理论在李凯尔特的思想中具有核心地位，李凯尔特强调文化科学研究的事物不同于自然物就在于具有价值。自然科学的实证主义强调价值无涉，以保证科学的客观性。同时代兰克的历史主义至少在表面上也声称"如实直书"，强调事实的重要性而非价值评判。如果文化历史科学依赖于价值，那么它是否与客观性相矛盾？值得注意的是，文化科学所依赖的价值是指研究对象的价值，历史现象正因为有价值关联才有意义，文化科学本身只是客观地揭示这种价值，而不能受研究者的价值偏好的影响。如果

---

① 参见 Frederick C. Beiser, *The German Historicist Tradition*, New York: Oxford University Press, 2011, pp. 393-441。

② 参见 Karl-Otto Apel, *Understanding and Explanation, A Transcendental-pragmatic Perspective*, translated by Georgia Warnke, Massachussetts: The MIT Press, 1984, pp. 12-14。

说文化科学本身受价值支配，那么这种价值就只是真理，而非其他。历史文化科学的客观性最终要奠定在研究对象的价值的客观性基础上。

历史文化科学研究的文化现象首先表现为经验性的物理或心理的实在，只是由于价值关联才具有我们可以理解的意义。可以说文化是实在和价值结合的产物，文化现象因拥有价值而成为财富（Güter）。从本体论上看，价值本身不是物理或心理的实在，而只是一种有效性（Geltung），这种有效性又是客观的。文化价值在事实上是被大家评价为有效的，或者被期望为有效的，如宗教、国家、权利、科学、伦理的价值。因此具有文化价值的对象的意义就不是纯个人的意义，而是公共的意义。

正是价值指引历史材料的选择，选择出的是历史上的本质成分，因此历史只叙述那些对这些价值来说重要的或有意义的事物。没有价值的指引，我们就不知道要在历史领域中寻找什么。就此而言，价值决定了一切历史概念的形成。比如某种审美价值使我们能选择艺术材料，使我们能描述"文艺复兴"，某些宗教价值使我们从历史材料中确定"宗教改革"。文化价值的普遍性使得历史概念的形成排除了个人的主观性，而具有客观性。对于文化事物的科学的客观性也在原则上得到保证。"如果这些价值是有效的，那么参照这些价值而形成的概念便具有科学的客观性，而且甚至是人们能够期望的那种最高的客观性。相反，如果这些价值不是有效的，那就根本再也不能谈论什么科学的客观性。"①

为了强调我们可以客观地认识历史现象，李凯尔特强调历史文化现象的价值是客观的，不依赖于我们对它的评价。评价是主观的价值评判，取决于我们对事物的价值态度或价值观。人出于某种价值观，可能对历史对象进行价值评价（werten），进行赞同或谴责，这涉及的是一种实践态度，但历史学家的使命不是评价历史，而是确定历史中的价值及其表现，这是纯粹理论的态度。文化现象的价值等于客观有效性，被处于文化中的人们普遍认可并发挥着重要作用，也是可以被历史学家客观地确定的。但正如伊格尔斯所指出的，这种对文化价值的客观性看法存在两个可疑的前提："首先，他相信在每一个文化中都有某些价值是在那一文化内被普遍认为正

---

① 〔德〕亨里希·李凯尔特：《李凯尔特的历史哲学》，涂纪亮译，北京大学出版社，2007，第189页。

当有效的；其次，摆脱了偏见而客观地进行研究的历史学家们，必定会对这些价值究竟是什么达成一致。"① 针对第一个前提，可以提出的反驳是：可能在一个文化中并不具有统一的价值体系，而是包含了纷繁复杂的价值。针对第二个前提，可能反驳是：即使撇开主观评价，文化价值的客观有效性或重要性也需要历史学家的确认。由于历史学家受自身所处文化环境的影响而有特定的价值观，这会决定他把什么看成有意义的或具有本质重要性，这又决定了他对历史的哪些方面感兴趣或认为是重要的。但这样不可避免地会导致认识上的相对主义。比如有宗教信仰的人会把某种宗教事件，如耶稣被钉于十字架，看成是非常重要的，具有世界历史的中心意义，但没有此信仰的人就不会这么看。当然，对于李凯尔特来说，历史认识应是客观的、理性的活动，摆脱了认识者的一切主观局限性，如果出现了不一致，那么就是有人的认识不够客观。

即使历史学家能够围绕着文化中的某些主导价值来认识历史，但由于文化形态是多样化的，那么历史学家只能认识个别文化的历史，而不能叙述普遍的世界史，也不能谈论人类的进步，后者属于历史哲学。李凯尔特也承认，历史科学是经验科学而非历史哲学。但如果不承认历史整体的意义，历史科学的客观性就是相对于特定历史范围而言的。"如果一种与价值相联系的叙述的客观性始终只是对或大或小范围的文化人来说才存在，那么这种客观性就是历史的局限的客观性。"② 就真理在哲学和自然科学中具有普遍意义而言，这种客观的历史叙述甚至很难称为"真理"，因为"一切历史概念都是对一定时间有效，这就是说，它们不是作为一般的真理发生效力，因为它们与绝对地或者在任何时间内才有效的事物没有任何确定的关系"③。在这里李凯尔特面临着历史主义的困境。晚近的历史主义强调一切文化创造都是经验历史的产物，历史学家作为研究者只是客观地揭示其中包含的价值，而他本身不能有任何价值偏向。但这种认识客观主义会导

---

① 〔美〕格奥尔格·G. 伊格尔斯：《德国的历史观》，彭刚、顾杭译，译林出版社，2006，第201页。

② 〔德〕亨里希·李凯尔特：《李凯尔特的历史哲学》，涂纪亮译，北京大学出版社，2007，第123页。

③ 〔德〕亨里希·李凯尔特：《李凯尔特的历史哲学》，涂纪亮译，北京大学出版社，2007，第123页。

致价值的相对主义，否认任何普遍的价值，或者把价值只是看成一种历史现象，它们并不具有独立的有效性，而是由诸多历史条件决定的。现实生活中的人们没有意识到历史背景对于价值的决定作用，只有历史学家才清醒地认识到这一点。历史主义者认可现实生活中价值的相对性，并进一步将价值相对主义作为原则，不承认任何超历史的普遍价值。这种历史主义典型地体现在狄尔泰的思想中。狄尔泰追求的客观性是历史认识的客观性，而并不承认理解对象的规范价值。他发展出的历史意识把一切历史流传物只是看成生命的表现，精神科学就是通过这些表现去把握生命，而不具有其他真理性意义。由于强调价值从生命中产生，而不诉诸超出生命的东西，他似乎无法摆脱由生命哲学和历史主义相结合产生的相对主义。其结果就是，人类的一切历史文化成就最终都没有意义，各种价值不过是在历史中短暂生存的人们为自身制造的幻象。①

李凯尔特不愿意接受历史主义导致的相对主义和虚无主义的结论。他必须承认有绝对有效的价值，并赋予历史整体以意义。文化价值不仅是在经验事实上被普遍承认，而且是与绝对价值相关的。"历史学家一旦采纳普遍历史的观点，他就不再具有任何经验的普遍的和事实上被普遍承认的文化价值……他必须假定，某些价值是绝对有效的，因而作为他的与价值相联系的叙述的基础的那种价值并不是与绝对有效的价值没有任何联系。"②这种绝对有效的价值不是经验历史决定的，而是属于先验领域，但它又表现在历史中，体现为文化价值。只有假定文化价值具有某种绝对有效性，历史学家才能希望别人承认他所叙述的东西就绝对价值来说也是有意义的。历史学家不能发现这种绝对价值系统，而这必须由哲学家来完成，文化科学的客观有效性最终依赖于由哲学确立的价值秩序的统一性和客观性。"实

---

① 狄尔泰本人当然并不接受相对主义和虚无主义的结论，而是坚持某些普遍价值，如每个个体的尊严、人的自由和创造性。他认为，历史学在揭示价值和世界观的多样性时，也揭示了人的自由和创造性。历史主义的历史意识具有解放作用，它指示了人的自由和创造性的更充分的实现。但这种超越相对主义的方式并不令人满意。我们怎么知道历史主义一定导向他所说的自由和创造性的充分实现，而不是混乱和虚无主义？后者似乎更符合当代的现实性。参见〔新加坡〕C. L. 腾主编《劳特利奇哲学史》第7卷《19世纪哲学》，刘永红等译，中国人民大学出版社，2016，第249~252页。

② 〔德〕亨里希·李凯尔特：《李凯尔特的历史哲学》，涂纪亮译，北京大学出版社，2007，第124页。

际上，他试图以某种超历史主义的方式为历史主义危机提供解决方案，即从历史经验转向先验的价值理论。"①

## 四　先验价值论及其对文化科学的最终奠基

价值哲学对于李凯尔特至关重要，他要从先验立场来捍卫价值的客观性和普遍性，这不仅是历史认识的客观性的保证，而且也是克服历史主义的价值相对主义的唯一途径。实际上，价值哲学是新康德主义西南学派的特色。面对传统形而上学的衰落和哲学归并到其他经验科学中，文德尔班主张哲学要将一般的价值问题作为自己的研究对象。"哲学只有作为普遍有效的价值的科学才能继续存在。哲学不能再跻身于特殊科学的活动中。哲学既没有雄心根据自己的观点对特殊科学进行再认识，也没有编撰的兴趣去修补从特殊学科的'普遍成果'中得出的最一般的结构。哲学有自己的领域，有自己关于永恒的、本身有效的那些价值问题，那些价值是一切文化职能和一切特殊生活价值的组织原则。但是，哲学描述和阐述这些价值只是为了说明它们的有效性。哲学并不把这些价值当作事实而是当作规范来看待。因此哲学必须把自己的使命当作'立法'来发扬——但这立法之法不是哲学可随意指令之法，而是哲学所发现和理解的理性之法。"② 对于文德尔班来说，普遍有效的价值构成了文化的共同方面，是一切有价值事物的基础。哲学不是把这些价值作为事实，而是作为规范，普遍价值学说就是"规范论"。依据康德的实践理性学说，价值要理解为由普遍理性确立的，只有这样它作为规范才能发挥作用。为了说明价值的客观性，他最终把价值标准归之于上帝的秩序，把超感性的神圣实在作为承认绝对价值所需要的一个悬设。

李凯尔特的价值哲学继承了文德尔班的观点。他认为哲学是要把世界整体作为自己的研究对象，但人和世界的关系是焦点。人对世界感兴趣，是因为世界对人是有意义的，这必然涉及价值问题。价值具有独特的本体论地位，"价值绝不是现实，既不是物理的现实，也不是心理的现实。价值

---

① 〔美〕查尔斯·巴姆巴赫：《海德格尔、狄尔泰与历史主义的危机》，李果译，卓立译校，江苏人民出版社，2021，第83页。

② 〔德〕文德尔班：《哲学史教程》下卷，罗仁达译，商务印书馆，1993，第927页。

的实质在于它的有效性（Geltung），而不在于它的实际的事实性"①。价值出现在义务、规则、目的、命令等形式中，赋予它们以有效性，但又不能等同于它们，而是它们的前提。我们不能创造价值，而只能认识到它们对我们的效力。不过他不赞同文德尔班把价值概念等同于规范，认为这样会误把每一种价值都看成伦理价值。在晚年的《哲学体系》中，他将价值分为六类：逻辑价值、审美价值、神秘主义价值、伦理价值、爱的价值和宗教价值。

他认为人有普遍价值的意识，当人在使用真、善、美、神圣这些词时，都预先假定这些价值的有效性是客观的、超个人的。绝对价值的存在是通过具有义务意识的意志体现出来的，这种意志能将绝对价值实现于现实世界。"具有义务意识的意志所具有的绝对价值依据于这种意志，这是绝对价值以任何方式得到实现的前提。"② 为了说明价值的客观有效性，李凯尔特有时在特殊的意义上论及价值实在（Wertrealität），只不过它是不可认识、不可言说的东西，处于经验现实的另一面，"关于这种事物我们同时要指出，它作用于经验现实，因而它本身必然是'现实的'。这样一种事物是超感觉的实在的，就此而言是形而上学的"③。这种形而上学是依据价值的非实在的有效性建立的特殊形而上学，类似于康德的道德形而上学。价值实在由于超出了科学认识，只是一种形而上学的信念。

文化科学的认识论最终是建立在超历史的永恒价值之上。必须假定文化事物都趋向于绝对价值，否则有意义的选择原则都不可能。但这种假设是哲学性的而非科学的。李凯尔特面临的问题在于，即使有人类普遍承认的绝对价值，如真、善、美、神圣，但价值的具体内容又是特殊的，历史中的人们对于什么是真、善、美、神圣有不同的主张。那么根据具体价值观点来选择历史材料，叙述历史事件，仍无法摆脱特定的价值立场的限制。李凯尔特也认识到这一点，"历史学家总是受到那些在内容方面确定的价值的指导，这些价值是从他所关注的历史文化生活中获得的……任何一种在

---

① 〔德〕亨里希·李凯尔特：《李凯尔特的历史哲学》，涂纪亮译，北京大学出版社，2007，第83页。

② 〔德〕亨里希·李凯尔特：《李凯尔特的历史哲学》，涂纪亮译，北京大学出版社，2007，第202页。

③ 〔德〕亨里希·李凯尔特：《李凯尔特的历史哲学》，涂纪亮译，北京大学出版社，2007，第239页。

内容上确定的和在规范上普遍的文化价值，都是与这些绝对价值保持或近或远的距离，因此任何一种文化价值就其个别性而言都与这些绝对的价值保持一种不只是主观随意的联系"①。他认为绝对价值是超经验、超历史的，而历史中的文化价值来源于绝对价值或者说是绝对价值的实现，又与具体历史状况相适应。这使得文化价值具有客观性和有效性。绝对价值和文化价值的关系可用康德的绝对命令和具体义务的关系来说明。康德的绝对命令表达了普遍的道德规范，但它只是形式的法则，没有具体内容。当绝对命令运用于具体的生活领域，如家庭、法律、社会、国家中会形成各种不同的道德要求。对于其他价值也是如此，审美价值实现于各种不同的艺术中，宗教价值实现于历史上纷繁复杂的宗教生活中。

在李凯尔特看来，绝对价值虽是先验的、形式的，但必须实现于特殊的历史文化中以获得具体的内容。"哲学本身绝不可能满足于仅仅提出形式的价值概念……哲学必须把这些形式概念与一定的内容联系起来，在许多场合下，它只能从历史过程中获得这种内容。"② 我们在生活中所接触到的不同种类的价值都是在不同的文化财富中发展起来的，我们只能从历史中发现这些价值，同时，我们又必须相信它们的意义和有效性是超历史的。然而，承认绝对价值的"实在性"及其在历史中自我实现的超验力量，归根结底是一种形而上学的信念。我们生活中有具体内容的文化价值是否真的需要假定绝对价值以获得形式上的统一性，这种形式上的统一对于具体内容的分歧又有什么意义？想想历史上的宗教冲突就明白了。历史学家不是价值中立的，而是承认普遍价值的，但这并不能给他提供具体指导，这种指导来自历史文化中有具体内容规定的价值，而这必然又导致历史学家观点的多样性。李凯尔特承认，"恰恰是那种被假设为有效的形式价值的空洞性（Leerheit）使历史学在从内容方面规定它的那种起指导作用的观点时（历史学作为经验科学而言不可能没有这种观点），具有自由和广度"③。这

---

① 〔德〕亨里希·李凯尔特：《李凯尔特的历史哲学》，涂纪亮译，北京大学出版社，2007，第 205 页。
② 〔德〕亨里希·李凯尔特：《李凯尔特的历史哲学》，涂纪亮译，北京大学出版社，2007，第 213~214 页。
③ 〔德〕亨里希·李凯尔特：《李凯尔特的历史哲学》，涂纪亮译，北京大学出版社，2007，第 206 页。

意味着绝对价值的形式统一性其实无法避免历史认识走向相对化的可能。

## 五　哲学解释学对李凯尔特的批判

李凯尔特和狄尔泰代表了 19 世纪末 20 世纪初人文社会科学认识论研究的两座高峰，他们试图捍卫人文社会科学的科学性，使其方法论能与自然科学方法论相媲美。他们发展了相对于科学说明的理解理论，但是都不怎么成功。狄尔泰试图从生命出发建立精神科学，但科学的客观性理想和生命哲学基础之间存在矛盾。李凯尔特基于新康德主义立场，力图从个别化的思维逻辑和先天价值体系保证理解的客观性，但也走向了僵化。他们的思想并不能充分反映精神科学的实践，而且他们都忽视了人的存在的历史性，没有将这一点作为我们进行科学认识的前提条件。虽然晚年的狄尔泰意识到精神科学方法论的狭隘性，而主张人的历史的生存方式才是根本性的，但他并没有放弃他的方法论观点，而是相信认识者运用科学方法论能够克服人的历史局限性，赋予研究以科学性。在随后解释学发展中，海德格尔和伽达默尔发展了存在论解释学，为反思精神科学的方法论打开了新的视野。理解对于他们而言是从方法论层面深入了存在论层面。就此而言，海德格尔、伽达默尔发展了晚年狄尔泰已经透露出的存在论解释学的倾向。

如果说哲学解释学的发展更多地吸收了狄尔泰的思想，那么李凯尔特则主要成为批判的对象。对于海德格尔而言，李凯尔特虽然批判了历史主义的价值相对主义，但是又继承了历史主义的认识客观性理想，其前提是主客二分，将历史作为现成对象，就此而言他也是属于历史主义的。这种历史主义和科学主义是结合在一起的，没有深入人的历史性存在，而是用科学的框架去把握历史，错失了历史的原始经验。相较于李凯尔特，海德格尔对于狄尔泰的评价更高，"在狄尔泰的提问中，决定性的东西不是关于历史科学的理论，而是那种要将历史现象的现实收入眼界并由此去阐明解释的方式与可能性的倾向"①。在他看来，李凯尔特对狄尔泰问题进行了变形的、浅薄化的理解，掩盖了提问的真正意义，他的科学方法论研究也走向了

---

① 〔德〕亨里希·李凯尔特：《李凯尔特的历史哲学》，涂纪亮译，北京大学出版社，2007，第 18 页。

抽象化、肤浅化，并不符合科学研究的实际情况。他说："文德尔班和李凯尔特接过了由马堡学派和狄尔泰所开创的工作，但却使其走向了平凡和肤浅。问题已被歪曲得面目全非，就是说，这个学派的那种在科学论意义上的提问，变成了一种空疏的方法论。认识本身的结构、研究的结构，通向各种现实的途径不再得到追问，更没有去追问这一现实本身的结构；研究的课题只剩下科学式表述的逻辑结构。这样的一种倾向走得如此之远，以致在李凯尔特的科学论中，他所讨论的科学已经是不可辨认的了；在这里，起根本作用的仅仅是科学的图式。"① 相反，狄尔泰"摆脱了一种教条式的康德主义，而尝试一种激进主义的走向，纯粹从实事本身出发进行哲学思考"②。当然海德格尔也指出狄尔泰虽然重视人的历史性，但保留了科学的客观性理想，并受限于同时代人的认识论提问方式和思考框架。人的历史性与科学的客观性无法协调，这是狄尔泰和李凯尔特共同面临的困境。海德格尔则从关注历史的科学研究，转向人的生存论建构的分析，探究人的存在的历史性，它是历史学的可能条件。作为精神科学方法论的解释学就植根于这种更本源的解释学中。

继承了海德格尔思想的伽达默尔对于李凯尔特的评价也较低。在他看来，新康德派的特点是通过价值哲学对客观主义进行认识论证明，因此将其归入"天真的客观主义"之列。"尽管历史事实的构成明显地具有价值关联，但没有考虑历史知识交织在历史事件中。"③ 认识者不可避免地牵涉到历史中，我们的历史知识也是属于历史过程的一部分。新康德派忽略了人的历史性，没有从存在论层面探讨文化科学的根源，而是在认识论层面探究概念与历史世界的一致性问题。历史世界是人所创造，人自己就是历史的存在，这是历史科学的可能性条件。历史世界的基础不是现成的历史事实，而是我们的历史的生活经验。生命的历史过程形成了生活经验，它包含了回忆和期待的整体，并构成了历史科学的源头，"历史科学只是继续思考那种生活经验里已经被思考的东西"④。伽达默尔延续了海德格尔对人的

---

① 〔德〕马丁·海德格尔：《时间概念史导论》，欧东明译，商务印书馆，2009，第19页。
② 〔德〕马丁·海德格尔：《时间概念史导论》，欧东明译，商务印书馆，2009，第19页。
③ 〔德〕汉斯-格奥尔格·伽达默尔：《诠释学 II：真理与方法》，洪汉鼎译，商务印书馆，2021，第490页。
④ 〔德〕汉斯-格奥尔格·伽达默尔：《诠释学 I：真理与方法》，洪汉鼎译，商务印书馆，2021，第317页。

存在历史性及其对历史科学奠基的看法，以克服新康德主义的先验主体性，同时又避免历史主义的相对主义。他明确地提出了"第二等级的历史主义"这一观念："它不仅把一切认识的历史相对性同绝对的真理要求相对立，而且还思考作为其根据的认识主体的历史性，并因而能够把历史的相对性不再看作真理的局限。"① 哲学解释学的发展将人的历史性和有限性提升到决定性的原则高度，但又并不否认真理，而只是否定绝对真理，力图在现象学基础上将真理与历史性统一起来。伽达默尔所说的真理，既有认知，也有价值两方面的含义。无论是在历史认识层面上，还是在价值层面上，伽达默尔都力图避免客观主义和相对主义的二元困境。历史认识离不开认识者的历史视域，因此对过去的理解和解释总是能重新进行，但都是对实事本身的不同层面、不同视角的揭示。在价值层面上，他承认历史流传物包含着普遍的价值，但是又必须应用在具体的历史处境中，通过历史的中介而实现出来。

然而，由于排除了先验主体的立足点而突出人的历史性，强调真理在历史中作为事件发生，超越主体控制的方法，哲学解释学使人类的认识和价值都缺少最终的确定性，同样也面临着相对主义的指责，甚至有人认为："第二层次的历史主义，即历史性理论，也只是作为相对主义的历史主义之一种反省的、深思熟虑的形态。"② 为此赫施、贝蒂等人重建方法论解释学，反对伽达默尔的"认识相对主义"。而另一些人则辨认出伽达默尔思想中黑格尔式的普遍历史观念，在他那里历史虽然在永恒的运动中，但历史过程本身是有意义的，某种普遍性的真理就在其中得以实现，就此而言"伽达默尔是个隐秘的本质主义者"③。

## 六　结语

总体而言，李凯尔特继承了历史主义的科学方法论，同时反对历史主

---

① 〔德〕汉斯-格奥尔格·伽达默尔：《诠释学 II：真理与方法》，洪汉鼎译，商务印书馆，2021，第 519 页。

② 〔德〕G. 舒尔茨：《诠释学中的历史主义之争》，林维杰译，潘德荣译校，《安徽电力职工大学学报》2002 年第 4 期，第 61 页。

③ Diane P. Michelfelder & Richard E. Palmer, eds., *Dialogue and Deconstruction: The Gadamer-Derrida Encounter*, New York: State University of New York Press, 1989, p.299.

义世界观。他以诉诸超历史的普遍有效的价值克服价值相对主义，并将先验价值和文化科学的方法论结合起来以保障历史认识的客观性，由此克服历史主义危机。但这被指责为一种独断的、非历史的思考。他对于历史完全采取一种抽象的、理论化的态度，历史只是被看作有待认识的现成之物，这就忽视了历史学家与过去历史的活生生的联系。他的历史认识论关注思维形式和历史材料的结合，以先验概念和逻辑去构造历史，错失了历史在时间中活生生的动态过程，疏离了真实的历史经验。为确保历史客观性而设定的普遍价值也是抽象的、形式化的，这些价值要通过历史主体的实践而具体化，总是因社会文化和时代环境而在内容上表现出很大的差异性。先验和经验、永恒和历史之间始终存在着张力，这使他克服历史主义危机的努力并不成功。但对于李凯尔特来说，将认识和价值都建立在历史生命的基础上，是不能真正走出相对主义的。从克服历史主义危机的意图上看，他和哲学解释学是一致的，但其思路更为"强硬"，他是继承了康德的先验哲学传统，而非施莱尔马赫开创的现代解释学传统。不过他对于文化科学的特殊逻辑和方法论的思考，也可以纳入广义的解释学中。

值得注意的是，历史主义仍然是当代重要的思潮，在后现代语境中形成了新历史主义或后现代历史主义。历史主义的危机非但没有克服，反而愈演愈烈。不仅价值相对主义盛行，而且认识的客观性也受到普遍挑战。历史不再有统一性和整体意义，认识过去只能是碎片化的、视角化的、多元化的。新历史主义承认历史学家的历史性，由此认为书写历史不可避免带有历史学家的偏见和情绪影响，甚至把历史文本看成历史学家的想象的产物，强调历史叙事甚于客观事实。虽然哲学解释学并不主张相对主义，但它对人的历史性的强调无疑推动了价值和认识的相对主义。这使得社会历史研究的科学性受到极大的挑战。就此而言，李凯尔特对于价值和认识的客观性的捍卫，对于文化科学方法的探索，仍是今人需要继续进行的工作，对于解释学的发展也仍具有借鉴意义。

# 从神意到义务：康德历史哲学的嬗变[*]

冷金乘[**]

**【内容提要】** 康德的历史哲学是一种需要经验根据的非先验的理念，同时它也植根于西方历史哲学的宗教传统中。在法国大革命以前，康德历史哲学理念的根据在于神意，以及一些历史经验；在法国大革命以后，康德又提出历史是向更善进步的进程，历史哲学理念的根据在于道德义务，以及以法国大革命为代表的历史事件。随着道德义务论被引入历史哲学，神意虽仍被提及，但居于次要位置。历史的意义不再是由上帝赋予的，而是由人赋予自己的。

**【关键词】** 康德；历史哲学；宗教；神意；义务

从 1784 年发表《关于一种世界公民观点的普遍历史的理念》（以下简称《理念》）到 1798 年出版《实用人类学》，虽然康德的诸多历史哲学作品只是以若干文章和部分书籍中的零散议论的形式存在，但他被后世学者普遍看作一位重要的历史哲学家，他的历史哲学也得到了大量探讨。康德的历史哲学是目的论的，而学界在处理这种目的论历史哲学的宗教维度这一问题上出现了两种不同的取向，一种是去宗教化的解释，另一种是宗教化的解读。

去宗教化或者去神秘化的诠释更为流行。柯林武德早在《历史的观念》中就提到，如果要把历史的进步"像康德那样称之为一项大自然的计划，那就是在使用神话学的（mythological）语言了"。[①] 后来的沃尔什则正确地

---

\* 本文得到国家留学基金委资助。

\*\* 冷金乘，浙江大学历史学院博士研究生、弗吉尼亚大学访问博士生，主要研究方向为历史哲学、19 世纪思想史。

① 〔英〕柯林武德：《历史的观念》，何兆武、张文杰、陈新译，北京大学出版社，2010，第104 页。

看到，在康德看来，历史在双重意义上是一个合理的过程，"它不仅是根据一种可理解的计划而前进的，而且是朝着一个为道德理性所赞许的目标而向前的"①。一个是自然的计划，一个是道德哲学。不过，沃尔什主要关注的是康德历史哲学作为一种启发性原则的性质，以及它跟专业历史研究的关系，他没怎么涉及宗教维度。近年来，亨利·E. 埃利森在对康德历史哲学的目的论和批判哲学基础的探讨中也主要侧重它的政治和道德维度，而基本没有提及宗教维度。

近年来的国内学界关于康德历史哲学的诸多研究也忽略了宗教维度。王平在其专著《目的论视域下的康德历史哲学》中甚至提出，上帝在康德历史哲学中退场和缺席了，所谓"神意"的承担者不是上帝而是自然，神意论转变为了自然的目的论。② 陈志远注意到了对康德历史哲学的三种不同解释——自然理性的现象史、判断力的反思史和道德理性的建构史，并且正确地指出道德理性的建构史代表了康德后期最成熟的思考，但他忽略了宗教维度。③ 方博在探讨康德历史哲学中的神意时，也把它替换为了自然机械论。④

对康德历史哲学的去宗教化诠释，不仅是因为学者们并不信仰宗教，也是由于这种诠释造成了解读的矛盾。正如沃尔夫冈·埃特尔所说，康德关于神意为人类走向永久和平提供保证的说法已经在学界造成了不安，因为这种说法似乎与康德在历史哲学中对人类自由的强调相冲突。然而，宗教维度实际上对于理解康德历史哲学而言是必要的。埃特尔就分析了《永久和平论》中的神意和自然的关系，提出神意的概念不仅没有威胁到人类自由，而且可能是康德解决人类自由和自然因果决定论的兼容性问题的最重要因素。⑤ 迈克尔·罗森在最近出版的专著《上帝的余晖：康德、黑格尔和从天堂到历史的通路》中从康德的宗教哲学和道德哲学文本出发，以

① 〔英〕W. H. 沃尔什：《历史哲学导论》，何兆武、张文杰译，北京大学出版社，2008，第122页。
② 王平：《目的论视域下的康德历史哲学》，上海交通大学出版社，2012，第75页。
③ 陈志远：《康德的历史概念和历史哲学——三种解释的尝试》，《江苏行政学院学报》2008年第3期。
④ 方博：《康德历史哲学中的天意与人的启蒙》，《哲学研究》2014年第3期。
⑤ Wolfgang Ertl, "The Guarantee of Perpetual Peace in Kant: Remarks on the Relationship between Providence and Nature", in Violetta L. Waibel ed., *Natur und Freiheit: Akten des XII. Internationalen Kant-Kongresses*, De Gruyter, 2018, pp. 2539-2548.

"不可见的教会"这一概念为主轴探讨康德是如何从宗教领域进入历史领域的：正义就在于幸福与道德之间的适当比例，完美的正义也许无法企及，但对正义的追求却是人类在这个世界上能够努力的事情。这一历史进程中，人们为了有效地实现正义这一理想，必须想到上帝同他们在历史中共同工作。每一个人自己付出努力，这样可以指望上帝分配给他幸福，罗森从中看到了"最后的审判"和来世观念的因素。不过，他较少注意康德的历史哲学文本。

然而，无论是去宗教的还是强调宗教因素的研究，都未能注意到康德历史哲学的理论依据存在一个从神意到义务的思想史上的转移，这意味着康德的历史哲学经历过一个世俗化的过程。这意味着历史的意义不再是由上帝赋予的，而是由人赋予自己的。从更宏大的文化语境来看，康德在一定程度上与西方历史哲学的神意传统保持了距离，并把历史哲学建立在自己的道德哲学的基础上。本文将会综览康德在不同时期写下的各个历史哲学文本，追踪康德历史哲学的这一嬗变。

# 一　西方历史哲学的宗教传统

在进入康德文本之前，我们先简要回顾西方历史哲学中的宗教传统。洛维特在《世界历史与救赎历史》中系统探讨了历史哲学中的神学预设，在他看来，历史哲学就是变相的历史神学，是末世论的一种变体。历史哲学的普遍图式就是，历史是朝着一个有意义的终极目标的进展，并且这一进展是由神意（Vorsehung）所规定的。虽然洛维特对康德着墨甚少，但他那锐利的眼光没有忽略康德所说的"大自然的隐秘计划"，以及《单纯理性限度内的宗教》中对启示宗教向理性宗教的历史进展的论述。

从奥古斯丁到19世纪，上帝的意志一直是西方历史观念的一个母题。"神意"这个词在18世纪的欧洲是一个日常用语，而非专业名词。黑格尔在19世纪初依然会提到神意，并直接点出历史哲学的神义论的意义。在基督教传统中，神意指的是上帝对世界的安排或干预。这个词可以跟自然有关，比如康德在思考里斯本大地震时多次提及神意，他多次提及神意的自然安排，但是反对把地震看成上帝对城市居民的惩罚。如果把神意和历史联系在一起，那么这一般就意味着，历史的进程、目的与意义是被上帝所决定了的，尽管神意实现的途径还未明确。

意大利那不勒斯的维柯经常被人们看作第一位历史哲学家，然而他在世时以及去世后很长一段时间并不为人所知。他在《新科学》（1725）中认为，"新科学"的一个主要方面必然是关于神意（provvedenza divina）的一种理性的民间神学，它必须证实神意在历史中做的事，必须是一部神意在没有人类认识或意图而且往往违反人类计谋的情况下，颁布给人类这个伟大城邦的一些制度的历史，而这门科学将找到某些证据来证实和说明神意的存在。此后，法国的伏尔泰在《风俗论》（1756）中有意地跟神意保持了距离。在洛维特看来，伏尔泰吹响了历史哲学世俗化的号角——用进步取代神意。[1] 然而，法国启蒙运动中这种明确的世俗化倾向在同一时期的德意志地区并不明显。赫尔德在自己的《另一种历史哲学》（1774）中所崇尚的也正是神意观照下的历史，并且强调身处历史迷宫中的人们根本无法认识到神意。[2]

"按照以赛亚·伯林的说法，赫尔德在形成自己的历史哲学观点后至少二十年才读过《新科学》这本书。"[3] 见多识广的歌德也是在1787年旅行到那不勒斯才知道维柯。[4] 这样的话，康德更不可能知道维柯其人和《新科学》这本书，所以他在历史哲学中使用"神意"并非受他直接影响。当然，康德很有可能了解赫尔德的那本书。更重要的是，神意传统作为一种当时的文化语境，就是康德思考历史问题的起点。

## 二 法国大革命以前：神意主导的历史哲学

康德的历史哲学始于1781年的《纯粹理性批判》（第一版）。在探讨"理念"这个概念时，他提到，需要一部按照使每个人的自由能够与其他人

---

① 〔德〕洛维特：《世界历史与救赎历史》，李秋零、田薇译，商务印书馆，2016，第135～139页。

② 〔德〕赫尔德：《反纯粹理性——论宗教、语言和历史文选》，张晓梅译，商务印书馆，2010，第13～16页。

③ 〔英〕以赛亚·伯林：《启蒙的三个批评者》，马寅卯、郑想译，译林出版社，2014，第181～182页。

④ 杨武能、刘硕良主编《歌德文集》第11卷《游记》，赵乾龙译，河北教育出版社，1999，第175～176页。

的自由共存的那些法律而具有的最大自由的宪法，这是一个"必要的理念"。① 在之后更详细的探讨中，康德会把这种状态称为世界公民状态。这里涉及的是一种政治哲学理念，还不是历史哲学理念，因为康德还没有涉及走向这个世界公民状态的历史进程。

什么是理念？我们要先理清康德的相关术语的意思。在康德看来，人有三种表象方式：直观（Anschauungen）、概念（Begriffe）和理念（Ideen）。而理念跟理性（Vernunft）紧密相关。本文对"理性"一词的使用依循《纯粹理性批判》中的这一严格或狭义的定义：理性是一种使各知性规则统一于"原则"之下的能力，它不直接涉及经验或者某个对象，而是涉及知性，为的是通过概念赋予杂多的知性知识以先天的统一性，这种统一性可以叫作理性的统一性。它是理性自身对自己的要求，是必然的。而"理念"，亦即理性的概念，就是出自各个纯粹知性概念的超出经验可能性的概念。

许多读者可能会忽略，虽然理念超越了经验可能性，但是有些理念却并不是纯粹的，或它们不是先验理念。他曾提到，道德的诸概念并不完全是纯粹的理性概念，因为它们需要某些经验性的东西（愉快或不愉快）为基础。他也明确指出，若要对世界的未来变化的序列形成一个理念——而这显然是一个历史哲学理念——那这就只是一个任意设想出来的思想物，而不是由理性必然地预设下来的。这样一个理念不是先验理念，因为先验理念是理性必然地预设下来的，它是有关有条件者的诸条件的总体性的概念，而不涉及后果的总体性。而历史哲学理念涉及后果的总体性，所以它并不是先验理念，而且它显然也要以经验性的东西为根据。

康德赞同的是对理念的调节性（regulative）运用，而不是构成性（konstitutive）运用。调节性运用指的是人们假定那些纯粹理性的诸理念符合实在，而构成性运用则意味着认为那些理念就是对实在的描述。在《逻辑学》中，康德指出，理念包含着知性使用的原型，例如关于世界整体的理念，它是必然的，不是作为经验性的知性应用的构成性原则，而是仅仅作为旨在我们经验性的知性应用之普遍联系的调节性原则②。可见，无论是先验理

---

① 参见李秋零主编《康德著作全集》第4卷，中国人民大学出版社，2005，第198页。
② 参见李秋零主编《康德著作全集》第9卷，中国人民大学出版社，2010，第89页。译文有改动。

念还是非先验的理念，都应该进行调节性的运用，在这种情况下，它只是或然性地假定了共相，而殊相是确实的。进行调节性运用的理念是一个"纯然的"（bloßen）理念，这种理念的应用不是"理性的不可置疑的应用"，而是"理性的假设性的应用"。后者"关涉知性知识的系统统一性，而这种统一性则是规则的真理性的试金石。反过来说，系统的统一性（作为纯然的理念）仅仅是规划出来的统一性，就自身而言，人们必须不把它看做是被给予的，而是看做问题"①。这意味着，用实在的情况去验证这种假设性的运用是没有必要的。

康德在1784年发表了自己历史哲学方面的第一篇文章《理念》。世界公民状态是一种政治哲学理念，而走向这个状态的历史进程便是一种历史哲学理念。由于历史哲学理念肯定需要有一定程度的经验支持，所以这只能是一种非先验的理念，并且对此应该进行调节性的运用。这意味着，人们要把世界进程视为一个总体性的、有目的的、内在联系的过程，并且它的目标就是世界公民状态，因为人的理性要求人们这样来看待全部历史，而这是一种假设或规划，并不是说历史进程就是这样。如果是这样的话，事情似乎就很简单。

然而，康德在《理念》中又把自己投入了历史哲学的宗教传统中，这使得人们对康德的历史哲学的解读工作变得复杂化。他在《理念》中写道："人的行动与其他自然事件一样位于现象界，都是被普遍的自然法则规定的。人们在各自追求自己的意图时，不知不觉地服从着他们所不知的自然意图，或神意。"②虽然康德同时使用这些术语，但我们不能把"自然"和"神意"这两个术语等同起来。葆琳·克莱格德就分析了康德使用"自然"和"神意"的不同侧重点，前者强调支持历史进步的自然手段，后者强调这种自然秩序是由至高智慧所造成的。实际上，归根结底还是神意，因为自然秩序也是它造就的。

康德试图从历史的"荒诞进程"中揭示出神意，而这个神意是一种理念吗？康德强调，人们是在不了解自然意图的情况下，不知不觉地为促进

---

① 李秋零主编《康德著作全集》第3卷，中国人民大学出版社，2004，第421页。译文有改动。
② 李秋零主编《康德著作全集》第8卷，中国人民大学出版社，2010，第37页。

这个意图工作。这样的话，神意不仅不是一种理念，而且还独立于理念。由此可见，康德并未给"神意"赋予不一样的内涵，"神意"就是上帝对世界进程的干预。他还提到，世界公民状态是个纯然的理念，它的完全达成是不可能的，只有接近这个理念才是自然"责成"人们的。这样的表述显示，神意要高于理念。而且只有当我们相信有一个神意存在，才能对历史过程形成一个理念。

同时，康德也提到这种历史哲学理念需要一些经验根据。它提到自己从现实世界中看到了走向世界公民状态的"微弱迹象"，包括公民自由的增长，以及欧洲各国之间的紧密联系。一方面，他类比天文学说，"尽管从宇宙有条不紊的状态的普遍根据出发，以及从人们观察到的少许东西出发，足以可靠地推断这样一种循环的现实状况"[1]。这表明，历史哲学理念作为非先验的理念需要联系历史事实来提供依据，而这是先验理念所不需要的。但另一方面又说从一小部分的局部观察只能"没有把握地"发现宇宙运行的机制。这又表明，历史哲学理念，即便需要某些经验根据，也无须特别依赖它们。

总之，在《理念》这篇文章中，康德阐述了自己的历史哲学理念的两个根据，一个相对重要，即神意或上帝对历史进程的安排，另一个相对次要，即历史经验。

当康德以推出神意的方式来提出自己的历史哲学，他就是一位神意代言人，但是这个世界上的神意代言人不止他一个。康德很快遇到了一位强劲的对手，即自己昔日的学生赫尔德，赫尔德觉得自己才是看到了神意的那个人。1784 年，赫尔德的《人类历史哲学的理念》第一卷出版，康德于 1785 年 1 月匿名撰写了第一篇书评。但赫尔德立即猜出了该书评出自康德之手，他不甘示弱，在《人类历史哲学的理念》第二卷中加入了对康德的观点的攻击。莱茵霍尔德也匿名发表了一篇书评捍卫赫尔德的观点，康德也立即进行辩驳。1785 年 11 月，康德发表了关于赫尔德《人类历史哲学的理念》的第二篇书评，并对赫尔德对自己的批评进行了回应。康德一生中很少写书评，连写两篇书评加一篇回应更是绝无仅有，可见此时他对历史哲学的热情不小。

---

[1]　李秋零主编《康德著作全集》第 8 卷，中国人民大学出版社，2010，第 34 页。

赫尔德认为神意更偏爱个体的幸福，而不是昂贵的国家机器。康德回应说，神意并不在于"每个人为自己制作的幸福剪影，而是由此启动的、一直前进和成长着的活动和文化，其最大可能的程度只能是一种按照人权的概念来安排的国家宪政的产物，因而是人自己的作品"，在这种情况下，同样可以保障"每个个别的人心中都有其幸福的尺度"。① 言下之意是，康德认为赫尔德没有看到保障个体幸福的社会条件，而这才是真正的神意。后面康德还说："人类在整体上的规定性就是不断的前进，而其规定性的完成则是一个纯然的理念，但却是一个在所有方面都很有用的理念，即关于我们应当按照神意的意图努力追求的目标的理念。"② 这里，康德再次点到了《纯粹理性批判》中关于理念的思想。"纯然的"理念指的就是要对理念进行调节性运用，而不是构成性运用。他觉得自己的理念一方面跟神意是一致的，另一方面具有实践意义，即便它可能不符合实在。

康德在同时期又完成了另一篇文章《人类历史揣测的开端》并发表于1786年，他自称这篇文章不是在进行严肃的工作，而是由想象力在理性的陪伴下依据《创世记》进行的纯然的游乐。这篇文章明显针对赫尔德之前的作品《人类最古老的文献》，因为赫尔德依据的也是《创世记》。既然主要文献依据是《创世记》，那么康德揣摩神意的意图就很显然了。康德在《理念》中是从自然的目的论和历史经验来揣测神意，而在《人类历史揣测的开端》中是从《圣经·旧约》中来直接探求神意。他从《创世记》中诠释出来的神意便是历史的进程从较坏发展到较好。这一诠释多多少少显得有些穿凿附会，而且康德自己也说这不是一项严肃的工作。无论如何，他显然很乐意从圣经出发来表明自己看到的神意是正确的，由于神意是历史哲学理念的根据，那么也就能表明自己的历史哲学理念是正确的。

在法国大革命以前，康德还完成了《道德形而上学奠基》（1785）和《实践理性批判》（1788），当时他的道德哲学还没有跟历史哲学产生直接联系。《理念》作为康德历史哲学的奠基作品，创作时间要早于他的道德哲学主要著作和《判断力批判》。学界流行的一种做法是把《理念》和后来的这些作品结合起来进行诠释，但这种做法从思想史的角度来说是成问题的。

---

① 李秋零主编《康德著作全集》第8卷，中国人民大学出版社，2010，第70页。
② 李秋零主编《康德著作全集》第8卷，中国人民大学出版社，2010，第71页。

埃利森便很清楚地认识到这一点，他提出这种诠释未必能够发现《理念》的写作意图。

总之，在这一时期，康德确定自己的历史哲学是一种理念，但是又搬出独立于且高于理念的神意。他认为，只有相信在表面上的荒诞进程背后有神意在发挥作用，并辅以对历史进程的经验观察，人们才能形成一种历史哲学理念。

## 三　法国大革命时期：道德义务主导的历史哲学

1789 年，法国大革命爆发，惊动了德意志的众多知识人。康德始终支持法国大革命，即便在革命进展到恐怖时期也是如此。而且，革命所体现的理念显然符合康德的"国家宪政"的构想，而且它体现的正是人类在历史中的能动性。当 1792 年法国成立共和国的消息传来时，康德的一位旧识曾听到他呼喊："现在让你的仆人平静地进入他的坟墓吧，因为我已经看到了世界的荣光。"[1] 这里的"仆人"指的是康德自己，他感叹在垂暮之年能见证这一重大历史事件，或者说看到自己的历史哲学预言开始成为现实，或者说看到自己所说的神意开始显现，便死而无憾了。康德在此前的历史哲学文章中还经常采用试探性的、谦虚的语言，此后则明显变得更加自信。

1790 年，康德出版了《判断力批判》。这部著作是过去的理论工作的继续，而且法国大革命爆发时他正在写作过程中，所以它并非革命的直接反映。康德提出了"反思性的判断力"（reflektierend Urteilskraft）这个概念，这对应的是此前《纯粹理性批判》中的"理性的假设性的应用"。判断力是人的知性和理性的中间环节，它指的是把特殊的东西当作包含在普遍的东西之下来对它进行思维的能力。规定性的判断力是指普遍的东西被给予，把特殊的东西归摄在普遍的东西之下的判断力。反思性的判断力是只有特殊被给予，而为此去寻找普遍，它只能作为规律自己给予自己，既不能从别处拿来，也不能指定给自然。反思性的判断力适用的是特殊的经验性法

---

① 　Rudolf Malter ed. , *Immanuel Kant in Rede und Gespräch* , Felix Meiner Verlag, 1990, S. 348.

则，这些法则处理的是没有被普遍的自然规律所规定的东西，对于这些东西，人们由于其认识能力也要以统一性来考察。就自然的合目的性而言，人们运用的便是反思性的判断力。在这里，康德的历史哲学发生的明显的变化主要是把第一批判中的"理性的假设性运用"换成了第三批判中的"反思的判断力"，这意味着历史哲学理念不再是一种人们对狭义的理性的运用，而是对判断力的运用。他还承认，自然的超感性原则也许根本就不可能有机械论解释和目的论解释的一致。

康德在《判断力批判》第 83 节"作为一个目的论系统的自然的最后目的"中对历史问题做了直接论述。康德先提到，要把人看成作为一个目的论系统的自然的最终目的，而这是由于反思性的判断力，而不是规定性的判断力。因为人是尘世唯一能够给自己形成一个关于目的的概念，并能够通过自己的理性把合目的地形成的诸般事物的集合体变成一个目的系统的存在者。那么，问题又变为：在人身上可以把什么视为最终目的。康德认为这不应该是幸福，因为这要以自然的条件为根据，从而流于单纯的物质享受。"文化"（Kultur）指的是有理性的存在者以其自由为根据对"随便什么目的"的适应性的产生过程，康德指出，文化才可以是人类归之于自然的最后目的的，而这是一个新的提法。如果止步于此的话，康德就成了一个文化多元主义者。不过他立即指出，不是所有文化都能作为自然的最后目的。如果一种文化只有"技巧"（Geschicklichkeit），亦即只增强了人类利用自然的工具性能力，但缺乏规定和选择自己目的的"意志"（Wille），从而沉陷在享受自然的动物性的规定之中的话，那么这种缺乏"管教"（Zucht）的文化还不配作为最后的目的。他还强调只有在世界公民状态下，"自然禀赋的最大发展才可能发生"。康德在这里虽然没有提到"神意"这个词，但提到了"至上智慧"。他认为战争虽然只是人类根据激情发动的无意行为，但可能是至上智慧的有意尝试，以此来为向世界公民状态迈进做准备。由于康德是在反思性的判断力这一框架下探讨"至上智慧"，那么对这种"至上智慧"的考虑或许也是一种反思性的判断力的结果。

康德在 1793 年发表了文章《论俗语：这在理论上可能是正确的，但不适用于实践》（以下简称《论俗语》）。这里康德转换了视域，开始谈论人类是否在向"更善"进步，这意味他的历史哲学开始明确跟道德哲学结合。

在《论俗语》中，他说自己没必要证明自己的向善进步的预设，因为他依据的是他自己"天生的义务"，即在繁衍序列中的"每个环节上都如此影响后代，使他们越来越善（因此也必须假定这件事的可能性），并且就这样使这个义务能够依照法权从繁衍的一个环节传给另一个环节"①。康德用些许独断的口吻说："只要这意图的实现不是明确不可能的，它就成为义务。"②这样来看，历史哲学的依据变成了义务，而并非《理念》中的神意。

同时，康德也没忽略神意。他提到，为了保持或加快向着更善的进步，人们要有一种整体的意识，然而，只有从人的本性，"或者毋宁（因为要完成这个目的，就需要最高的智慧）从神意，我们才能期待有一种关涉整体，再由此关涉各部分的成功"③。跟神意相比，人的力量是有限的，因为他们的规划仅仅从部分出发甚至停留在部分上，"而且尽管能将其理念，但却不能将其影响延伸到整体"④。神意仍然处于比理念更高的位置，它会"强迫我们进入一条我们不易自行顺从的轨道"⑤，所以，历史的进步是被神意事先决定好了的，它将通过既有的人性来发挥作用，并不依赖个人的道德改进。

同一时期，康德拒绝了出版商再版《理念》一文的请求，因为他担忧此举会在"世界强权们发酒疯"的时代激怒当局。1793 年，法国革命政府处决了路易十六，包括普鲁士在内的众多欧洲国家组成反法同盟，双方处于交战状态。康德担忧的事情很快应验了。1794 年，沃尔纳遵照普鲁士国王弗里德里希·威廉二世的意思给予康德申斥，指责康德在《单纯理性限度内的宗教》和某些文章中扭曲和贬抑基督教基本教义。康德承诺不再发表涉及宗教的文章，也不再开设相关课程，但他并未停止发表政治和历史观点。

1795 年，康德出版了《永久和平论》，继续为世界公民状态摇旗呐喊。在他看来，实现世界公民状态是实现永久和平的条件，而大自然已经为永

---

① 李秋零主编《康德著作全集》第 8 卷，中国人民大学出版社，2010，第 313 页。
② 李秋零主编《康德著作全集》第 8 卷，中国人民大学出版社，2010，第 314 页。
③ 李秋零主编《康德著作全集》第 8 卷，中国人民大学出版社，2010，第 314 页。译文有改动。
④ 李秋零主编《康德著作全集》第 8 卷，中国人民大学出版社，2010，第 314 页。
⑤ 李秋零主编《康德著作全集》第 8 卷，中国人民大学出版社，2010，第 314 页。

久和平提供了保障。康德在这本书中为"神意"做了专门解释，而且还给这一概念写了一段很长的注释，还对神意发挥作用的几种途径进行了分类。他认为，"神意"指的是预先规定合目的性的世界进程的更高原因的深邃智慧，而且神意是无法认识的，使用"自然"这个词更体现出人类理性的局限，也更加谦虚。但是前面已经提到，在《理念》中，康德的说法是"自然——或者不如说神意"。康德或许也认识到了自己曾经的"狂妄"。他认为，表现神意"与理性直接为我们规定的目的（道德目的）的关系和协调一致，是一个虽然在理论方面越界，但在实践方面（例如就永久和平的义务概念而言，以便利用自然的那种机械作用达到永久和平）却是独断的，而且在其实在性上是大有根据的"①。这里就把神意跟道德哲学联系在了一起，而这种联系在《理念》中根本不存在。同时，康德又从神意对自然地理的安排中去寻找某些实在的根据。他提出了一个著名的说法：即便是一个魔鬼民族，只要他们有理智，也能实现永久和平。也就是说，人类无须在道德上付出主观努力，甚至无论自己是否愿意，永久和平也会发生，这意味着它是一种决定了的必然会发生的事。

1797年11月，弗里德里希·威廉二世去世，康德现在没有什么顾忌的，而且也不再向统治者喊话了。1798年，康德的文集《学科之争》出版。其中《重新提出的问题：人类是否在不断地向着更善进步?》是康德的数篇历史哲学文章中唯一纳入该书出版的文章，而且是在国王去世以后，所以审查因素较少。他认为，人们要求有一部人的历史，它不是关于过去时代的历史，而是关于未来时代的历史。这种预言的历史不是按照"已知的自然法则"，它是"预卜的但却是自然的"："作为对未来时代中将要发生的事件的预卜的历史描述，也就是作为对应当发生的事件的一种先天可能的阐述。——但是，一种历史是如何先天地可能的呢? ——回答是：如果预卜者自己造成并且安排了他事先安排的事件。"② 可见，康德在这里已经不再从自然法则出发来推测历史的进程，甚至在预卜未来的时候也没有想到神意。他进而提到，这个预言的历史，也就是向善的进步，不能通过经验来直接解决，但必须与某种经验相联系，这种经验作为历史征兆指示着人类

---

① 李秋零主编《康德著作全集》第8卷，中国人民大学出版社，2010，第368页。
② 李秋零主编《康德著作全集》第7卷，中国人民大学出版社，2008，第76~77页。

的一种禀赋和一种能力。康德所找到的事件就是法国大革命，但不是法国大革命这一事件本身，而是它对旁观者们的心灵造成的影响，确切地说，给旁观者造成了一种"普遍的同情之心"。康德认为这种同情涉及的是权利概念深入人心，一方面人们赞赏一个民族自己建立一种自己觉得好的"公民宪政"，另一方面是这种"公民宪政"按其本性可以避免侵略战争，从而是合法的和道德上善的，即便革命的进展不顺利，它给人们带来的影响也不可逆转了。法国大革命在康德历史哲学中具有了独特的意义，而神意至上的态度在这里"软化"了。康德一方面像往常一样说只能期待神意作为积极条件，另一方面又说，对于期待和要求于人的东西来说，只能期待消极智慧，即促进消灭侵略战争和宪政的实现，而非神意。可见，康德不再强调神意为历史进步提供的终极担保，而是强调应该靠人们自己的努力。

康德最后一次对历史问题的论述是在1798年的《实用人类学》中，这也是他生前出版的最后一本书。他再次提到人们"只能期待神意"，同时，他对"神意"这一概念的界定发生了微妙的变化："神意指的正是这种智慧，它是我们在那些不断地促成自己物种的毁灭、尽管如此又总是保护它的有机自然存在者的物种的保存中，怀着惊赞知觉的。"[1] 在这里他对神意给出了一个特殊的诠释，即由人自己怀着惊赞"知觉"到的智慧，而未必就是那个至高智慧本身，这与在《永久和平论》中界定的"神意"不同。

然而接下来的段落显示，康德并不真的认为"只能期待神意"，他又强调了人类自身的作用："人类应当并且能够是自己幸福的创造者；只不过这一点不能先天地从我们关于人类已知的自然禀赋推论出来，而是只能从经验和历史中，以某种有根据的期望推论出来，之所以有依据，乃是因为必须不对人类向着更善的这种进步绝望，而是（每一个人，只要轮到他头上）以一切聪明和道德光芒来促进向这个目标的逼近。"[2] 他进而又提到，世界公民状态这一理念不是一个构成性的原则，而只是一个调节性的原则，这意味着并非毫无根据地去猜测对这个理念的一种自然趋势，而是努力地把这个理念作为人类的规定性来追求。康德在这里否认了根据人的自然禀赋

---

[1] 李秋零主编《康德著作全集》第7卷，中国人民大学出版社，2008，第324页。
[2] 李秋零主编《康德著作全集》第7卷，中国人民大学出版社，2008，第324页。

进行推论和猜测自然趋势这两种做法，而这不正是他自己在《理念》甚至《判断力批判》中的做法吗？现在他再次表明，向更善进步，以及向世界公民状态的进展，其实是有某些经验根据的道德期望，而这就是历史哲学理念的根据。

## 四 结语

通过本文的分析，我们发现，康德的历史哲学在法国大革命前后存在明显的变化。总结起来，这些变化表现在：第一，康德把义务论引入了历史哲学，使得历史进步成为人的道德责任；这便导致了第二个变化，即神意在历史哲学中退居次要地位，康德不再强调它是一种统治着世界进程的至高意志，而是侧重人应该付出积极主动的努力；第三，历史的目的不仅是世界公民状态，而且还加入了道德上的向善进步；第四，历史哲学的经验根据，从比较宽泛的历史经验，变成了以法国大革命为代表的独特历史事件；第五则不那么明显，历史哲学理念不再是狭义的理性的假设性运用，而是反思的判断力的运用。

埃特尔认为，康德的神意观念既来源于鲍姆加登，也有别于他：上帝建立了律法，并让世界的进程按照这些律法进行下去；但同时，律法是在人类自由之后的，或从中衍生，自然的律法依赖于人的自由。① 通过本文的讨论，我们认为，在历史哲学语境中，尽管这种对神意的自由化解释在康德最后的著作《实用人类学》中有所体现，但在此之前，康德所说的神意跟基督教传统并无显著区别，它跟人类的意志自由是有抵牾的，否则便无法解释为什么存在一个从神意到义务的思想史上的转移。同时，任何试图把《理念》跟康德后来的道德哲学和《判断力批判》结合起来进行理解的尝试，都可能导致对《理念》的误解。

另外，面对这个话题，我们还应该考虑文本以外的因素。康德一生中写过许多书和文章。一些作品虽然是以书为媒介出版的，但其实是几篇文

① Wolfgang Ertl, "The Guarantee of Perpetual Peace in Kant: Remarks on the Relationship between Providence and Nature", in Violetta L. Waibel ed., *Natur und Freiheit: Akten des XII. Internationalen Kant-Kongresses*, De Gruyter, 2011, p. 2544.

章的合集，它们之间只有松散的联系，而并不构成一个严格的系统，所以实际上还是文章。在康德身上，不同媒介的作品之间的差别尤为明显。从哲学体系的角度来说，三大批判是核心著作，《未来形而上学导论》《实用人类学》等书籍则相对次要，而其他的文章则更为边缘。书是对自己学说的详细的、深入的、系统性和学理性的阐述，而文章是对某个具体话题的延伸性的和通俗性的讨论，它们要么是带有现实关切，要么是回应他人观点，要么是劝告统治者。这样，我们也就很容易理解，为什么三大批判几乎没有出现"神意"，尤其是《判断力批判》中对历史目的的描述也没有出现"神意"，反而在之前和之后的数篇文章都出现了"神意"。这显然意味着"神意"在他的主要学说中并不占核心地位。

康德在三大批判陆续出版后成为德意志知识界如雷贯耳的人物，也成为德意志的民族荣耀。他在此期间开始自信地履行知识人的职能，履职方式便是发表各种涉及公共议题的文章，而且这些文章与其说是为了直接启蒙公众，不如说是劝告统治者，特别是弗里德里希·威廉二世。当时普鲁士的审查制度对文章的审查要比学术书籍更严厉，康德很有可能在写作期间就在确保自己的表述能够过审查者这一关。而且，康德需要写得更通俗易懂，才能让统治者们看得懂，同时还要采取某些修辞技巧才能让自己全身而退。比如，康德在《论俗语》中把包括弗里德里希·威廉二世在内的统治者称作"尘世诸神"（Erdengöttern），希望他们能顺应朝向世界公民状态发展的趋势。他强调不以人的意志为转移的"神意"，很有可能是为了压制"尘世诸神"，让他们服从比他们更高的力量。实际上，康德的大多数历史哲学文章都带有政论性质。从这个角度来说，"神意"很有可能也是康德的一种语言策略，当康德向统治者们强调历史中的神意，便是强调历史走向某个结果的必然性。"顺之者昌，逆之者亡"——我们今天对这种叙事策略并不感到陌生。

# 作为生命策略的技术

——论斯宾格勒的技术思想<sup>*</sup>

彭　洋<sup>**</sup>

【内容提要】　不同于其同胞前辈、技术哲学的奠基人恩斯特·卡普将技术物体视为人体器官的投影和延伸的主张，斯宾格勒在20世纪30年代首次从生存角度提出技术是"生命策略"的观点成为人类学技术哲学思想史上的一个新的里程碑。斯宾格勒指出浮士德技术是人类历史上最暴力的技术，因为浮士德技术强暴自然，使整个世界都成为人的战利品，人因此成为最凶残的捕食兽。与此同时，人自身也成为受制于浮士德技术的奴隶，所以浮士德技术最具悲剧性，即玩火自焚的悲剧。

【关键词】　斯宾格勒；生命策略；捕食兽；浮士德技术

自 1922 年《西方的没落》第二卷出版之后，斯宾格勒在近十年的时间里没有再出版哲学著作，直到 1931 年《人与技术：一种生命哲学研究》（以下简称《人与技术》）这本小书问世。虽然相隔近十年，但这本小书却是《西方的没落》的后续，因为此书的目的就是"将在《西方的没落》中专门用于高级文化群的观察方式，现在尝试用于其历史前提，以及从其起源

---

\*　本文系国家社科基金重大项目"当代新兴增强技术前沿的人文主义哲学研究"（项目批准号：20&ZD045）、贵州大学人才引进项目"技术逻辑化：现代技术内部逻辑驱力的现象学考查"（项目批准号：60027723301）的阶段性成果。

\*\*　彭洋，贵州大学哲学学院副教授，德国弗莱堡大学哲学博士，主要研究方向为现象学与科技哲学。

处用于人类历史"①。我们不该因《人与技术》的篇幅小就轻视其在斯宾格勒思想乃至技术哲学发展史中的重要性；相反，斯宾格勒想在这本小册子中干件大事，因为他"尝试提几个问题，这些问题互相关联并因此可能适于为人类命运的大秘密提供一个初步印象"②。如同《西方的没落》的宏大构想一样，斯宾格勒在《人与技术》中试图从"整体上"解释人类历史，因为"只有同时比较着观察人类命运之功效的所有领域，不犯那相信可以从政治、宗教或艺术单独出发领悟人类此在的单一面就能够揭示其全部的错误，人类命运才能被理解"③。为此，斯宾格勒选择了从起源处、从史前贯穿人类整个历史的技术作为切入点来观察和解释人类命运。

## 一　作为生命策略的技术

在斯宾格勒生活的年代，当时的"理念主义者、理论家、歌德古典人文主义继承者，普遍将技术物体和经济问题轻视为低于或外于文化之事"④。对于他们来说，"将一个伟大的商人或工程师与诗人或思想家相提并论近乎在'真正的'文化面前辱没斯文"⑤。相比于浪漫主义者，当时在欧洲很有影响的马克思主义者，尽管他们也自视为诗人和思想家，却对技术，特别是机器更为尊重。他们乐于看到技术的进步，因为新机器可以节省人力、促进生产，为共产主义创造条件。⑥

对于以上两种当时主流的技术观念，斯宾格勒认为"两者在今天都过

---

① Oswald Spengler, *Der Mensch und die Technik: Beitrag zu einer Philosophie des Lebens*, München：C. H. Beck'sche Verlagsbuchhandlung, 1931, S. V（Vorwort）.

② Oswald Spengler, *Der Mensch und die Technik: Beitrag zu einer Philosophie des Lebens*, München：C. H. Beck'sche Verlagsbuchhandlung, 1931, S. VI（Vorwort）.

③ Oswald Spengler, *Der Mensch und die Technik: Beitrag zu einer Philosophie des Lebens*, München：C. H. Beck'sche Verlagsbuchhandlung, 1931, S. V–VI（Vorwort）.

④ Oswald Spengler, *Der Mensch und die Technik: Beitrag zu einer Philosophie des Lebens*, München：C. H. Beck'sche Verlagsbuchhandlung, 1931, S. 2.

⑤ Oswald Spengler, *Der Mensch und die Technik: Beitrag zu einer Philosophie des Lebens*, München：C. H. Beck'sche Verlagsbuchhandlung, 1931, S. 3.

⑥ 参见 Oswald Spengler, *Der Mensch und die Technik: Beitrag zu einer Philosophie des Lebens*, München：C. H. Beck'sche Verlagsbuchhandlung, 1931, S. 4–5。

时了"①。在他看来，"前者是缺乏现实感"② 的 "讲台哲学"③，"后者则缺乏深度得令人吃惊"④。斯宾格勒径直指出："要理解技术物体的本质，就不能从机器技术出发，至少不能从那种认为生产机器和工具是技术之目的的误导性思想出发。事实上技术相当古老。"⑤ 他认为："技术是整个生命的策略。它是战斗中的行动方法之内在形式，而此战斗与生命本身同义。"⑥ 此定义大幅拓宽了技术概念的外延。不仅人有技术，动物也有技术，如狮子捕猎；而且人的技术不仅局限于有形的器物，语言和外交也是技术。⑦ 判断一物或一种行为是不是技术的标准无关乎它们是否自然形成或人工制造，是否有形，而关乎 "有目标的活动"⑧。无论人或动物的技术，所服务的对象都是生命本身，"所以技术不是经济的 '一部分'，就像除了战争和政治之外，经济也不是生命中的自为存在的 '一部分'。所有这些都是那个活动的、战斗着的、贯穿着灵魂的生命整体的不同侧面"⑨。此意义上的技术几乎与生命同义；正是在此意义上，斯宾格勒才能通过技术视角对人类历史予以概览式的整体解释。

斯宾格勒的技术概念并非一时的突发奇想，《西方的没落》第二卷最后一章的第一句话就是 "技术与能在空间中自由运动的生命一样古

---

① Oswald Spengler, *Der Mensch und die Technik: Beitrag zu einer Philosophie des Lebens*，München：C. H. Beck'sche Verlagsbuchhandlung，1931，S. 5.

② Oswald Spengler, *Der Mensch und die Technik: Beitrag zu einer Philosophie des Lebens*，München：C. H. Beck'sche Verlagsbuchhandlung，1931，S. 3.

③ Oswald Spengler, *Der Mensch und die Technik: Beitrag zu einer Philosophie des Lebens*，München：C. H. Beck'sche Verlagsbuchhandlung，1931，S. 3.

④ Oswald Spengler, *Der Mensch und die Technik: Beitrag zu einer Philosophie des Lebens*，München：C. H. Beck'sche Verlagsbuchhandlung，1931，S. 3.

⑤ Oswald Spengler, *Der Mensch und die Technik: Beitrag zu einer Philosophie des Lebens*，München：C. H. Beck'sche Verlagsbuchhandlung，1931，S. 6.

⑥ Oswald Spengler, *Der Mensch und die Technik: Beitrag zu einer Philosophie des Lebens*，München：C. H. Beck'sche Verlagsbuchhandlung，1931，S. 7.

⑦ 参见 Oswald Spengler, *Der Mensch und die Technik: Beitrag zu einer Philosophie des Lebens*，München：C. H. Beck'sche Verlagsbuchhandlung，1931，S. 8。

⑧ Oswald Spengler, *Der Mensch und die Technik: Beitrag zu einer Philosophie des Lebens*，München：C. H. Beck'sche Verlagsbuchhandlung，1931，S. 8.

⑨ Oswald Spengler, *Der Mensch und die Technik: Beitrag zu einer Philosophie des Lebens*，München：C. H. Beck'sche Verlagsbuchhandlung，1931，S. 9.

老"①。然而这一章的标题是"机器",况且其中没有对"技术"的明确定义;可见斯宾格勒此时对技术的思考尚未深入,仍囿于一般俗见,即在"机器"的范畴内思考技术。但这也说明《人与技术》确实如斯宾格勒所说是与《西方的没落》最后一章的内容一脉相承,其后来的技术定义不仅是其思想深化的结果,而且其对技术的认知超前于他所处的时代。就将技术与生命本身相提并论,不再将技术视为被动物这一点而言,斯宾格勒与斯蒂格勒的观点非常接近,但斯宾格勒的观点却早于后者半个多世纪提出。正如国内学者所言:"斯宾格勒把技术定义为一种活动、一种过程,这在当时的历史背景下,即人们对技术不甚关心,习以为常地把技术等同于机器、手工工具的时代,甚至把技术视为'科学的附属物'(典型的观点:技术是自然科学的应用)的时代,应该承认是非常了不起的。"② 同时要一起指出的是,尽管"斯宾格勒先于许多思想家(马丁·海德格尔、雅克·埃吕尔等)认识到技术不断增长的自主性"③,但是坚持历史循环观和突变论的斯宾格勒既没有像约纳斯那样指出现代技术有显著的"进步"特性④,也没有如斯蒂格勒明确地将现代技术物体本身视为一种生命体,即自身具有动力的"有机化的无机物"⑤。斯宾格勒没有区分现代技术与前现代技术,他所定义的技术作为策略(Taktik)的确"太过宽泛"⑥,而且策略作为服务生命之手段这一观点本质上仍将技术视为工具。所以斯宾格勒的技术定义尽管新颖,但仍受传统观念局限,是前现代的。正因如此,斯宾格勒的整个技术视野从根本上还是"形而上的",其思想中因此表现出不少狭隘、矛盾之处,对此将在下文中论及。

① Oswald Spengler, *Der Untergang des Abendlandes: Umrisse einer Morphologie der Weltgeschichte*, Düsseldorf: Albatros Verlag, 2007, S. 1183.
② 刘则渊、王飞:《德国技术哲学简史》,人民出版社,2019,第103页。
③ Gilbert Merlio,„Spengler und die Technik", in *Spengler Heute*, München: C. H. Beck'sche Verlagsbuchhandlung, 1980, S. 110.
④ 〔德〕汉斯·约纳斯:《技术、医学与伦理学:责任原理的实践》,张荣译,上海译文出版社,2008,第6页。
⑤ 〔法〕贝尔纳·斯蒂格勒:《技术与时间1:爱比米修斯的过失》,裴程译,译林出版社,2012,第20页。
⑥ 刘则渊、王飞:《德国技术哲学简史》,人民出版社,2019,第103页。

# 二 人

## ——最凶残的捕食兽

## （一）手与武器

那么，"从何时起有了这种创造性的捕食兽呢？这和以下问题同义：从何时起有了人？——什么是人？它凭借什么变成了人？答案是：通过手的形成"①。然而"未武装的手就其自身而言毫无价值。手需要武器使它自身成为武器"②。虽然人没有如豺狼虎豹的尖牙利爪作为天生的武器，但人可以自己制造和选择武器，而且人造武器更可怕，因为它是反自然的。③ 这里视技艺为自然对立物的观点在《西方的没落》中已经提出。④ 能够制造和选择武器的人是世上最凶残的捕食兽，因为其他捕食兽的猎物只是特定种类的动物，而人的捕猎对象却是整个世界。⑤ 更何况人不仅捕食其他动物，人与人之间也经常自相残杀，这在其他物种中很罕见；但对人来说却很自然，因为在人看来"一个捕食兽是每个人的敌人"⑥。斯宾格勒对人之本性与生存之真相的看法是很冷酷的，因为在他看来："这种战斗就是生命，即生命作为尼采意义上的来自强力意志的战斗，一场残酷无情、没有宽恕的战斗。"⑦ 人对世界的掠夺、人与人之间的厮杀，都是强力意志的体现。

虽然人的技艺反自然且以整个世界为捕猎对象，但这不意味人是世界的

① Oswald Spengler, *Der Mensch und die Technik: Beitrag zu einer Philosophie des Lebens*, München：C. H. Beck'sche Verlagsbuchhandlung, 1931, S. 26.

② Oswald Spengler, *Der Mensch und die Technik: Beitrag zu einer Philosophie des Lebens*, München：C. H. Beck'sche Verlagsbuchhandlung, 1931, S. 28.

③ Oswald Spengler, *Der Mensch und die Technik: Beitrag zu einer Philosophie des Lebens*, München：C. H. Beck'sche Verlagsbuchhandlung, 1931, S. 35.

④ 参见 Oswald Spengler, *Der Untergang des Abendlandes: Umrisse einer Morphologie der Weltgeschichte*, Düsseldorf：Albatros Verlag, 2007, S. 1185。

⑤ Oswald Spengler, *Der Mensch und die Technik: Beitrag zu einer Philosophie des Lebens*, München：C. H. Beck'sche Verlagsbuchhandlung, 1931, S. 20.

⑥ Oswald Spengler, *Der Mensch und die Technik: Beitrag zu einer Philosophie des Lebens*, München：C. H. Beck'sche Verlagsbuchhandlung, 1931, S. 21.

⑦ Oswald Spengler, *Der Mensch und die Technik: Beitrag zu einer Philosophie des Lebens*, München：C. H. Beck'sche Verlagsbuchhandlung, 1931, S. 13.

主宰、大自然的征服者，反而恰恰标志"人的悲剧开始了，因为大自然更强大"①。正因为人的技艺反自然，人在创造和使用技艺时付出的代价就是被从自然中撕裂出来。人因此获得了独特的、其他动物不可比拟的自由意志，但同时陷入了由于脱离自然母体而产生的精神痛苦。一方面因为"'自由意志'无非就是一场暴动。创造性的人从自然的联系中走了出来，而且随着每个新发明他都更远、更敌意地离开了自然"②。另一方面因为"这种捕食兽的灵魂贪得无厌，其愿望永不得满足——这就是施加在这种生命上的诅咒，但也是其命运中的伟大之处。正是那些出类拔萃的人与安宁、幸福、享福无缘"③。从古希腊的希波克拉底、亚里士多德到弗洛伊德都讨论过精神疾病与创造力的关系④，而且这种联系在一定程度上已被当代的实证研究证实⑤。不同于从心理角度去解释精神痛苦与创造力的关系，斯宾格勒是从人与自然的关系解释两者的关联，应该说斯宾格勒的视角有独到和深刻之处，其观点至今对人们研究此问题仍有启发意义。

## （二）语言与组织

斯宾格勒对人的起源与根本特征的定义完全不同于欧洲自古希腊起视"理性"为人区别于动物的独特天赋和根本特征。斯宾格勒将人脱离动物状态的时间大幅提前了，并从更深层次揭示出语言，即古希腊哲人普遍认为的人之为人的理性特征——logos——产生的前提条件：手的出现。"因为两手做事——变爪为手——就意味着操作，而被手操作的就是工具或器具。……脚之为脚——行走、运动——就在于：它在承受全身重量的同时，不仅使手得到解放、实行手的使命、获得操作的可能性，而且建立了手和面部的新型关系，这个关系即是勒鲁瓦-古兰所说的手势和语言的

① Oswald Spengler, *Der Mensch und die Technik: Beitrag zu einer Philosophie des Lebens*, München: C. H. Beck'sche Verlagsbuchhandlung, 1931, S. 35.

② Oswald Spengler, *Der Mensch und die Technik: Beitrag zu einer Philosophie des Lebens*, München: C. H. Beck'sche Verlagsbuchhandlung, 1931, S. 35.

③ Oswald Spengler, *Der Mensch und die Technik: Beitrag zu einer Philosophie des Lebens*, München: C. H. Beck'sche Verlagsbuchhandlung, 1931, S. 57.

④ Catherine Weismann-Arcache, Sylvie Tordjman, "Relationships between Depression and High Intellectual Potential", *Depression Research and Treatment* 2, 2012, pp. 2-3.

⑤ 张梦然：《艺术天才与精神病人或有遗传关联》，《科技日报》2015 年 6 月 9 日，第 2 版。

关系。"① 斯宾格勒比勒鲁瓦-古兰早几十年意识到手和语言的关系，他直接指出词与手的关系——"die Worte als Begriffsbezeichnung"②。原文中用疏排法③强调的"Begriffsbezeichnung"词组中的"Begriff"和"Bezeichnung"都直接与手相关，更何况斯宾格勒还对"Begriffsbezeichnung"加了一个脚注："概念是对物、位置、活动在其实践一般性的等级中的编排。"④ 这个注释用直观的手部活动定义"概念"。同时，斯宾格勒指出，"语言是一种带有感性介质的精神行为。这就使与肉身动作的直接联系很快不再必要了"⑤。"思想、精神、理智或随人们怎么称呼它，使自己通过语言从与实干的手的绑定中解放了出来，现在它作为一种自为的力量直面灵魂和生命。"⑥ 所以，思想其实是手的产物，不但在顺序上后于手的出现，而且其产生依赖于手。斯宾格勒的此观点与马克思将人的意识与思维看作"劳动"的产物有异曲同工之妙，因为"劳动"离不开手。

总之，语言是手的产物，其本质就是工具，"所有言说都有实践本性且出自'手的思考'"⑦。斯宾格勒毫不讳言语言的工具本性，并且讥讽将"思想"当作言说之目的的浪漫派观点是"忘记除了说还有听，除了问还有答，除了我还有你"⑧ 的独白。语言使思想与行动分离，与之相应的人群也开始分裂。斯宾格勒将由此产生的分工称为"领导工作"与"执行工作"。顾名思义：从事领导工作的人是进行思想的领导者，从事

---

① 〔法〕贝尔纳·斯蒂格勒：《技术与时间1：爱比米修斯的过失》，裴程译，译林出版社，2012，第124页。

② Oswald Spengler, *Der Mensch und die Technik: Beitrag zu einer Philosophie des Lebens*, München: C. H. Beck'sche Verlagsbuchhandlung, 1931, S. 43.

③ 疏排法（Sperrdruck）是德国20世纪30年代在书籍印刷中普遍使用的一种强调形式，其方式就是给所要强调的单词字母间加上空格，使之松散稀疏得以在页面上占据更多空间，以此引人注目，故名疏排法。

④ Oswald Spengler, *Der Mensch und die Technik: Beitrag zu einer Philosophie des Lebens*, München: C. H. Beck'sche Verlagsbuchhandlung, 1931, S. 43, Fußnote 1.

⑤ Oswald Spengler, *Der Mensch und die Technik: Beitrag zu einer Philosophie des Lebens*, München: C. H. Beck'sche Verlagsbuchhandlung, 1931, S. 44.

⑥ Oswald Spengler, *Der Mensch und die Technik: Beitrag zu einer Philosophie des Lebens*, München: C. H. Beck'sche Verlagsbuchhandlung, 1931, S. 45.

⑦ Oswald Spengler, *Der Mensch und die Technik: Beitrag zu einer Philosophie des Lebens*, München: C. H. Beck'sche Verlagsbuchhandlung, 1931, S. 44.

⑧ Oswald Spengler, *Der Mensch und die Technik: Beitrag zu einer Philosophie des Lebens*, München: C. H. Beck'sche Verlagsbuchhandlung, 1931, S. 42.

执行工作的人是把领导的思想付诸实施的执行者。斯宾格勒认为此起源于远古时期的分化"已成为所有后来时代全部人类生活的技术性基本形式"①。由此,"最终在统治者和服务者、生命的领导者和被领导者之间产生了人的自然的等级差别"②。这种差别就像一个人的头与手之别,而且斯宾格勒认为这种差别像头与手一样天生注定:"这两种人通过其天赋互相区分开。在处理程序中都有一种领导技术和另一种执行技术,所以同样不言而喻的是从本性上就有命令者和听命者,政治或经济上处理程序上的主体与客体。"③

由此,语言将原始人联系在一起的同时也从中分化出新的"头"与"手",进而形成新的生命形态——组织(organisation)。在此必须注意 organisation 源自古希腊词 ὄργανον,该词有"工具、器械、躯体器官"等含义。斯宾格勒用 organisation 而不是用同样具有"组织、团体"含义的 Gemeinschaft 就是想暗示 organisation 与技术、生命的本质联系。组织完全是新的生命体,对于组织来说单个个体不再重要,每个个体必须成为构成组织的材料才有存在的必要和生命意义,即成为 Masse④。至此,原本"像猎鸟一样独自筑居的原始人"⑤ 经由语言变成了"组织化的民族,一个灵魂多只手的野兽"⑥。人对抗自然的力量通过组织大幅提高了,但付出的代价是人原初的自由随之一道丧失,"这个生命世界中的革命者成了其造物的奴隶"⑦。现在每个人都得服从、服务于组织,即使组织的头脑、最高领导也不例外,毋宁说更是如此,正如斯宾格勒对此所引的腓特烈大帝名言:"吾

① Oswald Spengler, *Der Mensch und die Technik: Beitrag zu einer Philosophie des Lebens*, München: C. H. Beck'sche Verlagsbuchhandlung, 1931, S. 49.

② Oswald Spengler, *Der Mensch und die Technik: Beitrag zu einer Philosophie des Lebens*, München: C. H. Beck'sche Verlagsbuchhandlung, 1931, S. 52.

③ Oswald Spengler, *Der Mensch und die Technik: Beitrag zu einer Philosophie des Lebens*, München: C. H. Beck'sche Verlagsbuchhandlung, 1931, S. 50.

④ 此单词在德语和英语中的本义都指"大量、成堆的有待加工的原材料",后引申出"大群人、大众"的含义。

⑤ Oswald Spengler, *Der Mensch und die Technik: Beitrag zu einer Philosophie des Lebens*, München: C. H. Beck'sche Verlagsbuchhandlung, 1931, S. 33.

⑥ Oswald Spengler, *Der Mensch und die Technik: Beitrag zu einer Philosophie des Lebens*, München: C. H. Beck'sche Verlagsbuchhandlung, 1931, S. 54.

⑦ Oswald Spengler, *Der Mensch und die Technik: Beitrag zu einer Philosophie des Lebens*, München: C. H. Beck'sche Verlagsbuchhandlung, 1931, S. 56.

乃吾国之第一仆从。"①

### （三）精神的敉平

与物理意义上的成为大众相伴的是"精神上的敉平"（geistige eineb-nung）②。因为人原初的自由被剥夺了，绝大多数人在组织中只是机械式地重复单调的工作；原本自由独立的人变成了工具，即"工人"。可是"单个工人既不理解其工作的具体目标也不理解整个流程的意图。这些对他而言都无关紧要，也许是可憎的"③。这样的生存状态当然会窒息自由精神的活力，于是"一种精神荒芜在蔓延"④，这种"精神敉平"无疑会带来精神痛苦。因为人原本是四处漫游的捕食兽，"自身就是一定程度的罪犯和浪荡者"⑤，掠夺与征服是天生本性。这原本放荡不羁的征服者现在成了自己造物的奴隶；他不但要为组织服务，还要遵守组织的法规，他不能再随意游荡和肆意妄为，人由此被其造物驯服了。"这个使其他动物变成为其所用的家畜的捕食兽把自己也囚禁了。人类的房子就是对此的一大象征。"⑥ 斯宾格勒认为这对捕食兽的自由本性是种戕害："一个被驯化、俘虏的捕食兽——每个动物园都提供了例证——在精神上被断肢了，是厌世的，内心已被毁灭了。有的捕食兽在被捉住后，会绝食自杀。"⑦

此外，与人成为其造物的奴隶一致的是，斯宾格勒认为"人类技术省下

---

① Oswald Spengler, *Der Mensch und die Technik: Beitrag zu einer Philosophie des Lebens*, München: C. H. Beck'sche Verlagsbuchhandlung, 1931, S. 58.

② Oswald Spengler, *Der Mensch und die Technik: Beitrag zu einer Philosophie des Lebens*, München: C. H. Beck'sche Verlagsbuchhandlung, 1931, S. 58.

③ Oswald Spengler, *Der Mensch und die Technik: Beitrag zu einer Philosophie des Lebens*, München: C. H. Beck'sche Verlagsbuchhandlung, 1931, S. 73–74.

④ Oswald Spengler, *Der Mensch und die Technik: Beitrag zu einer Philosophie des Lebens*, München: C. H. Beck'sche Verlagsbuchhandlung, 1931, S. 74.

⑤ Oswald Spengler, *Der Mensch und die Technik: Beitrag zu einer Philosophie des Lebens*, München: C. H. Beck'sche Verlagsbuchhandlung, 1931, S. 74.

⑥ Oswald Spengler, *Der Mensch und die Technik: Beitrag zu einer Philosophie des Lebens*, München: C. H. Beck'sche Verlagsbuchhandlung, 1931, S. 56.

⑦ Oswald Spengler, *Der Mensch und die Technik: Beitrag zu einer Philosophie des Lebens*, München: C. H. Beck'sche Verlagsbuchhandlung, 1931, S. 21–22.

了辛劳的说法不是事实"①。不仅因为人的本性贪得无厌、永不满足，也因为"每项发明都包含新发明的可能性与必然性，每个被满足的愿望都唤起上千个其他愿望，每次战胜自然都刺激人们向往更大的胜利"②。所以，"没有哪个发明者真正预见到其作为的实际后果。越是富有成果的领导工作，越需要更多的手去执行。因此人类为了使用人力用俘虏替代了屠杀敌对部落。这就是奴隶制的开始，它必然与对家畜的奴役一样古老"③。此洞见不仅符合当今消费主义盛行的时代状况，而且直击当代人的精神软肋：在这个空前发达与富足的时代，越是那些发展迅速的社会中的人越是被电脑、汽车等工具裹挟，越是感到生存压力的沉重，不仅抑郁症等心理疾病的发病率空前上升，而且人的生育意愿大幅降低。在近百年前，在那个人们普遍认为机器节约了人力的年代，斯宾格勒的这些观点无疑非常超前，他据此对奴隶起源的解释也非常独到深刻。现如今，"节能灯泡的引入，实际导致人们使用了更多的能源"④的讽刺事实更是对斯宾格勒上述观点的完美印证。

### （四）浮士德发明家之梦

虽然斯宾格勒是在普遍意义上讨论技术，但他仍然给他称为浮士德文明的西欧文明与技术赋予独特地位。斯宾格勒认为，浮士德文明不仅与中国、埃及等文明不同，甚至与古希腊罗马文明也不是一回事，两者没有传承关系。他认为浮士德文明是在公元 11 世纪左右的西北欧诞生的一种新文明，此文明发展到 20 世纪已进入生命晚期，开始走向衰落和灭亡，即"西方的没落"。浮士德文明与其他文明最大的区别在于：不满足于感知提供的有限世界而试图揭示这有限世界背后的无限宇宙，对无限的未来充满探索和征服的热情。对浮士德文明特征的这个定义从《西方的没落》延续至《人与技术》。对西方文明此特征的认识不是斯宾格勒的一家之言，与斯宾格勒生活于同时代却是

---

① Oswald Spengler, *Der Mensch und die Technik: Beitrag zu einer Philosophie des Lebens*, München：C. H. Beck'sche Verlagsbuchhandlung, 1931, S. 56.

② Oswald Spengler, *Der Mensch und die Technik: Beitrag zu einer Philosophie des Lebens*, München：C. H. Beck'sche Verlagsbuchhandlung, 1931, S. 57.

③ Oswald Spengler, *Der Mensch und die Technik: Beitrag zu einer Philosophie des Lebens*, München：C. H. Beck'sche Verlagsbuchhandlung, 1931, S. 57.

④ Peter-Paul Verbeek, *Moralizing Technology: Understanding and Designing the Morality of Thing*, Chicago：The University of Chicago, 2001, p. 58.

完全不同类型的思想家胡塞尔也把对无限的追求视为欧洲文明的精髓。①

因此，浮士德技术同样具有"超越有限，追求无限"的特征，它与其他技术的不同之处在于："为了统治自然，它怀着对第三度空间的全部热情，从哥特时代的最早时期开始就入侵了自然。"②"浮士德的发明家和发现者是独特的。……我们的整个文化有一种发现者灵魂。揭示（Entdecken）不可见物，把它带入内心之眼的光亮世界中，从而强占其为己有，这是它从一开始就有的冥顽热情。"③斯宾格勒在此提供了一个与众不同的深刻洞见，即浮士德文明的探索和发明的心理根源并非古希腊式的爱智求真，而是征服和占有，他说："所有伟大的发明与事业都来自强者胜利时的快乐。"④这个文明不满足于像中国人那样通过顺从自然来讨得一些资源，而是要强暴自然。⑤所以，"浮士德、西欧文化或许不是最后的文化，但肯定是最暴力、狂热的，通过其全面思想内涵与最深的精神分裂之间的内在对立，也是所有文化中最悲剧性的"⑥。浮士德的发明家不满足于聆听上帝的教诲和恳求主的恩赐，"他要自己建造一个世界、自己做神——这曾是浮士德发明家的梦想，所有机器的构想都是从这里来的"⑦。

斯宾格勒对浮士德技术具有暴力强取自然界隐藏能量的看法与海德格尔所说的现代技术的 Herausforderung 的含义近乎一致。⑧"人只是在马力中思考。人在看到瀑布时，就会想到利用它发电。人看到吃草的牧群，就会

---

① 参见 Edmund Husserl, *Die Krisis der Europäischen Wissenschaften und die Transzendentale Phänomenologie(Hua VI)*, Haag: Martinus Nijhoff, 1976, S. 320-321, 322。

② Oswald Spengler, *Der Untergang des Abendlandes: Umrisse einer Morphologie der Weltgeschichte*, Düsseldorf: Albatros Verlag, 2007, S. 1186.

③ Oswald Spengler, *Der Untergang des Abendlandes: Umrisse einer Morphologie der Weltgeschichte*, Düsseldorf: Albatros Verlag, 2007, S. 1186-1187.

④ Oswald Spengler, *Der Mensch und die Technik: Beitrag zu einer Philosophie des Lebens*, München: C. H. Beck'sche Verlagsbuchhandlung, 1931, S. 72.

⑤ 参见 Oswald Spengler, *Der Untergang des Abendlandes: Umrisse einer Morphologie der Weltgeschichte*, Düsseldorf: Albatros Verlag, 2007, S. 1186, Fn. 2。

⑥ Oswald Spengler, *Der Mensch und die Technik: Beitrag zu einer Philosophie des Lebens*, München: C. H. Beck'sche Verlagsbuchhandlung, 1931, S. 63.

⑦ Oswald Spengler, *Der Mensch und die Technik: Beitrag zu einer Philosophie des Lebens*, München: C. H. Beck'sche Verlagsbuchhandlung, 1931, S. 69.

⑧ 参见 Martin Heidegger, *Vorträge und Aufsätze(GA 7)*, Frankfurt am Main: Vittorio Klostermann GmbH, 2000, S. 17。

想到其肉制品（Fleischbestand）的估价……"① 斯宾格勒的这些说法简直和海德格尔对莱茵河上的发电站的口吻如出一辙②；而且斯宾格勒同样使用了Bestand 这个词来指代原本自然存在但经由技术转化和改造而成的加工物。至此，强力意志在浮士德技术中展示出它的最强形态，它"无视一切时空界限，它把无垠者、无限者作为真正的目标，使整个大地臣服于自己，最终用其交通和通信形式把整个地球攥在手里，再通过其实用能量的暴力和其技术程式的暴行改变它"③。然而即使人通过技术拥有了摆布地球的力量，也不意味着人是胜利者；相反这标志着人的最大悲剧的开始，就像人虽然创造了语言，但语言却使人臣服于组织一样。现在人创造了机器，但是"被造物开始反抗造物者：就像曾经作为小宇宙的人类反对自然一样，现在作为小宇宙的机器开始反对北欧人。世界的主人变成了机器的奴隶。无论我们知道不知道、愿意不愿意，机器都毫无例外地把所有人强行纳入它的轨道。跌落下来的胜利者会被那飞奔的马车拖死"④。这就是人最大的悲剧——玩火自焚：在他拥有前所未有的力量时，自己也会被这种力量主宰。斯宾格勒对于人被技术反噬的论调，很难不让人想到海德格尔所谈的摆置（Ge-stell）⑤，可见后来海德格尔所担忧的事，斯宾格勒也在一定程度上预见到了。

## 三　历史主义者的贫困

在此借用波普尔的名著《历史主义的贫困》作为标题，是因为波普尔将历史主义定义为："指一种社会科学的研究途径，它认为历史预言是它的主要目的，并认为通过揭示为历史演变奠基的'节奏'、'模式'、'规律'

---

① Oswald Spengler, *Der Mensch und die Technik: Beitrag zu einer Philosophie des Lebens*, München：C. H. Beck'sche Verlagsbuchhandlung, 1931, S. 79.

② Vgl. Martin Heidegger, *Vorträge und Aufsätze（GA 7）*, Frankfurt am Main：Vittorio Klostermann GmbH, 2000, S. 16-17.

③ Oswald Spengler, *Der Mensch und die Technik: Beitrag zu einer Philosophie des Lebens*, München：C. H. Beck'sche Verlagsbuchhandlung, 1931, S. 64.

④ Oswald Spengler, *Der Mensch und die Technik: Beitrag zu einer Philosophie des Lebens*, München：C. H. Beck'sche Verlagsbuchhandlung, 1931, S. 75.

⑤ 参见 Martin Heidegger, *Vorträge und Aufsätze（GA 7）*, Frankfurt am Main：Vittorio Klostermann GmbH, 2000, S. 21-23。

和'趋势'就可以达到这一目的。"① 斯宾格勒无疑是此意义上的历史主义者，波普尔所说的"节奏"一词正是斯宾格勒常用来形容历史脉动的词。然而像所有那些预言末日或历史终结的人一样，斯宾格勒的预言至今仍未兑现。时至今日，浮士德技术不但没有衰落的迹象，反而在更迅猛地发展，以至于有太多人特别是老年人完全跟不上技术的进步。② 斯宾格勒的历史形态学和文化观相学不仅后继无人，甚至再无人问津，以至于"1949年，临近斯宾格勒诞辰70周年之际，阿多诺有些草率地感叹道：'斯宾格勒被以灾难性的速度忘却了，而根据他的学说，世界历史也正要进入灾难。'"③ 然而，斯宾格勒毕竟不是故弄玄虚的江湖骗子，他对历史的预言源于其渊博学识和深刻思考；在他去世后仅三年就全面爆发的第二次世界大战也很容易让人想起他的末日预言，更何况斯宾格勒很早就预言了纳粹必败。④ 所以，辨析斯宾格勒的理论错误与时代局限是对其思想"取其精华，去其糟粕"所必需的。

## （一）注定的未来

斯宾格勒把对无限的追求、对未来的热情视为浮士德精神的根本特征；与之相对的是，他把他称为阿波罗文明的古希腊文明视为安于有限、静态自足的实体式文明。斯宾格勒对古希腊文明基本特征的判断是正确的，从毕达哥拉斯到亚里士多德的古希腊哲学家大多认为有限优于无限，因为有限意味着秩序和可理解性，尤其是可通过数学方法处理，而无限则意味着未知、不确定甚至混乱，所以亚里士多德说："如果（最终）结果相同，应该总是（自始）就假定有限者；如果这只是可能的话，那么在自然物中存在的正是'有限'和'较好'。"⑤ 所以，斯宾格勒认为"浮士德和阿波罗

---

① Karl Raimund Popper, *The Poverty of Historicism*, New York：Harper & Row Publishers, 1961, p. 2.

② 比如许多老年人由于不会使用智能手机等在当今的信息化社会中甚至寸步难行。

③ David Engels, Max Otte, Michael Thöndl, „Einhundert Jahre Untergang des Abendlandes (1918-2018)", in *Der lange Schatten Oswald Spenglers*, Lüdinghausen u. Berlin：Manuscriptum Verlagsbuchhandlung, 2018, S. 7.

④ 〔德〕奥斯瓦尔德·斯宾格勒：《决定时刻：德国与世界历史的演变》，郭子林、赵宝海、魏霞译，格致出版社，2009，中译者序第5页。

⑤ Aristoteles, *Aristoteles' Physik, Zweiter Halbband: Bücher V(E)-VIII(Θ)*, Hamburg：Felix Meiner Verlag, 1988, S. 191-193, 259ᵃ.

的灵魂意象正好互相对立"①。斯宾格勒据此否定史学界公认的对欧洲历史"古代—中世纪—近代"的传承和断代，而是认为这三个时期其实是三种不同文明，之间没有传承关系。这既是他的历史循环观的根据，也是他否认达尔文演化论的根据。因为没有传承，当然无所谓进化，社会与历史不过是在轮回重演；物种和文明都没有高低之分，浮士德文明并不比阿波罗文明先进，只是不同文明各自生死罔替罢了。

虽然斯宾格勒对古希腊文明基本特征的判断并不错，甚至可以说深刻独到，但他否认从古希腊到近代西欧文明之间的传承则明显与事实不符。所以，无论斯宾格勒提出了多少真知灼见，他的历史循环观都后继无人。另外，他将达尔文的演化论理解为"进步"②的规律，这显然是受当时流行偏见影响从而对达尔文思想的误解，因为"达尔文所有观念之中，最令人难以接受的，就是否认进步是演化性变化之可预测的结果。……达尔文毫不隐讳地宣传他的非进步主义。他曾经在一本鼓吹生命史中的进步的名著上，写下批注：'绝不要说更高级、更低级'"③。"达尔文的本意，即自然选择的含义中，没有任何计划、目的，也没有任何方向。"④ 所以，原本应该被斯宾格勒视为同道之人的达尔文反倒被他视为论敌，况且反而是斯宾格勒要比达尔文更相信生命的方向、目的和终结。

斯宾格勒清楚地认识到权力意志是浮士德精神无限扩张的内在动力，却对"无限、目的、终结"这些概念的含义及其关系没有解释。他一边否认文明的进步，另一边却不无自豪地宣称"发展观念完完全全是浮士德式的，它在与无时间的、亚里士多德式的隐德莱希最尖锐地对立展示出一种对无限未来的热烈渴望、一种意志、一个目标"⑤。可见浮士德文明的目标就是无限扩张的权力意志本身。然而"无限"意味着什么呢？顾名思义，

---

①　Oswald Spengler, *Der Untergang des Abendlandes: Umrisse einer Morphologie der Weltgeschichte*, Düsseldorf：Albatros Verlag，2007，S. 389.

②　Oswald Spengler, *Der Untergang des Abendlandes: Umrisse einer Morphologie der Weltgeschichte*, Düsseldorf：Albatros Verlag，2007，S. 475.

③　Stephen Jay Gould, *Full House: The Spread of Excellence from Plato to Darwin*, Cambridge：The Belknap Press of University Press，2011，p. 137.

④　郑也夫：《神似祖先》，中国发展出版社，2017，第35页。

⑤　Oswald Spengler, *Der Untergang des Abendlandes: Umrisse einer Morphologie der Weltgeschichte*, Düsseldorf：Albatros Verlag，2007，S. 475.

无限就是"没有界限、不被限定"，正如亚里士多德所言："'无限'的意思与人们对此的解释正相反：不是'此外全无'，而是'此外永有'，此谓无限。"① 所以，无限本身就意味着没有终结。斯宾格勒在反复强调浮士德精神的无限特性时，却同时不断宣布其终结的到来，而他似乎完全没有意识到这里的矛盾。当斯宾格勒说"时间只是一个用来指称某种不可把捉之物的词，是一个声音符号，当人们试图将其作为概念也像科学那样处理它时，那就完全误解了它"② 时，他是正确的，因为时间就是无限本身③，就是那"此外永有"，正因为时间不可被界定（即定义，define），它才不能被科学地处理；当斯宾格勒一再强调浮士德精神对未来的热情时，他也是正确的，因为相比之下的古希腊、中国等其他文明的确没有那般对未来的执着，所以在它们的绘画艺术中没有出现如西欧的那样的中心透视。④

虽然斯宾格勒也有"未来就是可能性、无限的未来"⑤ 这样的表述，但他似乎未曾想到：未来之所以是未来正因为它具有不确定性、可能性，"可能性的本质就是对未来的开放"⑥，也就是那"此外永有"，因为"一个关于最近未来的观念实际上隐含了一个关于最远未来的观念：只要形成了关于未来的观念，就必然涉及整个未来和走出现在的可能性，这种可能性在本质上和无限的自由一样，也是无限的"⑦。如果最后只有一种无法避免的可能性——终结，那未来事实上已经被确定，"终结"本身就意味着"此外

① Aristoteles, *Aristoteles' Physik, Zweiter Halbband: Bücher V(E)-VIII(Θ)*, Hamburg: Felix Meiner Verlag, 1988, S. 139, 207ᵃ.

② Oswald Spengler, *Der Untergang des Abendlandes: Umrisse einer Morphologie der Weltgeschichte*, Düsseldorf: Albatros Verlag, 2007, S. 159.

③ 彭洋：《作为方向与无限的时间——对亚里士多德〈物理学〉中的"空间"概念的现象学解构》，《哲学分析》2019年第2期，第65~66页。

④ 在斯宾格勒看来，由于心灵对未来的盼望才会产生遥远的距离感，表现在绘画上就是中心透视画法；因为其他文明没有如浮士德精神那样对未来充满渴望，所以"对于我们自明的透视汇聚是一个特例，其他文化的画家既不承认也从未曾想认识它"。参见 Oswald Spengler, *Der Untergang des Abendlandes: Umrisse einer Morphologie der Weltgeschichte*, Düsseldorf: Albatros Verlag, 2007, S. 11, 83, 310, 314 usw。

⑤ Oswald Spengler, *Der Untergang des Abendlandes: Umrisse einer Morphologie der Weltgeschichte*, Düsseldorf: Albatros Verlag, 2007, S. 73, 475.

⑥ 〔法〕贝尔纳·斯蒂格勒：《技术与时间1：爱比米修斯的过失》，裴程译，译林出版社，2012，第136页。

⑦ 〔法〕贝尔纳·斯蒂格勒：《技术与时间1：爱比米修斯的过失》，裴程译，译林出版社，2012，第137页。

永无"；但这样的未来就不再是可能性，而是必然性。所以承认某物有未来的同时又预言它的终结是矛盾的，正如波普尔所说："因为严格的逻辑理由，预测历史的未来行程对我们是不可能的。"① 而且斯宾格勒也没有意识到：正是由近代西欧发展出的、前所未有的现代科技作为"有机化的无机物"如生命一样是没有方向的、不可控的，也就是不确定的，开启了无限可能的未来，就像斯蒂格勒所言："不确定性是现代机器固有的属性，但它也体现了一切技术物体的本质。"②

所以，斯宾格勒完全没有意识到现代技术的不确定性，而且正是这种不确定性是其无限扩张的内在动力，因为停止扩张即是它的确定与终结。当斯宾格勒一边说"浮士德文化因此曾在最强尺度上追求扩张，无论是其政治的、经济的或精神的本性"③，另一边又指责"'白人'非但不对技术知识保密，反倒通过高校、话语和著作满世界炫耀它，并且为印度和日本人的惊叹感到自豪"④ 时，似乎他从未反思过：不传播浮士德技术，浮士德文化又如何扩张呢？文明的扩张必然伴随着技术的传播，否则文明的扩张根本就不可想象。更何况事实上古今中外任何一个国家都从未放弃过对其核心科技的保密。所以，"人们理所当然地会问：对技术的背叛是'力量错误'的后果，还是属于资本扩张的逻辑，在此扩张中西方也会陷入魔法学徒的角色？"⑤

### （二）狭隘的保守主义

作为魏玛时期保守主义的一位代表，斯宾格勒"从一开始就将把德国的保守主义从其'封建的—农业的狭隘性'解放出来并使它适应帝国主

① Karl Raimund Popper, *The Poverty of Historicism*, New York: Harper & Row Publishers, 1961, p. vi.
② 〔法〕贝尔纳·斯蒂格勒：《技术与时间 1：爱比米修斯的过失》，裴程译，译林出版社，2012，第 79 页。
③ Oswald Spengler, *Der Untergang des Abendlandes: Umrisse einer Morphologie der Weltgeschichte*, Düsseldorf: Albatros Verlag, 2007, S. 432.
④ Oswald Spengler, *Der Untergang des Abendlandes: Umrisse einer Morphologie der Weltgeschichte*, Düsseldorf: Albatros Verlag, 2007, S. 85-86.
⑤ Gilbert Merlio, „Spengler und die Technik", in *Spengler Heute*, München: C. H. Beck'sche Verlagsbuchhandlung, 1980, S. 118.

义的需求视为其哲学创作的一项根本任务"①。基于德国在20世纪30年代猛增的工业实力，斯宾格勒将德国视为浮士德文明进入最后阶段——机器文明——的先锋，并认为德国由于其雄厚的工业力量有责任推动浮士德文明走向终点以完成命运。然而斯宾格勒把浮士德技术视为"白人"专属；他认为其他民族不能真正掌握其精髓，因为"对有色人种而言——俄国人在此也算在内——浮士德技术不是内在需求。只有浮士德式的人在这种形式中思考、感受和生活。对其灵魂不可或缺的，不是其技术带来的经济成果，而是胜利：'远航是必须的，生存不是'②。"③ 这种近乎"非我族类，其心必异"的种族思想使"斯宾格勒把俄罗斯人也看作有色人种"④。这乍看上去令人费解，但对斯宾格勒却顺理成章，因为在《西方的没落》中斯宾格勒就把俄罗斯心灵定义为不同于浮士德精神的另一种文化。⑤

斯宾格勒认为只有"白人"能掌握浮士德技术的精髓，连俄罗斯人都被排除在"白人"之外。这种近乎荒谬的偏见不值一驳：某人发明某事物不意味着他对此事物理解掌握得最好，例如羽毛球、乒乓球都是舶来品，但中国人却经常夺得世界冠军。认为某种文化、技术等这类观念上的可传播物只是专属于某个种族更是荒谬，难道如杨振宁、汤川秀树这样对理论物理学有重大贡献且获得诺贝尔物理学奖的人也没有在浮士德技术的形式中思考和感受吗？李约瑟肯定不会赞同斯宾格勒的这种观念，正如他的学生与妻子鲁桂珍写道："他越是了解我们，越是发现我们在对科学知识的掌握和见解方面和他是多么相像，这一切促使他那充满好奇的头脑发问，为什么现代科学只在西方世界兴起？"⑥

---

① Von Lutz-Udo Buchholz, „Oswald Spengler-eine Schlüsselfigur im konservativen Denken des 20. Jahrhunderts", *Deutsche Zeitschrift für Philosophie* 37 (2), 1989, S. 145.

② 此处斯宾格勒引用了古罗马著名军事家庞培（Gnaeus Pompeius Magnus, B.C. 106-148）的名言"navigare necesse est, vivere non est necesse"。

③ Oswald Spengler, *Der Mensch und die Technik: Beitrag zu einer Philosophie des Lebens*, München: C. H. Beck'sche Verlagsbuchhandlung, 1931, S. 87-88.

④ Gilbert Merlio, „Spengler und die Technik", in *Spengler Heute*, München: C. H. Beck'sche Verlagsbuchhandlung, 1980, S. 117.

⑤ Oswald Spengler, *Der Untergang des Abendlandes: Umrisse einer Morphologie der Weltgeschichte*, Düsseldorf: Albatros Verlag, 2007, S. 259, 394-395.

⑥ 〔美〕伊恩·莫里斯：《西方将主宰多久：从历史的发展模式看世界的未来》，钱峰译，中信出版社，2011，第328页。

斯宾格勒一边认为有色人种不可能真正掌握浮士德技术，一边又担心东亚"凭借其低工资带来致命的竞争。白人不可替代的优先权被浪费、贱卖、背叛了。对手赶上了他们的榜样，也许会靠有色种族的狡猾和古老文明那过度成熟的机智超过其榜样"①。这种对其他民族既鄙视又恐惧的心理至今仍是欧美排外势力的典型心态，"他曾经的许多论据在今天仍然属于'典型'的保守思想家的诽谤言辞"②。然而这种狭隘又矛盾的心态除了证明他的"权力意志是不宽容的"③ 这一论断外没有其他意义。

斯宾格勒的狭隘还体现为极端精英主义，因为他把"领导工作"和"执行工作"的能力视为天生不变的，而且"这两者之间的紧张关系最终会发展至悲剧性的结局"④。斯宾格勒这里所说的两者之间的冲突类似于马克思的阶级矛盾。可是斯宾格勒没有像马克思那样试图通过改变生产关系以构建更公平合理的社会来解决冲突；因为在他看来这两类人的本质天生注定，对应的社会关系也不可更改。他认为工人应该明白"领导工作更艰难，他们自身的生活也依赖于领导工作的成功"⑤。工人不应该"只是感到领导工作更幸福，能振奋和丰富灵魂，而因此去憎恨领导者"⑥。"如果他们出于嫉妒和怨恨攻击天生强大且有禀赋之人的'领导工作'，如果他们真把这项工作瘫痪了，那这只是自掘坟墓而已。"⑦ 这种将"领导"与"执行"的分工绝对化、先天化的观念显然不对，事实上一个好的领导需要从基层工作干起，"领导"与"执行"的角色并非不可转变；更何况很多新创意、新观念是熟能生巧的产物，只能在实践中产生。

---

① Oswald Spengler, *Der Mensch und die Technik: Beitrag zu einer Philosophie des Lebens*, München: C. H. Beck'sche Verlagsbuchhandlung, 1931, S. 86.

② Von Lutz-Udo Buchholz,„ Oswald Spengler-eine Schlüsselfigur im konservativen Denken des 20. Jahrhunderts", *Deutsche Zeitschrift für Philosophie* 37（2）, 1989, S. 145.

③ Oswald Spengler, *Der Untergang des Abendlandes: Umrisse einer Morphologie der Weltgeschichte*, Düsseldorf: Albatros Verlag, 2007, S. 437.

④ Oswald Spengler, *Der Untergang des Abendlandes: Umrisse einer Morphologie der Weltgeschichte*, Düsseldorf: Albatros Verlag, 2007, S. 58.

⑤ Oswald Spengler, *Der Untergang des Abendlandes: Umrisse einer Morphologie der Weltgeschichte*, Düsseldorf: Albatros Verlag, 2007, S. 74.

⑥ Oswald Spengler, *Der Untergang des Abendlandes: Umrisse einer Morphologie der Weltgeschichte*, Düsseldorf: Albatros Verlag, 2007, S. 74.

⑦ Gilbert Merlio,„ Spengler und die Technik", in *Spengler Heute*, München: C. H. Beck'sche Verlagsbuchhandlung, 1980, S. 115.

### （三）危险的普遍主义

斯宾格勒的保守主义思想必然要求现实政治中的强权与扩张，他所谓的"把德国的保守主义从其'封建的—农业的狭隘性'解放出来"就是指用浮士德的工业技术实现浮士德精神的扩张。因为作为所有文化中最暴力的浮士德文化要"无视一切时空界限，它把无根者、无限者作为真正的目标，使整个大地臣服于自己，最终用其交通和通信形式把整个地球攥在手里，再通过其实用能力的暴力和其技术程式的暴行改变它"①。而软弱低效的民主议会制早已不适合德国所处的时代，更无力承担实现浮士德精神扩张的重任；所以"斯宾格勒相信，德国通过这独裁专制武装起来对于不可避免的争夺世界统治权的终极战争来说更好"②。斯宾格勒的这些言论显然有助于纳粹和希特勒在德国掌权执政；然而斯宾格勒不是纳粹式的种族主义者③，他说的种族（Rasse）主要指抽象的精神，或用他的话说是指分享同一种心灵象征的人。④ 事实上，当时把近代科技文明视为欧洲人独有的精神特质，认为欧洲人相较于其他人具有特殊地位和历史使命不仅是斯宾格勒这种保守主义思想家，如胡塞尔这样不问政治、高举启蒙运动理性主义大旗的纳粹受害者也有类似言论。⑤

然而这种观念的问题在于：一方面认为自身是独特、与众不同的，另一方面又认为自身的特性具有普遍性，即斯宾格勒与胡塞尔都强调的对无限的追求。斯宾格勒指出"对无限的追求"是这种文明具有向外扩张的内在动力，因为"实现那具有普遍性和持存性之物和那将未来与过去在灵魂

---

① Gilbert Merlio, „Spengler und die Technik", in *Spengler Heute*, München: C. H. Beck'sche Verlagsbuchhandlung, 1980, S. 115.

② Von Lutz-Udo Buchholz, „Oswald Spengler-eine Schlüsselfigur im konservativen Denken des 20. Jahrhunderts", *Deutsche Zeitschrift für Philosophie* 37（2）, 1989, S. 144.

③ 斯宾格勒与纳粹以及希特勒的关系并不好，他的最后一本政论著作也被纳粹当局列为禁书。参见〔德〕奥斯瓦尔德·斯宾格勒《决定时刻：德国与世界历史的演变》，郭子林、赵宝海、魏霞译，格致出版社，2009，中译者序第3~5页。

④ 参见〔德〕奥斯瓦尔德·斯宾格勒《决定时刻：德国与世界历史的演变》，郭子林、赵宝海、魏霞译，格致出版社，2009，中译者序第3~5页。

⑤ 参见 Edmund Husserl, *Die Krisis der Europäischen Wissenschaften und die Transzendentale Phänomenologie（Hua VI）*, Haag: Martinus Nijhoff, 1976, S. 318–319, 336。

中联结起来之物，是一切浮士德律令的内容"①；而胡塞尔则肯定了追求无限的外在正当性，因为"作为哲学家的生命目标是：世界的普遍科学，普遍、终极的知识，关于世界自身之真理自身的宇宙"②。如此将自身之特异性视为世界之普遍性的观念不仅逻辑上自相矛盾，而且在实践上必然导致以"普遍真理、普世价值"等名义将自身标准强加于别人，因为其他文明的特异性在此文明看来都是不普遍的、不正常的，即对其他文明的"敉平"。这种思想当然会为霸权扩张提供理论支撑，势必会导致不同文明间的冲突，正如亨廷顿所言："帝国主义是普遍主义必然的逻辑后果。"③ 然而"非西方人应该接受西方的价值、制度和文化的信念是不道德的，因为实现它所必需的手段是不道德的"④。所以"西方的普遍主义对世界是危险的，因为它可能导致核心国家之间、重大文明间的战争；而且它对西方也是危险的，因为它可能导致西方的失败"⑤。

这种自负狂妄的普遍主义的另一个错误是将浮士德技术的负面效应和自身缺陷也当作其他文明的固有毛病，此错误与上述的文明冲突其实是同一枚硬币的正反面，即反方向的以偏概全。例如，斯宾格勒深知浮士德精神的掠夺本性，在《西方的没落》中就感叹："自然被耗尽了，地球成了浮士德能量思维的牺牲品。"⑥ 在《人与技术》中斯宾格勒更是把反自然看作人类一切技术的基本特征和共性，但这是错误的。事实上，"征服自然"的观念在近代以前的各大文明中从未出现，甚至根本不可想象。对于古代中国以"天人合一"为最高境界的精神世界来说，"征服自然"的观念不仅从未出现，就算有此想法也会被主流社会视为大逆不道、逆天而行的罪过，

---

① Oswald Spengler, *Der Untergang des Abendlandes: Umrisse einer Morphologie der Weltgeschichte*, Düsseldorf：Albatros Verlag，2007，S. 404.

② Oswald Spengler, *Der Untergang des Abendlandes: Umrisse einer Morphologie der Weltgeschichte*, Düsseldorf：Albatros Verlag，2007，S. 269.

③ Samuel P. Huntington, *The Clash of Civilizations and the Remaking of World Order*, New York：Simon & Schuster Inc.，1996，p. 310.

④ Samuel P. Huntington, *The Clash of Civilizations and the Remaking of World Order*, New York：Simon & Schuster Inc.，1996，p. 310.

⑤ Samuel P. Huntington, *The Clash of Civilizations and the Remaking of World Order*, New York：Simon & Schuster Inc.，1996，p. 311.

⑥ Oswald Spengler, *Der Untergang des Abendlandes: Umrisse einer Morphologie der Weltgeschichte*, Düsseldorf：Albatros Verlag，2007，S. 1192.

其根本不可能得到传播和实践。中国的技术以顺应自然的方式利用自然撒播的能量，如水车，绝没有斯宾格勒意义上的掠夺或海德格尔意义上的索取（Herausforderung）。斯宾格勒并非不明白这点，他自己就说："中国文化几乎也制造了所有西方的发明……但中国人是通过讨好自然获得所需，他不强暴自然。"① 即使如此，斯宾格勒仍然把古罗马大道和古中国长城与近代的铁路、轮船视为同类型的技术产物②，这显然不合适。不仅因为罗马大道和中国长城不会如铁路、轮船那样破坏生态环境，而且事实上罗马大道与中国长城至今都未被摧毁和遗忘。罗马大道有许多部分现今仍在使用，中国长城则成为文物和景观；它们都以原有或新的功能融入了现代文明。

## 四 结语

不同于其同胞前辈、技术哲学的奠基人恩斯特·卡普（Ernst Kapp）将技术物体视为人体器官的投影和延伸的主张，斯宾格勒"首次在 20 世纪 30 年代从功能的角度指出了技术对于人类生存的必要性，技术是'生活之策略'的观点成为人类学技术哲学思想史上的一个新的里程碑"③。其诗意、概览式的文风用粗线条勾勒出一部简明宏大的技术史，其中不乏深刻、超前的洞见，但是对其思想中的局限性和错误也要予以辨析和警惕。一方面"他过分强调每种文化发展的周期性，表现出宿命论的观点"④，这不仅与他强调的"追求无限的浮士德精神"有内在矛盾，而且限制了他对技术发展的想象和预测。受限于此，斯宾格勒所理解的工业局限于 20 世纪的电气化时代，于 1936 年去世的斯宾格勒没有看到原子弹和计算机的诞生，当然不会预见到后来的信息化时代；而这对于斯宾格勒来说也根本不可想象，因为在他看来电气化的机器就是浮士德技术所能达到的最高和最后阶段，之后浮士德文明就会终结。然而将过往历史的迹象、征兆生搬硬套地用于对

---

① Oswald Spengler, *Der Untergang des Abendlandes: Umrisse einer Morphologie der Weltgeschichte*, Düsseldorf: Albatros Verlag, 2007, S. 1186, Fn. 2.

② Oswald Spengler, *Der Mensch und die Technik: Beitrag zu einer Philosophie des Lebens*, München: C. H. Beck'sche Verlagsbuchhandlung, 1931, S. 88.

③ 刘则渊、王飞：《德国技术哲学简史》，人民出版社，2019，第 111 页。

④ 刘则渊、王飞：《德国技术哲学简史》，人民出版社，2019，第 111 页。

由现代科技开启的新纪元进行类比解释，进而根据一些表面的相似性预言没落和终结，"通过人与自然力量的对比来推断人和技术的命运，在逻辑与事实上都是难以成立的"①。另一方面"他过分强调各种文化之间的不可'学习性'，也就是两种不同文化之间的不可沟通性"，这必然导致他认为各文化之间接触的最终走向是战争和争霸，使其在思想上极端保守，不仅有极端精英主义，甚至带有种族主义色彩；这是他在经济上支持寡头垄断，政治上拥护独裁极权的思想根源。在当今全球化进程因为英国脱欧、欧美右翼保守势力抬头和新冠疫情受挫的形势下，斯宾格勒受到欧美许多学者的重视。2017 年，欧洲几位学者成立了"斯宾格勒协会"②；2018 年在德国出版的一本名为《斯宾格勒悠长的身影——〈西方的没落〉问世百年（1918—2018）》的纪念性研究文集。正所谓"以史为镜，可以知兴替；以人为镜，可以明得失"，通过观察和了解国外思想界的动向，可以更好地预测国际政治形势；而在学习和吸收国外思想时，我们也必须始终保持审慎批判的态度，"取其精华、去其糟粕"。

---

① 刘则渊、王飞：《德国技术哲学简史》，人民出版社，2019，第 111 页。

② The Oswald Spengler Society，https：//www.oswaldspenglersociety.com/.

# 从"实体"概念的演变看西方形而上学的两次转向

曹元甲*

**【内容提要】** 一部西方形而上学史，可以看作一部围绕"实体"而展开的观念史，对"实体"的不同解读不仅意味着整个哲学方向的转变，而且也标志着人的思维方式以及生存方式的转变。以对"实体"的理解为标准，从古希腊到现当代，西方形而上学大体上可以划分为三个阶段：从巴门尼德到笛卡尔这一阶段，"实体"被理解为某种客观化实体，这种客观化实体或者表现为逻辑实体如逻各斯，或者表现为宗教实体如上帝；从笛卡尔到海德格尔阶段，作为超验性的客观实体尽管没有完全被消减，但已经为先验的主体所取代，成为超验实体得以可能的自明前提和先验根据，这个阶段的形而上学属于主体性形而上学；海德格尔以降，哲学家们为了严格区分存在与存在者，对存在的实体性进行了一场彻底的解构，进而将"存在"理解为去实体化的"去存在"，也就是说将"存在"动态化。如果说前两个阶段的形而上学是实体性的形而上学，那么第三个阶段的形而上学则是一种消解了实体的形而上学。

**【关键词】** 实体；存在；形而上学；有意识的自欺

形而上学始终处于西方哲学的核心，可以说两千多年的西方哲学史是围绕着形而上学展开的。尽管不同的哲学家对形而上学的理解不尽相同，但还是存在着一个共识，即形而上学就是试图去寻找最后的那个"一"。这个"一"既指质料意义上的同一性，也指形式意义上的统一性；既是整体性的同时又是一，是一种建立在个体之上的整体性；既是一种"有"，同时又含有"无"的维度；既具备涌现、聚拢并使事物"是"起来的肯定性力量，但同时又蕴含着某种冲破、瓦解事物固定功能和既有身份的否定性倾

---

\* 曹元甲，湖北大学哲学学院讲师，主要研究方向为美学、中西思想比较。

向。形而上学所追求的这个"一"就是所谓的"存在"。就此而言，形而上学的主要研究对象就是超自然的"存在"，"存在"是一切经验性存在者的前提，是一切存在者得以存在的根据与基础。因此"存在"往往并不"实在"，正所谓"实"而"不在"，"在"而"不实"。"存在"的非实在性与对象性之间存在着的巨大的张力，使得哲学家们对形而上学的理解并不总是一致的。正如张志伟所指出的那样："由于哲学家们对于形而上学的对象有着不同的理解和规定，因而形而上学的对象既可以是'存在'，也可以是'实体'或'本体'。"① "存在"源自希腊语"to on"，也就是英文中的"Bing"，是连接主词与宾词的系词"是"。主词和宾词都可以是变动不居的，唯有连接二者的"是"不变。即便"是"存在着时态上的变化，"是"也仍然是"是"本身，因而"是"具有超时空的永恒性。"实体"源自希腊语的"ousia"，即英文中的"substance"，其原始含义是"基质"即"站在下面的支撑者"，延伸含义为事物的形式或本质。从对"实体"的字源的追溯来看，"实体"算不得严格意义上的"存在"，而是"存在者"，但它并不是普通的"存在者"，而是最终的、不可再往前追溯的那个自明的"存在者"。在西方古代哲学中，"存在"与"实体"（最终存在者）并没有彻底被区分开来，而是混淆在一起来使用的，但这种混淆并不是由于古人思维不细腻，而是因为对于"存在"的追问只能通过"最终存在者"通达，正是在这个意义上，哲学家们既将形而上学理解为存在论，也将其理解为实体论。但是经过中世纪基督教哲学的洗礼之后，"实体"概念的重要性逐渐凸显，大有取代"存在"而成为形而上学的主要研究对象的趋势，正如张志伟所指出的："'实体'概念在近代哲学中从范畴体系中独立出来成为形而上学最高甚至唯一的对象。"② 因此如果以"实体"概念为参照系来审视西方形而上学的整体走向，大体来说，西方形而上学经历了两次大的转向，即以笛卡尔和海德格尔为界线，在笛卡尔之前，西方形而上学基本上可以看作一种将超验客体实体化，并将该"实体"当作形而上学本体的哲学形态；从笛卡尔到海德格尔这段时期，西方哲学大体上可以看作一种将先验主体实体化，并将该"实体"当作哲学本体的哲学形态；海德格尔以

---

① 张志伟主编《形而上学的历史演变》，中国人民大学出版社，2016，第9页。
② 张志伟主编《形而上学的历史演变》，中国人民大学出版社，2016，第8页。

降，西方哲学大体上可以看作一种试图突破主客二分思维模式并在保留形而上维度的基础上极力消解"实体"的哲学形态。众所周知，任何形而上学的预设都只是一种有待超越和修正的有限性真理，甚至可以说，任何一个哲学理论都携带着自身的形而上学预设。本文不打算也不可能在每个哲学家的形而上学理论之间做出区分和辨别，只是试着以长程的历史眼光从西方形而上学的演变过程中标示出具有转折意义的路标，从而在整体上理解和把握西方形而上学的发展脉络。

## 一　以超验实体为指向的"客体性形而上学"

在古希腊，哲学首先是以自然哲学的形态出现的。这个时期，哲学家们的兴趣和目的就是要在宇宙中存在着的种种物质现象中寻找到一种东西，并将其作为整个宇宙的"始基"。他们所要探讨的共同问题就是：宇宙统一于何处？综观这个时期的哲学的发展历程，很明显地可以看到这样一种倾向，即这一时期的哲学是从直观性的经验哲学逐渐过渡到了抽象性的形而上学。泰勒斯提出万物由水产生，水是整个宇宙的始基；阿那克西曼德提出"万物的始基是无定形"，即凡是无定形的东西都是万物的始基；阿那克西美尼认为"气"是万物的始基；毕达哥拉斯将"数"看作万物的本源；在米利都学派那里，事物的本质还局限于直接的存在物之中；而在毕达哥拉斯那里，已经发展成了抽象的"数"。赫拉克利特则提出了"逻各斯"这一范畴，从而进一步将事物本质从数量规定性抽象为事物的本质规定性。在赫拉克利特的哲学中，有两个事物的本源：一个是火，另一个则是"逻各斯"。尽管赫拉克利特把火看成万物的本原，但是他却强调火是在"一定的尺度上燃烧，在一定的尺度上熄灭"。可见，在赫拉克利特看来，"逻各斯"才构成了火与万物的本质规定性，也只有"逻各斯"才是真正意义上的存在。和其他哲学家从哲学角度去重新定义存在不同，爱利亚学派哲学家克塞诺芬尼则是从宗教角度去重新理解存在的。他一反古希腊的多神论宗教，认为希腊人崇拜的那些与人同形同性的神祇只不过是人们按照自己的形象塑造出来的，因此居住在奥林匹斯山上的那些复数的神祇并不是真正的存在，真正的存在之神只能是单数的，且不生不灭、不变不动，更重要的是,这个"神"不可直观只可思想。也就是说,此神无形无象,要认识此神,只能通过思想。克塞诺芬尼将这个神称作"一"或"存在"。

如果说之前的哲学家都是通过存在来描述本质的话,那么巴门尼德的独特之处在于直接对存在本身进行了描述。"存在者存在,不存在者不存在"就是巴门尼德提出来的著名命题。所谓"存在",在巴门尼德看来有以下几个特征:第一,不生不灭;第二,不变不动;第三,不可分割;第四,在时间上无始无终,但在空间上并不是无边无际,它被强大的必然性所包围,像一个"滚圆的球形"。从他对"存在"的描述中可以看出,真正的"存在"只存在于思想之中,只能通过思维来把握。相反,通过感官能够把握的只能是"非存在"了。巴门尼德认为存在不仅与思维是同一的,而且与语言也是同一的。也就是说,存在不仅是能够被思维的,而且还是能够被言说的。存在与思维、语言之间存在着一种内在的必然联系,甚至可以说三者就是同一的。倘若一个东西既不能被思维,也不能被言说,那它就是不存在的。巴门尼德对存在概念的描述在西方哲学史上影响巨大,我们可以在后世诸多大哲学家的哲学理论中看到巴门尼德存在论的影子。正是在这个意义上,很多学者认为巴门尼德才是西方形而上学的真正奠基者。巴门尼德的存在理论经过其学生芝诺强有力的论证之后变得更为坚实,即便后来遭到智者学派的猛烈解构也没有被瓦解掉,而是一路延伸下去,为柏拉图、亚里士多德等人所继承和吸收,并成为他们哲学理论中的核心支柱。

柏拉图沿用了巴门尼德"两个世界"的二分法,将世界分为理念世界和现象世界。和巴门尼德等人相比,柏拉图通过辩证法进一步将"存在"或"一"的复杂性和矛盾性特征凸显了出来。在柏拉图看来,如果要考察"一","你不仅应该假设如若'一'存在,研究它将产生什么后果,还要假设这同一个'一'不存在(它将产生什么结果)"①。这就是说,柏拉图并不是像巴门尼德等人那样,以为否定了"多"就可以通过归谬法证明"一"即是存在,因为孤立起来看,无论是"一"还是"多"都能得出相似的结论。毫无疑问,这在逻辑上是自相矛盾的。对此,柏拉图的论证思路是:如果只有"一"存在,那么由于它是一而不是多,所以它就不可能是多于

①  汪子嵩等:《希腊哲学史》第 2 卷,人民出版社,1993,第 872 页。

一的任何东西。这就是说，我们只能说"一是一"这样的"正确的废话"。问题是，我们又不能说"一是一"，因为这么说就意味着"一"和它本身相同，可是"相同"并不是"一"。这就使得我们即使严格遵循逻辑上的同一律，也无法触及存在的精髓。当"一"加上了不是"一"的时候，"一"就不再是"一"，而变成了"多"。更严重的是，我们甚至都不能说"一是"，因为"是"也不是"一"，说"一是"就已经在"一"上加上了不是"一"的东西。所以，从"一是"推出的结果就是"一不是"。① 柏拉图在《巴门尼德篇》中借巴门尼德之口和巴门尼德本人唱了一出对台戏，正所谓以其人之道还治其人之身。通过这种反讽性的论证，柏拉图清晰地揭露出了存在概念本身所具有的复杂性和矛盾性。至于这种矛盾能否解决以及如何解决，当时他还没有找到答案，到了《智者篇》中，他试图提出"通种论"概念来解决这一矛盾。在柏拉图看来，孤立地看，逻辑上的对立双方都有自身的道理，但放在一起就会自相矛盾。因此只有在一个高于它们的第三方即一个更普遍的"种"那里，矛盾才能得到合理的解决。这就是说，任何孤立的理念都是没有意义的，要想获得意义就必须与对立的理念一起并被统一到一个更高的理念之下。于是，整个世界就是一个由不同层次的理念贯穿起来的结构，并共同指向一个最高的善的理念。柏拉图对巴门尼德存在概念的改造不仅仅是将其转换成理念这么简单，而且是将存在本来所具有的那种客观属性，即那种可以独立于人的头脑之外的实体属性凸显了出来。也就是说，尽管理念和存在一样，只能为人的思维所把握，但理念并不是存在于人的思维之中，不能为思维所完全消化。这样，柏拉图就为存在（理念）的实体化走出了关键的一步。

亚里士多德是古希腊形而上学的集大成者，他的形而上学或第一哲学仍然是巴门尼德存在论和柏拉图理念论的延续，但他提出了一个前人没有提出过的问题，即"存在是什么"。之前的哲学家尽管都讨论过存在问题，但都没有明确提出"存在是如何存在的"这样的问题。他们只是在描述存在，但都没有规定存在。也就是说，他们只是提出了"什么是存在"的问题，但没有论述"存在是什么"这个问题。这是两个性质完全不同的问题，

---

① 参见〔古希腊〕柏拉图：《巴曼尼德斯篇》，陈康译注，商务印书馆，1982，第159页。

对存在进行规定其实就是给存在下定义。亚里士多德认为，过去那种"种加属差"的定义模式并不适用于存在概念，因为存在概念本身就是最大的外延了，没有一种东西比存在更具容纳力，因此亚里士多德认为必须另辟蹊径。他将事物的存在划分为两个部分：一个部分叫作偶性，另一部分叫作范畴。前者并不独立，而后者则具有必然性，真正的存在属于后者，因为存在只能在范畴中存在。这样一来，亚里士多德就将"存在是什么"这个问题转化成"存在该如何存在"的问题了。亚里士多德将范畴分为十个：实体、数量、性质、关系、地点、时间、姿态、状态、动作和遭受。在这些范畴当中，有一个范畴最基础，其他九个范畴都必须依赖它存在，但它自身不会依赖任何其他范畴就可以独立存在，这个范畴就是"实体"。如此一来，"存在该如何存在"的问题又进一步转化为"实体是什么"的问题了。亚里士多德说："尽管最初有许多意义，但实体在一切意义上都是最初的，不论在定义上、在认识上，还是在时间上。其他范畴都不能离开它独立存在。唯有实体才独立存在……存在是什么，换言之，实体是什么，不论在古老的过去、现在，以至永远的将来，都是个不断追寻总得不到答案的问题。有些人说它是一，有些人说它是多，有些人说它是有限的，有些人说它是无限的。所以，我们首要的问题，或者唯一的问题，就是考察这样的存在是什么。"① 这就是说，在探讨存在是什么之前，我们首先要知道实体是什么。对于实体，亚里士多德在《范畴篇》中给出了这样一个定义："实体，在最严格、最原始、最根本的意义上，是既不述说一个主体，也不依存一个主体的东西。"② 从亚里士多德对实体的定义可以发现，他与柏拉图把普遍的、抽象的理念作为真实存在的做法截然相反。不过，亚里士多德在提出"第一实体"之后，在《形而上学》里又提出了"第二实体"概念。他说："人们所说的第二实体，是指作为属，包含第一实体的东西，就像包含属一样。"③ 为此，后世不少学者批评亚里士多德，认为他在"第一实体"和"第二实体"之间摇摆不定。事实上，发生"摇摆不定"的并不是亚里士多德本人，而是实体概念本身。个别与整全、一与多、肯定与否

---

① 苗力田主编《亚里士多德全集》第7卷，中国人民大学出版社，1993，第153页。
② 苗力田主编《亚里士多德全集》第7卷，中国人民大学出版社，1993，第407页。
③ 苗力田主编《古希腊哲学》，中国人民大学出版社，1989，第407页。

定、有限与无限等对立因素自始至终辩证地存在于实体概念当中，正是实体的这种矛盾特征使得亚里士多德的形而上学充满了某种张力感。

从上述的梳理中可以看出，在古希腊哲学的演化过程中，"存在"是如何一步步被实体化的。正是这种对存在的实体化，使得存在论逐渐从对"存在"的研究转变为对"实体"的研究。由于在当时的文化语境当中，存在与思维的关系问题并没有被当作一个问题提出来，而是作为一个不言而喻甚至不证自明的前提被接受，因此存在的实体化势必会使得存在脱离开思维，成为独立于思维之外的一个客观事物，这就为后来亚里士多德将"存在是什么"问题转化为"存在该如何存在"以及"实体是什么"的问题铺平了道路。在这个阶段的哲学发展的过程中，存在即是某种外在于或者说凌驾于主体之上的存在者即"实体"，而作为主体的人既非实体，更非存在本身，充其量只是"作为形而上学本体的一个异在的对立物而存在。人只是'精神'或'上帝'等实体的一个现象，只是客观实在借以实现自身的一个中介"①。但随着社会文化语境的转换以及自我意识的觉醒，"存在与思维的同一性"逐渐从一个不言自明的前提变成了一个有待证明的问题，人与世界也不是过去所认为的那样浑然一体，于是存在论逐渐转向了认识论，客体性形而上学阶段逐渐过渡到了主体性形而上学阶段。

## 二 以先验主体为前提的"主体性形而上学"

笛卡尔以来的西方近现代哲学，事实上并没有动摇自古希腊就建立起来的形而上学实体观念，而是用实体化的先验主体取代了实体化的超验客体。表面上看来，近代哲学似乎颠覆了传统形而上学，实际上，这个代替了传统形而上学超验客体的先验主体仍然是一个实体，在这一点上，近现代哲学与古希腊哲学并无本质上的差异。正如施瓦德勒所说的那样："18 和19 世纪对形而上学的批判思路是：承认哲学中有一种基本实体（substance），然后通过翻转这种实体来对形而上学进行'反制'。"② 值得注意

---

① 赵林：《西方哲学的形而上学根基》，《学习与探索》2005 年第 5 期。
② 〔德〕瓦尔特·施瓦德勒：《克服形而上学——20 世纪哲学的基本特征》，贺念译，《湖北社会科学》2021 年第 4 期。

的是，在这个阶段，尽管西方哲学转向了对先验主体的重视，但是并没有抛弃客观性的超验实体，而是在突出先验主体的前提下吸收了超验实体，其以复调的形式共存于这一阶段的哲学中。就实体概念而言，开创了近代哲学的笛卡尔说："凡是被别的东西作为其主体而直接寓于其中的东西，或者我们所领会的……某种东西由之而存在的东西，就叫做实体（Substance）。"① 从笛卡尔对实体的定义可以看出，他对实体的理解并没有超出亚里士多德对实体的规定。笛卡尔把实体分为绝对实体和相对实体。绝对实体乃是自因的存在，指的是上帝；相对实体乃是仅仅依靠上帝但不依靠其他事物的存在。这种相对存在有两个，一个是物质实体，一个是精神实体。尽管笛卡尔给上帝留下了一个至高无上的位置，尽管在本体论层面上，上帝是物质和精神的原因和根据，但在方法论层面上，上帝毕竟是从我思中推出来的。也就是说，笛卡尔实际上已经将自我意识凌驾于上帝之上了。这就意味着先验主体将取代超验客体成为形而上学的新型实体。近现代哲学虽然从某种程度上解构了客观实体，但是它却用偷梁换柱的方法将主体提升到形而上学的高度，这种先验的主体与超验的客体一样具有实体性，一样对经验世界具有毋庸置疑的决定意义，因此它不过是一种主体化了的实体而已。这种主体化了的实体除了表现为笛卡尔的"我思"外，还表现为康德的"先验自我"、费希特的"绝对自我"以及黑格尔的"绝对精神"，尽管黑格尔的"绝对精神"既表现为实体化的主体，还表现为客观化的实体。

在康德的哲学体系中，虽然存在着先验自我和物自体两个实体。但从方法论层面上看，先验自我毋庸置疑具有逻辑上的优先性，因为物自体本来就是先验自我的主动设定。至于为什么我们要设定一个无法认知的物自体，康德认为单凭有现象向我们显现出来这一点，就足以断定现象后面必然有一个显现者，因为有显现而没有显现者，这是无法设想的。如果说在认识论里，康德的"哥白尼式革命"和"人为自然立法"对先验主体的强调还不那么极端的话，那么到了实践论领域，先验自我的主体性特征就被赤裸裸地凸显了出来。在道德领域，实践理性不仅高于理论理性，而且可

---

① 〔法〕笛卡尔：《第一哲学沉思录》，庞景仁译，商务印书馆，1986，第1161页。

以成为人为自身立法的"绝对律令"，并且仅仅凭借"绝对律令"就能建构起一套道德形而上学体系。在宗教领域，康德一反过去的将道德建立在宗教的基础之上的做法，将宗教建立在道德的基础之上。通过一系列的"颠倒"与"重构"，康德将人的主体性高扬起来，从而建立起一套对后世影响深远的主体性形而上学。作为康德哲学的追随者，费希特在高扬主体性这方面做得比康德更彻底。费希特认为，意识之外的任何客体都是一种虚构，"完全没有实在性"。[①] 因此，他认为康德对物自体的设定完全没有必要。正是在这个意义上，他丢弃了康德的物自体概念，试图从观念论角度去进一步发展康德的先验哲学。与康德将认识论和实践论割裂开来，仅仅赋予实践领域人类全面主体性的做法不同，费希特直接将认识主体和实践主体统一起来，将人的主体性和能动性从现象领域延伸到了本体领域。在费希特看来，自我不仅设定自身，而且还设定"非我"与自我对立。自我不仅是"我思"，而且是"我行"。在这个意义上可以看出，费希特将康德哲学中显露出来的主体性推进到了无以复加的地步。费希特说："批评哲学的本质，就在于它建立了一个绝对无条件的和不能由任何更高的东西规定的绝对自我。"[②] 由此可以看出，西方近代哲学到了费希特这里，主体性形而上学可谓达到了巅峰。

虽说实体主义传统是西方哲学的主流传统，但反实体主义的声音始终存在着，并与实体主义构成一种结构性的对立。在近代认识论哲学中，休谟就对这种实体主义思维模式进行了颠覆性的解构。休谟将"我们的观念超不出我们的经验"这句话作为其哲学的根本原则，他的所有批判都是以这个原则作为前提的。休谟认为，按照这个根本原则，我们的一切知识都来源于感觉经验，那么，作为我们感觉对象的一切事物都是可感物，事物实际上就是感觉观念的一种结果，也就是说，一个事物不过就是这个事物的可感性质的观念集合在一起的结果，"实体观念正如样态观念一样，只是一些简单观念的集合体，这些简单观念被想象结合了起来，被我们给予一

---

① 北京大学哲学系外国哲学史教研室编译《西方哲学原著选读》下卷，商务印书馆，1982，第 324 页。

② 〔德〕费希特：《全部知识学的基础》，王玖兴译，商务印书馆，1986，第 37 页。

个特殊的名称，借此我们便可以向自己或他人提到那个集合体"①。这样实际上就取消了这些可感性质背后的实体。他认为，所谓的物质说到底就是一大堆观念的集合，除了这些观念之外，并没有什么背后的实体作为基质或者依托。同理，休谟认为，我们称为"我"的那个东西，我们并没有直接经验过，我们所感受到的只是一个个具体的感觉、一个个具体的情绪、一个个具体的心理状态，除此之外，并没有所谓的独立的"我"存在。休谟说："当我亲切地体会我所谓我自己时，我总是碰到这个或那个特殊的知觉，如冷或热、明或暗、爱或恨、痛苦或快乐等等的知觉。任何时候，我总不能抓住一个没有知觉的我自己，而且我也不能观察到任何事物，只能观察到一个个知觉。当我的知觉在一个时期内失去的时候，例如在酣睡中，那么在那个时期内，我便觉察不到我自己，因而真正可以说是不存在的。"②也就是说，在各种精神现象中，除了怀疑、思考、焦虑、苦恼等具体的心理活动之外，我们并不能感受到有什么背后的精神实体。这样，当他将经验贯彻到底时，所谓的"物质实体"只不过是一个个支离破碎的印象，而所谓的"精神实体"也只是"这个或那个特殊的知觉"，在这个世界上，我们能把握的除了一大堆杂乱无章的印象和观念之外，既不能肯定有"物"的存在，也不能断言有"我"的存在。可问题是，当先验主体和超验客体均被解构的同时，形而上学是否也连带着被解构了？我们不仅关心对"实体"的解构，更关心"实体"被解构之后还剩下什么。

从以上我们对整个西方哲学的发展过程的描述来看，形而上学无疑就是哲学的根基，尽管历史上解构形而上学的声音从来都没有沉寂，但形而上学一直到今天依然是西方哲学坚实的根基。即使是反形而上学的哲学家，到最后发现自己实际上也无意中走上了形而上学的道路。吊诡的是，当进行了一个多世纪的反形而上学的批判之后，他们终于不得不无奈地承认，形而上学是哲学永远无法丢掉的根基。之所以这么说，是因为形而上学不仅包含在"哲学"这个概念中，而且还包含在人类活动的本质矛盾中。在古希腊，"哲学"这个概念的原义是"爱智慧"。"爱"这一动作体现了希腊哲学家们的一种谦虚态度与反思精神。他们认为，智慧只属于神，而人

---

① 〔英〕休谟：《人性论》，关文运译，商务印书馆，1980，第24页。
② 〔英〕休谟：《人性论》，关文运译，商务印书馆，1980，第278页。

只不过是一个"爱智慧者"，在爱的驱动下追寻智慧的过程中，他们把世界和自身一分为二：主体和客体、现象和本质以及灵魂和肉体。在这些对立面之间横亘着一条永远无法跨越的鸿沟，这就为他们对智慧的追求展开了无限广阔的空间。邓晓芒说："爱智慧是一种超越智慧的智慧，是一种智慧的自我反思：'自知其无知'（苏格拉底）。这句反思的格言透露出一种求知的意志，一种对自己的'知'永远保持距离的怀疑和不满足的心态，它使人的知识成了间接性的不断超越自我的成果，而不是一个直接呈现而'受用终身'的宝库。这样，西方哲学本身就包含了一个最深刻的内在矛盾：'爱智慧'必须设定所爱的对象即智慧的当下存在（否则就只有爱而没有了智慧），但却永远不能和智慧合一（否则就只有智慧而没有了'爱'），相反，它自觉地与那个完满的智慧划清界限，将后者看作自己永远追求的精神目标和衡量自己所达到的精神程度的最贴近的绝对尺度。这就形成了一种自我超越的动态的张力，其确定的形态就是形而上学。"① 而且，这种"形而上情结"不仅是哲学的本性所决定的而且也是人性的必然要求。动物也有好奇心，但仅仅一个直接呈现出来的现象就可以使这种好奇心得到满足，而人类却不限于此，他们总是忍不住要透过纷繁的现象世界去追问本质的东西。因此，除非消解了人性，否则，我们永远不可能彻底地消解人类对于形而上的追寻。正如邓晓芒所指出的那样，"从古至今，任何一个想要拒斥形而上学的人都不得不拒斥哲学本身；而反过来，任何一个还想进行一种哲学思考的人……最终也都不得不走上形而上学之途，他对形而上学的拒斥只不过使形而上学又一次提高了自身的层次而已。从这个意义上来说，形而上学真正是人类哲学思维的摆脱不了的宿命。"② 确实，对于形而上学，无论是赞成还是批评，都必须与之进行对话。就拿批评和解构来说，若要解构形而上学就必须借助形而上学概念，因为如果不使用形而上学的概念范畴，就无法与之展开行之有效的对话，对其批评也是一种无的放矢；可是一旦使用这些概念就进入了形而上学的领域，使得反形而上学

---

① 邓晓芒：《西方形而上学的命运——对海德格尔的亚里士多德批评的批评》，《中国社会科学》2002年第6期。

② 邓晓芒：《西方形而上学的命运——对海德格尔的亚里士多德批评的批评》，《中国社会科学》2002年第6期。

本身也成了形而上学。如果说形而上学是哲学的宿命，那么问题的关键不再是我们要不要形而上学，而是我们需要一种什么样的形而上学。

## 三 以存在为指向的去实体化的动态形而上学

既然形而上学是人类哲学思维摆脱不了的宿命，而"实体"观念因为给人带来诸多的弊病又亟待消解，那么是否可以既保留形而上学但又可以避免"实体"观念所带来的弊病呢？也就是说，是否可能既不像休谟那样以彻底怀疑的方法为了解构掉"实体"而不惜付出丢掉形而上学的代价，又不像西方传统哲学那样为了保留"本体"观念而甘心忍受"实体"观念所带来的负面影响？对于这个问题，黑格尔和尼采就曾经给出过他们的解决方案。许多学者都认为，黑格尔哲学是形而上学实体论的集大成者，然而正是这个实体论的集大成者内部却逻辑地蕴含着超越形而上学实体观念的可能性。在黑格尔那里，逻辑学、认识论和本体论是三位一体的关系。绝对精神既是先验的主体认识形式，也是超验的客观世界规律；既具有某种神秘特征，但又存在着某种可供认知的理性属性；既有静态化、永恒化的一面，也有自我否定和自我超越的一面；既是一种实体性的存在者，也是一种去实体性的存在过程。这些自相矛盾的特征典型地体现在其极具泛神论色彩的"主体即实体"的思想当中。和近代哲学中的大多数哲学家不同，黑格尔既不从客体出发也不从主体出发，而是从主体和客体的绝对同一出发去建构他的哲学体系。在这个意义上，他赞成并延续了谢林的致思路径。与谢林不同的是，他不认为绝对同一的能动性来自非理性，而是来自绝对同一本身所蕴含着的辩证逻辑。绝对同一之中所蕴含着的差异使得绝对同一不断地自我否定和自我超越。所以，在黑格尔看来，主体和实体完全是一个东西，两者的同一不仅体现为一个逻辑结构，而且也体现为一个历史过程。黑格尔的"实体即主体"思想辩证地将现象与本质以及先验和经验联系为一个统一的有机整体。虽说绝对精神是一种形而上学实体，但是它不仅是结果，而且是过程。如果单单从结果来看，这个体系可以称为形而上学，但是如果从过程来着眼的话，它却是对形而上学的解构。黑格尔正是通过对形而上学本体论的重建而超越了形而上学实体论。

尼采赞同黑格尔关于事物永远流变和矛盾的观点，也赞同黑格尔反对用"实体"的观点思考问题的理论，但是他不满意黑格尔的地方在于黑格尔的哲学中存在着大量的传统形而上学残余。本文在这里不打算专门论述尼采对黑格尔形而上学的批评，而主要谈及他对传统形而上学的批评。在尼采看来，西方传统形而上学实质上既是道德本体论，又是逻辑本体论。而且，在形而上学实体化过程中，同一律和因果律起了关键作用。尼采本人并不承认这个世界上存在所谓同一律这样一个事实，毋宁说它是人类出于安全需要通过认知虚构出来的产物。正是在这个意义上，尼采说同一律是一种"生物学定律"。对于因果律，尼采基本赞同休谟关于原因和结果之间并无必然关系的观点，但他不同意休谟将因果律看作个人习惯性联想，而是认为因果律乃是人类最古老的一种习惯。尼采认为，逻辑上的因果关系要么来自对语法上主谓结构的信仰，要么来自历史上源远流长的万物有灵观念的影响，归根结底仍然不过是人类出于恐惧对外在现实世界整理的结果。因此，与其说因果律是一种真理，不如说它是一种信念。当然，尼采并不全然反对同一律和因果律，他反对的是将同一律和因果律当作世界的规律。从生命的安全需要来说，人类确实需要这种虚构，但前提是要承认这是一种虚构，而不是将其绝对化为某种形而上学真理。因为同一律，哲学家们以为世界具有一个不变的本质，因为因果律，他们总想追问隐藏在世界背后的终极原因，结果都导致了一个实体化的东西。正是对同一律和因果律的解构，尼采完成了他对于传统形而上学实体化的批判。但是尼采并不像休谟那样只是一味破坏而忽略建设。在解构传统形而上学实体观念的同时，他并没有将形而上学一起丢掉。在分析笛卡尔的"我思"时，他说："把命题还原为'我思故我在'，得到的是纯粹的同义反复，而恰好要问的东西——'思的现实'——未被触及，也就是说，思的'假象'不可能被解除。"① 尼采认为，"思"的过程其实并不受"我"支配，"思"本身是一个不受主体操纵而且也只有脱离了主体的控制才能自由运行的过程。当尼采将"我"这个抽象主体解构掉之后，"思"这个过程即生成着的动作

---

① 转引自周国平《尼采与形而上学》，新世界出版社，2008，第79页。

本身变成了形而上学真正意义上的指向。

　　尽管尼采在摧毁传统形而上学和重建新的形而上学方面与前人相比作了很大贡献，但是他最终仍然没有跳出传统形而上学的窠臼，这使得他在超越传统形而上学这条路上最终功亏一篑。就此而言，海德格尔称他为西方"最后一个形而上学家"。有别于传统西方哲学将"存在"理解为"存在者"，海德格尔将"存在"理解为"去存在"的做法在一定程度上超越了传统形而上学的实体论模式，建立了一种崭新的形而上学新模式，从而引起了哲学的又一次转向。在其一生的哲学思考中，海德格尔始终将西方传统形而上学看作一个有待改造的对象。这个传统在他看来，已经忘了存在以及存在与存在者的关系，而且误将存在者当成了存在本身，这样的本体论就是一种"无根的本体论"。海德格尔认为，"存在"在前苏格拉底哲学家那里被看作"生长""形成""显示"，是一种弥漫的能力，即"Physis"。但是自柏拉图以来，哲学家们就不再将存在当作"Physis"来理解，而把它当作一种实体性的东西来理解，这个实体性的东西就是指我们平常说的"它是什么"中的"什么"，这个"什么，这个作为那存在者的存在也就成了存在者那里的最具实存性的东西〈das Seiedeste〉了。""存在作为理念被捧高了，它成了真正的存在"，但是存在本身"却下降为柏拉图所谓的μὴ ὄν〈不存在者〉，这个μὴ ὄν其实就不应当存在，而且实际上也不存在，因为它在其实现的过程中，在将理念，即单纯的样貌形塑到质料中去的时候，总会使之走形"，"理念同时而且必然就变成了理想"，"摹仿出来的东西本来不'在'，而只是分有存在"。① 在这个过程中，生成着的、弥漫着真实的存在就被遗忘。海德格尔认为，正是不将存在作为生成着、弥漫着的活的过程来理解，而是作为抽象的、实体化的某物来理解，才导致了传统形而上学对于存在的遗忘以及对于存在和存在者的混淆。"实体论"使人们只去研究事物的抽象本质，而忽略了对于生成着、弥漫着的活生生的存在本身的研究，这就是传统形而上学本体论的目的。"所有存在论的目标都成了范畴学说。"②

---

① 〔德〕海德格尔：《海德格尔文集·形而上学导论》，王庆节译，商务印书馆，2017，第221页。

② 〔德〕海德格尔：《海德格尔文集·形而上学导论》，王庆节译，商务印书馆，2017，第224页。

"'理念'和'范畴'就是后来的两个名称，西方的思想、行动与估值，全部的亲在，都在其名下安身。"① 海德格尔认为，正是柏拉图开启的这一思想传统导致了哲学的衰落，从此之后，"哲学就绞尽脑汁，千方百计地试图去说明命题陈述（思想）与存在的关系，但却徒劳无功，这其中的原因在于，对存在的发问再也回不到它赖以生发出来的根柢和地基处，而从那儿开始，这发问才会展现出来"②。

形而上学的核心问题就是存在问题，这和西方语言和思维方式有着相当大的关系。当有物存在，西方语言就用"to be"来描述。只要一讲到"to be"，总是有某物存在，这"某物"无论数量多少、持续时间长短，都只是现象界的具体事物，而凡是具体事物都不是永恒不变的。而哲学追寻的就是永恒。只有说出"to be"而不是"to be something"才会是永恒的。存在不是任何一种存在物，而是超越一切物的存在本身。正是在这个意义上，亚里士多德说存在问题是一个过去问过，现在在问，将来还会不断问下去的问题。西方哲学的核心问题，本体的存在（being）、现象上的存在者（beings）与是（to be）和是什么（beings）是以相同的语言形式表现的。当苏格拉底、柏拉图以"×是什么"的语句形式进行形而上的追问时，就开创了代表西方传统哲学的问答形式。在海德格尔看来，正是这种在西方存在了两千年的问答形式把真正的本体论问题遮蔽了，使人类最根本的东西失落了。只要我们沿着"是什么"的问答形式进行，结果只能是"存在者"在而"存在"不在。因此，我们必须对"是"即存在本身进行追问。

正是按照存在与存在者、永恒与现世、无限与有限的这一基本关系和思路，海德格尔让我们明显地可以想到："存在"是存在的，但又不可言说，特别是不可以给"存在"下任何定义。因为，如果"存在"不存在，那么世界万物就失去了其存在的根据。但是存在之所以为存在就在于它的普世性，它对任何文化、任何时代都有效；但是我们对于存在的定义和理解，只能是当下时代和当下文化的定义和理解，我们不可能超出自身的时

---

① 〔德〕海德格尔：《海德格尔文集·形而上学导论》，王庆节译，商务印书馆，2017，第226页。

② 〔德〕海德格尔：《海德格尔文集·形而上学导论》，王庆节译，商务印书馆，2017，第228~229页。

代和文化去理解存在，就好像我们不能跳出自身的皮肉去理解自己一样，无论如何客观，我们对于存在的理解多多少少会带有我们所处时代的痕迹和烙印。因此，任何关于存在的定义和理解都不可能是存在真正的本质，而只是我们自己所认为的存在的本质。因此，传统形而上学的问题不是出在了断言"存在"的存在，而是出在了把"存在"在当下环境与文化中的理解和定义当成了存在本身。可见，海德格尔既反对西方传统哲学对存在下定义，即将存在实体化的做法，也反对像彻底怀疑论和虚无主义者将"存在"完全解构掉的做法。因此，海德格尔的观点可以简单概括为：必须坚持存在论，只有如此，世界万物才有意义；必须反对实体论，只有如此，万物才能从实体化的遮蔽中解脱出来，使自身的物性绽放出来。

## 四 余论

严格来说，是"存在"（being）而非"实体"（substance）才是形而上学的主要研究对象。但回溯整个西方形而上学史会发现，"实体"在形而上学中所占的比重远超"存在"。将"存在"实体化就意味着将"存在"与"存在者"等同起来了。有鉴于此，海德格尔批评以往的形而上学只是研究"存在者"而遗忘了"存在"本身。为什么会出现这种现象？出现这种现象是偶然的，还是说有其不得不的必然性存于其中？能够脱离开"存在者"去追问"存在"吗？即便是反对传统形而上学的海德格尔本人不也是从"此在"出发去追问"存在"的吗？"此在"难道不是一种存在者吗？当然，海德格尔可以自我辩护说，尽管"此在"也是一种存在者，但此在这种存在者与其他存在者并不一样，"此在"不仅知道自身的存在者身份，而且不满足于仅仅做一个存在者，而是试图从存在者的身份当中突围出来。但是我们还是会疑惑，就算是"此在"意识到了自身的存在者身份，也不满足于这种身份并试图从存在者身份当中突围出来，但是否就可以彻底摆脱存在者的身份，从而让"存在"赤裸裸地显现出来？笔者认为这种突围并不是一劳永逸的，因为突围只能是从这个存在者身份转化为另一个存在者身份，但永远不可能脱离抽象的存在者身份。"此在"只能通过在不同的存在者身份之间进行转化和对比的过程中获得对"存在"的领悟。因此，尽管将"存在"实体化是一种"异化"，但这种"异化"是必然的，是不可避免的。对异化的克服并不是逃避异化，而是对异化的自觉反思和不间断超越。因为逃避异化也就意味着逃避成长，异化是成长过程中的必经阶段。人类只能在异化当中克服异化，而不能在异化之外克服异化。正是在这个意义上，我们说形而上学是哲学摆脱不了的宿命。

哲学的这种宿命还和人的自欺本性息息相关，因为形而上学本身就根植于人的自欺本性当中，而自欺又根植于人类的有限性以及对这种有限性的自觉和对有限性的超越。只有同时满足这三个条件，形而上学才是可能的。也就是说，形而上学是作为有限性的人类对无限性的渴望和追求。正是因为这种有限性，"存在"的实体化才是形而上学的必然结果。只不过传统的"客体性形而上学"和"主体性形而上学"并没有意识到存在实体化的自欺特征，将超验实体和先验实体当成了唯一真理的化身，而以海德格尔为代表的西方现代哲学逐渐意识到了这一点，使得他们对存在的理解超出了无意识自欺的视野，进入有意识自欺的阶段。这从他们拒绝将存在理解为存在者这一点看得出来。当人类意识到了存在的实体化是形而上学的必然产物，也知道了形而上学是人类有意识自欺的结果，那么我们就对形而上学有了一种同情的理解和警惕的眼光，即承认形而上学是一种假设，同时也承认这种假设仍然是一种真理，只不过它不是终极真理，而是一种阶段性的真理。用萨特的话来说，存在的特征就是"是其所不是，不是其所是"，就是一种永远否定自身、超出自身，永远在路上的状态。

# 想象力作为差异性统一

## ——康德时间的直线类比新解[*]

### 张清涛[**]

**【内容提要】** 想象力概念在康德认识论中引起的争议较多，本文试图推进海德格尔、莫尔的论述，为想象力作为比较的能力辩护。论证由两个论题支撑，分别论述想象力的区分活动、综合活动。由于想象力与时间有一定的同构性，从认识论把时间类比为直线处可以提炼出两个论题：论题一解释了时间被比作一条直线，其中想象力把一个时间序列区分为相继的时间阶段。论题二论述了时间作为构想直线，即想象力把上述相继的时间阶段统合为一个时间序列。二者共同论述了想象力的新解释——一种先验的比较能力：它作为逻辑活动先验地区分、再统合纯粹时间，以此分割、综合时间中的表象，以达成认识中差异性统一。

**【关键词】** 认识论；想象力；时间；空间；综合

## 一 导言：想象力与比较能力

想象力（Einbildungskraft）是康德批判哲学中的核心概念，在认识

* 本文为国家社科基金青年项目“康德《〈纯粹理性批判〉反思录》翻译与研究”（项目批准号：22CZX055）的阶段性成果。

** 张清涛，四川大学哲学系副研究员（专职科研），主要研究方向为德国哲学特别是康德与前期海德格尔。

论中它作为"一般综合"（Synthesis überhaupt，KrV B103）① 是感性与知性间的桥梁。海德格尔甚至主张，知识源于"三种基本认识能力"，即感性与知性加想象力，而不仅仅是源于两种认识能力（感性与知性）②。在《纯粹理性批判》中论及想象力的段落较为零散，故而学界仍在争论想象力的定义和功效（功能与效果）、它所依据的原则等问题，针对想象力定义和功效的一个重要问题是：想象力能否被理解为一种**"比较的能力"**？海德格尔（M. Heidegger）、莫尔（G. Mohr）分别提及、论述这一规定③，与此相反，康德研究者亨利希（D. Henrich）、闻世（M. Wunsch）则批评海德格尔的整个康德解读是"未论证的"。④ 本文试图为莫尔的结论辩护，但会重构新的论述，文末笔者会指出本文对已有研究的具体推进。

　　具体而言，想象力主要出现在康德对时间、空间关系的讨论中，特别是把时间类比为直线处。对此中外很多学者都详细讨论过时间与（作为空间的）直线的同与异：其中邓晓芒、莫尔、罗泽菲尔特（T. Rosefeldt）等从时空的相似性推导到差异；普豪斯（G. Prauss）、科赫（A. Koch）等则直接

---

① 科学院版《康德全集》的引用格式为"著作缩写+卷号：页码"，如"AA 7：001"，Antho-pologie＝*Anthropologie in pragmatischer Hinsicht*（《实用人类学》）。其中 KrV＝*Kritik der reinen Vernunft*（《纯粹理性批判》），按照通行的 A、B 版标注页码；中译文参照邓晓芒、李秋零两位教授的《纯粹理性批判》和《实用人类学》译本。个别长引文有微调，引文中的黑体均是作者为强调所加。参见〔德〕康德《纯粹理性批判》，邓晓芒译，人民出版社，2004。李秋零主编《康德著作全集》第 3 卷《纯粹理性批判》中国人民大学，2004；李秋零主编《康德著作全集》第 7 卷《学科之争　实用人类学》，中国人民大学出版社，2008。

② 关于知识源于三种基本认识能力还是两种能力的综述，分别参见潘卫红《康德的先验想象力研究》，中国社会科学出版社，2007，第 8~32 页；〔德〕海德格尔《康德与形而上学疑难》，王庆节译，上海译文出版社，2011，第 130~151 页。

③ "因此想象力与一般性的智慧力、分辨力、普遍的比较能力（Vergleichsvermögenüberhaupt）密切相关。"参见〔德〕海德格尔《康德与形而上学疑难》，王庆节译，上海译文出版社，2011，第 129 页。想象力作为时间意识是一种"差异性统一"（differenzierende Einheit），参见 Georg Mohr，*Das sinnliche Ich*，Würzburg: Königshausen und Neumann，1991，S. 190。该书在德语、英语学界的影响力非常大。

④ 多数德语康德研究者认同海德格尔的结论即想象力是认识论的核心，但不接受他的论证，概览参见王嘉新《第三条道路：再思康德理论哲学中的共同根问题》，《世界哲学》2019年第 5 期，第 81~89 页；Matthias Wunsch，*Einbildungskraft und Erfahrung bei Kant*，Berlin: de Gruyter，2007，S. 18~42；D. Henrich，„Über die Einheit der Subjektivität"，*Philosophische Rundschau* 3（1/2），1955，S. 28~69。

强调二者的差异。① 这些讨论也直接涉及想象力的规定方式。

对这两个问题，本文试图借助时间的直线类比来论证想象力是一种形式化的比较能力：它先验地区分、组合心中表象，包括纯粹时间与感性表象。论证有如下**两步**，分别论述想象力的区分、综合活动，此外首尾另有立论、结论两部分。②

## 二　立论：线与画线

从康德文本中可以提炼出关于想象力［特别是 B 版先验演绎中的"生产性想象力（die produktive Einbildungskraft）③］的两个论点。随后正文将展开这两个论点，分析文本并重构其论证。由于想象力与时间有很大程度的同构④，这里先分析时间。从知识的二元论出发（知识源于感性、知性两种认识能力），康德对纯粹时间（直观的形式）的规定可以划分为如下两组。

（1）我心中的表象是复数。这些复数的表象是前后相继的，亦即心灵的各种状态是前后相继的。前后相继的时间是感性的基本形式。在先验感性论中，纯粹时间是内感官⑤的形式，它首先展示出了**相继**这种时间关系。

---

① 该问题国内文献参见邓晓芒《康德时间观的困境和启示》，《江苏社会科学》2006 年第 6
　　期。国外文献参见 Georg Mohr, *Das sinnliche Ich*, Würzburg: Königshausen und Neumann,
　　1991, S. 161 - 171; F. Anton Koch, *Subjekt und Natur*, Paderborn: Verlag, 2004, S. 226 -
　　228; Gerold Prauss, *Die Einheit von Subjekt und Objekt*, Freiburg: Verlag Karl Alber, 2015,
　　S. 174 - 181; Tobias Rosefeldt, "Kant on Imagination and the Intuition of Time", in *The Imagi-*
　　*nation in German Idealism and Romanticism*, Cambridge: Cambridge University Press, 2019。
② 完成这个论证，就可以再进一步论证想象力的统一活动严格地依照统觉即有一种彻底的先
　　验想象。这当然超出了本文的任务，参见笔者博士学位论文。
③ 在图型论与知性的诸原理中，康德明确地将生产性的想象力与建构、构造几何图形关联起
　　来：生产性、创作性的想象力能够按照几何学中的概念描画出相应的几何图形，如依据三
　　角形概念具体想象出三角形等。参见 KrV B151－152、B745。
④ 时态（模态、modal）意义上的时间由过去、现在、未来组成。想象力的功用在于，通过回
　　忆把过去再现为现在，通过期望把未来当下化，故而想象力实现了与时态—时间的统一。
⑤ 哲学史上把感官分为外感官［der äußere Sinn，简写为外感，即人的五官（眼、耳、鼻、
　　舌、身）］与内感官［der innere Sinn，简写为内感，即沟通五官的共通感（Gemeinsinn）］。
　　在康德的先验感性学中，外、内感的区分保留了下来，但含义都抽象化：外感从五官变为
　　泛指接受外物刺激的能力；外感的对象是物，内感的对象是心灵。物在三维空间的广延
　　中，其本质属性是形状与位置；而心中的表象在时间中同时或相继，故而外感以空间为形
　　式，而内感以时间为形式。参见 KrV B42、B50。

不同的时间阶段前后相续，故而我心中的诸多表象（亦即心灵的各个状态）在时间中也前后相继。在相继的时间序列中，各种感觉当然也可以在一个瞬间中同时被给予我们。为了把相继的时间更清楚地描画出来，着眼于时间与空间的相似性，康德把时间比作一条直线（Die Linie-Analogie der Zeit）①：我们可以想象一条向两端无尽延伸的直线。这条直线构成了时间外在的"图像"，亦即外直观。两者的区别在于，线的各个部分是同时在眼前的，而时间的各个部分是相继的。除此之外，二者完全相同。②

（2）在随后的"先验分析论"中，感性之规定即知性对纯粹时间的规定被清晰提出。这里时间的延展（Extension）是主题，如从昨天中午到今天中午这段时间。时间的延展在这里被展示为想象性地**建构**（Konstruktion，B745）一条直线。构想、建构直线，不仅出现在两版（B154，A99）先验演绎中，而且也出现在第一条知性原理中，亦即讨论时空广延的"直观的公理"。这三处文本会在下文中详细分析。先验演绎的段落（KrV B154）亦有提到时空坐标系，亦即时间的延展构成一个时间轴，加上空间的三维直角坐标系，二者就共同构成一个时空坐标系。

上述把时间类比为直线的两个命题（相继与广延）可以如此刻画想象力：

1）在感性论中线作为时间外在的图像。

2）在B版先验演绎中康德不再主张时间作为线，而是作为纯粹的构造、建构，亦即在想象中画线或者说构想线③。

第一个线命题，力图描绘出时间的相继关系，它作为内感的形式。而第二个画线、构造线命题（构造命题）描述了想象力的主动性，它被视作

---

① 类比：就时间、空间二者**相似性**（Analogie KrV B50：相似性、类比）或者说部分的一致性而言，把时间看作空间亦即一条直线。因为时空的连续性（无限可分性、统一性）是一致的，见 KrV B213、B218。

② 直线是"外直观"（äußere Anschauung，KrV B50），亦即"外在的图像性表象"（äußerliche figürliche Vorstellung，B154），或者时间的"图像"（Bild，B156）。这里的图像指的是经验性直观的统一，如这一条直线。

③ 构造或构造性（bildend）的活动描述的是在脑海中纯粹地主动"建构"（Konstruktion，B741）一个数学概念，与此相对，经验性的各种建构是在现实中，例如在纸上画出一条特定长度的线段。而经验层面的构造活动也描述了艺术家在空间中的创作（Dichten），例如在造型艺术中。参见 AA：7，B79—80。

"生产性的"（produktiv）、创作性的或者说依据知性的自发性。① 本文试图阐明，在时间的直线类比中，构造命题是线命题的**基础**：想象力能在头脑中想象出一个点的直线运动，把它的轨迹构成一条直线。正如同康德自己暗示和多数研究证实的那样。直线能进一步展示出点运动的各个相继的时间阶段的统一，亦即各个不同时间段的统一性。在这个意义上，直线通过小球（被抽象成点）的直线运动被构造出来，故而构造命题是线命题的基础，或者说在逻辑上更为优先。

构造命题对于线命题的基础性，合乎日常经验。通过这两个命题，笔者会完整讨论设想、想象出它们的想象力的二分。其中线命题背后的想象力是再生性的（reproduktiv），而构造命题背后的想象力是生产性的。故而构造命题的优先性（在下文中）会说明生产性想象力对再生想象力的优先性。

## 三　论点一：线命题中想象力的区分活动

对线命题的讨论分为两步：它的必要性——时间是否必然借助直线来展示；它的独立性——线命题是否清楚自明无须依赖构造命题。

### （一）线命题的动机及其必要性

时间无非是内感官的形式，即直观我们自己和我们的内部状态的形式。因为时间不可能是外部显象的规定：它既不属于形状，也不属于位置等等；与此相反，它规定着各个表象在我们的内部状态中的关系。而正因为这种内直观不提供任何形状，所以我们也试图通过类比来弥补这一缺憾（Mangel），通过一条无限延伸的**线**来表象时间序列，

---

① 生产性的想象力（die produktiv Einbildungskraft），在《实用人类学》中也被称作感性的创作性能力（das sinnliche Dichtungsvermögen，Anthropologie 7：175）。它是先验逻辑中"知性对感性的作用"（Wirkung，B152）。想象力的自发性据此来源于知性的自发性，故而想象力只是一个不独立的、派生的自发性，本文用生产性、创作性（Produktivität）来表达。想象力是主动的或生产性的，与感受性的感性相对，与此相比知性是自发的亦即自我驱动的。这个派生的自发性被 Kaulbach（S. 147-148）看作"图像之图像性"（Figürlichkeit der Figur），因为想象力能够在思想中建构几何图形。

其中杂多构成了一个只具有一个维度的序列；

而且我们从这条线的各种属性推论（schließen）到时间的一切属性，只除了一点，即前者的各个部分是同时的，而后者的各个部分则始终是相继的。由此也得出，时间自身的表象是直观，因为它的一切关系都可以借助一个外直观予以表达。①

感性论中的相关引文如上，其中主要有两个论题：a. 线命题的产生的动机。b. 从空间线的同时（在眼前）推理到时间的相继。这个推理在下一节处理，此外先讨论线命题的动机。其中现象的相继或同时是纯粹的时间关系，却并没有空间中的形状和位置。（时间与空间的平行并列涉及狭义的内感官，亦即内感与外感在感性论中纯然分离，或者说在感性学说中内感与外感首先被平行并置②。）纯粹时间（相继）缺乏形状，这正是线命题的**动机**。为了克服这一缺陷，康德试图借助空间线将思想中的纯时间的相继关系可视化。借助直线这个外直观可以展示对心中表象的"内直观"③，尤其是诸表象的相继性：不同的时间阶段前后相连，这样就构成了时间序列的综合与统一。时间段的统一描述的正是相继的时间序列，它正好能被直线各个部分的统一性展示出来。直线与时间的共通之处在于由统一性以及可以无限分割构成的连续性。④ 最终，在后一步的论证中内感和外感事实上是处于一个密不可分的交互关系中，它们的形式即纯粹的时间和纯粹的空间，也是同时运作缺一不可的。⑤

---

① 李秋零主编《康德著作全集》第 3 卷《纯粹理性批判》，中国人民大学出版社，2004；KrV B50。

② 康德的《纯粹理性批判》中"时间的先验阐明"小结共有三个步骤：第一，时间是主观的形式，是诸物之间与物（作为现象）和主体的关系；第二，内感官与外感官并列故而缺乏形状；第三，内感官是外感以及一切感性表象的基础。这里的引文来自第二步内、外感并列，第三步内感统摄外感在稍后讨论时空中的运动时会涉及。

③ "内直观"是指我将望向外部的目光（即外直观）转向自己的内心，把握自己心灵当下的状态。

④ Joachim Ritter, *Historisches Wörterbuch der Philosophie*, Band 4, Darmstadt: Schwabe Verlag. Ritter, 1976, S. 1038.

⑤ 内外感的互补的优先性参见〔德〕奥特弗里德·赫费《康德的〈纯粹理性批判〉——现代哲学的基石》，郭大为译，人民出版社，2008，第 80 页；二者的同时性（Simultaneität）参见 Georg Mohr, *Das sinnliche Ich*, Würzburg: Königshausen und Neumann, 1991, S. 83–87.

这种把时间类比为直线，亦即这种时间的图像给我们展示了纯粹时间的一个特性，即我们只能通过展示时间来理解时间。因此，"时间是什么"这一经典问题总是被重新表述为：时间能如何被展示出来。这个问题可以具体写作：康德一再反复把时间类比为直线，似乎在暗示这个类比对于我们的时间概念（表象）是唯一且必不可缺少的，但为什么康德却认为空间线是时间序列（即时间连续的统一性）的唯一**必然**表征？会不会有其他选项？是否其他几何图形如圆形，也能够表示一段时间？笔者的回答是肯定的，例如地球绕太阳转的轨道是椭圆，这个椭圆正好展示出一年的时间。椭圆乃至其他几何图形也可以展示出一段时间。因此"时间线"这个表述，即用一条直线来表示一个时间序列，缺乏必然性。时间并不必然地借助于直线来表示，直线仅能被认作时间的诸多展示形式之一。事实上，直线只为我们提供了空间和时间的相似性，或者说两者的"类比"（Analogie）。另外，许多研究已经提出了空间和时间的差异性（Disanalogioe）①。与其他时间的展示形式相比，直线仅仅是一个最优的时间展示形式。

### （二）线命题对构造命题的依赖性

康德显然意识到了，直线在展示时间时仅仅作为一个范例。但他仍旧喜欢使用直线，原因应该是：直线不仅是几何学中的一个基本图形，也构成了一个简单的直线运动。为此，本文将首先介绍这个简单运动——点动成线，以此论述线命题的依赖的条件，也澄清直线类比中的时间关系（同时性和相继性）。

根据康德的描述，在"直观的公理"中，一条线产生于一个点的直线运动。设想中的点的运动是一个真实运动的抽象，例如点代表直路上的汽车。

> 我把各个部分的表象在其中使整体的表象成为可能（因而必然先行于整体的表象）的那种量称为一种广延的量。一条线，无论它怎样短，如果不在思想中划出它，也就是说，不从一个点产生出所有的部

① F. Anton Koch, *Subjekt und Natur*, Paderborn：Verlag，2004，S. 209，225. Tobias Rosefeldt，"Kant on Imagination and the Intuition of Time"，in *The Imagination in German Idealism and Romanticism*，Cambridge：Cambridge University Press，2019，pp. 64，45.

分，并由此记录下这一直观，我就不能表象它。任何时间哪怕是极为短促，也都同样是这种情况（verwandt）。在其中我只是思维从一个**瞬间**到另一个瞬间的相继进展，由此通过所有的时间部分及其增添最终产生出一个确定的时间量。①

这处引文讨论时间、空间的广延（Extensionen），并指出二者的同、异。其中三维空间中一个维度的广延来自从一个点逐步延伸至其他点，或者说点的直线运动。而一维时间的广延，来源于从一个瞬间（Augenblick）逐步延伸到其他瞬间：时间与空间的相同之处在于，都是一个逐步延伸、延长的过程，二者的差异在于空间源于无广延的点，而时间源于有广延的瞬间，瞬间有广延而空间点无广延。故而时间与空间的广延仅仅是"相似"（verwandt），而非完全相同。

如果瞬间也可看作时间的分割点，那么广义的点（包含空间点和时间点）的直线运动在线命题和构造命题之间搭了一座桥梁，且更靠近构造命题。这个直线运动，依然不是时间唯一且必然的展示，而是一切可能的展示中最简单的：点和线是几何学中的基础概念；直线运动是牛顿力学中最简单的运动；线的构造（以及时间的线比喻）也产生于这些基础概念（如：点、线、直线运动）。因此，归根结底，线与构造线在思想的经济原则方面是最简单的（思想的俭省原则、经济原则，参见 KrV B678）。与其他运动相比，它需要的逻辑预设最少，即对其组成部分的解释最少。这种直线运动实际上只构成了时间序列的一种可能的表现形式，即时间更准确地说是时间序列，可以用点的直线运动清晰而简单地表示。正因如此，大多数研究在讨论的第一步先强调线与时间的相近性、类比性，随后才详细讨论其差异。点动成线需要进一步的说明。

自中世纪以来，就有一种经典的**滚小球**的方法，即在一个"理想的平面上滚动一个完美的球体"②，它的运动轨迹构成了一条标准的直线，因为球在

---

① 李秋零主编《康德著作全集》第 3 卷《纯粹理性批判》，中国人民大学出版社，2004，第 143~144 页；KrV A 163/B 203。

② Joachim Ritter, *Historisches Wörterbuch der Philosophie*, Band 4, Darmstadt: Schwabe Verlag. Ritter, 1976, S. 1049-1051。

任何时候都只接触到表面上的一个点。如果我们把球体的支撑点看作一个几何点，那么这条线就起源于球体的运动，球体可以看作一个有质量的点或者说物理点。该点一步一步从一个位置运动到另一个位置，它逐步形成一条线。这个逐步的构造与相继的时间关系是一致的。而构造的结果是，点的轨迹形成了一条连续的空间线，它的各部分是同时呈现的。这条直线，被认为是时间图像或时间轴，已经向我们展示了两种时间关系：相继与同时性。两者都仍然预设了一个持存的物理点①，某个物体总是向前移动。②

这个设想点的运动至少展示出两种时间关系：其动态过程中的相继，以及其静态结果的同时性，即直线作为运动轨迹，它的各个部分同时呈现在我们眼前（以及作为其前提条件的点的持存性）。在这种情况下，是构造命题使得线命题得以可能：我们从线的属性中"推理出"（schließen，KrV B50）时间的属性，亦即从直线回溯到点的直线运动。我们从线回溯到点的运动构成线，亦即从综合的结果（线）回溯到想象力的连续综合过程（直线运动）。这可以得出如下结论。

线命题实际上说的并不是一条静态直线，而是点的运动。线的各部分是同时存在的，与此相反点的各个位置是连续的即"一个接一个"（KrV B50）。生产性想象力所设想的这个简单运动产生出直线，故而直线必然基于构造线，线命题是**不独立**的。

在这种情况下，想象力被看作一种"贯穿式"（Durchlaufen）的组合，如串糖葫芦，或串珍珠项链。它是一个逻辑上相继的过程③，这最终刻画出了普遍性的综合——"一般综合"（Synthesis überhaupt，KrV B103）④。想象力首先将时间区分为各个相继的阶段，然后依次将时间的各个阶段联结起

---

① 这里的点首先是一个经验性的真实的物理点，它代表了一个运动的物体如一个小球或一辆汽车。它随后可以在物理中被抽象为一个没有任何空间广延的数学点。

② 假如缺少运动点的持存这一前提，将不能划出一条清晰且连续的直线。例如一支油墨将要耗尽的圆珠笔，它并不能画出一条清楚且连续的直线，而是断续的虚线，乃至于纸上没有颜色的直线划痕。

③ 综合的特征是贯穿、遍历（durchlaufen），参见 A 版先验演绎，KrV A99；文中论述的**逻辑上的相继（差异）**，不同于时间上的相继过程。前者是一个思维活动，它可以在一个瞬间内同时发生。而后者必然是时间序列，包含两个或以上的时间。参见 Georg Mohr, *Das sinnliche Ich*，Würzburg：Königshausen und Neumann，1991，S. 186。

④ "一般综合只不过是想象力的结果"（KrV B103），学界常常把一般综合看作想象力在综合学说中的基础定义，并广泛引用这里的解释。

来，使（纯粹的）时间的杂多被整合统一为一个统一的时间序列。这与点动成线中，空间线段的综合统一是一致的。**想象力**构想了时间序列的区分化的统一活动，它还是先验的。

这种比较是一种先验的而非经验的比较：经验性比较其内容是经验内容，如我们对事物的印象、感觉等。其方法是对感觉材料的归纳，故而无法达到概念的绝对普遍性；与此相反，这里的比较活动操作的是（作为感性形式的）纯粹时间。从一个经验性的事件序列中我们分离掉感觉材料，就获得了纯粹时间（作为直观的形式），而形式依照先验感性论本身就具有普遍必然性。此外这个比较活动最终是为了将感性材料整理、归于某个范畴之下。故而这里"形式化的比较活动"也是一种只讨论直观形式而非感觉材料的先验比较活动，它区分组合纯粹时间序列，是一切经验性比较、归纳的基础。

这个比较活动刻画出了康德的"综合"概念的特征：把离散的数据贯穿式地组合起来，以便用一个统一的意识把握这个对象或事物①。例如，为了观察一个物体位置的变化，我们必须在一个时间序列中记住过去和现在的不同空间位置，并把它整合到一个运动过程中去。想象力对运动的把握、理解正是综合。

## 四　论点二：构造命题中想象力的综合

这部分先讨论构造命题对于线命题的基础性，再讨论二者背后的两层想象力概念。最后再给出结论：构造命题是线命题的基础，与此相应生产性想象力是再生想象力的基础。

### （一）构造命题的基础性

这一点是我们在任何时候都在自己里面觉察到的。我们不在思想

---

① "the *running through*, gathering together, and building up of discrete bits of data into a unified state of awareness of an object, property, or state-of-affairs." Colin McLear, "Two Kinds of Unity in the Critique of Pure Reason", *Journal of the History of Philosophy* 53 (1), 2015, p. 81.

**中画出一条线**就不能思维任何线①，不在思想中描画一个圆就不能思维任何圆，不从一个点出发设定三条线相互垂直就根本不能表象空间的三个维度，甚至不在画出一条直线（直线是时间的外部形象化表象）时仅仅注意我们逐步地规定内感官所凭借的杂多综合的行动，并由此注意这种规定在内感官中的演替，就不能表象时间。②

上述 B 版演绎中的引文，解释了构造命题以及（生产性的）想象力概念。没有构造一个几何图形，我们就不能思考它。在不同的位置，康德描述过构造时间空间的广延③。而一个完美的圆，可以被这么构造出来：一条线段绕自己的一个端点旋转一周。这个设想展示了一个纯粹的建构几何图形。它可以在经验性的建构中找到，譬如旋转圆规一周在纸上画一个实际的圆形。而构造一条直线④来自头脑中一个点的运动，譬如上述小球在平面上滚动，它的轨迹构成了标准的直线。这个直线运动的轨迹，展示了对时间和空间相继的综合，以此一维的时间广延、空间广延就被构造了出来。而空间的三个维度，在这里就是画三条直线，且让它们彼此垂直。

建构可以借助罗泽菲尔特的一个图（见图1）展示出来⑤。左边是三个几何形状，它们由右边建构、构成性的活动产生出来。右侧边缘的箭头，展示了一步一步地渐进式的建构的方向，譬如我们画这个图形时，圆珠笔笔尖的运动。

右边的构造线产生了左边静态的线，作为其结果。这同样适用于圆与三维空间坐标。构造、建构活动比静态图像更为基础，有的研究已给出了

① "Wir können uns keine Linie denken, ohne sie in Gedanken zu ziehen"，邓晓芒译为"我们不在思想中引出一条线"。在思想中画线、拉线（eine Linie ziehen）这个活动，可以通过这个相似的事例来理解，我们用吉他弦来表示线条：新买的吉他弦，它卷成圆环放在包装里。我们把它拉展开就获得了一条直线。
② 李秋零主编《康德著作全集》第3卷《纯粹理性批判》，中国人民大学出版社，2004，第115~116页；KrV B155。
③ KrV A155.
④ 纯粹地（在头脑中）构想一条直线，不同于我们经验性地借助直尺来画出一条直线。因为经验性地画线总有不够直的地方，并不能确保一条理想直线的"普遍性"（KrV B741），亦即在任何地方都绝对直。
⑤ Tobias Rosefeldt, "Kant on Imagination and the Intuition of Time", in *The Imagination in German Idealism and Romanticism*, Cambridge：Cambridge University Press, 2019, p.54.

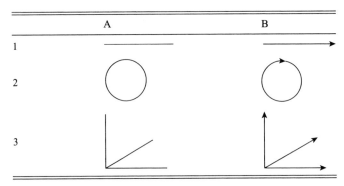

**图1 几何形状与建构形状对比**

部分论据①。从上述文本分析可以得出，构造命题是线命题的基础。亦即康德在引文中认为，建构图形在逻辑上优先于静态图形。这里的构造、生成纯粹时间与空间源于生产性的想象力，其定义正是这种构造（纯粹而非经验）时空时的自发性、纯粹性。② 与此相应，需要更进一步地规定两组命题：

e）康德的线命题在上述解释中是立不住的，因为只是直线不能推出相继这种时间表象。我们必然从线（它基于同时性），回溯到渐进的构造直线（它基于相继的时间）。故而从线回溯到点的运动构成线，如前所示。故而线命题是不独立的，因为它依赖于构造命题。

f）与此相反构造刻画了生产性想象力的**自发性**，亦即其创作、生成的（erzeugende produktive）特质。因为它可以把几何图形按照定义在思想中纯粹地构造和实现出来。在思想中想象一条线，亦即纯粹地构造一条线，展示出了点运动的统一，亦即运动的各个时间阶段区分式的统一。如几个前后相继的时间阶段 $T_1$、$T_2$、$T_3$ 它们彼此不同，但共同构成了一个时间序列。

我们还可以继续追问，构造出来的线的统一性是否能够显示想象力自

---

① Rosefeldt 列举出构造图形（相较于静态图形）有优先性的三条理由：①建构三维空间是无限的，亦即没有穷尽；②右侧建构出的图形真正地拥有广延；③建构的图形是理想化的。我下面的命题 f）主要强调其中二、三点（有广延、理想性）。上述三点论据都包含在这里讨论的建构线、画线中（点动成线）。Tobias Rosefeldt, "Kant on Imagination and the Intuition of Time", in *The Imagination in German Idealism and Romanticism*, Cambridge：Cambridge University Press, 2019, p. 54.

② 生产性想象力建构、生成纯粹时间与空间，见 KrV B155、196、204、205、211。其生产性是（知性中）我思活动的"自发性"（参见 B152）、纯粹性（参见 A118）。

身的统一活动，以及这个统一活动自身的同一性？如同用一支笔在纸张上画一条直线。这个问题可以分两步回答。首先，生产性想象力依照几何概念构造，它依据同一个概念即同一条规则进行建构，故而图形的各个不同部分都被同一条规则统一起来。如一条线段绕其中一个端点旋转一周构成圆。想象力的统一性来源于概念的统一性，概念可以是纯粹感性概念（几何、代数概念），也可以是纯粹知性概念（范畴）。其次，诸纯粹概念，最终是思维活动（亦即我思）的具体化。生产性想象力（即构造活动）的同一性，最终与纯粹我思（先验统觉）密切相连。由于想象力是"知性对感性的作用"（KrV B152），故而建构活动的同一性，最终来源于我思活动在所有的思维活动中的同一性（"统觉的分析的统一性"①）。而上述建构活动的统一性同样也来源于我思这个思维活动的统一性（"统觉的综合的统一性"）。故而生产性想象力（基于知性）的自发性（Spontaneität）意为，它有基于概念的统一性、基于我思同一性这两大特征。

### （二）生产的而非再生的想象力

想象点的运动需要回忆它过去的位置并记住，这里需要再生的想象力。除此之外生产性的想象力也必不可少，它能在头脑中纯粹地建构笔直的线或理想的圆。这个再生的想象力与生产性的想象力不同，前者是经验的后者是先验的。在第二版先验演绎中，康德先把生产性想象力规定为"知性对感性的作用"（KrV B152），属于先验哲学，以此与再生的想象力相区分，后者作为联想属于心理学。

> 由于想象力是自发性，所以我也有时把它称作生产的想象力，由此把它与再生的想象力区别开来，后者的综合知识服从经验性的规律，即联想的规律，因而对解释先天知识的可能性毫无贡献，故而属于心理学，不属于先验哲学。②

---

① 康德强调统觉的同一性（在不同的思维活动中是同一个），源于统觉的统一性。参见"统觉的分析的统一性唯有以某种综合的统一性为前提条件才是可能的"（KrV B133）。
② 李秋零主编《康德著作全集》第 3 卷《纯粹理性批判》，中国人民大学出版社，2004，第 114 页；KrV B152。

在《实用人类学》的想象力章节首段中，康德把这两种想象力叫作"源初的与衍生的展示"（ursprüngliche Darstellung und abgeleitete Darstellung），亦即后者依赖于前者。①

> 想象力（facultas imaginandi）作为一种即使对象不在场也能具有的直观能力，要么是生产的（productiv），这就是本原地展示（exhibitio originaria）对象的能力，因而这种表现是先于经验而发生的，要么就是再生的（reproductiv），亦即派生地表现（exhibitio derivativ）对象的能力，这种表现把一个先前已有的感性直观带回到心灵中来。纯粹的空间直观和时间直观属于前一种展现，一切其他直观都以感性直观为条件……②

这两种想象力的区分，我试图用如下两个命题来解释。

（1）再生的想象力，为了完整地直观一个对象，譬如看到建筑的正门，我们会想象出它的内部与侧面。为此想象力是这么一个比较活动，它区别、分割再重新组合、重塑经验性的各种印象，以此来完整地直观某个对象。这个再生的想象力把过去的直观唤回到记忆中，故而它是一个经验性的**再生性的**重组。创造性地重新组合已有的印象，它遵从经验性的法则如心理习惯。

（2）与此相对，生产性的想象力是**纯粹创作**、生成性的：它能依照数学概念的规则，在思想中产生出一个完满的几何图形。它能够把几何形状按照定义，在对空间的纯直观中实现。此外，它能够把一个对象缺少的部分，按照数学概念来补充完整，如一条理想的直线，它的每一个部分都是平直的。③ 这个对图形的综合并非来自经验现象，而仅仅来源于知性的主动

---

① 这处的引文，与上段 KrV 引文中的思路一致：想象力产生纯粹时间与空间。但该章其余段落都在用文学、艺术意义上的经验性创作（Dichten、Dichtung）来解释生产性想象力。

② 李秋零主编《康德著作全集》第 7 卷《学科之争 实用人类学》，中国人民大学出版社，2004，第 160 页；AA 7：167。

③ 该段论述，源于康德自己讲到数学概念的"建构"（Konstruktion，KrV B741）的普遍性。Rosefeldt 也提到建构的图形是理想化（idealistic）的。Tobias Rosefeldt，"Kant on Imagination and the Intuition of Time"，in *The Imagination in German Idealism and Romanticism*，Cambridge：Cambridge University Press，2019，p. 54。

性的活动，亦即想象力作为"知性对感性的作用"。

物体（亦即经验性对象）的运动变化总是在时空中，而在一个运动中，纯粹时间与纯粹空间密切相关。这里想象力的生产性源于知性的自发性，它首先逐步地构成了空间（纯直观）的杂多的统一，如直线或圆的统一，而在相应的建构过程中，同时也构成了不同时间阶段的统一。时间的综合被想象力想象为一个点的直线运动，而生产性想象力构成了这个运动的统一。借助运动点的轨迹直线，时空的统一都被展示出来：直线不仅仅是各个空间位置的统一，而且也是各个时间阶段的统一。故而生产性想象力是一个主动**统一**着的活动（而统一的前提是区分与差异，即线命题中的相继把不同的时间阶段区分开来）。

## 五　结论：生产性想象力作为比较能力

由此，可以得出两个依次递进的结论：首先是构造命题比线命题更为基础；其次是两个命题共同论述了想象力是差异化的统一——比较的能力。所以最终本文就用新的论述支持了海德格尔、莫尔的观点，想象力的确可以被看作一种比较能力。

线命题基于构造命题。首先，线要表示出时间的相继，就只能借助"点动成线"，从同时呈现的线的诸多部分反思其相继性，也就是从运动的轨迹（结果）反思运动过程。其次，只有构造命题才能构造、构想出一条理想的直线。因为构造命题源于生产性想象力，它能直接依据几何概念构想出理想的图形。仍需说明，构造命题固然基础，却并不能直接推导出线命题，简而言之知性不能推出感性。在"点动成线"中，同时性与相继性都是内感必要的形式；就先验逻辑而言，二者也分别对应于两类范畴即协同性与因果关系。两种时间关系、两种范畴都是认识的基础，并不能由一方推出另一方。所以构造命题是线命题的**基础**，但并非后者的充分条件。[①]

我们回顾导言提出的问题，想象力能否作为一种"比较的能力"？莫尔给出了肯定的答复，笔者则试图用新的论证来为他的结论**辩护**。在简要概

---

① 以此，我的解读与德语界中诸多的建构主义者如 Kaulbach、Prauss、Doeflinger 等的解读区分开来，他们都在不同的程度上认为构造命题可以取代线命题。

述莫尔的论点后，笔者会指出两种论证中的差异。莫尔对想象力给出的两步论证是：相继性意识、统一性意识。其中前者借助 A 版演绎说明了，心中的诸多表象依据过去、现在、未来这种模态时间被分割成不同的时间阶段。后者统一性意识借助统觉把这些时间阶段统一起来。① 所以，想象力是一种"差异化的统一"（differenzierende Einheit）②。

本文也有两步论述结构（线命题、构造命题），这可以被视为对莫尔的模仿与致敬。但在文本基础、概念规定上本文与之不同，因此笔者试图推进他的论证。在文本上，莫尔主要借助 A 版先验演绎来论述，而笔者则借助 B 版先验演绎。故而论述的主要概念即想象力、时间都会有差异。笔者主要论述生产性想象力而非再生想象力，主要论述相继的时间而非模态时间。这两个概念（生产性的想象力、相继的时间），特别是第一个，被视为康德对自己思想的改进（如上文已提及"生产的想象力"比再生想象力更为源初），它在论述上也更为合理。

在说明论证的推进之处后，笔者需要概述全文论述。借助康德的综合学说本文最终论述了：想象力是一种形式化的比较能力，它先验地区分、统合心中的纯粹时间，以此分割、重组时间中（心中）的表象。这种比较能力有两大特质——区分与综合，与此相应可以从文本中提炼出两个论点（线命题与构造命题）：论点一，想象力首先把心中的诸多表象规定为相继的（线命题）。这个相继的综合活动展示出想象力的区分活动，它把不同的纯粹时间阶段区分为彼此不同的，故而也把在时间中的诸多表象彼此区分开，因为一切表象都在时间中。论点二，想象力随后的逻辑运作展示出一个综合的构想活动（即构造线）。想象力自发地贯穿、遍历这相继的一串表象，把各时间阶段统一为一个时间序列。故而想象力的确如莫尔所论述的是一种"有差异的统一"，即一种差异与统一共同运作的先验的比较的能力。③

---

① Georg Mohr, *Das sinnliche Ich*, Würzburg: Königshausen und Neumann, 1991, S. 186 – 193, 194.

② Georg Mohr, *Das sinnliche Ich*, Würzburg: Königshausen und Neumann, 1991, S. 190.

③ 想象力差异性统一的真正基础，必定是统觉，要论述它，就需另行撰文论述想象力最终基于（我思展开的）知性的原理。笔者的博士学位论文力图论证晦暗不清的想象力，若要有清晰明确的先天原则，则只能是"知性的原理"，因为区分、区别、综合、联结原本就是知性的功能。

# 《道德形而上学奠基》中的自然目的论论证：
## 一个必要的假设

幺欣欣*

**【内容提要】** 康德在《道德形而上学奠基》第一章使用的自然目的论论证在学界引起了很大争议。一些学者对此提出了批评。这些批评可以被大致分为内部批评与外部批评。面对这些批评，一些学者试图提出辩护，这些辩护可以被归纳为"初始工作说"和"必然思考说"。现有的辩护方案基本上能够回应内部批评，但无法彻底回应外部批评；面临的最大困难在于无法捍卫这个论证本身的必要性。本文的核心任务是提出一种更强的辩护方案，这种辩护方案能更有力地捍卫自然目的论论证的必要性。这种辩护方案可以被称为"合理假设说"，即自然目的论论证之所以可以被辩护，是因为它为证明善良意志具有实在性提供了一个必要且合理的假设。

**【关键词】** 理性的目的；自然目的论论证；《道德形而上学奠基》；"合理假设说"

## 一　引言

在《道德形而上学奠基》（简称《奠基》）第一章中，康德使用了一种自然目的论论证，即证明大自然把理性赋予我们的意志并让其作为主宰，不是为了幸福，而是为了道德。这个论证的合理性在学术界引起了很大争议。

以舍内克尔、伍德以及蒂默曼为代表的学者认为，这种十分粗浅的自然目的论与康德的义务论伦理学完全不相容；或者认为由于康德并没有为

---

* 幺欣欣，中国人民大学哲学院博士研究生，主要研究方向为康德伦理学、应用伦理学。

这一理论提供任何证明就直接使用了它，所以他在《奠基》中使用的论证缺乏严谨性；还有学者认为康德讨论理性的目的偏离了当时的论证思路，甚至可以被认为是无关紧要的或是一种糟粕，即便删掉这部分论证也丝毫不影响康德的整体学说。然而以阿里森、盖耶尔、克勒梅以及克里莫夫（Khafiz Kerimov）为代表的学者则从多个方面为这个论证提供了种种辩护。学界就这个论证的合理性展开的争论一直延续至今。

## 二 《道德形而上学奠基》中的自然目的论论证

在这一节中，我将会系统地阐述康德在《奠基》中使用的自然目的论论证。首先，我将会尽可能准确地转述这个论证以保证贴合康德的原意；其次，我将会重构这个论证并将其提炼为非常简单的形式以凸显康德论证的基本思路，论证的重构可能会抛弃一些在我看来并不影响宏观主旨的内容。

在《奠基》开篇，康德指出唯有"善良意志"是无条件的善的，而像人的自然禀赋、后天的幸运以及性情这些可能被界定为善的东西，它们的善是有条件的，因为如果它们的背后没有善良意志的原理作为支撑，那么它们还经常导致恶。进而，康德指出善良意志之所以是善的并非由于它能够产生的结果或达成的目的，而是由于其自在地就是善的。这些论述并没有引起过多的争论，可是接下来的论述却颇令人费解：

> 然而在这个单纯意志的绝对价值的理念中，不算在其评价中的效用，仍然有某种奇怪的事情，以至于哪怕通常的理性都完全同意这个理念，却必定还会产生一种怀疑，即或许暗中作为根据的只不过是不着边际的幻想，而大自然为什么要把理性赋予我们的意志来做主宰，它在这种意图中也有可能会被误解。所以我们要从这一观点来检查一下这个理念。（4：394-395）①

---

① 为方便起见，本文在引用康德著作原文时直接将引注附在所引用的句子后面，其中《纯粹理性批判》采用惯例的 A、B 版页码，其他均采用普鲁士皇家科学院版《康德全集》的卷次和页码，即 Immanuel Kant, Gesammelte Schriften. Hg. Band 1-22: Preußische Akademie der Wissenschaften, Band 23: Deutsche Akademie der Wissenschaften zu Berlin, ab Band 24: Akademie der Wissenschaften zu Göttingen. Berlin 1900ff. 本文使用的译本为由（转下页注）

康德认为，对于像人这样的有机体来说，我们需要假定自然目的论作为原理，即有机体中的每一个器官（Werkzeug）都有对应的特有目的，这个器官对于实现这个目的是最适合并且最恰当的。如果一个拥有理性和意志的存在者的幸福是他的目的，那么大自然就做出了很糟糕的安排。因为在促进幸福这件事上，理性不如本能准确、可靠和稳定。所以，如果理性真的应该被赋予这个得天独厚的被造物（人），那么理性的任务就是让人对这种幸运的禀赋加以思考、惊叹和欣悦并对那个仁慈的原因感恩就行了，而不是让人去追求幸福。

并且，理性越是追求幸福越是发现自己离幸福越来越远，由此产生了一定程度的"理性恨"。但康德随即指出，这些"理性恨"者并非抱怨或忘恩负义，相反，"这些看法背后隐藏的根据是他们的实存之另一个更有价值得多的意图这一理念，理性的全部使命真正说来就在于这个意图，而不在于幸福"（4：396）。这是因为，虽然理性在指导意志方面不能很好地适合意志的对象以及满足我们所有的需要，但是它却仍然作为实践的能力，即作为一种应当影响意志的能力被赋予了我们，那么，理性就必然有其真正的使命，也就是绝不是产生作为其他意图的手段的意志，而是产生一种自在的本身就善良的意志。这个意志虽然不是完整的善，却是最高的善，而且是其他一切东西的条件，甚至是对幸福的所有要求的条件。这一切都是自然合目的的运作的表现。

这里仅就这个论证本身做初步的分析，这些分析将会引导着后文的讨论方向。在《奠基》中，康德之所以提及自然目的论论证是为了回应一种对善良意志的可能怀疑，即通常的理性都完全同意善良意志这个理念，但这个理念的根据真的是理性吗？难道不是某种"不着边际的幻想"（hochfliegende Phantasterey）？大自然为什么要把理性赋予我们的意志并让其作为主宰？这种怀疑论看起来包含两个部分：其一是善良意志这个理念的根据只是"不着边际的幻想"，其二是大自然为什么要把理性赋予人的意志并让其作为主宰。而怀疑论的第二个部分其本身就是在自然目的论的框架下被

（接上页注①）邓晓芒译、杨祖陶校的《康德三大批判合集》，人民出版社，2009；李秋零主编的《康德著作全集》（中国人民大学出版社，2013）第4卷到第9卷的相关内容，其中《逻辑学讲义》还参考了许景行译本（商务印书馆，2010）。

提出的，这也就必然导致康德在回应这种怀疑论时使用自然目的论；这种提问方式同时还意味着在康德的时代已经流行着一些观点，这些观点认为大自然将理性赋予人并非为了道德，而是为了幸福或者其他什么目的。①

但从康德的提问方式可以看出，这两种怀疑指向的其实是同一个问题。康德就是通过辨明大自然把理性赋予人的意志并让其作为主宰的目的是产生善良意志，以此消除人们认为善良意志的根据是一个不着边际的幻想的怀疑。

如果将康德的论证进一步简化从而只保留它的基本要点的话，那么这个论证便可以呈现为以下五个环节。

① 对有机体而言，我们将自然目的论假定为原理：有机体中的每一个器官都有对应的特有目的，这个器官对于实现这个目的是最适合并且最恰当的。

② 理性是人的一个官能（器官），因为①，所以人的理性有其特有目的。

③ 因为②，又因为如果理性的目的是促进幸福，那么大自然的安排就不是合乎目的的，这与①矛盾，所以理性的目的不是促进幸福。

④ 因为②，又因为如果理性的目的是产生善良意志，那么大自然的安排就是合乎目的的，这符合①，所以理性的目的是产生善良意志。

⑤ 因为④，所以善良意志的根据不是"不着边际的幻想"。

在这五个论证环节上，康德没有对自然目的论做出任何论证便直接将其作为原理，这是令人费解的；③和④只是作为有限的两种可能情况，我们似乎不能直接从自然目的论中单向地推出善良意志的根据是理性；康德似乎认为从④可以直接推到⑤，这也是令人疑惑的。

综上可以看出，最容易遭到质疑的地方其实是这个论证所假设的原理和开启这个论证的缘由，即为什么要消除这种怀疑，为什么要用自然目的

① 例如阿里森认为，康德之所以要使用一种自然目的论论证来讨论这里的问题，是因为这个论证的主要目的是驳斥沃尔夫主义和伽尔韦在他的《西塞罗》中的观点。沃尔夫主义和西塞罗承认了自然目的论的合理性，因此，在这里康德也默认了自然目的论的合理性，却在此基础上提出了与其对立的观点。正如沃尔夫认为大自然的安排旨在最大限度地增进人类的幸福；西塞罗则认为自然赋予人类理性是为了给予这个物种比非理性存在者更加优越的自我保存的手段和获得更高形式的幸福的能力。福施纳（Forschner）和霍恩（Horn）则将论争对手界定为爱尔维修、拉美特利和曼德维尔，这些人在康德看来同样也是基于自然目的论否定了善良意志的实在性。

论论证消除这种怀疑。并且可以看到，这两个地方有着内在的关联。另外，这个论证的具体步骤和内在逻辑也需要得到进一步的解释。

## 三 批评与辩护

在这一部分，我将会讨论目前学界针对这个论证提出的各种批评和辩护方案，界定这些批评和辩护的有效性，从而指出这个论证面临的最大困难在于无法捍卫其自身的必要性。

对于《奠基》第一章的自然目的论论证的最早讨论可以追溯到帕通（H. J. Paton）。帕通指出，这个论证引发了与"自然的合目的性"相关的问题，他认为这一问题过于复杂因而没有深入讨论；但他同时指出，即便在这种或那种意义上接受了目的论学说的人也仍然会怀疑是否所有的器官均与其意图相适应，但这个论证只是附属性的，即它只是初步介绍康德所设想的理性在行动中发挥的作用；他建议我们不要过分认真地看待这个论证，因为在这里，康德的学说只得到了含糊的勾勒。①

近些年来，自然目的论论证得到了更多学者的关注和讨论。一些学者对此提出了批评，这些批评可以被大致分为两类，即内部批评（Internal Criticism，IC）与外部批评（External Criticism，EC）。内部批评直接针对这个论证本身的合理性，外部批评则指向这个论证在其语境中所承担作用的合理性。舍内克尔、伍德以及蒂默曼都持有类似的看法。②

内部批评认为：第一，康德并没有对这一理论提供任何证明就直接使用了它，这就使得康德在《奠基》中的论证缺乏严谨性。（IC-1）第二，这个论证的具体过程也缺乏说服力。（IC-2）例如，在目的论论证中，理性的目的为何只有道德和幸福两个备选项而没有其他，对此康德缺乏论证（IC-2-1）；我们并不能从有机体的每个器官均有其独特目的这一点推出

---

① 参见 H. J. Paton, *The Categorical Imperative: A Study in Kant's Moral Philosophy*, Hutchinson's University Library, 1947, pp. 44-45。

② 参见 Dieter Schönecker and Allen Wood, *Immanuel Kant's Groundwork for the Metaphysics of Morals: A Commentary*, trans. by Nicholas Walker, Harvard University Press, 2015, pp. 47-50; Jens Timmermann, *Kant's Groundwork of the Metaphysics of Morals: A Commentary*, Cambridge University Press〔Distributor〕, 2007, pp. 21-24。

这个有机体有其总体目的，因此，说理性的目的是道德推导不出人的目的也是道德；同理，说理性的目的不是幸福亦推导不出人的目的并非幸福（IC-2-2）……第三，即便我们能够借助《判断力批判》中的自然目的论思想为《奠基》中的自然目的论做辩护，即把自然目的论作为一种具有启发性的思考自然的理论，但现代生物学尤其是进化论生物学的发展也迫使我们不再能够合理地接受这一理论。（IC-3）

外部批评认为：第一，这个论证又重新回归了一种传统目的论，这种自然目的论与康德批判哲学的总体框架是不相容的。（EC-1）第二，自然目的论并不能从对普通的道德理性知识的分析中推理出来，反而它的提出恰恰是为了反驳普通的道德理性知识中的一些观点。（EC-2）第三，讨论理性的目的偏离了当时的论证思路，甚至可以被认为是无关紧要的或是一种糟粕，即便删掉这部分论证也丝毫不影响康德的整体学说。（EC-3）

面对这些批评，大致有两种辩护。第一种辩护可被称为"初始工作说"（The Defence of the Theory of Preliminary Work），强调这个论证所承担的是初始的任务，故而不需要过于严谨的论证，这一辩护又可以被细化为三种辩护。第二种辩护可被称为"必然思考说"（The Defence of the Theory of Inevitable Thinking），强调康德使用自然目的论的必然性，故而这个论证的科学性可以在康德哲学体系中得到保证。

"初始工作说"承认了这个论证的非科学性，并试图依靠《奠基》自身的文本内容为这个论证提供辩护。这种辩护认为虽然康德并未对自然目的论提供任何证明，因此这个论证本身存在着种种问题，但在《奠基》的整体论证中，这些问题都可以被化解。辩护的要点是指出自然目的论论证承担的是初始工作，因此不需要过高的严谨性。

这一辩护又可以细化为三种辩护，其一侧重这个论证在其文本中的具体语境，认为康德主要是出于论争的考虑（polemical considerations），即出于对一些未指名的论争对手的批评而提出的。福施纳、阿里森和霍恩都持有这一观点。① 这一辩护所面临的问题是多方面的，例如它既没有办法解释

---

① 参见 Maximilian Forschner,„Moralität und Glückseligkeit in Kants Reflexionen", *Zeitschrift für philosophische Forschung*, 1988, S. 351–370; Maximilian Forschner,„Guter Wille und Haß der Vernunft", in O. Höffe ed., *Grundlegung zur Metaphysik der Sitten. Ein kooperativer* （转下页注）

除理性目的之外的其他目的论论证，也没有足够重视康德哲学中自然目的论思想的合理和可取之处，同时也没有深入探讨这个论证在整体论证结构中发挥的作用。因此，这种辩护具有一定的合理性，但辩护力度极为有限，因为这种通过降低论证严谨性和作用的方法只会让这个论证本身变得更加不令人信服。

其二侧重这个论证在《奠基》第一章论证结构中的作用，认为自然目的论起到了"分析"的作用，即认为自然目的论是常识的一种观点或思维方式，使用自然目的论只是为了在一开始以读者更易于接受的方式阐释道德的要求，以便其后将道德要求以更加严谨的方式界定为定言命令。这是蒂默曼在他对这个论证的系统性批评之后为它找到的唯一可供辩护的理由。但这种解释面临很多困难，例如克勒梅①认为，康德显然在非常严肃地使用这种自然目的论，仅仅强调这种论证是为了引导读者并不具有说服力。另外，仅仅强调这一点无法回应一个有力的批评，即这个论证似乎并非"分析的"，因为康德从这一点上并不能有效分析出道德要求究竟是什么要求，而是在讨论道德的时候加入了其他要素——理性。总的来看，这种辩护具有一定的合理性，但它的辩护是失败的，因为善良意志作为理性的目的无法从善良意志这个理念中分析出来，反之亦然。

其三侧重这个论证在《奠基》整体的论证结构中的作用，认为自然目的论以一种初始的方式发挥了"综合"作用，为回答"定言命令何以可能"这一问题奠定基础。克里莫夫②与阿里森持有这种观点。这种辩护（与综合的任务相关）具有一定的合理性，但这种辩护的力度十分有限，因为它只能说明自然目的论论证就其效果来说与回答定言命令的有效性相似，即都试图说明出于理性的道德法则对人的意志的客观有效性，因此只能说明这个论证并不是离题的，但是，只要不能说明这个论证如何不同于《奠基》

---

（接上页注①）*Kommentar*, Frankfurt am Main: V. Klostermann, 1989, S. 45 – 65; Dieter Schönecker, Christoph Horn, eds., *Groundwork for the Metaphysics of Morals*, Walter de Gruyter, 2006, pp. 45 – 71; Henry Allison, *Kant's Groundwork for the Metaphysics of Morals: A Commentary*, Oxford University Press, 2011, pp. 80 – 86。

① 参见 Heiner F. Klemme, "Moralized Nature, Naturalized Autonomy", in Oliver Sensen ed., *Kant on Moral Autonomy*, Cambridge University Press, 2013, pp. 193 – 211。

② 参见 Khafiz Kerimov, "The Teleological Argument in Kant's Groundwork for the Metaphysics of Morals", *Kant-Studien* 112 (1), 2021, pp. 51 – 77。

第三章的论证，那么这个论证就很可能是非必要的。

"必然思考说"则坚持捍卫自然目的论的合理性，并依靠康德更加宏观的哲学体系（尤其是《判断力批判》中的关于"目的论判断力"的部分）为自然目的论提供辩护。这种辩护认为康德虽然没有为自然目的论提供任何证明，但为了实现《奠基》的理论任务，他必然会使用这个理论；自然目的论的合理性虽然没有在《奠基》中被阐明，但康德的哲学体系可以使这个理论讲得通。

这种辩护方案认为《奠基》中的自然目的论与康德其他著作中使用的自然目的论具有内在一致性，认为前者是人们在思考自然时所采用的一条启发性原则，以此能够更好地认识自然并将自然视为一个整体。盖耶尔[①]和克里莫夫就持这种观点。例如，盖耶尔认为自然目的论原则就像它能够在康德的元哲学中作为启发性原则一样，也能够作为元伦理学的启发性原则。总的来看，这种辩护是合理的，但仅凭其自身并不构成对这个论证的充分辩护，因为这一辩护只能说明这个论证尤其是这个论证所基于的大前提的合理性，却没有说明康德为何在这里要开启这个论证，因此这个论证很可能在《奠基》中是不必要的。

在批判性地讨论完学界针对这个论证提出的诸种辩护方案之后，我们需要重新回归这个论证面临的批评，界定这些批评的有效性和不足，并进一步指出捍卫这个论证所面临的最大困难和本文试图提供的辩护的前进方向。

在内部批评中，IC-1（论证缺乏严谨性）是合理的，本文认同这个批评。IC-2（论证的具体过程缺乏说服力）有一些是合理的，但很多批评都有较大的辩护空间，并且有一些批评是没有效力的。另外，本文不打算专门回应 IC-3（现代生物学的发展使我们不能再接受自然目的论），但只要我们尚未获得对大自然的完全认识，只要我们将自然目的论仅仅限定为调节性原则而非构成性原则，那么这一原则就仍然具有效力——即便是在进化

---

[①] 有关盖耶尔的观点，可以参见 P. Guyer, *Kant's Groundwork of the Metaphysics of Morals: Critical Essays*, Rowman & Littlefield, 1998；P. Guyer, *Kant's System of Nature and Freedom: Selected Essays*, Oxford: Clarendon Press, 2005。在论文集 *Kant's System of Nature and Freedom: Selected Essays* 中，"Ends of Reason and Ends of Nature: The Place of Teleology in Kant's Ethics"讨论了本文的中心问题；"From Nature to Morality: Kant's New Argument in the 'Critique of Teleological Judgment'"详细考察了康德在《判断力批判》中对自然目的论的论述。

论生物学的语境下。

就 IC-2 而言，现有的辩护方案基本上可以给出有效的回应。例如，"初始工作说"的第一种辩护可以回应理性的目的为何只有道德和幸福两个备选项（IC-2-1），因为只需要说明论争对手认为理性的目的是幸福，而康德试图论证理性的目的是道德；"必然思考说"也可以在一定程度上同时回应不能直接将理性的目的视为人的目的（IC-2-2），因为目的论的思维就是引导人们去认为一个有机体特有器官的目的就是这个有机体自身的目的，一个器官有其目的就是指这个器官最适合实现这个目的。

在外部批评中，我将暂时不考虑 EC-1（自然目的论与康德哲学不相容），但我相信如果这篇论文的整体论证是有说服力的，那么这一种批评自然就失效了。我认同 EC-2（在这个论证中，自然目的论并非从常识中分析得来），但并不因此就说明自然目的论与分析的任务无关。EC-3（自然目的论论证是不必要的）是众多批评中最关键的一个。因为，如果这个论证是必要的，或许我们可以借助这种必要性为这个论证自身的不合理寻找辩护，或者修正这个论证使其变得合理。但如果没有这种必要性，那么即便这一个论证本身值得辩护，然而一个"无害"的论证为什么要被安置在此处仍然是一个非常棘手的难题。

综上所述，现有的辩护方案基本上能够回应内部批评，但无法彻底回应外部批评，即能够回应这个论证内部的合理性问题，但不能回应这个论证在其语境中承担作用的合理性问题。

本文的核心任务就是提出一种更强辩护以证明自然目的论论证的必要性。笔者将分析自然目的论论证在《奠基》中发挥的作用，通过修正"初始工作说"的第一种和第二种辩护方案，提出本文支持的更强版本的辩护方案以证明这个论证的必要性。

## 四 "初始工作说"的修正与道德怀疑论

在这一部分，我将首先指出这个论证在《奠基》中发挥的作用，即回应某种道德怀疑论，并进一步指出回应这种怀疑论是必要的；基于此，我将会修正"初始工作说"中的两种辩护方案。

康德借助自然目的论论证试图回应某种道德怀疑论。在《奠基》的语境中，回应道德怀疑论并非无关紧要，相反，它十分必要。首先，如果不能证明善良意志具有实在性进而回应这种怀疑论，那么这种怀疑论就很容易进一步导向宿命论。其次，既然康德试图在《奠基》中寻找并确立道德的至上原则，那么这就意味着他不得不回应这种道德怀疑论，因为这种怀疑论质疑道德的至上原则只是源于人们头脑中的幻想而没有实在性。

因此，"初始工作说"的第一种和第二种辩护虽然是失败的，但只要加以修正，这些辩护就会奏效。这些辩护需要被修正，因为这个论证根本上是在回应某种怀疑论，这实则是分析的任务得以进行的基础，因为如果根本不能证明善良意志具有实在的可能性，那么就没有必要对其进行分析；讨论道德的至上原则只是预设了理性对意志的主宰，但这一预设不会直接体现在对善良意志、义务、定言命令等概念的界定中。因此，自然目的论论证不单是起到论争的作用，也不是以初始的方式说明道德是什么，它只以初始的方式预设了道德即善良意志的实在性以回应某种怀疑论，以便接下来的分析。

阿里森和霍恩的观点是有说服力的。正如他们认为，这个论证并不是无意义的插曲，它的出现是出于论争的考虑，或者更加具体地讲，是为了在道德和幸福的关系问题上反对沃尔夫派和伽尔韦派的观点。① 自然目的论论证的确像是介入某种"论争"，康德似乎在批评某些人的观点，这些人认同了善良意志的理念，但是认为它只不过是幻想。

他们的观点不能被完全接受，是因为这里的自然目的论论证并不像是康德强调的那种理性在论争上的运用，因为理性在论争上的运用一般有着一个立场鲜明的对手（独断论），但这在《奠基》里是不明显的，因为它只是为了打消某种怀疑。当然，必须承认，假设和论争之间有着非常紧密的关系，但用于回应某个持有对立观点的论敌的方式和回应某种怀疑论的方式毕竟是很不一样的，因为论敌直接反对你的观点，而怀疑者则希望你能提出一个更有力的理由证明你自己的观点，用假设回应论敌只能重新回到敌我双方势均力敌的局面，而用假设回应怀疑者则是为了打消怀疑建立正面的理论。正如韦尔（O. Ware）指出，怀疑论的说法令人不安，不是因为

---

① 参见 Henry Allison, *Kant's Groundwork for the Metaphysics of Morals: A Commentary*, Oxford University Press, 2011, p. 86。

它们攻击了我们最深层的道德直觉，而是因为它们与我们内心深处的怀疑产生了共鸣。我们的怀疑需要被教导，而不是被反驳。①

　　另外一个重要的原因是，这里的假设其实并非针对纯粹理性的思辨问题，而是实践问题，是人们怀疑这个世界是否真的存在完全善良的意志的问题。如果仅仅将这个论证的作用限制于时代的争论就很可能错失要点。

　　外部批评的第二个要点是正确的，因为自然目的论的确不能从对普通的道德理性知识的分析中推出来，并且它的提出恰恰是为了回应常识中潜藏的怀疑论。但这并不意味着这个论证就不承担分析的任务。

　　说这个论证承担了分析的任务可能包含三层含义：①这个论证是分析的前提；②这个论证是分析的对象；③这个论证是由分析得出的初步结果。第③种情况可以很容易地被排除，因为我们无法从善良意志的概念中分析出大自然的目的；第②种情况是令人疑惑的，因为一种解读方式是：普通的道德理性知识以某种自然目的论捍卫善良意志的实在性，康德哲学则以纯粹实践理性批判证明善良意志的实在性，因此分析出在常识道德中朦胧的道德实在性观念的先天根据。但这种解读的问题是它错误地理解了分析方法，因为分析指的是对道德原则的分析，而非对道德原则实在性的分析。

　　普通的道德理性知识的特征是天真、单纯，道德常识其实是日常够用的理性，在日常生活中通常能够知道什么是善的、什么是恶的、怎么做才是有道德价值的；甚至在道德常识看来，道德的实在性是不证自明的。但也正是由于它的天真，由于它没有确立道德原则在其知识中的普遍必然性的地位，所以一旦感性欲望和道德发生冲突，它就经常对善良意志的真实性产生怀疑。这就表现为即便一个人认同善良意志这个理念，却怀疑这个理念根本没有实在性，没有人能够做到，道德也根本不要求做到。此时，它即便没有取消道德，也败坏了道德。所以，常识道德怀疑的不是道德是否存在，而是那种以"善良意志"为代表的纯粹道德要求是否存在。因此，如果善良意志本就不存在，那么基于它对道德至上原则的分析就都是错误的。因此，普通的道德理性知识恰恰体现为认同善良意志的理念，却对善良意志的实在性持有怀疑，而自然目的论论证则试图消除普通道德理性知

---

① 参见 O. Ware, "Skepticism in Kant's Groundwork", *European Journal of Philosophy* 24 (2), 2016, p.391。

识中的怀疑。它既非分析的对象也非由分析得出的结果，但是它是这个分析得以进行的前提，因此它仍然承担了分析的任务。

因此，"初始工作说"的第二种辩护方案在修正之后仍然具有效力。我们可以认为自然目的论也属于某种常识的思维方式；但要点是：这种思维方式并不在整个分析的序列中，它其实是这个分析序列得以展开的基础。

## 五 一种更强的辩护：自然目的论论证作为合理的假设

基于上文论证，本节将正式提出本文所持有的辩护方案的核心要点，即自然目的论论证的合理性在于它为善良意志的实在性提供必要的假设，故而这种辩护方案也可以被称为"合理假设说"（The Defence of the Theory of Reasonable Hypothesis）。本节意图回答两个主要问题：其一是假设善良意志的实在性为什么是必要的，其二是为什么必须首先假设之后再证明。

假设善良意志的实在性为什么是必要的？善良意志是否实在的问题在某种意义上就是定言命令是否可能的问题。定言命令是否可能与定言命令如何可能并非同一个问题，回答前者是回答后者的基础，因为如果根本不可能具有实在性，那么就没有必要进一步追问这种实在性如何可能。这也侧面说明了为什么正是在这个论证中，"理性"这个概念在正文中第一次出现。因为探寻道德至上原则首先要先假定道德至上原则的实在性，而除了理性，似乎也找不到其他支撑道德原则实在性的根据。当然，这一切也只是某种假设，虽然不能直接证明道德的根据在于理性，却使整项研究基于某种确定的根据之上。①

在《奠基》整体的论证思路中，自然目的论论证提供的假设的必要性将会凸显出来。例如在第一章谈到义务时，"如果义务不应到处都是一个空洞的幻想和荒诞的概念，那么现在单纯的一般合法则性（无须以任何一个

---

① 自然目的论论证只是康德在《奠基》中回应道德怀疑论的诸种论证之一，杨云飞指出了康德在《奠基》第二章使用的其他论证，即道德确信论证、普适论证和法则优先性论题。参见杨云飞《康德反对道德怀疑论的三重论据》，《云南大学学报》（社会科学版）2023年第1期。这些论证之间的关联值得进一步研究，但本文的论证将暗示，自然目的论论证是其他论证的前提，因为如果以善良意志为核心的道德根本不具有实在的可能性的话，那么对义务作为先验概念的确信就是难以实现的。

被规定在某些特定行动上的法则为基础）在这里就是那种充当意志的原则的东西，并且也必须充当意志的原则……"（4：402）可见，此时义务概念的实在性只是被假设的，只有先假设义务概念的实在性，才能进一步从中分析出一般的合法则性。

同理，"我们只是通过展现一度已经普遍通行的德性概念来表明：意志的自律不可避免地与这个命题联系在一起，或者毋宁说就是它的基础。因此任何人若把德性当作某种东西，而不是当作一个没有真实性的虚构的理念，就必须同时承认这里提出的德性的原则。所以这一章正如第一章那样，仅仅是分析的。既然德性绝非幻象，由此也就得出，如果定言命令以及与它一起意志自律都是真实的，而且作为一种先天原则是绝对必然的，就需要一种纯粹实践理性的可能的综合运用，然而，如果没有预先准备好一个对这种理性能力本身的批判，我们就不可以冒险作这样的运用……"（4：445）

这就意味着从善良意志到义务、一般的合法则性、定言命令一直到意志自律，后者都是通过对前者的分析得来，后者的实在性都以前者假定的实在性为基础，而在这个分析序列的开端，即善良意志的实在性需要被独立地证明。但由于这个分析过程不需要直接承担证明这些概念实在性的任务，所以只需要能有根据地假设善良意志具有实在性即可。①

或许有人会质疑，为什么不能直接证明善良意志的实在性，而一定要首先假设善良意志的实在性，以此作为开端并通过分析善良意志寻找道德的至上原则，再通过纯粹实践理性批判证明定言命令的有效性，从而最终证明道德原则作为一种先天原则的实在性？②

这与《奠基》论证所使用的方法有关。在《逻辑学》中，康德区分了

---

① 这里的讨论实际上指向了康德道德哲学中目的论与道德实在论的关系问题。罗德里格斯（Facundo Rodriguez）的一篇论文值得关注，在那篇论文中，他捍卫了康德是一个目的论的道德实在论者的观点。参见 Facundo Rodriguez，"Re-constructing Kant：Kant's Teleological Moral Realism"，*Kant Yearbook* 14（1），2022。

② 道德原则的实在性与定言命令的有效性之间存在着紧密的关联，简单来说，道德原则的实在性意味着定言命令的有效性。因为按照康德的论述，如果真的存在道德原则（义务），那么它一定是先天的，即对所有理性存在者均有效力。如果存在完美的理性存在者（例如上帝），那么先天原则就会是它的主观原则；但对于人来说，道德原则的效力只能体现为道德原则对人的意志的强制性的效力，即定言命令的效力。这种强制性需要特别的证明，因为它不能直接从道德原则中分析而来。所以，证明道德原则的实在性的关键在于证明定言命令的有效性；反过来，证明了定言命令的有效性也就证明了道德原则的实在性。

两种研究方法，即分析的方法和综合的方法，"分析的方法与综合的方法相对立。前者从有条件的东西和有根据的东西开始，前进到原则，与此相反，后者从原则到结果，或者从简单的东西到复合的东西。人们可以把前者称为回溯的方法，把后者称为前进的方法"（9：149）。这两种方法也被用到了《奠基》中，即分析地从普通知识前进到普通道德知识的至上原则的规定，然后再综合地从对至上原则的检验和来源重新回到普通知识。（4：392）

分析的任务必须先于综合的任务，康德无法在首先证明道德原则具有实在性的前提下再去寻找道德原则的内容。因为寻找道德至上原则是证明其实在性的前提，如果我们连至上原则都找不到，那么就根本谈不上纯粹实践理性的综合运用。并且，如果不能分析出道德原则体现为意志的自律，那么使道德原则具有实在性的自由也无法被发现和证明。

综上所述，在修正既有辩护方案的基础上，"合理假设说"能更充分地证明自然目的论论证的必要性以此捍卫这个论证的合理性。自然目的论论证的作用是为善良意志的实在性提供一种有根据的假设用以回应某种道德上的怀疑论。这种怀疑论认为善良意志不具有实在性，因此不可能从善良意志中分析出道德的至上原则；回应这种怀疑论是《奠基》分析的任务得以展开的基础，只有首先证明善良意志具有实在的可能性，分析序列才能展开。这种必要性与《奠基》论证的方法有关。当然，说这个论证是必要的并不能完全证明这个论证就是合理的，但"合理假设说"与学界既有的辩护方案是高度相容的。在本文的第二部分中，我已经说明针对自然目的论论证可能遭受到的其他批评，既有的辩护方案基本上能够给出令人较为满意的回应。

# 此世的希望与彼世的希望

## ——论康德希望哲学的双重维度

宋金时*

【内容提要】 在康德哲学中存在着希望的维度：宗教哲学回答"我可以希望什么"的问题，提供个体在彼世的希望；历史哲学回答"我们可以希望什么"的问题，提供人作为类在此世的希望。康德在这两个领域提供了相近的论证，展现了人类希望的两个侧面，它们共同构成了康德希望哲学。彼世的希望要求人建立伦理共同体，进入伦理的公民状态；此世的希望要求人们进入律法的公民状态，要求政治共同体成为普遍法治的市民社会。两种希望在论证逻辑上具有相似性：都是为了应对一种绝望的处境，都设定了一个希望的对象，都要求建立共同体，都能够促进实践。这两种希望不可被混同，不可相互替代，而是存在一种递进关系，历史哲学的希望是宗教哲学的希望的准备和过渡。

【关键词】 希望哲学；此世的希望；彼世的希望；个体的希望；类的希望

在 1793 年与司徒林的通信中，康德讲述了自己批判哲学的三个课题，即"我能够知道什么""我应当做什么""我可以希望什么"，以及最后的总课题"人是什么"。康德在信中自述将在《单纯理性限度内的宗教》中对希望问题作出回答。①《单纯理性限度内的宗教》的确给出了作为个体的人②在彼世的希望，也就是幸福根据德行按比例分配，而为它作保的则是一个使德福一

---

* 宋金时，武汉大学哲学学院博士研究生，主要研究方向为康德宗教哲学、基督教思想史。

① 〔德〕康德：《单纯理性限度内的宗教》，李秋零译，商务印书馆，2012，第215页。

② 值得注意的是，在康德这里，"个体的人"仍然是理念维度上的人，还不是个体性的"我"，他在讨论人的本性时谈论的还是人作为类的本性。但是本文不讨论康德的个体维度与现代哲学中的个体维度的关系问题。

致成为可能的神圣存在者。与此同时，康德的历史哲学①以一种相近的逻辑给出了人作为类存在者在此世的希望，也就是建立一个普遍法治的市民社会，并在此基础上走向永久和平，为它作保的是一个合目的的大自然（天意）。若是丧失这种希望，人就只能陷入绝望：在道德上只能承认改恶向善的不可能性，放弃道德改善的一切努力，并在自己眼里是一个恶棍；在历史上只能陷入一种无目的无望的历史观中，在这种历史观下人的一切行为都是奔忙和徒劳。

科提斯·彼得斯（Curtis Peters）在《康德的希望哲学》②中尝试用康德哲学回答从哲学史中提炼出来的关于希望的六个问题，以此建立"康德的希望哲学"。但是这些问题并不生发自康德哲学本身，而是用来自哲学史的问题拷问康德，有可能错失了康德希望哲学的本质。③若想真正建立康德希望哲学，应当着眼于康德哲学内部关于希望的论述。康德最集中和直接回答希望问题的文本当然是《单纯理性限度内的宗教》，但是康德的历史哲学也在与之不同的层次上讨论了希望问题。

近年来学界对康德的历史哲学与宗教哲学的关系有了颇多关注：童世骏认为历史哲学回答的是"我们可以希望什么"④的问题；黄裕生提出历史哲学领域内的永久和平是"人类此世的一个绝对希望"⑤。然而部分研究有将历史哲学的希望与宗教哲学的希望混淆的倾向，比如保罗·盖耶（Paul Guyer）和刘凤娟⑥认为康德后期用类的延续取代了灵魂

① 限于篇幅和主题，本文对康德历史哲学的讨论限于《世界公民观点之下的普遍历史观念》和《永久和平论》范围内。

② Curtis Peters, *Kant's Philosophy of Hope*, New York：Peter Lang Publishing, 1993, pp. 12–14.

③ 王建军：《论康德对人类"希望"的理性奠基》，《安徽大学学报》（哲学社会科学版）2020年第4期，第18~24页。

④ 童世骏：《"我们可以希望什么？"——读康德的〈历史理性批判文集〉》，《历史教学问题》2002年第2期，第28~32页。

⑤ 黄裕生：《人类此世的一个绝对希望——论康德有关共和政体与永久和平的思想》，《江苏行政学院学报》2013年第2期，第12~19页。

⑥ 刘凤娟在新文《时间、历史与永恒——读康德的〈万物的终结〉》中自我纠正了她对此问题的看法，在注释里她写道："笔者曾认为，灵魂是像时间本身那样永恒持存的事物，并依此推出，康德的普遍历史理念就是用以替代灵魂理念的。现在看来，此论点是武断的。灵魂的不朽与历史的生生不息是两种不同的永恒观念，它们之间不是替代关系，而是相互补充和辅助的关系。"刘凤娟：《时间、历史与永恒——读康德的〈万物的终结〉》，《道风：基督教文化评论》2022年春（第56期），第123~149页。

不朽的假设①；Jaeha Woo 认为康德后期完成了在希望问题上的历史哲学转向②；尤西林认为康德通过对法国大革命这一历史事件进行本体直观，"对人性恶的事实性经验做了历史哲学的善的综合，在这里，向善的历史经验已毋须上帝恩典神佑"③。与之相对的是，刘作指出康德历史哲学提供的是"类的希望"，与宗教哲学提供的"个体的希望"处在两个不同的层次上④；Joel Thiago Klein 强调，宗教哲学的希望要求一个"彼世"（after-world），理性宗教从个体主体的角度为希望的问题提供了一个答案，它不能与任何严格意义上的普遍历史联系起来⑤。历史哲学的希望要求个体作为类的一员关心人类在"此世"（this world）需要发生的进步和人类未来的历史，但是为了回答这个问题必须首先建立人类自然与历史之间关系的理论，也就是目的论。

本文从作为"我可以知道什么"问题之回答的康德宗教哲学与作为"我们可以希望什么"问题之回答的康德历史哲学在论证模式方面的相似性出发，对两种希望在个体领域和类的领域在建构理由、论证逻辑、实践意义等方面进行比较。本文认为，康德历史哲学提供的"此世的希望"与其宗教哲学提供的"彼世的希望"确实处在两个不同的层次上，而且这两种希望存在一种递进的关系，历史哲学的希望是宗教哲学的希望的准备。

## 一 我可以希望什么？

### （一）道德不可避免地要导致宗教

在《单纯理性限度内的宗教》开篇，康德就提出了一个重要的命题——

---

① Paul Guyer, *The Virtues of Freedom: Selected Essays on Kant*, Oxford：Oxford University Press, 2016；刘凤娟：《从灵魂不朽到类的不朽——康德历史哲学的产生及其本质》，《杭州师范大学学报》（社会科学版）2018 年第 1 期，第 58~65 页。

② Jaeha Woo, "Why Kant's Hope Took a Historical Turn in Practical Philosophy", *Contextos Kantianos: International Journal of Philosophy* 17，2023，pp. 43~55.

③ 尤西林：《恩典与自由——康德道德宗教与人文主体性的现代困境》，《学术月刊》2001 年第 12 期，第 49~58 页。

④ 刘作：《类的希望与个体的希望——康德历史哲学引发何种希望?》，《湖北大学学报》（哲学社会科学版）2020 年第 5 期，第 94~101 页。

⑤ Joel Thiago Klein, "Kant's Idea of a Universal History as an Answer to the Question of Hope", *Studia Philosophica Kantiana* 1，2017，pp. 3~18.

"道德不可避免地要导致宗教"①。这并不是出于道德自身的缘故，因为道德就其自身而言是自给自足的。无论是为了认识自己有什么义务，还是为了让自己去履行义务，道德法则自身就是充足的动机。如果一个人为了履行自己的义务还需要"这是义务"以外的其他动机，比如为了不杀人或不做伪证，还需要什么额外的好处，那么这个人就是一个卑鄙无耻的人。就此而言，道德不需要宗教。

但是对于人来说，践行道德法则不可能与"如果我做了我应当做的，那么在此基础上我可以希望什么"这个问题毫无关联。因为人不是纯然理性的存在者，人有追求幸福的自然需要。如果践行道德法则所产生的结果与幸福不可能协调一致，那么我们追求幸福的自然需要就会成为履行道德义务的障碍。这虽然并不会损害道德法则本身的神圣性，但是无疑会削弱人按照道德法则生活的意向。因此"我可以希望什么"最终的指向就是道德和幸福的匹配，也就是一种在尘世中获得至善的理想。这种理想与人这种必须被看待为同时生活在理知世界和感性世界的存在者是相配的。如果没这种理想，人就会被困在要么放弃拥有德行，要么放弃获得幸福，要么在这两方面都陷入绝望的虚无主义之中。或者按照傅永军的评论："如果一个人否定了道德终极目的的实践可能性，放弃了对道德法则的遵从，实际上就等于他放弃了作为一个有理性者存在的资格。"② 为了避免这种绝望，至善必须是可能的。而为了至善的可能性，必须设想一个上帝把至善的两种因素结合起来，使得虽然以人的力量在尘世间造就德福一致是不可设想的，但是至少在上帝的参与下使德福一致具有实现的希望。因而，道德不可避免地要导致宗教。然而必须强调的是，要求宗教，不是出于道德本身的缘故，而是出于人这种有限理性的存在者的缘故。

## （二）对抗绝望图景的彼世希望

人是否可能在没有希望的情况下依然坚持道德法则呢？康德曾在《判断力批判》中用斯宾诺莎的例子来说明这个问题：这个正直的人在对道德

---

① 〔德〕康德：《单纯理性限度内的宗教》，李秋零译，商务印书馆，2012，第4页。
② 傅永军：《绝对视域中的康德宗教哲学：从伦理神学到道德宗教》，社会科学文献出版社，2015，第95页。

律的遵守中不要求任何幸福，那么他将会面临什么命运呢？康德形容道："欺骗、强暴和妒忌将永远在他四周横行，尽管他自己是诚实、温和与善意的；而他除了自己以外所遇到的那些正直的人，不论他们多么配得幸福，但却会从毫不顾及这一点的自然界那里遭遇到一切穷困潦倒、疾病和意外死亡的灾祸，正如地球上的其他动物一样，而且，直到一座广大的坟墓来把他们全体（不管是正直还是不正直在这里都是一样的）吞没，并把这些可能相信过有创造的终极目的的人抛回到他们曾从那里超拔出来的物质的无目的的混沌深渊中去，情况也依然没有改变。"① 他认为这样的绝望情形不可能不削弱和破坏人的道德意向，哪怕是那个最正直的人，在理解了他将要经历的命运之后，也会把那个他最初为自己设定的目的当作不可能的而放弃。

虽然康德认为绝望的图景会破坏人的道德意向，但是他并不愿承诺一种德福一致的尘世图景。他认为人应该持有的关于与德性相匹配的幸福的希望，并不指向"现世报"，而是基于灵魂不朽的假设，指向永恒和彼世的希望。他对此的解释是，"德行的神圣性已经被指定给他们做此生中的准绳了，但与之成比例的福祉，即永福，却只是被表现为在永恒中才能达到的：因为前者在任何情况下都必须永远是他们行为的范本，而朝它前进在此生中已经是可能和必要的了，但后者在现世中却是根本不可能以幸福的名义达到的，因此只能被当作希望的对象"②。

彼世的希望不能被设想在此世实现，就算实践的主体在做了自己应当做的事情之后，确实得到了与之相配的此世幸福，也必须把这当作偶然的。因为若把德福一致当作在此生可以实现的，那么人就会用行动促成这种实现——人们倾向于对二者进行一种明智的调和，也就是"只在该行为同时能够达成获得幸福的目的时才履行自己的义务"。但是这种调和实际上就是把幸福当成比道德法则更加根本的动机，颠倒了道德法则在人的准则中的地位，也是对人的向善意念的败坏。这也就是康德所说的人普遍具有的根本恶。

---

① 〔德〕康德：《判断力批判》，邓晓芒译，杨祖陶校，人民出版社，2002，第324页。
② 〔德〕康德：《实践理性批判》，邓晓芒译，杨祖陶校，人民出版社，2003，第148页。

### （三）从希望的角度看"应当意味着能够"

康德认为，人同时具有向善的禀赋和趋恶的倾向。向善的禀赋对人来说是源始的，是人作为人就必然具有的，并且它不仅不与道德法则相冲突，还能促进人遵循道德法则。趋恶的倾向虽然也可能是生而具有的，但是应当被理解成是自己招致的。趋恶的倾向意味着：人虽然因其禀赋而意识到道德法则，但是并没有把道德法则当成自己的准则，而是与之相反，认为为了遵循道德法则还需要除道德法则以外的动机。在康德看来，人普遍具有趋恶的倾向，而且当我们讨论人的道德改善时，必须从这样一个已然败坏了的人性出发。

恶的倾向败坏了一切准则的根据，从而使已然败坏了的人不可能做出任何道德行为。因为这使得一个符合道德法则的行为至多是偶然合乎道德法则的，而不可能是出于道德法则的。① 康德认为，恶的倾向是不可能由人力铲除的。因为只有借助重新建立道德法则作为人的一切准则的最高根据，才能铲除那种把道德法则当作一种附属性的根据的恶的倾向，但是既然我们假定人的所有准则的最高主观根据都是已然败坏了的，那么这种铲除就是人力所不及的了。但是哪怕有这种败坏，人也并没有失去他向善的禀赋，同时已经被人接受了的道德法则仍旧毫不停息地向人提出向善的要求。康德认为，"即使有那种堕落，'我们应当成为更善的人'这一命令，仍毫不减弱地回荡在我们的灵魂中，因而我们必定也能够这样做，即使我们所能够做的这件事单就其本身而言并不充分，我们由此而只是使自己能够接受一种我们所无法探究的更高的援助"②。由此可见，康德认为单从道德法则命令我们去做我们应当做的事，就可以推论出我们能够做这件事。

这个论证乍看是非常奇怪的：根据我们的日常经验，很多事情都是应当去做但是无法或没能做到的，如果应当就意味着能够，那如何解释生活中的那么多力所不能及呢？然而，生活中的其他目的都是偶然的，唯有遵

---

① 这种败坏还导致了一种自欺的倾向：哪怕这个人的行为只是偶然合乎道德法则的，但只要结果是好的，就理所当然地认为自己在道德法则面前是清白的，而不顾按照自己的准则本来有可能造成的恶的结果。

② 〔德〕康德：《单纯理性限度内的宗教》，李秋零译，商务印书馆，2012，第43页。

循道德法则是对所有理性存在者都必然有效的，而一个普遍有效的命令若是人力所不能及的，它的普遍有效性就无从谈起了。但是这个理由并不足以给人以化不可能为可能的能力：如果人做不到他应当做的事情，强调它的必要性并不能增添人的力量。

因此，为了令人们有义务做的事成为有希望实现的，有必要预设一个条件，使人能够在它的帮助下超越自身固有的限制。对此康德评论道："既然有一些实践法则是绝对必要的（即道德法则），所以如果这些法则有必要把任何一个存有预设为它们的约束力的可能性条件，那这个存有就必须被要求，这是因为，这个推论由以出发走向这一确定的条件的那个有条件者是先天地被认作绝对必要的。"① 在这个意义上，应当和能够的关系可以被描绘成"因为应当，所以不得不设想能够"。

### （四）彼世希望的实践意义

人性中的根本恶为人的道德完善的实践可能性提出了重大挑战：人单靠自己是无法扭转他已然败坏了的准则的，他只能希望一种更高的援助，来帮助他完成这项他力所不能及的任务。如果他不相信这种更高的援助的存在，在他看来准则的扭转就注定是不可能的。既然准则的扭转是不可能的，而带着一个败坏了的准则所做出的道德行为也至多是合乎法则的，而不可能是出于法则的，做出这种行为的人也不可能成为一个善人，那么人的道德改善就是注定不可能的。这样一来，绝望似乎是人从对自身道德状况的合理评价中不可避免地产生出来的后果。然而如果人不可避免地陷入道德绝望，如果人无法相信自己的道德改善是可能的，他就应该（这里指的是合理性的应该而不是义务的应当）放弃他对道德改善的一切努力。然而，人天生具有人格性的禀赋，即易于接纳对道德法则的敬重的素质。在对道德法则的敬重面前，如果我们在自己眼里是一个沉溺于幸福享乐、为此不顾道德法则的命令和自己承认应当服从的义务的人，那我们在自己眼中就会是不值得生存的。

为了避免这种悲惨的状况，为了道德法则的实践可能性，有必要假

---

① 〔德〕康德：《纯粹理性批判》，邓晓芒译，杨祖陶校，人民出版社，2004，第381页。

定存在一种使他的意念在根本上得到改善的"更高的"援助。只有这样他才能把力量的积极增长纳入自己的准则，从而基于一个已然被改善了的意念而在实践上积极地进行道德行动。这种援助使得"应当"和"能够"之间的鸿沟能够被设想为可跨越的，虽然跨越它的方式是我们所无法探究的。

当然，意念的改善并不能使人径直成为一个善人。因为人只有靠他自己的行动才能被判定为道德上善的。因而人的自我改善要求他自己尽他所能地利用自己向善的原初禀赋，在实践中不断地为了让自己成为一个更善的人而努力，只有这样他才能使自己配得上那种使他意念的根本改善成为可能的援助。同时，他必须假定有这种援助，虽然他不能也不应指望"知道上帝为他的永福在做或者已经做了什么"①，但是对这种援助保持着信赖和希望是非同小可的事情。这是因为，对人来说"倘若没有对自己在某个时候已经接纳了的意念的任何信赖，就几乎不可能有一种在这一意念中继续前进的坚定不移"②。

### （五）我作为个体可以希望什么？

在康德哲学中，"我可以希望什么"是一个与个体的道德完善有关的话题。在个体的道德改善方面，存在一个令人无法接受的绝望图景：德福并不相配，有德之人"饱受赞叹却饥寒而死"，无德之人却过着一种虽然无耻但幸福的生活。为了使德福一致成为可能，为了使追求幸福的自然需要不至于成为道德决定的阻碍，有必要设定一个使至善成为可能的上帝，为人提供道德实践方面的希望。这种设定并不是出于道德本身的缘故，而是出于作为有限理性存在者的人的缘故。因为如若不然，他就只能承认改恶向善的不可能性，合理性地放弃道德改善的一切努力，并在自己眼里是一个恶棍。个体的希望主要体现在宗教领域，其价值主要是实践意义上的价值，这种希望本身就能推动人进行道德行为，令他能够坚持在实践中不断地践履道德法则。

---

① 〔德〕康德：《单纯理性限度内的宗教》，李秋零译，商务印书馆，2012，第50页。
② 〔德〕康德：《单纯理性限度内的宗教》，李秋零译，商务印书馆，2012，第65页。

## 二　我们可以希望什么？

### （一）大自然应当被设定为合目的的

在《世界公民观点之下的普遍历史观念》中，康德尝试寻找一部合目的的历史。这并不是因为他在人类本身的行为中发现了这样一部历史，因为人类并不是（至少尚未是）有理性的世界公民，而只是可以设想天意对人类有这样一种安排。就人类整体而言，"一切归根到底都是由愚蠢、幼稚的虚荣，甚至还往往是由幼稚的罪恶和毁灭欲所交织成的"①，因而无法对人类的整体设想一种有理性的目标。虽然每个个体或每个民族都有自己的目标，但是他们追求自身目的的行为往往相互冲突，从而对人类的整体而言并不能找到一种理性的目标。然而人本身并没有这种目的并不意味着不能设想天意对人有这样一种安排。

为什么要设想大自然对人有某种安排呢？康德认为这主要取决于如下的问题："承认大自然的安排在部分上的合目的性，但在整体上的无目的性，究竟是不是合理？"②就部分上的合目的性而言，小到人的手、眼为实现其功能而拥有的精巧结构，大到行星轨道和物质运动具有的简洁规律，大自然似乎在处处都体现了其合目的性。但是要说大自然在整体上是合目的的，并且大自然由于这种整体上的合目的性而为人类安排了一部历史，这就是一种不太容易被接受的想法了。然而如果我们认为大自然在整体上是不合目的的，这个想法会有什么后果呢？康德认为，这样一来，"我们就不再有一个合法则的大自然，而只能有一个茫无目的的、活动的大自然罢了；于是令人绝望的偶然性就会取代了理性的线索"③。若大自然被设想为一个盲目的、偶然的自然，那就很难不对它问出这个问题：为什么毕竟存在着某些东西？为什么不是什么都没有？

由此观之，缺乏目的的自然似乎是一种吞噬人的深渊般的恐怖图景，

---

① 〔德〕康德：《历史理性批判文集》，何兆武译，商务印书馆，1990，第2页。
② 〔德〕康德：《历史理性批判文集》，何兆武译，商务印书馆，1990，第14页。
③ 〔德〕康德：《历史理性批判文集》，何兆武译，商务印书馆，1990，第3页。

但是设定合目的的大自然不仅仅是为了抵御恐怖，也是为了实践的理由：如果人只能拥有一部无目的的历史，如果一切文明的进步都将在将来为人类招致毁灭，那么文明的进步以及为之付出的所有努力是否归根结底都是无意义的？根据在宗教哲学中类似的逻辑，如果为文明进步所付出的努力归根结底是无法达成目标的，人是否最好只能合理性地放弃这种无望的努力？康德在此评论道，一个合理性的大自然以及它所保证的人类禀赋充分发展的时刻"至少在人的观念里，应该成为他们努力的目标，因为不然的话，人类自然禀赋的绝大部分就不得不被人看成是徒劳无功而又茫无目的的了；这就勾销了一切实践的原则，并且从而就会使大自然——本来在判断其他一切的安排时，大自然的智慧都必然是要充当基本原则的——犯有唯独对于人类确实在进行一场儿戏的嫌疑了"①。

### （二）人的非社会性

就算大自然被设想为合目的的，人类也因此可以被视作是不断地朝着改善在前进的，但是那最初使人类本身不能被视为有一个合理性的目的的那些因素并不会就此消失。既然人类的那些令人厌恶的特质，即虚荣、妒忌、怠惰和贪婪并不会因为一个合目的的大自然而凭空消失，那么这种目的论如何能够克服人的这些倾向，并让人类有希望发展自己的全部禀赋呢？康德对此的解释是，大自然恰恰是用这种人类的非社会性来促进人类禀赋在类的范畴内的发展的。

就像人类同时有向善的禀赋与趋恶的倾向一样，康德认为人同时具有社会性与非社会性。社会性指的是人进入社会的倾向，而与之相对的"非社会性"，就是说人在社会中有着不合群的倾向：他总是希望为所欲为，并在人群中为自己争得更高的地位，为此愿意破坏现有的和平。这种并不可爱的倾向被大自然所利用，让它能够产生正面的效果："犹如森林里的树木，正是由于每一株都力求攫取别的树木的空气和阳光，于是就迫使彼此双方都要超越对方去寻求，并获得美丽挺直的姿态一样"②，大自然正是利用人对邻人的敌意，这种超越其他所有同胞的倾向，来使人摆脱永远是伊

---

① 〔德〕康德：《历史理性批判文集》，何兆武译，商务印书馆，1990，第4页。
② 〔德〕康德：《历史理性批判文集》，何兆武译，商务印书馆，1990，第9页。

甸园里的野兽的命运的。若是没有这种非社会性，人类的文明进步就无从谈起了，因为他们会对自己所拥有的一切感到满足，沉迷于一种田园牧歌式的生活，从而使一切禀赋都没有得到发展的机会。

康德创造性地提出，是纷争不和，而不是和睦友善，是人从野蛮化走向文明化的动力。在和睦友善中，人对自己的处境心满意足，也就没有改变和改善的动力；大自然利用人的非社会性，让人从满足和随之而来的怠惰中挣脱出来，为了高人一等而尽力发展自己的禀赋，"人类要求和睦一致，但是大自然却更懂得什么东西才会对他们的物种有好处；大自然在要求纷争不合"①。

在康德看来，正是人性中的恶催生了对希望的要求：在宗教领域是道德方面的根本恶使我们必须设想一种更高的援助，在历史哲学中则是人脱离社会的本性要求设想一个合目的的大自然，而正是这个大自然利用人的非社会性让人类能够在历史进程中不断向文明前进。

### （三）天意对人类的计划

如果我们设想大自然对人类有某种隐秘的计划，并且它利用人的非社会性来使这个计划在历史中逐渐完成，虽然作为个体的人不能见证它的实现，但是作为整个的类，他们终将完成这项事业——那么现在仅剩一个问题：这个计划可能是什么呢？

在《世界公民观点之下的普遍历史观念》一文中，康德对此的回答是"建立起一个普遍法治的公民社会"②。唯有在这样一个社会里，人们彼此之间的竞争才能被限制在一个正当的限度之内，每一个人的自由都能够与其他所有人的自由共存，从而人的禀赋能够得到完全的发展。为了这个社会的成功建立，不仅要求在某个国家内建立这种合乎法权的共同体，也要求在国与国的关系上建成一个普遍法治的共同体，从而使国家间的关系从当下的野蛮状态过渡到文明状态——像野蛮人决心建立共同体进入国家状态一样。关于这个共同体的特征，《世界公民观点之下的普遍历史观念》一文中并没有详细说明，在这篇论文完成十一年后康德写作的《永久和平论》

---

① 〔德〕康德：《历史理性批判文集》，何兆武译，商务印书馆，1990，第8页。
② 〔德〕康德：《历史理性批判文集》，何兆武译，商务印书馆，1990，第9页。

可以为这个问题提供线索。

根据永久和平的第一项正式条款，每个国家的公民体制都应该是共和制。① 这不仅是因为它是最能够保障自由和平等的制度，也是因为康德认为共和制是最不容易发动战争的制度。在非共和制下，国家的领袖与其说是国家的成员，倒不如说是国家的所有者。对于这个领袖而言，发动战争的后果（增加的税费、作战的辛苦、战死的危险和土地撂荒的后果）都不用他自己承担，因而发动战争对于非共和制下的国家领导人是一件非常轻松的事情。但是对于共和政体（也就是那国家的决定必须在国家公民能够同意的范围内的制度）来说，情况就不是这样了：因为国家公民要自己承担战争的后果，所以很难想象共和制国家会轻率地发动战争。②

在所有的国家都建立起共和制的基础上，可以指望国家的集合在自由和独立的基础上进入一种类似于公民体制或者国家间的共和制的联盟，这个联盟将保证国家间的和平——不是取消一次战争，而是取消一切战争。就像霍布斯所说的野蛮人要走出"人与人之间就像狼"的野蛮状态走入文明状态一样，康德认为国家也有希望走出"国与国之间就像狼"的野蛮状态转而进入文明状态。这种和平联盟的建立可能需要很多个世代，其间会有很多波折和反复的尝试，但是康德认为它是可指望的，因为大自然（或者说天意）本身为此作保。

康德提出，大自然通过人类本身的倾向和机制来保证永久和平的实现。首先，对于共和制如何建立和维持的问题，康德认为，为此不需要一个天使的国家，相反一个魔鬼的民族也足以建立这样一个完美的制度，只要这些魔鬼有此理性。这就是说，虽然共和国中的成员可能有自私的倾向，有非社会性，有指向邻人的敌意，但是只要这个国家的制度能够被安排得很好，这些相互冲突的倾向都能够相互抵消，即使是一个魔鬼也可以在一个组织良好的社会中表现为一个好的公民。而至于如何建立一个组织良好的社会，这是一个虽然尚未完成但是毕竟在人类能力范围之内的课题。其次，

---

① 〔德〕康德：《历史理性批判文集》，何兆武译，商务印书馆，1990，第108页。
② 可以指责康德没有预见到民族主义在发动战争方面的狂热，但是既然只能设想大自然对我们整个族类的计划是向着一部完美的公民宪法迈进，在达到完美之前出现一些问题走过一些弯路也都是可能的，一个会被民族主义裹挟并发动战争的"共和制国家"就可以被理解为处于尚未达到理想的共和制的阶段。

大自然使不同的民族被不同的语言和宗教区隔开来，从而使每个民族周边总是有很多互相独立的民族，这些民族可以通过彼此竞争和制衡来保证和平。最后，与战争相矛盾的商业精神和各个民族之间不断通商造成的经济利益方面的关系也是和平的保证，每个国家的自私自利的倾向与商业利益的结合能够促进和平的进程。

### （四）此世希望的实践意义

这样一些观念，如天意对人的隐秘计划、人类的禀赋在历史中不断地得到发展、所有的国家都进入一种完美的政治体制、一种自由的和平联盟的成立并从此不再有任何战争。是否只是为了对抗无目的的大自然和盲目的历史这种令人绝望的图景而自欺欺人的产物？它们难道不是一些虚幻的观念吗？康德认为并非如此。因为单单是这些观念本身，就可以促进它的实现，而且这些观念还使得为它们的实现而努力成为一项义务。这是因为，人是这样一个物种，"对于我们这个物种所将要遇到的哪怕是最遥远的时代，它也绝不会无动于衷，只要那个时代确实无疑是可以指望的"①。

康德的历史观念不是一种基于经验实证主义的历史观，毋宁说他持有一种目的论历史观。在这样的史观下，不仅永久和平作为一种"人类此世的绝对希望"是可以指望的，而且当代的一些这一希望能够实现的迹象也是值得注意的：康德提到了商业与公民自由的紧密联系，宗教自由的普遍化以及启蒙运动；我们可以把国际联盟、联合国等组织也加入这个名录。虽然永久和平尚未到来，但是人们毕竟是可以希望的，经历了多次的改造和变革之后，作为整体的人类历史终将进入这一状态。

### （五）人作为类可以希望什么？

康德的历史哲学旨在以目的论的视角看待人类的历史。在这种视角下人类的禀赋终将在大自然的推动下得到完全的发展，人类的文明长远来看将不断地向改善而前进。一个非目的论的历史观将展现一幅绝望的图景：人的禀赋的绝大部分都是徒劳无功而毫无目的的，大自然的安排在部分上

---

① 〔德〕康德：《历史理性批判文集》，何兆武译，商务印书馆，1990，第17页。

合目的，但在整体上是无目的的。人们在盲目的偶然性的统治之下无法抵御一种无法接受的命运：一座万恶的地狱在等着我们。这种历史观至少在人的观念中是不可接受的，因为它会勾销一切实践的原则。因而有必要把大自然看作一个合目的的大自然，它利用人的特征和倾向，利用人本身固有的那种非社会性，令人作为一个类可以完全地发展自己的禀赋。虽然这种发展只能被设想为在时间的长河中渐渐实现，作为个体的人并不一定能见证它的实现，但是这个观念并不是虚幻的——因为大自然对人的这种计划本身给人提供了作为类的希望，而这一希望本身就会促进它的实现，而且我们在历史中也可以看到一些它正在逐渐向我们所希望的结果靠近的迹象。

类的希望与个体的希望在论证模式上有相同之处：人应该或者有必要假设存在一个东西，对于道德来说，是一个使至善成为可能的活着的上帝，对于历史来说是一个合目的的大自然。这并不是出于道德本身或历史自身的缘故，而是出于人的缘故。因为如若不然，人就只能陷入绝望：在道德上只能承认改恶向善的不可能性，放弃道德改善的一切努力，并在自己眼里是一个恶棍；在历史上是陷入一种无目的无望的历史观中，在这种历史观下人的一切行为都是奔忙和徒劳。被设定的希望的对象本身能够促进人的实践：在宗教领域能让个体基于一个已然被改善了的意念而行动，从而坚持践履道德法则；在历史领域可以让人把未来的永久和平当作有义务去促进的东西并为此行动。

## 三 此世的希望与彼世的希望

### （一）两个层次，两种希望

在康德哲学中，希望可以被划为两个层次：宗教哲学提供个体在道德改善方面的希望，这个希望不能被设想为在此世实现，而是一种指向彼世的至善的希望，灵魂不朽的公设是其前提；历史哲学提供人作为类在实现永久和平方面的希望，这个希望可以被指望在此世实现（虽然是对人的种族来说的此世而不是对个体而言的此世），类的延续是其前提。上帝概念和大自然（天意）分别是这两种希望的实现保证。历史的希望不能代替宗教的希望，相应地，宗教的希望也不能越俎代庖。

盖耶和刘凤娟认为康德后期用类的延续取代了灵魂不朽的假设。[1] 这种观念没有看出类的延续和灵魂不朽的假设位于希望的不同层次上。尤西林认为康德通过对法国大革命这一历史事件进行本体直观，"对人性恶的事实性经验做了历史哲学的善的综合，在这里，向善的历史经验已毋须上帝恩典神佑"[2]。这一观点也是将历史与宗教两个不同层次进行混淆的结果。

上帝恩典神佑属于宗教哲学领域，指向个体道德改善问题；法国大革命这一历史事件属于历史哲学领域，指向人类总体的文明进步问题，在这种进步中并不要求道德的改善（恶魔的民族也可以指望政治上的进步），况且在法国大革命的残忍的历史事实中如何看出道德改善的经验事实着实令人费解。若说康德在法国大革命中看到了某种善，那也是在"观察者的思维方式"中发现的，为它作保的并非宗教领域的上帝恩典神佑——所以也谈不上"已毋须"，这个表达暗示的是上帝恩典神佑被历史哲学所替代，然而在这里不可能有什么替代的关系。毋宁说两者之间存在一种递进的关系：历史哲学的希望是宗教哲学的希望实现的准备。

这是因为康德不可能满足于一种恶魔的民族也能建立的共和国，不能满足于仅仅是外在强制和明智的决断下的永久和平，而是必然要求人作为类的道德改善。所以历史哲学的希望不可能是人类最终的希望，更不可能由它来"替代"宗教和道德的希望，因为哪怕是作为类的希望的最终理想的永久和平也只是"在尘世建立上帝的国"的前提条件罢了，或者按照邓晓芒的评论，是"人类意识到并发展出自身所隐藏的更高目的、终极目的的一种准备"[3]。

### （二）两种共同体

为了希望的实现，有必要建立一种共同体。在个体的希望方面，需要

① Paul Guyer, *The Virtues of Freedom: Selected Essays On Kant*, Oxford：Oxford University Press, 2016；刘凤娟：《从灵魂不朽到类的不朽——康德历史哲学的产生及其本质》，《杭州师范大学学报》（社会科学版）2018 年第 1 期，第 58~65 页。

② 尤西林：《恩典与自由——康德道德宗教与人文主体性的现代困境》，《学术月刊》2001 年第 12 期，第 49~58 页。

③ 邓晓芒：《康德〈判断力批判〉释义》，生活·读书·新知三联书店，2008，第 348 页。

被建立的是一种伦理共同体。因为个体为了实现道德改善的希望，要不断地与恶的原则的侵袭作斗争，而恶的最大来源并不是一个离群索居的他自己，而是当他处于社会中时他身边的其他人。康德认为："如果找不到任何手段来建立一种目的完全是在人心中真正防止这种恶并促进善的联合体，即建立一个持久存在的、日益拓展的、纯粹为了维护道德性的、以联合起来的力量抵制恶的社会，那么，无论单个的人想要如何致力于摆脱恶的统治，恶都要不停地把他滞留在返回到这种统治之下的危险之中。"① 因而出于道德的缘故，人有必须从伦理的自然状态中走出来，进入伦理的公民状态。类似的，在类的希望方面，需要被建立的是政治共同体②，具体来说是一种人们共同服从强制性的公共律法的共同体，为了实现永久和平的希望，在国家的层面这个共同体应该展现为共和制，而在国家间应当建立起一个和平的联盟。

### （三）两种共同体的差异

一个伦理共同体不同于一个政治共同体，这体现在很多方面。关于两种共同体在立法性质方面的区别，刘作指出，"合乎法权的状态是外在立法的，针对人类的外在行动，可以被外在强制，因而是此世的；伦理共同体是内在立法的，针对人类的内在意向，不可以被外在强制，只能设想一个作为立法者的上帝理念，因而不在此世之中"③。他所说的"合乎法权的状态"就是康德历史哲学要求人们进入的普遍法治的市民社会，或者按照康德在《单纯理性限度内的宗教》中的描述，是一种"律法的-公民的（政治的）状态"，与宗教哲学要求人们进入的"伦理的-公民的状态相对"④。

---

① 〔德〕康德：《单纯理性限度内的宗教》，李秋零译，商务印书馆，2012，第91页。
② 傅永军在他的《绝对视域中的康德宗教哲学：从伦理神学到道德宗教》第89页的注释里提到，"宗教哲学讨论善的希望——通过伦理共同体实现内在自由的可能性，历史哲学和法哲学讨论善的希望——通过伦理共同体实现外在自由的可能性"。这可能是因为他关心的问题主要是康德的"伦理神学"，故而倾向于强调伦理共同体的作用。但是就康德讨论历史哲学的文本来看，他在这一领域所关心的共同体，无论是在国家之内的"公民宪政"，还是国际法权意义上的自由国家的联盟，都属于政治共同体之列。
③ 刘作：《类的希望与个体的希望——康德历史哲学引发何种希望?》，《湖北大学学报》（哲学社会科学版）2020年第9期，第94~101页。
④ 〔德〕康德：《单纯理性限度内的宗教》，李秋零译，商务印书馆，2012，第92页。

两种共同体要求不同的立法者。一个律法的共同体应当是其成员联合起来自己充当其立法者，这样才能给共同体成员的普遍遵守提供合法性；然而一个伦理的共同体不能由人民自身充当立法者，因为人民自身只能为彼此的行动立法，对意念他们是无能为力的，而意念的道德性正是伦理共同体所要求的。为了使伦理共同体的成员能够有一种普遍的道德的立法，而且对它的遵循还不能有任何强制，立法者不能是人民自身，且这种立法必须被看作义务而非命令，为此伦理共同体的立法者只能是一位知人心者，而所有的道德义务都要在同时被看作他的诫命——"这正是关于作为一个道德上的世界统治者的上帝的概念"①。

对两种共同体的成员也有不同的道德要求：对伦理共同体来说，参与者是为了道德的缘故进入共同体的，其成员关心自己的内在的道德性，而为了进入一个政治的共同体只需要其成员有此知性，康德甚至认为一个魔鬼的民族也可以建立起理想的政治共同体，因为"它并不在于人类道德的改善，而只在于要求懂得那种大自然的机制"②。

## 四　结语

作为一种有限理性存在者，人不能没有希望而行动。虽然理性对人提出了要求，在个体层面，要求他正当地行动，追求道德的完善；在类的层面，要求人类建立起一个普遍法治的市民社会，但是人无法保证这些要求的实践可能性。道德完善的实践可能性一方面受制于人的根本恶，一方面受制于人寿命的有限性：人无法保证德福一致在此世的达成，因而他追求幸福的自然需要会成为履行道德义务的障碍，他可能会只在行动的同时能够达成获得幸福的目的时才履行自己的义务，这就是人的根本恶；就算人在他的生命中一直向着道德改善的目标前进，他的死亡也会打断这一进程，从而使道德完善成为不可能的。建立普遍法治的市民社会的目标的实践可能性受制于社会中的人固有的那种非社会性，他们的目的总是相互冲突，个别的人虽然有自己明确的目标，但是就人类整体而言却无法从他们的行

---

① 〔德〕康德：《单纯理性限度内的宗教》，李秋零译，商务印书馆，2012，第97页。
② 〔德〕康德：《历史理性批判文集》，何兆武译，商务印书馆，1990，第129页。

为中看出什么共同的目的。然而，如果自己要采取的行动其实践可能性是无法被设想的，由此而来的绝望就会削弱和破坏人在行动方面的意向，从而无法做出任何意志规定。

为此，无矛盾地设想一个使理性的要求有可能成为现实的理念就是必要的。在个体的道德改善层面，那个被设定的理念就是灵魂不朽和使德福一致成为可能的上帝概念，它们为个体的人提供了彼世的希望（因为道德改善不可能被设想为在此世达成）；在人类的文明进步层面，那个被设定的理念就是一个合目的的大自然，它将保证人类将会充分发展其禀赋，能够看到一部人类不断向善前进，最后前进到永久和平的历史，它为人类整体提供此世的希望（虽然只能希望全物种而不是各个人达成这个目标）。

个体的希望是对于"我可以希望什么"问题的回答，这是宗教哲学的领域；而类似的，类的希望是对于"我们可以希望什么"问题的回答，这是历史哲学的领域。康德在这两个领域提供了相近的论证，提供了人类希望的两个侧面，它们都是康德希望哲学的组成部分。然而这两种希望不可被混同，不可相互替代，而是存在一种递进关系，历史哲学的希望是宗教哲学的希望实现的准备。

# 知识学与几何学

—— 费希特第一知识学探析*

王　骏**

**【内容提要】**　研究者一般认为，费希特1794～1795年在耶拿大学的讲座
"全部知识学的基础"是他构建的第一个较为完整的知识学体系。事实上，费
希特于此讲座之前就已经在苏黎世的私人讲座中使用"知识学"这一专门术
语，并尝试建构哲学体系。相较于在这一讲座内容基础上修订出版的《论知识
学或所谓哲学的概念》，苏黎世讲座在结构和内容上的不同之处主要体现在第
四讲。此讲内容在《论知识学或所谓哲学的概念》中未作保留，因而成为苏黎
世讲座的独特之处。第四讲以几何学为范例，探讨知识学和几何学之间的奠基
关系问题和两者的方法差异问题。本文试图厘清并强调费希特苏黎世讲座中最
初的知识学洞见。

**【关键词】**　费希特；苏黎世讲座；苏黎世知识学；几何学；理智直观

一般认为《全部知识学的基础》（*Grundlage der gesamten Wissenschaftsle-
hre*）是费希特第一个较为完整的知识学体系。事实上，费希特在接任耶拿
大学哲学教授席位之前，在苏黎世做了为期近三个月[①]的私人讲座，题为

---

　*　本文系国家社科基金中华学术外译项目"《王学通论》（德文版）"（项目批准号：23
　　WZXB011）的阶段性成果。

**　王骏，德国耶拿大学哲学博士，现为华东师范大学哲学系博士后，主要研究方向为德国古
　　典哲学、诠释学与中西比较哲学。

①　根据盖斯奈（Hans Georg Geßner）的日记，讲座日期是从1794年2月24日到1794年4月26
　　日，正常情况下，周一至周五，每天下午五点授课一次。参见 J. G. Fichte，„ Vorwort"，
　　*Züricher Vorlesungen über den Begriff der Wissenschaftslehre. Nachschrift Lavater*，in *Gesamtausgabe*
　　Bd. IV 3（以下简称全集 IV 3），hg. v. Erich Fuchs，Stuttgart-Bad Cannstatt：Frommann-Holz-
　　boog，2000，S. 7–8。

"康德哲学"。该讲座的核心内容与知识学①相关且已有体系性。关于这个讲座，梁志学先生曾指出："他（费希特——引者注）在苏黎世的演讲里才把知识学作为关于一般科学的科学，作了简明扼要的介绍。"② 正是在这个意义上，苏黎世知识学可谓是"第一知识学"。本文将从三个方面对费希特的苏黎世知识学展开探讨：第一，苏黎世讲座（Züricher Vorlesungen，以下简称"讲座"）的基本结构；第二，"讲座"与《论知识学或所谓哲学的概念》（*Über den Begriff der Wissenschaftslehre oder der sogenannten Philosophie*，以下简称《概念》）的异同；第三，以"讲座"第四讲为例，阐明费希特最初的知识学洞见。

## 一 苏黎世知识学的基本结构

费希特在"讲座"中较为系统地阐述了其苏黎世时期的知识学思想。遗憾的是，迄今尚未发现有关这次讲座的完整记载。现有的是拉法特（Johann Kaspar Lavater）记录的笔记（只记录了讲座前五讲内容）③，以及大约于 1794 年 4 月公开印发的最后一讲"论人类的尊严"④。此外，还有当时同为听众的巴格森（Jens Baggesen）的摘抄笔记⑤。也就是说，苏黎世知识学

① 费希特的妻子玛丽·约翰娜·费希特（Marie Johanne Fichte）在 1814 至 1819 年提及他在苏黎世时期有关第一知识学（erste Wissenschaftslehre）的讲座。参见 *J. G. Fichte im Gespräch. Berichte der Zeitgenossen* Bd. 1：1762 – 1798，hg. v. Erich Fuchs，Stuttgart-Bad Cannstatt：frommann-holzboog，1978，S. 52。关于苏黎世知识学，当代费希特研究者拉德里扎尼（Ives Radrizzani）也沿用了"erste Wissenschaftslehre"这一表述，参见 Ives Radrizzani，„Fichtes, erste' Wissenschaftslehre"，in *Fichte-Studien* Bd. 16，hg. v. Helmut Girndt und Jorge Navarro-Pérez，Amsterdam［u. a.］：Rodopi，1999，S. 409，以及福克斯（Erich Fuchs）使用的"Ur-Wissenschaftslehre"，参见全集 IV 3，前言，S. 13。由于"erste"（第一）和"Ur-"（原初）都有"第一"的含义，所以"erste Wissenschaftslehre"和"Ur-Wissenschaftslehre"都可译为"第一知识学"。

② 梁志学：《费希特哲学思想体系简评》，《安徽大学学报》2005 年第 3 期，第 8 页。

③ 只有第一讲到第五讲，所记录的时间是从 1794 年 2 月 24 日到 1794 年 2 月 28 日。参见全集 IV 3，S. 19-41. 按照福克斯的说法，第三讲的开头有可能是盖斯奈写的，参见全集 IV 3，前言，S. 3。

④ 参见 J. G. Fichte，*Über die Würde des Menschen*，in *Gesamtausgabe* Bd. I 2（以下简称全集 I 2），hg. v. Reinhard Lauth und Hans Jacob，Stuttgart-Bad Cannstatt：Frommann-Holzboog，1965，S. 82。

⑤ 参见全集 IV 3，S. 47-48。

的大部分内容都还欠缺。从费希特写给拉法特的一封未标明日期的信中，我们可以看到整个讲座内容的大致线索："我必须对如下内容进行 2 至 3 个小时的讨论：有关哲学概念、特征、证明方式的导论，以及这种科学与其他同它混在一起的科学的关系。接下来，我将展示哲学的全部首要原则；接着以我所能够给予它们的最高清晰度，完整展示理论部分的首要原则，目的是展示有关首要原则的理论方法。对于理论部分的其余命题，我仅列举并给出关于它们的一般概要以及它们之间的关联。以上是就第一个月而言。在第二个月，我同样详细地展示实践哲学的最高原则，并表明在这一哲学部分中有关首要原则的方法类型，关于其余命题则仅给出它们关联的概要。"① 由此可以明显看出，苏黎世知识学在内容上分为基本原理、理论知识学和实践知识学三个主要部分（类似的结构划分可参考《全部知识学的基础》）。按照福克斯（Erich Fuchs）的解释，当时拉法特似乎有两个意愿：一个是清晰的讲座，另一个是整体的展示。② 费希特对此回应道："为了将两个意愿相结合，我别无他法。因为如果我要详细介绍实践哲学，恐怕一整年都不够。"③ 由此可见，苏黎世知识学并不是一个内容上详细完备的体系，但至少已初步形成类似于《全部知识学的基础》的结构划分。

根据拉法特笔记所记录的前五讲内容，费希特在"讲座"中先是进行了导论式的说明。与上述线索基本一致的是，前五讲内容是关于哲学的"概念""特征""证明方式"，以及与其他具体科学的关系、与哲学对象的关系。就结构安排来看，苏黎世知识学在哲学的概念规定和划分上与后来出版的"概念"有着相似的结构，但也有所差异。"讲座"完成于 1794 年 2 月底到 4 月底，而《概念》大约于 1794 年 4 月底完成并付梓出版。尽管两者间隔时间很短，但费希特仍做了一些结构和内容上的调整。

为了显示苏黎世知识学的独特之处，下文将分别从结构与内容上比较"讲座"与《概念》。

---

① 全集 IV 3，前言，S. 6。
② 全集 IV 3，前言，S. 5。
③ 全集 IV 3，前言，S. 6。

# 二 "讲座"与《概念》比较

拉法特版本的"讲座"前四讲标题分别为："哲学"、"哲学的进一步规定及其同逻辑学的关系"、"知识学概念的继续"和"知识学同几何学的关系"。第五讲虽无标题，但从内容来看，这一讲旨在阐述知识学同其对象的关系。《概念》在结构上主要分为三个部分：第一部分"关于一般知识学概念"，包括第一节"假设性提出的知识学概念"和第二节"知识学概念的发展"；第二部分"知识学概念的解释"，包括第三节（无标题，是第四、五、六节的一个序言①）、第四节"知识学在何种程度上能够确信已经完全穷尽了人类知识"、第五节"什么是将一般知识学同通过它而得以奠基的特殊科学相区别的界限"、第六节"一般知识学和逻辑学的关系是什么"和第七节"一般知识学作为科学同其对象的关系是什么"；第三部分"知识学的假定性划分"，包括第八节（无标题，且只有单独一节，主要考察知识学的划分）。

首先，根据福克斯的说法，"讲座"第一讲在内容上与《概念》第一节一致。"讲座"第二讲主要对应《概念》第二节和第六节，第二讲的一个部分在《概念》中作为独立章节（第五节）来阐述。除此之外，"讲座"不涉及《概念》中第三节和第四节的具体内容；第三讲对应《概念》第二节；第四讲包括诸如"几何学中的演示"（Demonstration）、"构造"（Konstruktion）和"演绎"（Deduktion）关键术语在内的内容都不同于《概念》；第五讲对应《概念》第七节。② 其次，根据拉德里扎尼的说法③，"讲座"第一讲对应《概念》第一节；第二讲则对应《概念》第二至六节；第三讲对应《概念》第二节末尾内容；第四讲对应《概念》第五节；第五讲对应《概念》第七节。

---

① 从内容上看，第三节作为序言，是为了引出有关知识学体系完整性的特征、同一般科学的界限和同逻辑学的关系三个问题。这三个问题分别包含于第四、五、六节中。第七节同样也包含于第二部分中，但是费希特在第三节并未直接抛出第七节所涉及的问题。

② 参见 Erich Fuchs, „Lavaters Nachschrift der Züricher Wissenschaftslehre", in *Tagung des Internationalen Kooperationsorgans der Fichte-Forschung in Neapel: April* 1995, hg. v. Erich Fuchs und Ives Radrizzani, Neuried：Ars Una, 1996, S. 68-69。

③ 参见 Ives Radrizzani, „Fichtes' erste' Wissenschaftslehre", in *Fichte-Studien* Bd. 16, hg. v. Helmut Girndt und Jorge Navarro-Pérez, Amsterdam [u. a.]：Rodopi, 1999, S. 420-431。

结合福克斯和拉德里扎尼二者的说法，这里主要存在两个问题：第一，在"讲座"第二讲中是否有对应《概念》第四节的内容（《概念》第三节只是一个导论，可以明确的是，同样的导论在"讲座"中并未出现）？第二，"讲座"第四讲同《概念》有无对应关系？

首先就第一个问题而言，"讲座"第二讲主要内容可以从四个方面来看。①规定知识学概念的基本特点：知识学描述确实的东西，并指明这个东西如何是确实的。②指明其他科学中的基本原理必须在知识学中得到奠基，所有基本命题都可以回溯到第一原理中。③借助事实行动（Tathand-lung）与事实（Tatsache）的区别来说明知识学与一般科学的界限问题。一般科学包含事实，而知识学则包含事实行动，在一般科学中是事实，在知识学中则是事实行动，后者为前者奠基。以几何学为例，几何学中的纯粹空间概念是图形构造的前提，但几何学并不证明它，而是以它为出发点。按照费希特的解释，纯粹空间是由自我行动即想象力直接设定的，因而这一概念在知识学中才得以证明。知识学要描述的是设定具体科学前提（例如纯粹空间）的事实行动，而几何学则描述事实，例如点在空间中连续运动形成线，进而形成三角形。④第二讲还提到了知识学与形式逻辑学的关系。从两个方面来看：首先，知识学不同于形式逻辑学，知识学不仅规定知识的形式（某物对应的思维形式），而且规定知识的内容（具体的、外在于我们的某物存在），而形式逻辑学只规定知识的形式（纯粹思维形式）。其次，形式逻辑学的现实有效性在知识学中得到奠基：形式逻辑学不考虑思维的具体内容，例如某物 A 的存在（A ist），而只单纯考察思维形式（A＝A）。费希特认为逻辑命题的现实有效性需要由知识学来保证，符合思维形式的外物在自我中存在，具体来说，自我中有外物存在的表象。因为同一性是自我本身的行动方式或者形式，所以自我中某物（如果某物在自我中存在）也同样具有同一形式。知识学描述了逻辑学现实有效性的前提，即自我设定外物的存在及其同一形式。

从上述四个方面出发，第二讲并未涉及《概念》第三节（问题导言）和第四节［确信穷尽人类一切知识标志，即肯定标志（从一个基本原理中可以推导出所有命题）和否定标志（在已经推出的所有命题基础上，不能再推导出更多命题）］的相关内容。综上所述，第二讲应该大致对应《概念》第二节、第五节和第六节。

针对第二个问题，拉德里扎尼认为，虽然在《概念》中没有专门的独立章节来处理"讲座"第四讲"知识学同几何学的关系"这一主题，但第五节包含了对知识学同几何学关系的追问。除此之外，第五节还接受了第四讲中的诸多要素，例如"讲座"第四讲对"事实行动"与"事实"的区分，因为第五节有对应关于"必然行动"和"自由行动"的区分。[①] 拉德里扎尼正确指出，《概念》第五节接纳了"讲座"第四讲的一些要素。但是就本文目的而言，这里需要特别澄清第四讲的内容以显示费希特最初的知识学最初洞见。对此，福克斯已经指明，第四讲的独特性就在于费希特提出了几何学的相关概念和证明方式。本文将进一步澄清"讲座"第四讲中涉及知识学与几何学关系的内容。这些内容将表明几何学在苏黎世知识学中是作为一般科学的典范而出现的。在《概念》中，几何学丢失了这种典范性。正是以几何学为典范，费希特找到了解释自我原初行动的方法。

简而言之，第四讲是苏黎世知识学最具特点和最为重要的部分。从第四讲的内容也能够看出早期知识学与几何学的关系，尤为明显的是几何学对于费希特建构知识学起到的典范作用。

## 三 知识学同几何学的关系

这里将具体分析第四讲中的两个层次。首先是知识学和几何学之间的奠基关系，这种奠基关系涉及知识学和几何学所描述的行动的差异和几何学的实在性；其次是知识学与几何学的证明方式。

在第四讲开篇处，费希特尝试援引几何学（或数学）中独有的"演示"（Demonstration）概念，引出关于几何学和知识学关系的问题讨论。在康德看来，"演示"[②] 就是展示一个几何学概念构造的过程，而"构造一个概念，就是说：展示与其相应的先验直观"[③]。在康德那里，几何学是一种构造知

---

① 参见 Ives Radrizzani, „Fichtes‚ erste‘ Wissenschaftslehre", in Fichte-Studien Bd. 16, hg. v. Helmut Girndt und Jorge Navarro-Pérez, Amsterdam［u. a.］: Rodopi, 1999, S. 428。

② 诚然，真正的几何学"演示"不仅是在意识中"展示"一个几何学图形，而且包含计算和推导的过程。这里出于哲学思考的需要而只关注前者。

③ Immanuel Kant, *Kritik der reinen Vermunf*, hg. v. Jens Timm emann, Hamburg: Felix Meiner Verlag, 1998.

识，意思是几何学概念的对象无须借助经验（例如观看或者设想一个三角形物体），直接通过想象力就可以构造出来。以三角形概念为例，人们可以先验地构造出一个三角形，这里不涉及经验性的三角形物体。当然，几何学家为了进一步证明（例如证明三角形三个角的度数之和等于 180 度），需要在图纸上画出一个经验上可见的具体三角形。经验的三角形无关三角形概念的本质，只是出于证明清晰性的需要才画出的。三角形概念在本质上只涉及先验直观中的构造行动。费希特追随康德，认为"演示"独属于几何学，另外他还认为几何学必须通过知识学才得以奠基。[①] 按照费希特的解释，"'演示'（demonstrieren）也就是指通过直观呈现和证明由三条线段构成的三角形"[②]，"构造"就是形成直观之物的过程；知识学并不描述构造、呈现和证明直观之物的过程，而旨在表明作为想象力的自我必然预先构造纯粹空间，从而为自我进一步构造并证明三角形提供先决条件。想象力在这里不是任意想象图形的活动（这种活动可以发生也可以不发生），而是必然的构造活动。有别于几何学构造，知识学中的构造是必然发生的，纯粹空间是想象力的必然产物。除此之外，"知识学从这种构造中并不能演示什么，因为这种（构造——引者注）是无限的，因而对于我们的理解力来说是过度的，进一步的加工处理，也就是说，对构造的（纯粹——引者注）空间的限制将转交给几何学"[③]。这就是说，知识学所描述的行动是构造具体科学的前提条件（比如纯粹空间），这种前提条件不能在经验意识中作为对象向我们呈现，在这种意义上它对于我们的理解力而言是"过度的"。只有纯粹空间在被限制的情况下，或者说，在依据具体科学规律限制纯粹空间时（比如形成一个线段或者一个有限的、有固定范围的空间），具体空间

---

① 值得注意的是拉德里扎尼认为费希特"不是跟随康德，赞扬数学的科学性，而是反对康德，强调哲学的优先地位"（Ives Radrizzani, „Fichtes, erste ‚Wissenschaftslehre", in *Fichte-Studien* Bd. 16, hg. v. Helmut Girndt und Jorge Navarro-Pérez, Amsterdam［u. a.］: Rodopi, 1999, S. 428）。毋庸置疑，费希特强调哲学在奠基性问题上的优先性，但并没有充分论据显示费希特在这里是反对康德而强调哲学优先性。对此，伍德认为，费希特在这里进一步作了一个在康德那里并未作出的关于几何学构造和哲学构造之间的区分，参见 David W. Wood, *Mathesis of the Mind. A Study of Fichte's Wissenschaftslehre and Geometry*, Amsterdam: Rodopi, 2012, p. 186。笔者认为这里还有值得强调的一点：不同于康德，费希特将几何学视为哲学在方法论上的典范。

② 全集 IV 3, S. 34。

③ 全集 IV 3, S. 34。

才能作为对象在意识中显现。几何学演示具体对象，知识学则描述构造具体科学前提的自我原初行动。对此，费希特解释道："'自我'原初地也是一种直观，但不是感性的，而是'理智的'。"① 自我原初地是理智直观中构造自身的行动，这种行动与纯粹空间的构造一样不能被对象性地直观，而只能被理智直观。费希特并未向我们解释自我原初构造自身的行动与构造纯粹空间的行动处于各种关系之中，但至少我们能够看出，费希特是从几何学中看到了解释自我原初行动的方法，即自我是一种构造行动。

这里提到的自我的"理智直观"是相对于"感性直观"的，类似于想象力的构造，自我原初地在理智直观中构造自身。这一点表明几何学提供了知识学的自我构造和明见性的完美范例。按照伍德（David Wood）的说法，"对于费希特来说，几何学和'知识学'的直观都是纯粹的，即非经验性的，出于这个原因，获得几何学中的纯粹直观有助于我们达到哲学的先验立场。这也就是说，达到'知识学'理智直观自我的困难的起点"②。这里可以大致区分三个层次③：首先是几何学的"演示"（构造），即展示构造出来的图形例如三角形，我们可以通过想象力先验地构造，并进一步在纸上画出；其次是知识学的"构造"，即纯粹空间的构造；最后是知识学的原初"构造"，即自我本身的构造。三个层次依次递进，几何学中的图形"演示"和"构造"以知识学中纯粹空间"构造"为前提，而纯粹空间"构造"又以自我原初"构造"为前提。

除了上述要点之外，费希特在第四讲中还讨论了几何学的实在性问题。某物是否有实在性关键在于它能否被自我意识到。想象力在意识中构造三角形，它通过感性直观对象性地呈现出来。在费希特看来，由于想象力构造三角形的行动处于对象性意识中，所以三角形作为行动产物也处在自我的对象性意识中。因此几何学的实在性就体现在自我能够直接意识到其自

---

① 全集 IV 3，S. 34。

② David W. Wood, *Mathesis of the Mind. A Study of Fichte's Wissenschaftslehre and Geometry*, Amsterdam: Rodopi, 2012, pp. 251–252.

③ 按照伍德的区分，考虑具体的、实际的、技术层次的图形构造，比如借助某种材料或者工具制造出一个三角形，这里区分出四个层次：①技术性的（technische）构造；②感觉的（sensible）构造；③自由的（free）构造；④无限的（infinite）构造。参见 David W. Wood, *Mathesis of the Mind. A Study of Fichte's Wissenschaftslehre and Geometry*, Amsterdam: Rodopi, 2012, p. 196。

身的构造行动和行动产物。在费希特看来，这种经验意识包含有一种推论，即当自我意识到自身的构造行动时，就会认为被构造的东西就是由自我构造起来的。因此，当自我意识到自身构造三角形的行动时，就会认为三角形就是由自我构造起来的。费希特追问经验意识中这一推论必然性的前提，而他之所以追问必然性前提，原因在于他要排除这样一种情况，即在意识中出现的某个三角形（类似于柏拉图的理念实体）由于自身而存在，并不依赖自我的构造行动。因此，该推论要有必然性，就必须要求证明意识中出现的东西只能是由自我构造出来的。这里预设了一个几何学所不能回答的更高层面的问题，即"为什么意识中的东西就是自我所置入的？"① 这个问题是针对意识中行动与其产物的必然同一。对此，费希特给出的回答是："在意识中所是的，就是自我所置入其中的东西，因为'自我'是自我。"② 这个回答十分精简，我们需要理解这个回答？"自我是自我"在费希特那里也可以表述为"演示的自我就是构造的自我"。也就是说，进行构造的自我行动与意识到构造产物的（演示的）自我原初就是同一的。以三角形为例，自我直观到的三角形是由自我构造的，原因是自我直观到的自身与自我构造自身的行动是必然同一的。显然，费希特是想强调意识自身的同一是意识中三角形同一的前提，前者又可以具体表示为意识中自我原初构造自身的行动与作为构造产物的自我的同一。这里有两种同一性，分别涉及两种事实（Tatsachen），对应作为具体科学的几何学和作为哲学的知识学：第一种是经验科学的事实，第二种是知识学的事实。经验科学的事实涉及的是自我行动具体产物的实在性。自我对象性地意识到自身行动及其产物，行动与产物在对象性意识中可以区分开，例如构造三角形的想象力行动和三角形；知识学的事实涉及的是自我行动本身或事实行动的实在性。自我不是对象性地而是通过理智直观直接意识到自身行动及其产物，行动与产物在直接意识中是不可区分的，例如自我构造自身的行动和自我。对于费希特而言，几何学事实建立在知识学事实的基础之上，它的实在性（即同一性）只有通过自我原初的同一才能得以奠基。从两种不同的事实出发，我们可以进一步深入费希特对知识学和几何学不同证明方法的讨论。

---

① 全集 IV 3，S. 35。
② 全集 IV 3，S. 35。

正如本节一开始所指出的，费希特追随康德，认为只有几何学才有"演示"方法。结合上一段指出两种事实，即几何学涉及的事实是对象性意识中的自我行动及其产物，而知识学涉及的事实是直接意识中的自我行动及其产物。知识学不能"演示"，因为"演示"需要在对象性意识中展示对象的构造过程。而直接意识中的自我行动并不以对象性方式出现。费希特指出，知识学的证明方式是"演绎"（Deduktion）或者"等式"（Gleichung），通过这种证明方式，知识学才能成为一个描述自我行动的体系。需要澄清的一点是，不管这里是逻辑学术语"演绎"还是几何学术语"等式"，都是在一个特定的意义上来使用的。这里的"演绎"或者"等式"都不在原本意义上使用，它们不表示依据逻辑或者数学规则的推导。这里的"演绎"或者"等式"作为哲学方法表示以意识同一或者自我行动与产物的原初同一为前提和出发点的一系列行动。费希特用"演绎"或"等式"来表示自我所有事实行动的推导原则。

通过对第四讲的解释，可以明确看出苏黎世知识学在费希特早期思想中所起到的重要作用，特别是几何学对费希特的影响，甚至可以说，费希特是从对几何学的思考中获得了对哲学的最初洞见。他在第四讲中重点描述了自我行动类似几何学构造的如下特征：自我的原初行动是在理智直观中构造自身的行动，这种行动并非出现在对象性意识之中，而是出现在纯粹的、非对象性意识中。但是费希特仍然强调知识学不同于几何学的地方：自我构造自身的行动是必然的、与其产物是不可区分的，因而构成了意识同一性，自我行动的推导、哲学体系的建立需要借助哲学"演绎"而非"演示"。

## 四　余论

展示苏黎世时期知识学的苏黎世讲座包含有费希特最初的哲学洞见，但是遗憾的是，拉法特手稿所记录的并非讲座的全部内容。与《概念》相比，费希特的苏黎世知识学，尤其是第四讲内容，能够清楚地表明：一方面，费希特早期建立知识学的范例是几何学。几何学是建构的知识，它涉及想象力的构造和演示活动，活动对象以感性直观的方式被意识所把握。

知识学同样是建构的知识，它涉及自我原初在理智直观中构造自身的行动。另一方面，几何学的实在性通过知识学得到奠基，几何学的演示方法也区别于哲学的演绎方法。费希特早期对知识学的原初洞见主要彰显于苏黎世知识学第四讲中。

# 审美的形而上学化

## ——论谢林艺术形而上学对感性学的超越与回归

冯子杰[*]

【内容提要】 康德在《判断力批判》中区分审美活动与认识活动，并在对反思判断的考察中为审美活动与愉快或不快的情感建立先天的关联。康德认为在审美活动中，对主体的心灵状态的反思判断会产生一种愉快（或不快）的情感，并进一步追问这一心灵状态的自由和谐之根据时，将这种基于判断的美学引向了一种"不确定的概念"。谢林在康德的基础上从判断美学发展到艺术的形而上学，并通过对绝对者的活动的刻画建立了艺术哲学体系，其意义在于揭示出艺术的本原会超越主客二分的判断形式。本文梳理从康德到谢林的发展脉络，不仅回应了德国美学家格诺特·波默对德国观念论的判断美学的批评，同时指出德国的艺术形而上学与当代美学重回感性学的诉求并非完全对立的。

【关键词】 审美；情感；判断美学；艺术形而上学；感性学

## 一　引言

自从德国美学之父鲍姆嘉登将美学视为一种"低级认识论"之后，这门最初应当称为"感性学"的学科被置于整个形而上学体系之中并与认识相关联。康德后来在《判断力批判》中明确区分了审美判断——作为反思判断的一种运用——与认识，并把审美判断与愉快或不快的情感直接关联

---

\* 冯子杰，哲学博士，中山大学哲学系（珠海）助理研究员，主要研究方向为德国古典哲学和现代德国美学。

起来。虽然在康德之前已经出现过很多将审美与情感关联起来的研究，但直到在康德这里，审美才借助反思判断与情感有了先天的关联。

然而正是康德强调判断在审美与情感的关系中的重要性，对判断的重视逐渐超过了对愉快情感本身的体验，美学也逐渐变成一种追问审美判断根据的学科，格诺特·波默因此将康德美学视为判断美学的源头。谢林受到康德《判断力批判》的影响并更关注判断根据，进一步发展出第一个艺术哲学体系，以至于沃尔夫冈·韦尔施批评以谢林为代表的艺术哲学仅仅关注概念分析，忽视了"感性学"最初真正要关注的体验本身。

由此可见，德国观念论美学的内部发展呈现从美学到艺术哲学的过渡，这种对感性学的偏离为当代美学所批评；而笔者拟于本文中讨论这一发展脉络呈现的是从判断到超越判断的理论进路，从而与当代美学重回感性学的主张相契合。为此，本文拟讨论的内容主要分为四个部分：前两个部分讨论康德如何把判断力、审美与情感关联起来并进一步追问审美判断的根据；第三部分讨论谢林如何承接康德《判断力批判》的影响并建立其艺术哲学体系，并从判断美学中解脱出来；最后一部分，借助当代美学的思想，尝试指出谢林的艺术哲学具有回归感性学的可能性，由此说明德国观念论美学与当代美学之间并非一种断裂的关系而是具有内在的关联。

## 二　作为感性论的康德美学

康德在《判断力批判》中对判断力的考察首先落在反思判断上，并且以审美判断——本文着重讨论当中的鉴赏判断——为开端讨论了判断力、审美与愉快或不快情感的关系。为什么在对判断力的考察中，康德如此重视反思判断呢？在康德看来，我们的经验（规定性）判断中，实际上都包含了规定和反思，但是存在一种纯粹反思性判断（ein bloss reflectirendes Urteil）并不包含判断力的规定性运用。在这个意义上，反思性判断力是判断力的一种更普遍运用。康德进一步将这种纯粹反思性判断细分为审美判断和目的论判断，并借此在判断力与审美之间建立了某种关联。

康德在《判断力批判》中将一般判断力定义为"把特殊的东西当作

包含在普遍的东西之下、来对它进行思维的能力"，并将反思性判断力描述为"如果只有特殊的东西被给予了，判断力必须为此找到普遍的东西"（KU 5：179）①。这种反思判断力如何与愉快或不快的情感关联起来呢？康德把判断力视为知性与理性之间的中介环节，从而把这三种高等认识能力类比三种不能再化约的灵魂能力——认识能力、愉快与不快的情感、欲求能力。现在既然知性与认识能力对应，而理性与欲求能力对应，那么剩下来的便是判断力与情感的对应。实际上，这种关联早已出现在康德更早的文本《论优美感和崇高感》中，康德说：

> 然而却还有另一种美好的情感（Gefuehl）；之所以这样称它，或则是因为人们可以长久地享受它而不会餍足和疲倦，或则是因为，可以说，它预先假定灵魂有一种敏感性，那同时就把它驱向了道德的冲动，或则是因为它表现了才智与理解力的优异，而与那种全然没有思想的才智与理解力是截然相反的。②（AA 20：14）

康德在上述文字中从两个方面描述这一特殊的"情感"，其一是该效果是持久的，其二是这种情感预设了某种灵魂能力，并且这种灵魂能力作为中介于道德的欲求能力和理解力的第三种能力。这种情感不同于人们对适意者的享受，也不同于依赖于高度悟性的倾向，并将这种情感限定在优美感和崇高感。尽管在该文本中，康德并没有将优美感与崇高感局限在审美领域，而是将其扩展运用到其他如性别、国家气质的差异研究上，但我们仍然可以看到这种感情的特殊位置在《判断力批判》中的重现，即它

---

① 参见普鲁士皇家科学院版《康德全集》（Immanuel Kant, *Kant's Gesammelte Schriften*, Band 5, hrsg. von Köni- glich Preußischen Akademie der Wissenschaften, Berlin/New York：de Gruyter, 1900-1955）。按照国际学界惯例简写为 KU 5：179。其中"KU"为 Kritik der Urteilskraft 缩写，"5"为第 5 卷，179 为页码。本文出自该版《康德全集》的引文均按此格式标注。下文中出现的《判断力批判第一导论》（*Erste Einleitung in die Kritik der Urteilsk-raft*）则简称 EE（《判断力批判第一导论》并未正式出版，收录于《康德全集》第 20 卷，pp. 193-251），《纯粹理性批判》则简称为 KrV。

② 此处采用何兆武译本《论优美感和崇高感》（商务印书馆，2001，第 2 页）的译文并稍作修改。原译本将 Gefuehl 翻译为"感情"，与本文中谈到的情感是同一个词，为了行文一致，故作出修改。

不同于对适意者的快感和道德情感，从而开辟了一块属于审美的领域，因此我们也可以在审美（判断）的范围内进一步考察反思判断与愉快或不快的关系。

借助上述区分，康德是否认为存在不同种类的愉快或不快的情感，或者它们就情感来说是同一种东西，差别仅仅在于判断的形式。对此，康德在《判断力批判第一导论》（以下简称《第一导论》）中如此描述：

> 愉快是一种心灵状态（Zustand der Gemueths），在其中一个表象与它自身相一致，（这种心灵状态）作为根据，要么仅仅维持这种状态本身［因为那个在一个表象中诸心灵能力（Gemuethskraeftes）相互促进的状态会维持自身］，要么产生它（表象）的对象。如果是前者，对一个被给予的表象的判断就是一个审美的反思判断（aesthetisches Reflexionsurtheil）；如果是后者，它就是审美-病理学的（aesthetisch-pathologisches）或者是审美-实践的判断（aesthetisch-practisches Urtheil）。（EE 20：230-232）

据此，就愉快作为一种心灵状态而言，所有的愉快都是一样的；但就其作为根据并在不同的判断中产生作用而言，产生的效果是不同的，而康德也区分了审美判断的愉快如何在形式上区别于其他判断的愉快。

然后上述文字仅仅道出判断、审美与愉快或不快情感的对应关系，并没有真正说明它们何以关联起来。对此，保罗·盖耶（Paul Guyer）在其研究中讨论审美判断与愉快或不快情感的关联：伴随着意图的实现产生一种愉快的情感，而在审美判断（作为反思判断的一种）中类似地实现了某种意图，因此审美判断与愉快或不快的情感关联起来。[1] 但阿利森（Henry Allison）并不认可这种解释并提出了几点反驳：第一，"意图的实现"与"愉快或不快的情感"的关系是在心理学意义上而非先验意义上建立起来的；第二，这一解释并未清晰区分"意图的实现"究竟是情感的充分条件还是必要条件；第三，在审美判断中的愉快或不快的情感如果是与意图的实现

---

[1] Paul Guyer, *Kant and the Claims of Taste*, Cambridge：Cambridge University Press, 1979, p. 81.

相关，就违背了康德对审美判断的"无利害"原则。①

与盖耶的解释相对，阿利森给出的思路是康德的表象理论中有一种概念和审美二元划分，前者产生一种对对象的认识，而后者产生一种愉快或不快的情感；现在反思判断并不构成一种认知，那么通过排除法它就是审美地与一种情感相关联。不过，笔者认为这种排除法解释并没有从正面上解释反思判断与情感的关联，而且阿利森对盖耶的批评也并不完全合理。尽管盖耶在"意图的实现"与情感之间建立关联，但这种"意图的实现"仍然可以在审美判断中是无利害的。在康德的语境中，"利害"概念总是与对象的表象或概念相关，比如在感官意义上对对象的享用等，但在审美领域中意图作为一种目的乃是一种"无目的的合目的性"，那么这种意图的实现便仍然是无利害的。金斯伯格（Hannah Ginsborg）在此问题上立场与盖耶类似，他认为审美判断作为反思判断的一种运用是一种形式的和自身指涉的判断（formal and self-referential judgment），这种判断始终关注的是主体的心灵状态而与客体无关，而这种解释更符合康德在《判断力批判》第十节中的论述：

> 一个关于主体状态的表象，其把主体保持在同一状态之中的因果性的意识，在这里可以普遍地表明我们称为愉快的东西；与此相对，不快则是包含着把诸表象的状态规定成它们自己的反面（阻止或者取消它们）的根据的那种表象。（KU 5：220）

盖耶与金斯伯格的解释都突出了康德文本中的"因果性的意识"，这种因果性的意识在"主体保持在同一状态之中"与"愉快"之间建立了关联。在鉴赏判断中，金斯伯格强调这种判断的自身指涉性，因此当中想要实现的意图无非是主体保持其同一状态的意识，因此在一种准因果的意义上鉴赏判断总是与愉快的感觉相关联。②

至此，我们看到了康德在《判断力批判》中反思判断、审美与愉快或

---

① Henry Alison, *Kant's Theory of Taste: A Reading of the Critique of Aesthetic Judgment*, Cambridge：Cambridge University Press, 2001, p. 56.

② Hannah Ginsborg, "Reflective Judgment and Taste", *Noûs* 24（1）, 1990, pp. 63-78.

不快情感的关联。在这个意义上，尽管在康德之前已经有人讨论过审美与情感的关系，比如亚里士多德早已谈过悲剧与情感的关系，以及稍早于康德的伯克已经讨论过崇高和美与情感的关系并对康德产生了一定的影响，但第一个从哲学的角度讨论了审美与情感的先天关联从而赋予感性学一种真正感性的要素的是康德。①

## 三　康德美学的形上化倾向

如上所述，审美判断作为一种纯粹反思判断与愉快或不快的情感相关联。假如说审美判断仅仅是为了解释，当一个主体在遭遇某个对象并作出判断"这是美的"，这是因为主体发现在一个表象中自己无需借助概念而让诸心灵能力协调并伴随愉快的感觉，那么我们可以说是依据情感作出了审美判断。但康德显然不是为了建立美学而写下《判断力批判》："既然对作为审美判断力的鉴赏能力的研究在这里不是为了陶冶和培养鉴赏（因为这种陶冶和培养即使没有迄今和以后的所有这样的研究也将进行下去），而纯然是在先验的意图中进行的。"（KU 5：170）

因此，比起关注情感本身，康德更关注作出审美（鉴赏）判断的根据，也正是在这个意义上，格诺特·波默有理由宣称："迄今为止的美学实质上都是判断美学，也就是说，它很少涉及经验，或根本就不涉及美学一词通过其希腊语的出身所可能暗示的那种纯感性的经验……但最晚自康德开始，美学涉及的是评判，就是说，关涉的是我们参与或拒绝某事物的正当性问题。"② 比起讨论审美中的情感，康德花了更多的篇幅讨论"主观的普遍可传达性"，以此作为审美判断的根据。康德在审美问题上对判断的重视最终在《判断力批判》的第九节中引出了以下问题："在鉴赏判断中是愉快的情感先行于对象的评判还是后者先行于前者？"康德在该节中提供了颇成问题的结论：评判先于情感。

---

① 正是在这个意义上，学者王维嘉认为应当把《判断力批判》的"审美"翻译成"感性"。笔者认为这种全面的替换未必完全合适，但这指出了康德美学中真正符合"感性学"的理论特征。参见王维嘉《优美与崇高：康德的感性判断力批判》，上海三联书店，2020。

② 〔德〕格诺特·波默：《气氛美学》，贾红雨译，中国社会科学出版社，2018，第11页。

这一结论的最大问题在于过于明确地区分了判断行为与情感，并强调两者的先后顺序：“正是被给予的表象中心灵状态的普遍可传达性，作为鉴赏判断的主观条件必须是这个判断的基础，并以对该对象的愉快为后果。”（KU 5：217）基于这一陈述，以盖耶、阿利森为代表的学者将康德的审美判断区分为两步：对愉快的知觉，以及对这种知觉的反思并得到判断的主观条件。① 当然从发生的角度来看，康德认为是主观条件在先，继而产生愉快的知觉。但这种说法显然是很奇怪的，因为对普遍可传达性的判断，就是审视在主体之中的想象力和知性的自由游戏中的心灵状态，而这种心灵状态就是愉快的情感，那么似乎就变成对愉快的判断要先于愉快本身。金斯伯格放弃这种因果式的描述，从而将鉴赏判断理解为一种形式的、自身指涉的判断来避免因果式论述的问题：“我在对象中感到愉快是凭借（in virtue of）解释或者说明它；我在对象中感到愉快是凭借作出判断，而不是相反。但判断并不在时间上先于愉快，因为就现象而言，在对象中感到愉快就是作出判断。”② 与此类似的还有平卡德（Terry Pinkard）的解读，为了回避上述的循环，金斯伯格和平卡德都对康德评判与情感的问题作出弱化解读，将两者理解为同时的。③

即使我们接受了金斯伯格的弱化解释，这仍然没有解决康德对根据的追问，康德冒着极大风险将“普遍可传达性”从关于情感的判断中拿出来加以强调，正是为了进一步讨论当中认识能力的自由和谐的根据问题，但情感在此已经无法起到解释作用，因为无论我们将愉快的情感视为结果还是同时出现，它都不可能作为自由和谐的根据。为此，康德只能以一个“不明确的概念”作为最终的根据。正是这种对根据的追问，使康德在审美领域逐渐远离了对情感的讨论，学者王维嘉因此认为康德最终诉诸“不明确的概念”并关联于“感性理念”的做法是“对感性批判和理性解释的混

---

① 参见周黄正蜜《论康德审美情感的意向性》中的讨论，无论是盖耶还是阿利森都认为审美过程区分了两个步骤，区别在于，盖耶的两步分别是情感本身与确定情感来源和有效性的判断，而阿利森的两步则是情感本身和保证情感普遍有效性的审美判断。参见周黄正蜜《论康德审美情感的意向性》，《文艺研究》2021年第12期。

② Hannah Ginsborg, "Reflective Judgment and Taste", *Noûs* 24 (1), 1990, pp. 63-78.

③ 参见〔美〕特里·平卡德《德国哲学1760—1860：观念论的遗产》，侯振武译，中国人民大学出版社，2019，73页。

涵"，即混淆了"对自由游戏是否和谐的感性评判"与"对自由和谐如何可能的理性解释"；王维嘉认为鉴赏判断本身是感性的，根本无需后者进行解释。①

康德为什么没有停留在感性评判而继续追问一种理性解释呢？康德在《第一导论》的第五节"论反思判断"中，将反思判断描述为这样一种能力（vermoegen）："为了一个由此得到的可能的概念（zum Behuf eines dadurch moeglichen Begriffs），根据某种原则反思一个被给予的表象。"（EE 20：211）当康德把审美判断视为一种反思判断时，将一种目的论结构——尽管是纯粹主观的、形式的——赋予给这种原本应当停留在感性层面的判断。但是为了避免与"鉴赏判断无需概念发挥作用"相矛盾，康德只能在《判断力批判》的正文中将这一可能的概念理解为一种"不明确的概念"。这种不能被认识阐明、边界与内容都不明确的"概念"并没有在反思判断中发挥构成性作用，而仅仅具有调节性作用，在判断的目的指向中担任一个虚位。

但无论如何，康德一方面将鉴赏判断与情感关联起来，另一方面在对判断根据的不断追问中疏远了判断与情感的关系。这种对根据的寻问，逐渐使美学从感性学向后来的艺术哲学转变，并在谢林那里开花结果。

## 四　谢林对康德感性论的形而上学改造

康德的《判断力批判》对谢林的影响可以见于《先验唯心论体系》（以下简称《体系》），这个文本对本文的讨论之所以如此重要，因为不仅谢林的理智直观与康德的鉴赏判断有某种内在相似性，而且谢林在这部关于"自我意识的发展历史"的著作中将自我意识与审美关联起来，将艺术哲学放到拱顶石的至高地位。

谢林在谈到先验哲学的官能时，认为先验哲学依赖于一种创造与直观不断二重化的内在直观，即理智直观，这种对原本非客观东西的直观——在谢林看来——"只有通过想象力的美感活动才是可能的"（SSW 5：351，

---

① 参见王维嘉《优美与崇高：康德的感性判断力批判》，上海三联书店，第269~272页。

中译本18页）①，华森（John Watson）将谢林这一时期的哲学评价为"哲学因此就是生产性想象力的审美行为"②，我们也毫不奇怪为何谢林在要求先验唯心论体系呈现为一个闭环的同时，在论述上却是从理智直观出发而以审美直观结束。

那么谢林这种带有审美性质的理智直观与康德的鉴赏判断有何相似之处呢？就结果而言，两人借此最终关注的都是主体内的诸能力（活动）的交互关系。区别在于，康德在鉴赏判断中仍然主张一种"刺激理论"，即主体受到对象的刺激后通过反思判断并不产生对对象的认知而是关注主体的心灵状态；而谢林在理智直观中并不依赖于刺激，因为在纯粹意识看来对象就是它自身，理智直观最终要建构的是绝对同一性本身。

同康德把纯粹反思判断视为一般认识（Erkenntnis ueberhaupt）的前提并将其与感受（Gefuehl）关联起来一样，谢林在《体系》中也采纳了类似的进路。自我意识的发展是在理智直观中持续直观到内在两种对立活动的，而原始感觉就是对立活动进入意识之中的第一个形式。在这里，谢林采用的说法是"感觉"（empfinden/Empfindung），而不是采用康德在第三批判中或费希特知识学中的来自自我的主观的"感受"（Gefuehl），因为当谢林把原始感觉放在其理论哲学的第一个环节时，对应的是康德的《纯粹理性批判》。康德在那里提出"当我们被一个对象所刺激时，它在表象能力上所产生的结果就是感觉（Empfindung）"（KrV B 34；中译本21页），对主体来说，感觉就是一种纯粹的受动性。谢林在原始感觉中诚然也以"自我意识仿佛受到一个对象的限制"为核心，但这种受限的感觉却始终与同一个自我的不受限的活动互为条件；如今成为对象的自我意识的现实活动实际上仍然是自我意识本身，而对象所起的感觉作用无非是自我意识的自身感受。在这个意义上，谢林在这里的感觉就不是康德在《纯粹理性批判》中的感觉，

---

① 本文参考的谢林著作的德文译本均为十四卷本的《谢林全集》（Saemtliche Werke. Hrsg. Von K. F. A. Schelling. Stuttgart und Augsburg：Cotta'sche Buchhandlung，1856-1861），引用时按国际学界惯例标注，如"SSW 5：351"，其中"SSW"为该书缩写，"5"为第5卷，"351"为页码。另外，本文所引用的《先验唯心论体系》采用的是梁志学、石泉译本（商务印书馆，2009），引用时在德文版页码后附上中译本页码。

② John Watson，*Schelling's Transcendental Idealism: A Critical Exposition*，Thoemmes Press：Chicago，1992，pp. 103-104.

而是更接近于后来康德和费希特的"感受"概念。

为了与康德在"感觉"概念上划清界限，谢林在《体系》中如此论述："停留在这一观点上的哲学家除了用一个自在之物的作用来解释感觉活动（Empfinden）外，别无他途……"——谢林在这里显然是针对康德说的——"然而由于表象活动中有自发性在起作用，所以，那种哲学家也就终归不能够断言自我在表象活动中仅仅是在感受，竟会是单纯的感受性（Receptivitaet）……"（SSW 3：403-404；中译本 76 页）因此，谢林在此处的"感觉"实际上同样表达了一种不被概念规定——因为这一环节中尚未出现任何明确的概念——的对自我意识内在自发性与受动性交互的主体状态的直观。

为什么谢林不在最初就用"感受"这一概念呢？因为谢林在《体系》的开端区分了经验意识和纯粹意识的视角。在原始感觉环节，尽管就纯粹意识看来，自我知道限制自身的非我实际上是自我，但是在经验意识的视角下，对于正在直观的自我来说，这一限制毕竟来自自我之外的某个东西，因此自我意识在这个阶段还没有实现真正的统一。因此，当谢林自我意识最终实现的实在的自身同一并呈现在艺术哲学部分时，谢林便采用"感受"而非"感觉"的说法：

> 美感创造不仅开始于对貌似不可解决的矛盾的感受（Gefuehl），而且按照一切艺术家以及一切具有艺术家灵感的人们的公认，还结束于对无限和谐的感受（Gefuehl einer unendlichen Harmonie）……同时也是一种感触（Ruehrung）……归功于他的天赋本质的自愿恩赐（freiwilligen Gunst seiner Natur）……（SSW 3：617，中译本 299 页）

在审美中，自我意识过去环节中的所有矛盾都得到了解决，并且在产物中直观到自身的同一性，此时对艺术作品的直观同时也是对自身的主体状态的直观，从而与康德的"感受"概念保持一致。尽管谢林在《体系》中没有谈论太多愉快或不快的情感，但如果结合康德在《判断力批判》中认为愉快就是主体维持自身同一性的意识，那么谢林在审美直观中看到的自我意识内部受限活动与超越界限的活动的和谐实际上就是这种意识，从而与康德意义上的愉快情感关联起来。

至此，谢林的审美直观仍然是在康德的判断美学意义范围内展开的，因为谢林在《体系》中并没有真正从绝对同一性出发，而是选择从绝对同一性中的主观东西出发，从而把自我意识看成知识活动（Wissen）的最高原则，也是审美判断的最高原则。但谢林在《体系》中仍然有所保留，强调上述这种感受同时也是一种"感触"，并且这一实现要归功于"天赋本质的自愿恩赐"，谢林在《体系》中也将这种天赋本质称为"更高的本质"（hoehren Natur）（SSW 3：615，中译本 297 页）。前面提到当谢林从"感觉"到"感受"实际上是把受限主观化从而达到对自我的内在直观，而在这里提出一种"感触"就是再度提出一种受动，并且这种受动是来自某种自我意识之外或之上的更高本质，尽管这种更高本质已经超越了先验唯心论的讨论范围，但仍然为谢林后来的艺术哲学指出了可能性。

于是，谢林不可避免地走上了康德之前走过的道路，即远离了主观的情感继续去追问根据，并在不久后完成了他的艺术哲学体系。如果说《体系》中的艺术哲学部分讨论的是自我意识的情感，那么《艺术哲学》讨论的便是造就这一切的真正本原；实际上这一本质不仅是艺术的本质，也是自我意识的真正本质：

> 它（艺术哲学）与一种普遍的哲学理论有关，涉及万物（以及通常我们区分的一切东西）本质上的、内在的同一性。而真实而自在的意义上，只有唯一的本质，唯一的绝对实在东西，而这个本质作为绝对本质是不可分割的，绝不可能通过分割或割裂而过渡到各种东西。（SSW 5：366；中译本 25 页）①

因此，谢林如此描述自己《艺术哲学》的目标：

> 所以，我在建构艺术哲学的时候，首先不是把艺术当作艺术，不是把它当作这个特殊的东西，毋宁说，我是在艺术的形态下建构宇宙，

---

① 本文中对谢林《艺术哲学》的引用均采用先刚译本（北京大学出版社，2021），并标注了在十四卷本《谢林全集》中对应的页码。

而艺术哲学作为一门科学，研究的是处于艺术的形式或潜能阶次中的大全。（SSW 5：368；中译本 27 页）

在这个意义上，谢林不再从自我意识的感受状态出发，而是从绝对者的无限的自身肯定出发来展开艺术哲学的普遍建构。以审美判断为例，谢林在《艺术哲学》中仍难免要讨论对美与崇高的感受；在《体系》中对两者的判断的差异在于自我意识直观到内在对立活动的和谐与否，而在《艺术哲学》中则是采取形而上学的刻画：前一个统一体，即无限者内化到有限者里面形成的统一体，在艺术作品里主要表现为崇高，后一个统一体，即有限者内化到无限者里面形成的统一体，主要表现为美（SSW 5：461，中译本 132 页）。基于绝对者自身的构造活动并呈现为不同形式的艺术，意识才有可能对其进行审美直观并作出相关判断，绝对者的自身活动才是《体系》中更高本质的最终根据。

《艺术哲学》体现了谢林的艺术哲学失去其感性学特征而彻底形而上学化。形而上学化虽然损失了对主体情感状态的关注，却提供了一种让艺术哲学超越判断的可能性。艺术虽然在鉴赏中得到判断，但并不固化为一个判断；对本原的研究、对判断根据的追问指明那个真正的根据乃是超越判断的东西。以美与崇高为例，谢林在《艺术哲学》中在本质意义上而非判断意义上阐明了"绝对的崇高包含着美，正如绝对的美包含着崇高"，并且"同一个东西……在一种情况下被理解为崇高，在另一种情况下又能够显现为美，与崇高相对立"（SSW 5：468-469）。因此，尽管审美与认知一样采取了判断的形式，但仍然能够通过形而上学的阐释赋予其可能性的保留地；而哲学受到审美的影响也改变了自身的性质，正如平卡德对谢林的同一性艺术哲学的论述，"哲学本身最终所设计的不是一个论证的问题，而是一个视界——观看、观察、直观——的问题，即一种对我们如何朝向自己和一般世界的'直观'"①，而谢林也因此成为现代哲学审美化的重要思想来源之一。

---

① 〔美〕特里·平卡德：《德国哲学 1760—1860：观念论的遗产》，侯振武译，中国人民大学出版社，2019，第 196 页。

## 五　结语：回到感性学

通过上面对康德与谢林的阐释，我们回顾格诺特·波默对康德美学传统作出的批评，就会发现波默并没有发现德国观念论美学发展中有一种超越判断的潜力，而这种潜力至少在康德那里就已经有所预示了。正是在对判断的批判——这种判断美学的主观主义总是预设了主客、内外的区别以及物在存在论上的封闭性——中，波默主张当代美学应当以"气氛"为核心概念，以一种超越主客二分的观点回归感性学，以此重建人在整体意义上的审美生活，而这种观点实际上在谢林的哲学中已经找到了形而上基础。谢林这种关于本原的形而上学建构的世界观避免了波默所批评的"物的迷狂"，正是在这样的世界观中，我们对艺术作品的体验才有可能是对气氛的体验而不是对物的体验。

不过，谢林这种对本原的探寻永远不能取代感性经验本身。正如沃尔夫冈·韦尔施对传统美学——以谢林为代表——作出批评，批评的要点包括该类美学的本质主义带来艺术的封闭性，以及他们注重概念分析而忽视了具体经验。① 笔者曾经撰文从谢林的角度回应了第一点批评，但韦尔施对谢林的第二点批评确实是中肯的②，谢林自己也会强调在其艺术哲学中关注的乃是对艺术的理智直观而非经验直观。就此而言，谢林对艺术哲学与美学的理论区分是有充分自觉的。但这种区分并不意味着美学与艺术哲学是截然分开，彼此各自发展、互不干涉的。谢林的超越主客二分的艺术形而上学对当代的感性学来说，在强的意义上，谢林的绝对唯心论立场告诉我们，假如我们不能把握一个体系以及个别者在这个体系总体中的位置，我们就不能真正地理解个别者；在审美领域中则是，如果我们没有一种艺术哲学为基础，我们就不可能有一种真正的具体的审美体验。就此而言尽管艺术哲学永远也不能取代美学，但两者之间仍然有某种内在的同一性。在弱的意义上，即使我们不主张这种同一性的立场，而是采用阿多诺式否定

---

① 〔德〕沃尔夫冈·韦尔施：《超越美学的美学》，高建平等编译，河南大学出版社，2019。

② 参见冯子杰《论谢林艺术哲学的自身超越——韦尔施的相关批评及谢林的可能回应》，《美学研究》2023年第1期。

辩证法的观点，艺术哲学仍然具有批判的意义。尤其是近代以来，哲学已经不可避免地与艺术创作、审美交织在一起，我们已经无法彻底消除哲学对艺术产生的影响。因此，我们一方面需要记住个别的艺术作品和审美经验总是超出哲学的概念把握从而呈现出一种非同一性，另一方面需要语言作为一种相对的普遍性构造出历史、文化语境帮助理解某个时代的艺术作品。在阿多诺看来，艺术的"谜语特性"并非一种完全不可解的神秘主义，如果没有哲学的基底，艺术就难以批判这种同一化的努力并呈现出新的可能性。与波默、韦尔施等人反对感性学的哲学化不同，鲍伊（Andrew Bowie）在阿多诺思想的基础上主张现代哲学本身需要审美化，从而修正哲学认知主义将世界彻底对象化的叙事。①

当代美学与德国观念论美学之间呈现出来的断裂，很大程度是因为当代美学批评这种理性主义美学传统对情感、体验本身的疏离；如果将美学彻底哲学化，结果很可能是把审美依附在认知上从而将审美扬弃②。然而这种表面上的断裂是因为他们忽视了从康德到谢林的艺术哲学的发展呈现出来的超越判断的哲学准备，而这种思路与当代美学的诸多思考是一脉相承的；既然本原是超越判断的，那么审美活动作为非判断形式的主体与世界互动的手段便在当代再度得到重视和发展。

---

① Andrew Bowie 在 *Adorno and the Ends of Philosophy*（2013）中就从阿多诺的理论立场批评现代分析哲学的认知主义，为了避免"现实性"遭到"概念化"的压迫，必须重视阿多诺的否定的辩证法。这一立场在其 2022 年的著作 *Aesthetic Dimensions of Modern Philosophy* 中再次得到强调和补充。

② 无论是阿多诺在 20 世纪上半叶还是韦尔施在 20 世纪下半叶都对审美的哲学化提出批评，但批评更多是针对黑格尔所谓的"艺术终结论"。艺术终结论的成立依赖于乐观的同一性体系的语境，审美/艺术只是这个体系的一个环节，因此为了提升到更高的环节，艺术就被合理地扬弃。

# 胡塞尔对主体性悖论的提出与解决[*]

岳富林[**]

**【内容提要】** 胡塞尔所提出的主体性悖论表示主体既是为（für）世界的构造主体又是被构造世界内（in）的一个客体。这个悖论不仅事关现象学本身的合法性，而且集中反映近代超越论哲学未能完全实现的症结所在。为解决这一悖论，胡塞尔用超越论主体彻底取代经验主体。但紧接着从超越论主体中衍生出主体间性悖论，即他者既是构造主体又是被自我所构造的客体。胡塞尔对原自我与自我/他者之不同构造层次的区分，为主体间性悖论提供核心解决方案的同时也进一步解决了主体性悖论，实现了超越论哲学的最后形式。

**【关键词】** 经验主体；超越论主体；原自我；胡塞尔

胡塞尔现象学中存在着诸多悖论，有些是胡塞尔公开论述过的，如反思的悖论；有些则潜藏于现象学分析之中，如现象学表述的悖论。[①] 相较于其他悖论，胡塞尔对主体性悖论的提出和解决占据更多的篇幅。主体性悖论不仅在态度（自然态度与超越论态度）上和实事（经验主体与超越论主体）上突出了近代超越论哲学的成就之处和失败之处，而且对于理解超越论现象学至关重要。无论是对这个悖论的忽视还是不当理解，都将可能导

---

\* 本文系国家社会科学基金西部项目"胡塞尔本我学及其心灵哲学效应研究"（项目批准号：22XZX003）、中国博士后科学基金第 17 批特别资助项目"本我学现象学的当代交叉研究"（项目批准号：2024T170611）的阶段性成果。

\*\* 岳富林，四川大学哲学系，副教授，主要研究方向为现象学与心灵哲学。

① David Carr, *The Paradox of Subjectivity: The Self in the Transcendental Tradition*, Oxford：Oxford University Press, 1999, p.131; Alfredo Ferrarin, "Husserl on the Ego and Its Eidos (Cartesian Meditations, IV)", *Journal of the History of Philosophy* 32 (4), 1994, pp.646, 655; Eugen Fink, „Die phänomenologische Philosophie Edmund Husserls in der gegenwärtigen Kritik", *Studien zur Phänomenologie(1930-1939)*, Den Haag：Martinus Nijhoff, 1966, S.360.

致意识主体的自然化，从而影响整个超越论现象学的合法性。

## 一　主体性悖论的提出

在胡塞尔超越论思想发展的各个不同时期，主体性悖论曾得到不同程度的表述。在"观念"时期，主体性悖论代表这样一个"恶性循环"：人格（共同体）是自然之中的客体，同时自然又是被人格（共同体）所构造。①20 世纪 20 年代中期，主体性悖论表现为一种"超越论的循环"或"认识论上的循环"，即在预设世界有效性的同时询问世界之有效性的可能性。②在胡塞尔生前公开出版的最后一部著作——《欧洲科学的危机与超越论的现象学》（以下简称《危机》）——中，主体性悖论获得最为正式与完整的表述：

> 人既是为（für）世界的主体（这个世界对于他们的意识而言是他们的世界）同时又是这个世界内（in）的客体。
>
> 世界的这种主体部分，可以说是吞噬了这整个世界，因此也吞噬了它自身。这是多么荒谬呀！③

简言之，主体性悖论表示：①主体是为世界的构造主体；并且②主体是被构造世界内的一个客体。那么，胡塞尔为什么要提出主体性悖论？或者说，主体性悖论何以会出现在现象学之中？

首先，胡塞尔是出于现象学的合法性而提出主体性悖论。如果我们生活在自然态度之中，并完全将自身理解为世界之内的一个客体，那么，我们永远都不会遭遇主体性悖论。而一旦我们着手现象学的悬搁，试图从自然态度转变为超越论态度，并将自身理解为超越论的构造主体，那么，我们则有可能会遭遇主体性悖论。胡塞尔在《危机》中指出，现象学的悬搁

---

① 〔德〕胡塞尔：《现象学的构成研究》，李幼蒸译，中国人民大学出版社，2013，第 175 页。
② 〔德〕胡塞尔：《现象学的心理学：1925 年夏季学期讲稿》，游淙祺译，商务印书馆，2017，第 307 页。
③ 〔德〕胡塞尔：《欧洲科学的危机与超越论的现象学》，王炳文译，商务印书馆，2001，第 218、219 页。为了术语一致，本文引文在必要处有所改动，下同。

可能会导致三个疑难：双重真理（客观真理与主观真理）的疑难，将悬搁看作回避自然兴趣的疑难，在现象学内区分事实性研究与本质性研究的疑难。但是，胡塞尔认为这些疑难都不是真正的疑难。相较于这些疑难，主体性悖论才是"一个真正严重的疑难，它影响到我们整个的任务设定以及这种任务设定的结果的意义"①，换言之，主体性悖论关乎现象学所研究的对象以及现象学的地位。究其根源，主体性悖论的形成是由于超越论主体与经验主体的交织含混，交织含混的罪魁祸首在于超越论态度与自然态度的交织含混。在超越论态度中，世界现象是主体构造的成就，主体是构造着世界的超越论主体；在自然态度中，同一的客观世界在先被预设为存在普全，主体被理解为作为世界内一个客体的经验主体。现象学悬搁的初步实行在发现超越论主体的同时可能立即就会被误解为一个经验主体的活动，从而导致主体性悖论必然会从超越论态度与自然态度之间的"张力（Spannung）"中产生出来。② 在主体性悖论中，现象学的悬搁仿佛就是将主观心理从世界中分离出来，并将主观心理看作现象学的研究对象，将剩余的客观物质看作其他自然科学研究的对象。无论我们将这种现象学称作描述心理学、发生心理学还是理性心理学，它都是与其他自然科学相并列的一门区域性科学。

同时，胡塞尔对主体性悖论的提出，也是对近代超越论哲学传统进行精确诊断的结果。胡塞尔敏锐地发现，笛卡尔与康德这两位近代超越论哲学的巨擘正是在区分经验主体与超越论主体的同时将二者含而混之，从而陷入主体性悖论，导致近代超越论哲学不能够得到完全实现。

作为近代超越论哲学的奠基者，笛卡尔已然具有超越论哲学的萌芽，只是这个萌芽很快又被自然思维所埋葬。笛卡尔对世界经验的普遍怀疑经常被胡塞尔用来描述现象学悬搁，因为前者同样要求排除一切预先成见和存在设定。在清楚明白原则指导下，笛卡尔发现作为"我思"的超越论主体，这个思维主体具有"形而上的可靠性"③，它在根本上区别于广延性的躯

---

① 〔德〕胡塞尔：《欧洲科学的危机与超越论的现象学》，王炳文译，商务印书馆，2001，第225页。
② 〔德〕胡塞尔：《欧洲科学的危机与超越论的现象学》，王炳文译，商务印书馆，2001，第227页。
③ 〔法〕笛卡尔：《第一哲学沉思集》，庞景仁译，商务印书馆，1986，第355页。

体，后者仅仅具有经验上的可靠性。灵魂是不可分的，躯体是可分的。但同时，笛卡尔并不想将躯体完全排除出主体领域，因此他主张人是灵魂与躯体这两个实体的结合，它们具有心理—生理的因果性关联：感觉通过神经传递给大脑，灵魂通过大脑中所谓"共同感官"①的那个部分受到躯体的感染。由于悬搁的不彻底、不普遍，即仅仅抽象掉自然躯体而保留自然心灵，超越论的思维主体沦为与生理躯体因果性地结合的经验心灵。这样一来，笛卡尔便没能把握住思维与自我的纯粹性，错失了超越论主体性的真正意义。

康德与笛卡尔一样在超越论主体与经验主体之间做出区分，但也同样将二者含而混之而陷入主体性悖论。在经验性统觉中，主体通过内部刺激内感官而在内直观中被给予，在这个意义上，自我的存在就是感性现象。在超越论统觉中，主体通过单纯的表象、思维、感受而被给予，超越论主体可以意识到或感受到它自身，但并不以任何直观的方式被给予，"而只是'我在'"②。换言之，经验主体是一个可被知性范畴所规定的自然现象，超越论主体是一个具有自由自发性的思维主体或道德主体。经验主体是感性的，超越论主体是知性的、理性的。但它们不是分离的两个主体，而是同一主体的两个方面。康德似乎意识到了这样一种主体性悖论，即自我既是理智思维的主体，同时又是被我自己所思维的客体。康德诊断这个悖论是纯粹理性超越经验领域进行运用所导致的后果，因此他认为只需要严格划分自然领域与自由领域、认识领域与道德领域，就可以规避这一悖论或循环。胡塞尔批评康德实际上并未成功地做到这一点：由于使用虚构的演绎方法而不是直观的阐明方法（作为演绎之顶点的纯粹统觉是不可被直观的），由于没有进行彻底的现象学悬搁而仍然身处自然态度之中（特别是第一版先验演绎中的超越论心理学），康德没有追问预先被设定为不言而喻的有效的事实存在（超越地设定自在之物与"我在"），从而在胡塞尔看来，康德的超越论主体仍然没有完全脱离经验的含义。③所以，尽管康德哲学具有一个隐蔽的精神性维度——超越论动机，但方法的局限以及超越论态度

---

① 〔法〕笛卡尔：《第一哲学沉思集》，庞景仁译，商务印书馆，1986，第90~91页。

② 〔德〕康德：《纯粹理性批判》，邓晓芒译，杨祖陶校，人民出版社，2004，第104页。

③ 〔德〕胡塞尔：《欧洲科学的危机与超越论的现象学》，王炳文译，商务印书馆，2001，第146~147页。

的不彻底使康德尚未达到胡塞尔视野下的自我和世界的超越论构造层次，而部分地停留在前现象学阶段。

那么，主体性悖论是可以解决的吗？我们难道不可以诉诸上帝创世来解决这个悖论吗？胡塞尔首先排除利用上帝创世来解决主体性悖论的可能性，因为上帝创世仍然是对世界的一种素朴理解，上帝作为超越者在悬搁中不允许被看作不言而喻的前提，否则，现象学就不会成为严格的科学或彻底的哲学。但是，胡塞尔也并未将主体性悖论看作超越论哲学的终审判决，毋宁说，主体性悖论是一个彻底悬搁自然态度并完全进入超越论态度的入口、机遇或线索。虽然笛卡尔与康德都没能真正实现超越论哲学，但他们确实都具备了超越论哲学的萌芽与开端，提出了以超越论方式研究主体的任务。超越论现象学只要循着这种开端和线索继续前行，在区分超越论主体与经验主体的情形下将超越论研究彻底化，那么，主体性悖论将会得到有效的消解。

## 二　对主体性悖论的解决1：超越论主体彻底取代经验主体

《危机》第54节的标题为"悖论的消解"，其中的"a）"部分是"我们作为人与我们作为最终发挥着功能的有所成就的主体"，言下之意，胡塞尔是通过将主体完全理解为构造性主体来化解主体性悖论的。具体而言，对主体性悖论的解决首先要求严格区分超越论主体与经验主体，因为它们在考察态度、被给予性、心身关系以及与世界的关联等方面都截然不同。其次，在超越论现象学中，超越论主体与经验主体并非交织含混地并列存在，毋宁说，为世界存在的超越论主体彻底取代了在世界内存在的经验主体。即便是具有习性与身体的人格自我，也将被表明为是一种具体的超越论主体而非自然的经验主体。

在直向素朴的日常生活中，人们或理论地或实践地沉浸于自然事物、观念对象、文化产品、社会群体等，不言而喻地将整个世界统觉为同一的、必然的、无限的、因果的、客观的时空存在普全。即便在反思自身和行为时，人们首先也是在自然态度下将自身看作经验自我。这种自然反思在先设定了一个现实有效的宇宙，并将经验这一切的主体——无论是自我还是他人，无论是悬搁者还是被悬搁者——统觉为作为世界之一个组成部分的人（Mensch）。人被看作心灵与躯体这两个实体的统一。一方面，心灵不同于躯体，前者是心理体验的复合体，后者是侧显图式的统一体；前者不能被分割，后者可以被分割；前者的运动是自由的，后者的运动是机械的；前者无时无刻不在变化之中，后者则可以保持不变，等等。① 另一方面，心灵激活躯体。心灵对躯体的激活分为低阶激活与高阶激活，低阶激活使得躯体成为主体感觉器官的系统，高阶激活则使躯体成为由支配性主体自由运动的意志器官。虽然是心灵激活躯体，但躯体相对于心灵具有独立性，心灵是通过对躯体的"附加（Annexion）"②而获得实在的时间空间位置的。"附加"意味着归纳因果性，即心灵与躯体及环境具有某种条件性的规则性的依存关系。心灵直接地因果作用于躯体，间接地因果作用于环境。

上述在自然态度下对经验主体所进行的自然反思尚不能被看作真正的认识批判或理性批判，心灵和躯体作为实在的外在超越是"认识论上的零"③。真正的认识批判要求排除一切外在的超越存在，始终保持在实项的内在与内在的超越之中。通过普遍悬搁，自然态度中的经验主体连带经验的客观世界一起被排除，但是经验着的超越论主体及其经验本身并未被排除。这个超越论主体无论是在非反思的自我生活（Ichleben）中还是在自身反思的自身感知中都内在地、绝然地、原初地被给予。在悬搁之后，作为始终在发挥着构造功能的主体，"纯粹自我必定能够伴随我的一切表象"④，经验主体则变成了超越论主体之意向构造的成就。据此，超越论主体与经验主体被彻底的悬搁所区分开，超越论主体因其绝然的明见性而优先于经验主体，超越论主体与周围世界的意向构造关系完全取代了经验主体与客观世界的整分包含关系。⑤

---

①　〔德〕胡塞尔：《现象学的构成研究》，李幼蒸译，中国人民大学出版社，2013，第106、110、111页。

②　〔德〕胡塞尔：《现象学的心理学：1925年夏季学期讲稿》，游淙祺译，商务印书馆，2017，第151页。

③　Edmund Husserl, *Die Idee der Phänomenologie: Fünf Vorlesungen*, Hrsg. Walter Biemel, Haag: Martinus Nijhoff, 1950, S. 44.

④　〔德〕胡塞尔：《现象学的构成研究》，李幼蒸译，中国人民大学出版社，2013，第91页。

⑤　David Carr, *The Paradox of Subjectivity: The Self in the Transcendental Tradition*, Oxford: Oxford University Press, 1999, pp. 45-46, 90-91.

但是，超越论现象学不是还将具体的人格自我看作研究对象吗？人格自我难道不是像经验主体一样通过身体而存在于世界之内吗？大卫·卡尔（David Carr）即持有这种观点，他认为胡塞尔在《现象学的构成研究》中所区分的自然主义态度与人格主义态度都属于《纯粹现象学通论》中的自然态度，进而人格主义态度下的人格自我便被等同于自然态度下的经验自我。[1] 我们在这里无法赞同卡尔的观点。首先，对卡尔的直接反驳恰恰来自他所引以为证的《现象学的构成研究》，胡塞尔在书中明确区分了人格自我与心灵自我或经验自我。[2] 其次，卡尔的观点会导致一种严重的后果，即，使得胡塞尔再次陷入传统超越论哲学的主体性悖论，仿佛经验主体在被排除之后又以人格自我的身份悄悄地潜入了超越论主体之中。事实上，对以上问题的否定回答将得到更多支撑，也更能有效避免主体性悖论。不可否认，人格自我确实是超越论自我之自身构造或自身客观化（Selbstobjektivierung）的结果，但这里的自身客观化并不等于自然化。被自然化的主体是心灵与躯体这两个实在物的因果统一体，而被自身客观化的主体是精神与身体这两者的表达统一体。精神在身体中的表达与定位完全不同于心灵对躯体的附加与注入，精神与身体的内在融合完全不同于心灵与躯体的外在并列。对人格自我的表达式理解优先于对经验主体的因果性理解，后者是前者的自身忘却。因此，人格主义态度不仅不能被归为自然态度，而且应当被看作与自然态度相对立的超越论态度。在悬搁自然态度和排除经验主体之后，人格自我依然作为"超越论人格"[3] 而存在。对于这个超越论人格而言，"周围世界不是'自在的'世界，而是'为我的'世界"[4]，因为人格自我与周围世界的动机关联完全取代了经验主体与自然世界的因果关联。要言之，超越论主体的为（für）世界存在完全取代[5]了经验主体的内（in）

---

[1] David Carr, *The Paradox of Subjectivity: The Self in the Transcendental Tradition*, Oxford：Oxford University Press, 1999, p. 88.

[2] 〔德〕胡塞尔：《现象学的构成研究》，李幼蒸译，中国人民大学出版社，2013，第306页。

[3] Edmund Husserl, *Zur Phänomenologischen Reduktion: Texte aus dem Nachlass*（1926–1935），Hrsg. Sebastian Luft, Dordrecht：Kluwer, 2002, S. 200.

[4] 〔德〕胡塞尔：《现象学的构成研究》，李幼蒸译，中国人民大学出版社，2013，第156页。

[5] "取代"在这里并不表示否定经验主体的存在，而是表示对经验主体的存在与否不做设定；它也不表示完全取消主体的身体维度，因为如前所述，我们将具身的人格自我也理解为超越论主体；它仅仅表示将经验主体还原为超越论主体。

世界存在。①

从自然态度转变②到超越论态度，经验主体完全被超越论主体所取代，即便是超越论自我将自身客观化为具体的人格自我，也始终保持在超越论现象学的维度之中。从而，主体性悖论的两个命题不再是联言关系，而是否定关系：①主体是为世界的构造主体；并非②主体是被构造世界内的一个客体。进而，不仅主体性悖论就得到了初步的消解，而且现象学不再是与其他自然科学相并列的区域性研究，而是完全优先于一切自然科学的超越论哲学。

## 三　对主体性悖论的解决2：原自我构造自我与他者

前面已经提到，《危机》第54节包括了两个部分，我们已经讨论过"a）"部分，接下来我们将讨论"b）"部分。"b）"部分的标题为"自我作为原自我（Ur-Ich）构造起我的超越论他者的视域，超越论他者作为构造着世界之超越论主体间性的共主体（Mitsubjekte）"，从这个标题可知，对主体性悖论的消解必定会涉及主体间性问题。但是，主体性悖论不是通过用超越论主体取代经验主体而得到消解了吗？为什么在此还要引入更加复杂的主体间性问题呢？胡塞尔在"b）"部分开头说道："我们仍然不满足，我们仍然停留在悖论之中。"③ 这种不满足是有理由的。对比"a）"部分和"b）"部分的标题就可看出，我们迄今为止所谈论的超越论主体都是复数的"我们"，实行悬搁的主体则是单数的"自我"。从自我的角度而言，包括他者在内的整个世界都是我所构造的产物，都是"为-我-在此"（Für-mich-Da）④；从我们的角度而言，世界是一个主体间共同构造的成就，自我

---

① 〔德〕胡塞尔：《现象学的构成研究》，李幼蒸译，中国人民大学出版社，2013，第306页；Sebastian Luft，"Husserl's Concept of the 'Transcendental Person'：Another Look at the Husserl-Heidegger Relationship"，*International Journal of Philosophical Studies* 13（2），2005，p.152。

② 甚至这种转变本身都"是内在于超越论的态度进行的"（〔德〕胡塞尔：《现象学的心理学：1925年夏季学期讲稿》，游淙祺译，商务印书馆，2017，第355页），因为只有在我们获得超越论态度之时才能够谈从自然态度向超越论态度的转变。

③ 〔德〕胡塞尔：《欧洲科学的危机与超越论的现象学》，王炳文译，商务印书馆，2001，第232页。

④ 〔德〕胡塞尔：《笛卡尔沉思与巴黎讲演》，张宪译，人民出版社，2008，第129页。

"不过只是作为在他者当中的'一个'超越论自我"①。胡塞尔虽没有明言，但我们由之所看到的就是从主体性悖论中衍生出来的一种主体间性悖论，即，①自我是他者的构造主体；并且②自我是被构造他者中的一员。我们也可以套用胡塞尔对主体性悖论的表述而将主体间性悖论表述为：主体间性中的一个部分可以说吞食了这整个共同体，因此也吞食了它自身，这是多么荒谬呀！

对主体间性悖论最为熟知的解决是在"第五笛卡尔沉思"，即首先还原到原真领域，进而以身体结对为基础构造他者，最终构造出整个世界。针对"第五笛卡尔沉思"的解决方案，胡塞尔的弟子阿尔弗雷德·舒茨（Alfred Schütz）提出了诸多疑难，首先他认为无论是原真还原还是身体结对都是可疑的，因为原真还原始终预设了对自我与他者之分，因而原真还原不可能还原到真正的原真领域，而且，身体结对无法说明我所经验到的另一个身体何以既区别于我的身体又可被确证为他者的身体。从而，舒茨认为超越论的构造分析在根本上不能够解决主体间性问题，并且认为只有生活世界的存在论才能够解决主体间性问题。② 在此，我们并不打算系统地反驳舒茨的观点，而仅仅通过如下两点做出回应：首先，胡塞尔的超越论态度断然不会将舒茨所谓的生活世界设定为一个预先被给予的"直接事实"③，因为生活世界只不过是通向超越论现象学的出发点或指导线索，生活世界本身也必须经过超越论的构造分析才能够得到理解；其次，原真还原、身体结对、类比性统觉只是胡塞尔针对主体间性悖论所提出的诸解决方案中的一种，这一种解决方案的失败并不意味着所有解决方案的失败。胡塞尔在"b）"部分所提出的解决方案就不同于"第五笛卡尔沉思"中的解决方案，由于《危机》要晚于《笛卡尔沉思与巴黎讲演》，我们甚至可以把"b）"部分的方案看作比《笛卡尔沉思与巴黎讲演》的方案更加成熟和深刻。"b）"部分试图以活的当下视域中的原自我来解决

---

① 〔德〕胡塞尔：《欧洲科学的危机与超越论的现象学》，王炳文译，商务印书馆，2001，第233页。

② Alfred Schütz, "The Problem of Transcendental Intersubjectivity in Husserl", in I. Schutz ed., *Collected Papers III*, The Hague：Martinus Nijhoff, 1970, pp. 58–67.

③ Alfred Schütz, "The Problem of Transcendental Intersubjectivity in Husserl", in I. Schutz ed., *Collected Papers III*, The Hague：Martinus Nijhoff, 1970, p. 88.

主体间性悖论，其实舒茨也承认，对原自我的思考构成了理解"超越论主体间性问题的核心"①。但究竟什么是原自我？原自我何以能够解决主体间性悖论？

简言之，原自我即实行悬搁的自我，它始终具有"唯一性"（Einzigkeit）和"人称上无变格性"（persönliche Undeklinierbarkeit）。但"自我"这个词本身难道不就是一个人称吗？而且，一旦有第一人称就会有第二人称和第三人称，第一人称何以能够独立存在呢？这形成了一种矛盾，即自我在人称上既是无变格的又是有变格的，但胡塞尔认为这只是"表面上的矛盾"②。这个矛盾之所以是表面的，是因为原自我本身虽然具有无变格性，但它可以通过自身时间化将自己构造为可变格之物。胡塞尔在《危机》中对这种矛盾的表达是如此的高度概括，以至于引起了两种截然不同的解读。丹·扎哈维（Dan Zahavi）根据胡塞尔 B I14 手稿提出两点看法。首先，就我自身而言，我是唯一的自我，因为我只能对自己具有自身意识，我被给予为唯一的自我中心。③ 但这种唯一性并不排除他者，而是在自身的唯一性中设定了他者，因为自我的索引性本性的唯一性断然不是一种实体的唯一性。其次，我们可以对超越论自我的不同层面进行区分，即区分抽象的自我与具体的对象自我、相对自我、人格自我，在抽象的层面上确实可以谈论没有他者的自我极，但是要在具体的层面上谈论自我就必须要设定他者。④ 卡尔也持有与扎哈维相同的观点，认为原自我不过是抽象的自我极。⑤ 与他们相反，欧根·芬克（Eugen Fink）则认为自我与他者已然是个体性的存在之物，原自我具有先于自我与他者之分的人称上无变格性，因此，原自我"既不是一也不是多，既不是事实也不是本质；毋宁说，

---

① Alfred Schütz，"The Problem of Transcendental Intersubjectivity in Husserl"，in I. Schutz ed.，*Collected Papers III*，The Hague：Martinus Nijhoff，1970，p.75.

② 〔德〕胡塞尔：《欧洲科学的危机与超越论的现象学》，王炳文译，商务印书馆，2001，第233 页。

③ Dan Zahavi，*Self-Awareness and Alterity*，Evanston：Northwestern University Press，1999，p.165.

④ Dan Zahavi，*Husserl and Transcendental Intersubjectivity*，Athens：Ohio University Press，2001，pp.82，83.

⑤ David Carr，*The Paradox of Subjectivity: The Self in the Transcendental Tradition*，Oxford：Oxford University Press，1999，p.55.

它是一切这些区分的最终基础"①。詹姆斯·门施（James Mensch）支持芬克的解读，认为在严格的意义上活的当下"不是我的活的当下"②，原自我也不是我的原自我，因为自我必须要设定他者，而原自我则不需要设定他者。

以上两种解读对峙的焦点在于，扎哈维和卡尔将原自我（或原极）和纯粹自我（或自我极）置于同一构造层级，他们所说的索引性和抽象性仍然停留在纯粹自我（自我极）的层面，而芬克和门施则将原自我（或原极）看作纯粹自我（或自我极）的深层构造根源，后者是个体性的，前者是前个体性的。根据胡塞尔对纯粹自我之还原与构造的描述，我们认为，第二种见解将得到更多更有力的辩护。首先，胡塞尔指出，个体性的纯粹自我（或自我极）并非最终之物，它作为贯穿过去、现在与将来之"内在时间的同一自我"③，已然就是一个被构造的产物了，因而要对之加括号。进而，通过对纯粹自我进行进一步的超越论还原，我们最终会获得前时间的、前个体性的原自我，这个原自我具有绝然的被给予性或"原原初性"（Uroriginalität)④。但原自我也不是完全的无自我，而是具有自我性（Ichlichkeit），或者说，原自我是我的体验的"'最小'自我性、最终自我性、最内在自我性"⑤。原自我在自身中承载着作为本己自我的自我与作为本己自我之意向变更的其他自我。自我是内在时间的同一性存在，原自我是前时间的、原统一的前存在，由于构造层级的区别，绝不能将他们都无区别地描述为第一人称。因此，就原自我而言，我们不得不放弃扎哈维与卡尔在同一构造层级中的第一人称理解，转而支持芬克与门施在原自我与自我/他者之间做出的构造层级之分。在这个意义上，原自我根本就不应

①  Alfred Schütz, "The Problem of Transcendental Intersubjectivity in Husserl", in I. Schutz ed., *Collected Papers III*, The Hague：Martinus Nijhoff，1970, p. 86.

②  James Mensch, *Intersubjectivity and Transcendental Idealism*, New York：State University of New York Press, 1988, p. 240.

③  〔德〕胡塞尔：《现象学的构成研究》，李幼蒸译，中国人民大学出版社，2013，第86页。

④  Edmund Husserl, *Zur Phänomenologie der Intersubjektivität: Texte aus dem Nachlass, Dritter Teil: 1929-1935*, Hrsg. Iso Kern, Den Haag：Martinus Nijhoff, 1973, S. 350.

⑤  Luis Niel, "Temporality, Stream of Consciousness and the I in the Bernau Manuscripts", in Dieter Lohmar and Ichiro Yamaguchi, eds., *On Time—New Contributions to the Husserlian Phenomenology of Time*, Dordrecht：Springer, 2010, p. 227.

该被称作我，因为对于这个我来说，其他的自我并不具有意义。它既不是一也不是多，既不是我也不是你/他/她。毋宁说，原自我"谁"也不是，而是"谁"得以构造的地方，"只有在我们放弃追问'它是谁'这个问题时"①，我们才能够真正理解原自我。

在确定原自我是纯粹自我的构造根源之后，现在的问题是，原自我如何构造出本己自我与他者？胡塞尔在"b）"部分为我们指明了方向，即"自身时间化，可以说通过去-当下化（Ent-Gegenwärtigung）（通过回忆），在我的去-当下化（同感作为一种更高层级的去-当下化——将我的原在场去-当下化为单纯被再当下化的原在场）中有其类似物"②。被同感者不是当下原初地被给予的，而是被共现的，否则被同感者就不是他者而是自我了，因此同感必定是一种再当下化（Vergegenwärtigung）。同感再当下化类似于回忆再当下化，两者都通过去-当下化而与本己当下拉开了距离，在这个意义上，同感又被称作共回忆。在本己的回忆中，自我将当下进行回忆的自我与被回忆的过去自我认作同一个自我；在共回忆中，自我通过将被回忆自我设定为当下存在着的而明见到这个自我不可能是本己自我，而是他者。回忆的明见性奠基于滞留的绝对明见性，回忆的自身时间化奠基于活的当下的原时间化（Urzeitigung）。作为回忆的自身时间化是诸内在时间相位的流动统一，而原时间化是原前摄、原印象、原滞留的"一种连续的同时融合（Simultanverschmelzung）"，正是通过这种同时融合，活的当下才构造起一切内在的时间相位，即"构造起作为诸统一体之形式的第一个时间（die erste Zeit）"。③ 在原时间化中，一方面，原自我通过为统一性奠基的"原融合"（Urverschmelzung）和为差异奠基的"原分异"（Ursonderung）④ 将自身构造为了流动而持立的原自我；另一方面，原印象的原滞留化为同感的去-当下化提供了深层奠基，在这个意义上，原自我的原时间化

① James Dodd, *Crisis and Reflection: An Essay on Husserl's Crisis of the European Sciences*, Dordrecht: Kluwer Academic Publishers, 2004, p. 200.

② 〔德〕胡塞尔：《欧洲科学的危机与超越论的现象学》，王炳文译，商务印书馆，2001，第234页。

③ Edmund Husserl, *Späte Texte über Zeitkonstitution(1929-1934). Die C-Manuskripte*, Hrsg. Dieter Lohmar, Dordrecht: Springer, 2006, S. 77.

④ Edmund Husserl, *Späte Texte über Zeitkonstitution(1929-1934). Die C-Manuskripte*, Hrsg. Dieter Lohmar, Dordrecht: Springer, 2006, S. 76.

又被称作"内共同体化"（innere Vergemeinschaftung）①。由此，主体间的同感经验才具有其可能性。

通过以上对原自我作为构造自我与他者之视域的澄清，主体间性悖论可以被无害地改写为：①原自我是自我/他者的构造主体；并且②自我是被构造他者中的一员。

需要注意的是，我们在这里并没有将原自我推至创造出他者或推论出他者的唯我论境地。主体间性的问题不是如何将他者从自我这里创造出来的问题，因为现象学只是悬搁他者的存在，而不是通过否定他者的存在来证明他者来源于自我，更谈不上自我的神化。毋宁说，主体间性的问题是自我如何原初地经验到他者并将他者理解为他者的问题。如前所述，对他者的同感经验是一种再当下化行为，而再当下化奠基于当下化。原自我的原时间化正是这种当下化。在这种原时间化中，原融合为自我的同一性或自我认同提供奠基，原分异为他异性或将他者认作他者提供奠基。还需要注意的是，笔者在这里只是从时间性角度为主体间性经验提供本质上的可能性奠基，而没有指出主体间性经验的现实的发生性开端，后者需要通过考察本能阶段胎儿与母体的"贰壹性"（Zweieinigkeit）关联才能够得到澄清。

## 四　结语

根据胡塞尔在其超越论时期的不同表述，主体性悖论可被公式化为：①主体是为世界的构造主体；并且②主体是被构造世界内的一个客体。无论是在以笛卡尔和康德为代表的近代超越论哲学传统中，还是在现象学悬搁的初步实行中，自然态度下的经验主体与超越论态度下的超越论主体之间的交织含混都必然会导致主体性悖论或纯粹意识的自然化。

主体性悖论作为近代超越论哲学传统的阿喀琉斯之踵，同时也是超越论现象学的阿里阿德涅之线。通过现象学悬搁，胡塞尔用超越论态度彻底取代自然态度，用超越论主体完全取代经验主体。即便是超越论自我将自

---

① Edmund Husserl, *Zur Phänomenologie der Intersubjektivität: Texte aus dem Nachlass, Dritter Teil: 1929-1935*, Hrsg. Iso Kern, Den Haag: Martinus Nijhoff, 1973, S. 668.

身客观化为人格自我，也并未沦为卡尔所谓的内世界存在的经验主体，而是被显明为为世界存在的超越论人格。借此，主体性悖论的两个命题从联言关系转变为了否定关系：①主体是为世界的构造主体；并非②主体是被构造世界内的一个客体。从而，超越论现象学整个地将自己的研究主题保持在了超越论维度之中，实现了"超越论哲学的最后形式"①。

　　自我与他者作为超越论主体共同发挥着构造世界的功能，但他者却是在自我之中被构造的，这在主体性悖论的内部引发了主体间性悖论：①自我是他者的构造主体；并且②自我是被构造他者中的一员。在解决主体间性悖论的不同方案中，虽然"第五笛卡尔沉思"给出的身体性方案被指责问题重重，但活的当下方案所给出的原自我之原时间化却为我们指明了另一种方向。胡塞尔从自我/他者向原自我的超越论还原，以及用原自我之原时间化为自我/他者之自身时间化的奠基，一方面在扎哈维、卡尔与芬克、门施关于原自我之个体性与前个体性的争执中偏向了后者，另一方面形成了解决主体间性悖论的另一种方案：①原自我是自我/他者的构造主体；并且②自我是被构造他者中的一员。

　　对主体性悖论的以上解决继承并完善了笛卡尔、康德的传统超越论哲学，将主体理解为非自然和非世界中的超越论存在。这一方案看似被今天主流的自然主义和物理主义理解所逆反，而胡塞尔的主体性悖论学说的价值，恰恰就在于它保留了现象学对于当今心灵哲学的物理主义和自然化认识论的不同方案和可能的最为经典的挑战性策略。尽管如此，对主体性悖论的解决也并非一劳永逸，因为在超越论主体内部不仅存在主体间性悖论，还存在死亡悖论，即具身的人格自我在死亡中瓦解或终结，超越论自我则由于"超出了身体"② 而具有不死性。自我的有死性与不死性最终将构成胡塞尔现象学中无法解决的悖论吗？抑或通过说明死亡只是世界性现象，纯粹超越论自我具有非世界性的不死性，这个悖论就将得以规避？进一步的问题是，作为一切现象（包括死亡现象在内）的原现象，永恒流动的活的

---

① 〔德〕胡塞尔：《欧洲科学的危机与超越论的现象学》，王炳文译，商务印书馆，2001，第88 页。

② Edmund Husserl, *Späte Texte über Zeitkonstitution(1929-1934). Die C-Manuskripte*, Hrsg. Dieter Lohmar, Dordrecht：Springer, 2006, S. 442.

当下"对将来的假定"①难道不是一种形而上学式的独断吗？这是否意味着理性主义哲学对非理性事实的最终胜利？又是否暗含着一种现象学神学的维度？这里有限的篇幅让我们不得不将这些有趣的问题留待以后再讨论，并与《危机》一样止步于作为构造自我与他者之视域的原自我。

---

① Edmund Husserl, *Späte Texte über Zeitkonstitution (1929–1934). Die C-Manuskripte*, Hrsg. Dieter Lohmar, Dordrecht: Springer, 2006, S. 97.

# 逻辑与真理

## ——从语义范畴概念出发的胡塞尔与塔斯基真理观比较研究[*]

吴程程[**]

**【内容提要】** 通过对胡塞尔和塔斯基真理观的阐述，以及结合胡塞尔对于数理逻辑中符号化的发展趋势的批评，本文以胡塞尔的双层结构的真理观解释了塔斯基形式真理中由于语义范畴带来的困难。胡塞尔强调单纯的形式真理需要一种直观真理的补充，因为包含预先给予以及共同给予的生活世界决定了语义范畴这个概念的复杂性，进而决定了真之形式定义的不可能性，胡塞尔的这一真理观的理解也为塔斯基的真之定义提供了一个非哥德尔式的解释。

**【关键词】** 真理的双层结构；逻辑；语义范畴；视域；生活世界

围绕胡塞尔和塔斯基（也译为塔尔斯基）真理论关系的研究主要集中于：胡塞尔对于意识活动的分层同塔斯基对于语言的分层的同构性，让他们在真理的看法上表现出了一种平行性，这种平行性被形容为一种理论上的颠覆。[①] 这种平行性有时被解读为塔斯基的真理理论中发现了胡塞尔意向性理论的一个形式模型[②]；有时被解读为由重要的概念联结而形成了一种相互对照关系，这种对照关系既与传统的符合论真理观有相关的地方，又与之

---

[*] 本文系福建省社科研究基地重大项目"认知科学视域下以判断理论为核心的现象学认识论研究"（项目批准号：FJ2024MJDZ006）的阶段性成果。

[**] 吴程程，山东大学人文艺术研究院助理研究员，主要研究方向为现象学认识论。

[①] 参见 Guillermo E. Rosado Haddock，*Husserl and the Analytic Philosophy*，Berlin：Walter de Gruyter GmbH，2016，pp. 143-173。

[②] Guillermo E. Rosado Haddock，*Husserl and the Analytic Philosophy*，Berlin：Walter de Gruyter GmbH，2016，p. 66.

有偏离的地方。① 但是这样一种平行关系的研究，并没有对真理的相关问题给出解释，从胡塞尔真理观的角度来观照塔斯基的真理观、对真之不可定义性的一种非哥德尔式的解读，却被研究者所忽略。因此，通过对胡塞尔和塔斯基两人的真理观的具体阐述，从语义范畴这一关键概念出发，参考数学与逻辑结合的历史，我们试图寻求一种对于真理形式化问题更细致的理解。

## 一 双层结构：胡塞尔的真理观

如果要讨论胡塞尔的真理观念，前提是要了解胡塞尔对于逻辑学的新规划。胡塞尔在其最重要与最成熟的著作之一的《逻辑研究》中就提出了纯粹逻辑学的构想，这种构想规定了真理的可能性与范围，随后他将真理与认识行为结合起来，用明证性概念定义真理。应该指出，胡塞尔的真理观包含着双层结构，这种双层结构既体现在了《逻辑研究》中从纯粹逻辑学转向"认识论"研究的方向上，也体现在了这种真理观念是胡塞尔关于意识结构双重面向的一种延伸上。通过对逻辑问题的阐述，胡塞尔在一种追求认识的兴趣中，规定了真理的概念。这两个层面一个指的是纯粹逻辑中的最高层次——真之逻辑，另一层面指的是与认识和直观相关的真理。②

### （一）形式逻辑中的真之逻辑

在《形式逻辑和先验逻辑》一书中，胡塞尔将逻辑学分成了两个部分，一个是形式逻辑（客观逻辑），一个是先验逻辑（主观逻辑），而后者是为

---

① 两者对于真理的理解都涉及了两个概念："直观的"（intuitively）与"充实"（满足，Erfüllung）。参见 Norman Sieroka, "Phenomenology Meets Logical Semantics: What Husserl's and Tarski's Theories of Truth Do Have in Common", *Journal of the British for Phenomenology* 34 (2), 2003, pp. 116-131。

② 国内相关学者同样关注过胡塞尔的真理问题，如王路教授探讨过胡塞尔对于"真"概念的狭窄和扩展的理解［参见王路《胡塞尔论真与真理》，《武汉大学学报》（哲学社会科学版）2021年第5期，第66~82页］；高松教授通过与弗雷格的对比探讨了胡塞尔的真理观（参见高松《真理之争——胡塞尔与弗雷格论"真"》，《哲学研究》2013年第5期，第73-81+128页）；张浩军教授对胡塞尔的逻辑学体系中提到的真也有过相关探讨（参见张浩军《形式命题学与形式本体论——论胡塞尔对形式逻辑的观念之扩展》，《中国现象学与哲学评论》第10辑，上海译文出版社，2018，第196~209页）。

前者奠基的。所谓的形式逻辑，按照胡塞尔现象学的观点，是对认识对象的法则与规律的总结，这种法则是一种"形式"法则。在逻辑的这两个方面，胡塞尔都提到逻辑与真理的关系。

首先我们来看一下形式逻辑这一方面。胡塞尔将形式逻辑分为三层。第一层级是指"判断的纯粹形式理论"，是指一个句子只有具有"意义"（是不是一个判断），也就是说具有"判断"的形式，才能在逻辑中进一步获得发展。这种形式可能将一个判断划分成简单判断或复合判断等。这一层级只区分了有意义的句子和无意义的句子，同真与假的概念还没有关系。形式逻辑的第二层级被称为无矛盾逻辑或一致性逻辑。这一层级主要是为了排除一些矛盾或者不一致的判断，比如经常被提到的"方的圆"，这一陈述符合形式逻辑的第一层级，是一个具有含义的判断，却是悖谬的。在这一层级中，一种形式上的限定也是一种基于语义上的限定，是指一个判断是否能够成为一个可以下断言的判断。如果是一个语义上相互矛盾、形式上不可能的判断，是一个不能处理的判断，我们无法继续在这一判断上前进，比如说对此进行判定真伪、讨论它所含有的内容等。也正因如此，形式逻辑的第二个层次是真理另外一个需要满足的前提层次，因此这一层级，也不涉及真理问题。

最后是真之逻辑，只有这一层级才与真理问题相关，"形式的真值逻辑确立了可能真理的形式规律"①。在这里胡塞尔提出了一个相应的问题：形式的真之逻辑是否涉及"质料"？是否涉及判断的具体内容？胡塞尔的回答是否定的，因为胡塞尔认为这种关于真的逻辑，同样是一种形式逻辑，也就是说这一层级的逻辑，是一种可能的真的形式是怎样的，而不是关于一个具体的判断或命题如何为真的具体标准。虽然胡塞尔将判断和事物的契合这一问题纳入了形式的真之逻辑这一层次②，但是"对象"这一范畴还没有成为形式逻辑的对象。但显而易见的是，这种探讨有一个弊端，那就是我们无法获得实际的知识。即使如此，我们依然可以说，这些形式上的规

---

① 〔法〕苏珊·巴什拉：《胡塞尔的逻辑学：〈形式逻辑与先验逻辑〉研究》，张浩军译，华东师范大学出版社，2021，第96页。

② 参见〔法〕苏珊·巴什拉《胡塞尔的逻辑学：〈形式逻辑与先验逻辑〉研究》，张浩军译，华东师范大学出版社，2021，第103~104页。

定是一种完整判断不可或缺的前提，一个可能为真的判断的形式也是获得实质判断的前提。

但通过这些形式逻辑的层次讨论，我们并不是全无收获：一个新的契机出现了，这是一种视角转变的契机。我们提到，胡塞尔将逻辑分成了先验逻辑和形式逻辑，在这里我们看到了从形式逻辑转向先验逻辑的必要性。因为在这里我们看到了形式逻辑的一个巨大缺陷，那就是我们不会因为知道形式逻辑的规则获得更多实际的知识，形式逻辑的法则本身并不构成我们的具体知识，我们无法通过形式逻辑法则知道得更多，虽然法则本身能够让我们更好地理解具体知识的构成①。形式逻辑（客观逻辑）所研究的是对象的形式，但是对象是由我们的认识活动形成的，因此最终要回溯到认识活动的规律研究之上，也就是先验逻辑的内容，这一研究内容，也就同胡塞尔对于真理的更具体的定义联系了起来。

形式逻辑的这三个层次中，前两个层次不关注真与假的问题，却限定了"真"的范围，第三个层次则规定了可能的真所具有的形式，这个层次也体现了一种从形式逻辑转向先验逻辑的契机。在明晰了这些层次的划分后，胡塞尔对于"真理"的探讨就转向了先验逻辑，也就是从对判断本身的分析，转向了对判断对象的研究，这种研究进一步深化了真理的概念。

## （二）直观充实的真理

当胡塞尔关于纯粹逻辑的研究从形式逻辑转向了先验逻辑之后，他提出了一种明确的关于真理的定义。概括来讲，胡塞尔对于真理的理解，大致就是对"事物与智性的相即（adaequatio rei et intellectus）"这一传统的真理观的改造。② 这一相即充实的过程也被称为明证性。③

胡塞尔在《逻辑研究》中对这一真理概念进行了四个区分。虽然真理概念的核心内容就是意指对象与被给予对象的相合统一，但是在此基础上，还可以进行更具体的区分。第一个真理观念是"在被意指之物和被给与之

---

① 〔法〕苏珊·巴什拉：《胡塞尔的逻辑学：〈形式逻辑与先验逻辑〉研究》，张浩军译，华东师范大学出版社，2021，第105页。
② 〔德〕埃德蒙德·胡塞尔：《逻辑研究》，倪梁康译，商务印书馆，2015，第996页。
③ 〔德〕埃德蒙德·胡塞尔：《逻辑研究》，倪梁康译，商务印书馆，2015，第999页。

物本身之间的完整一致性"①。这一真理定义是胡塞尔真理观的核心定义，这里的"相合统一"也可以描述成"意向"和"充实"之间的关系，是对单个认识行为的描述。第二个真理观念"是绝对相即性本身的观念"②。相比于前一个真理观念，这个真理观念是对各种认识行为之间所具有的观念联系之间的规定，当一个偶然的感知行为符合普遍感知行为的形式观念特征时，也可以被称为"真理"。第三个真理观念是"这个被给予的对象就是充盈本身，这个对象也可以称为存在、真理、真实之物"③。第三个真理概念指称充盈这一行为，这个真理观念也是第一个真理概念的前提条件。④ 也就是说，充盈是实现相即统一的前提，但是只有相即统一才能够称为真理。第四个真理概念是"作为种类意向的认识本质之正确性的真理"⑤。这一真理概念说的是"意向的正确性（Richtigkeit）"，这一概念是在第一个真理观念基础上发展而来，所谓的"种类意向的认识本质"是指作为意向行为（特别是判断行为）具有"成为真的"的可能性。换句话说，我们的意向总是具有被充实、成为"真的"的可能性，这一真理的观念是作为意向活动的一种属性而存在的。胡塞尔这几个真理概念可以简单归结为两点：一个是对相即统一这一事态的指称；另外一个是充实中的被给予之物的指称。这两点是胡塞尔真理观的核心。综合前一部分对于形式逻辑的划分的说明，胡塞尔对于真理观念的理解就从纯形式转变为一种直观的充实，只有在具体的直观之中，我们才能获得一种"相即统一"。

在胡塞尔看来，我们首先应该规定真理的形式层面，这一层面也可以理解为是逻辑的层面，因为形式逻辑是命题的前提条件。与此同时，在这一前提下，一种被充实了质料的判断也能够真正为我们提供知识。⑥ 因此我们可以将胡塞尔的真理的两个层面理解为真理的双层结构。这两个层次也同胡塞尔对于真正的逻辑看法相一致。至此，胡塞尔的真理观的内容就包

---

① 〔德〕埃德蒙德·胡塞尔：《逻辑研究》，倪梁康译，商务印书馆，2015，第1000页。
② 〔德〕埃德蒙德·胡塞尔：《逻辑研究》，倪梁康译，商务印书馆，2015，第1001页。
③ 〔德〕埃德蒙德·胡塞尔：《逻辑研究》，倪梁康译，商务印书馆，2015，第1001页。
④ Ernst Tugendhat, *Der Wahrheitsbegriff bei Husserl und Heidegger*, Berlin：Walter de Gruyter & Co, 1970, S. 94.
⑤ 〔德〕埃德蒙德·胡塞尔：《逻辑研究》，倪梁康译，商务印书馆，2015，第1001页。
⑥ 〔法〕苏珊·巴什拉：《胡塞尔的逻辑学：〈形式逻辑与先验逻辑〉研究》，张浩军译，华东师范大学出版社，2021，第321页。

含了两个方面，一个是形式逻辑中的真之逻辑，另外一个则是先验逻辑中的被给予对象与充实对象的相合统一。在这一真理的双层结构中，值得注意的是胡塞尔提出的含义范畴（Bedeutungs Kategrien）这一概念。胡塞尔在论述他对逻辑的新构想时，提出逻辑学的第一和第二任务就是划定含义范畴和对象范畴的范围以及指出它们的复合规律，这两项任务在对形式逻辑的层次划分时已经涉及。① 但是其中关于含义范畴的规定和认识，确实要从真理的第二层次才能获得彻底的解释。"这里涉及的是对单义的、明确区分了的语词含义的确定。要想达到这个目的，我们就只能通过在相即的观念化（Ideation）中对各个本质进行直观的当下化（Vergegenwärtigung）。"② 也就是说，含义范畴在各种形式中所发挥的作用，最终需要在直观化的相即感知中才能获得最基础的确认。也正是在对真理概念的双重定义中，胡塞尔深化了对于含义范畴的理解，并且在《逻辑研究》之后的著作中，特别是在《经验与判断——逻辑谱系学研究》中，他的视域理论以及生活世界理论为我们理解真理理论中的含义范畴这一概念提供了崭新的思路。

## 二 塔斯基的真理观的论述

同胡塞尔从意识出发来阐释真理不同，塔斯基是从演绎逻辑的角度来探讨真理问题的。真之定义主要是在其《形式化语言中的真之概念》③ 一文中得到阐述的，他试图用一种形式语言来对"真"进行一个完备的定义。

### （一）真的形式定义

塔斯基之所以用形式语言来定义真，有两个重要的原因。第一是他的"科学语义学"目标。作为深受华沙学派影响的哲学家，塔斯基同样致力于科学方法论的研究，这种研究也体现在对于演绎逻辑的兴趣与探索之上。在弗雷格对语言做出了革命性的探索之后，将演绎逻辑同语言研究——特

① 参见钱立卿《胡塞尔的"纯粹逻辑学"纲领及其意义——论〈逻辑研究〉第一卷中的逻辑哲学思想》，《哲学分析》2019年第5期，第66~80页。
② 〔德〕埃德蒙德·胡塞尔：《逻辑研究》，倪梁康译，商务印书馆，2015，第243页。
③ 参见 Alfred Tarski, *Logic*, *Semantics*, *Metamathematics: Papers from 1923 to 1938*, translated by J. H Woodger, Oxford: Clarendon Press, 1956, pp. 152-278.

别是关于语义的研究——结合起来的方法成为一种全新的探讨哲学问题的方法，这一方法所具有的科学上的严格性使得一种"科学语义学"的目标成为可能。这个方法也被应用到了对真理问题的探讨上。第二个原因是自然语言中关于真的定义会出现悖论。虽然亚里士多德对于真的定义简单直观，但是这样一来，语言中就会出现一些无法判定真假的句子，说谎者悖论就是典型例子。这也是塔斯基试图用另外一种语言形式来定义真的原因。

塔斯基在数理逻辑的演绎证明过程中首先给出了一个简约版的定义：(T) x 是真的当且仅当 p。在这里，x 表示一种对象语言，p 表示一种元语言，也可以这样来表示：T「A」，当且仅当 A，其中「A」是语句 A 的名称或哥德尔编码。[1] 用更具体的例子则可以表示为："雪是白的"，当且仅当雪是白的。但是这一定义只有在一个非常有限的条件下才能成立，当我们重新思考语义范畴这一概念时，真之定义的问题就出现了。

### （二）语义范畴在真之定义中的作用

塔斯基曾用一个类比指出语义范畴这一概念的重要性。"从形式的观点来看，这一概念在形式科学中的作用类似于'类型'（type）这一概念在怀海特和罗素的《数学原理》中的作用。但是这一个概念更多地与日常语言中的'言语'（speech）这一语法概念相似。"[2] 随后，塔斯基给出了一个简单的定义，即两个表达属于同一个语义范畴，要满足以下两个条件：①其中一个表达发挥了句子功能；②一个表达替代另外一个表达而不影响这一句子功能。[3] 与此同时，塔斯基也规定了语义范畴理论的第一原则："为了使两个表达式属于同一语义范畴，只要存在一个包含这些表达式之一的函

---

① 熊明：《塔斯基定理与真理论悖论》，科学出版社，2014，第 8 页。

② Alfred Tarski, *Logic, Semantics, Metamathematics: Papers from 1923 to 1938*, translated by J. H Woodger, Oxford：Clarendon Press，1956，p. 216.

③ 举例来说，"美丽的风景"让人心情愉悦、"优美的音乐"让人心情愉悦，在这里，"美丽的风景"和"优美的音乐"就属于同一个语义范畴。又如，X 是白的，"雪"是白的，"棉花"是白的，那么"雪"和"棉花"就属于同一个语义范畴，但是"热"是白的破坏了句子功能，因此"热"和"雪"、"棉花"就不属于同一个语义范畴。

数，并且当这个表达式被另一个表达式取代时，它仍然是一个函数。"①

但这只是一个非常简洁的概括，如果想要在句子中更换属于同一个语义范畴的要素（可以是个体的名称，也可以是个体之间的关系，等等）而保持句子功能不变，这两个句子的主目的数量也要相同。在这些限定下，塔斯基定义了范畴阶序（order of the category），塔斯基将个体的名称范畴以及代表这些个体的变量称为第一阶序，将个体之间的两项关系（two-termed relation）范畴称为第二阶序，将多项关系（many-termed relation）称为第三阶序，后面就是无限阶序的语义范畴。句子（函数）中的语义范畴的阶序对于真之定义有重要的影响，关于"满足"（satisfaction）概念以及真之定义在语义范畴的第一阶序中完全没有问题，但是当语义范畴的阶序大于等于 2 时，关于这两个概念的定义就会出现问题，因为在多重阶序中，句子函数和对象之间也存在着多重的、严格的语义关系。塔斯基继而提出一种关于变量的语义结合方法（method of semantical unification of the variables）② 才能解决第二以及第三阶序的真之定义问题，但是无论如何，对于无限的语义范畴阶序的句子函数，一个完备的真之定义被证明为不可能。在塔斯基这里，语义范畴之所以是一个重要的概念，是因为要通过语义范畴来定义"满足"这一概念，而"满足"这一概念又被塔斯基用来定义真。塔斯基将"满足"定义为开句子和对象之间的符合关系。"'满足'是一个直接关系的语义谓词，它所表达的是一些表达式与表达式所符合的对象之间的一种关系，它能够被用来解释像'真'这样的间接关系的语义谓词。"③ 具体来说，就是一个开句子和无穷阶序之间的关系，当所有的对象都符合开句子这个表达式时，那么真就可以被定义了。

塔斯基指出，"每个自由变量都属于与它对应的对象名称相同的语义范畴"④。继而我们会发现，在一个句子中所具有的语义范畴的数量，将会限

① Alfred Tarski, *Logic, Semantics, Metamathematics: Papers from 1923 to 1938*, translated by J. H Woodger, Oxford：Clarendon Press, 1956, p. 216.
② Alfred Tarski, *Logic, Semantics, Metamathematics: Papers from 1923 to 1938*, translated by J. H Woodger, Oxford：Clarendon Press, 1956, p. 227.
③ 梅祥：《塔尔斯基真之语义理论研究》，知识产权出版社，2017，第 19 页。
④ Alfred Tarski, *Logic, Semantics, Metamathematics: Papers from 1923 to 1938*, translated by J. H Woodger, Oxford：Clarendon Press, 1956, p. 224.

制着"满足"这个概念。在有限的阶序中，我们可以得到一个完备的真的定义，但是当一个句子包含了更多甚至是无限多的语义范畴阶序时，我们就无法定义"满足"这一概念了。"严格地说，我们处理的不是一个概念，而是无数个属于不同语义范畴的类似概念。如果我们把物理语言形式化，就有必要使用无限多的不同术语，而不是使用一个术语'满足'。这个概念在语义上的模糊性在我们转到更复杂的逻辑结构的语言时就更大了。"[①] 这种模糊性最终导致的结果就是不能有一个明确的"满足"概念的定义。[②] 塔斯基发现了基于语义范畴概念的"满足"概念不能在更复杂的句子中得到定义，继而对于真的定义也就不可能。例如塔斯基提到的四个例子，这四种关系中就有四种不同的"满足"定义[③]：

（1）函数 $\rho_{1,2,3}$，被对象 R，a，b 满足，当且仅当 R 表示关系、a 和 b 都表示个体，并且我们有 aRb。

（2）函数 $\rho_{1,2,2} \cdot \rho_{3,2,2}$ 被对象 R，a 以及 S 满足，当且仅当 R 和 S 都表示关系、a 是个体，并且我们有 aRa 和 aSa。

（3）函数 $\cap'_2 \cap'_3$（$\overline{\rho}_{1,2,3} + \rho_{1,2,3}$）被对称关系满足，当且仅当对于所有的个体 a 和 b，如果我们有 aRb，那么我们一定有 bRa。

（4）函数 $\cap''_1$（$\overline{\rho}_{1,2,3} + \rho_{1,3,2}$）被这些个体满足，当且仅当 a 和 b 满足以下条件：对于每一个关系 R，如果 aRb，那么 bRa，亦即个体相同。

以上四个例子里面包含了四个不同的语义函数，分属四个不同语义类型，因为满足概念在语义范畴上遇到了困难。塔斯基用数理逻辑的方式处理了真理问题，以句子为载体，将句子函数化，用表达式与值域的形式来定义真，但同时他也指出，语义范畴依然对真之定义起着决定性的影响。因此，关于真的形式化定义也只能在有限的范围内获得一种严格的完备性。

数理逻辑的发展是从一种形式化的尝试开始的，但数学的形式化产生

---

① Alfred Tarski, *Logic, Semantics, Metamathematics: Papers from 1923 to 1938*, translated by J. H Woodger, Oxford：Clarendon Press，1956，p. 224.

② Alfred Tarski, *Logic, Semantics, Metamathematics: Papers from 1923 to 1938*, translated by J. H Woodger, Oxford：Clarendon Press，1956，p. 226.

③ Alfred Tarski, *Logic, Semantics, Metamathematics: Papers from 1923 to 1938*, translated by J. H Woodger, Oxford：Clarendon Press，1956，p. 225.

了一个重要的问题，那就是这一形式化系统的一致性问题，能否保证这个系统可以不产生相互矛盾的命题成为形式数学最重要的挑战，数理逻辑也由此发展起来。罗素以及希尔伯特对此提出的解决方案就试图解决这一问题，但是哥德尔的不完全性证明打碎了这一幻想，在此基础上，塔斯基进一步证明了真之定义在这种形式系统中也不能获得一致性的证明。虽然关于塔斯基的真之不可定义性存在着多种角度的阐释①，但是这些阐释都可以说是在哥德尔证明的框架之下的解释。参照胡塞尔的真理观，一种从数理逻辑外部、非哥德尔式的解释可以为我们提供理解逻辑与真理的新视角。

## 三 形式逻辑的生活世界基础

在对胡塞尔与塔斯基两者的真理观的阐述之后，我们就可以探讨两者在真理问题上的联结与启发了。从哲学的发展史上来看，考虑到胡塞尔与塔斯基的老师卡济梅尔兹·塔瓦尔多夫斯基（Kazimierz Twardowski）都师承布伦塔诺，以及胡塞尔与希尔伯特之间的同事之谊，他对塔斯基所在的华沙学派所从事的工作应该是有所了解的，而且华沙学派的成员大多致力于逻辑学与数学的结合，这点也和胡塞尔对于逻辑学的新构想相重合。因此在对这一背景进一步澄清的基础上，胡塞尔的真理概念可以对真之不可定性提供一个基于生活世界理论的解释。

### （一）胡塞尔与塔斯基：逻辑与数学的结合

在20世纪初期，逻辑的发展逐渐走向了新的阶段，从传统逻辑转向了数理逻辑。那么在胡塞尔对逻辑的思考日渐深入时，他为什么没有受到已经开始发展的数理逻辑的影响，他对于数学和逻辑的结合所做的努力，为什么迥异于塔斯基？

这一问题并不是无关紧要的。因为在逻辑的发展史上，旧逻辑和新逻辑的更迭产生了重要的影响。塔斯基指出逻辑学的发展经历过一段长时间

---

① 参见周志荣《真谓词的不可定义性问题的根源》，《逻辑学研究》2020年第5期，第48~60页。

的停滞之后，数理逻辑作为一种新逻辑完全覆盖了旧逻辑的内容①，将逻辑发展到了另外一个层面，大大扩展了逻辑所能应用的范围。如果胡塞尔忽视了逻辑的这种发展，那么他在《逻辑研究》中对于纯粹逻辑的探讨就没有超越旧逻辑的范围，在此基础上的真理问题也会显示出片面与陈旧的特征。从胡塞尔对于纯粹逻辑的研究来看，似乎他的思想仍然奠基于传统逻辑，因为胡塞尔对于快速发展的数理逻辑并没有表现出兴趣。但实际情况是，作为一个数学家出身的哲学家，他对于当时数学领域的逻辑化的发展十分了解，但他对逻辑和数学的结合表现出的兴趣，迥异于同时代的数学家以及逻辑学家，在这里，胡塞尔对于一种完全技术化的、用数学证明的方式来讨论逻辑上的问题的这种方法并没有产生持续的兴趣。

在他看来，这种技术化的流行可能并不能给哲学带来真正的教义，因为这种技术化的处理忽略了数学和逻辑的真正的哲学根基，对于逻辑的研究还有更为根源的问题没有得到明晰性的阐释。"当我们进一步深入此统一性问题时，我们自然并不关心特殊科学的兴趣，不论是形式数学还是形式三段论的兴趣，甚至不关心最终应该承认的实证科学的兴趣，后者使数学和形式三段论统一了起来……尽管此类兴趣也可能很重要，它仍然远离哲学的兴趣：此兴趣即是对内在于一种科学理论的最终观念进行目的论结构的揭示。"② 这一看法，是同胡塞尔一贯的追根溯源的哲学研究方式是一致的，这种追根溯源既体现在对于认识正当性问题的询问上，也体现在对于逻辑的哲学基础的研究上。也就是说，胡塞尔并没有将眼光放到数理逻辑这种叠加式的、向前处理逻辑的方法上，而是体现了一种回溯式的、反思的研究眼光。

因此，在胡塞尔看来，将逻辑数学化是一个重要问题，但是它却不是哲学最重要的问题。胡塞尔同样对于数理逻辑的发展提出过自己的看法："我们看到迷失于一种过分的符号主义的危险，此符号主义相当妨碍人们发现新形式数学的真正逻辑意义，并使人们在一种当下任务的形式中不能达

---

① 〔波兰〕塔尔斯基：《逻辑与演绎科学方法论导论》，周礼全、吴允曾、晏成书译，商务印书馆，1963，第17页。

② 〔德〕胡塞尔：《形式逻辑和先验逻辑》，李幼蒸译，中国人民大学出版社，2012，第63页。

到一种正在隐蔽地推动此形式数学的总体意向之发展。"① 胡塞尔对逻辑进行了重新探讨，并且在客观逻辑层面和先验逻辑层面都对真理概念进行了规定，但他却没有从一种数学化的角度对此进行探讨，这也使得他在逻辑演绎系统逐渐成为主流的时候，选择了一种更为根本的理解逻辑与真理的方式。这种方式就是在一种形式化的努力的基础上，要做一种直观的补充，亦即真理的最终基础还是源自一种直观中的"相合统一"。在胡塞尔看来，这一补充是非常必要的，一种彻底形式的系统的不完备性，也不是这一系统内部的问题，而是根植于直观的缺乏。如果我们参考胡塞尔关于真理的双层理解，结合他对于数理逻辑发展危险性的看法，我们可以获得一种对于塔斯基真之不可定义性的非哥德尔式的理解。

**（二）从语义范畴出发的新理解**

在胡塞尔和塔斯基的真理理论的相关研究中，语义范畴这个概念所发挥的作用被忽略掉了。塔斯基将这一概念的发明归功于胡塞尔②，胡塞尔在规定逻辑学的第一个任务时提到的"含义范畴"就是塔斯基所说的语义范畴③，两者在这一概念上也产生了交集。

前面我们提到，胡塞尔对于真理的定义有两层结构，一个是在形式上规定的规则，也是纯粹逻辑的第一个任务，就是确定含义范畴（语义范畴）和含义对象以及它们的复合规律。对于含义范畴来说，复合规律的原则就是不能出现无意义的词语的组合，比如"不但虽然或者国王"这样的组合。词汇是否能够形成一个有意义的句子，最基础的是由含义范畴决定的，在这个基础上，胡塞尔也规定了包含质料的另一层真的定义：被意指的对象性在严格意义上的直观中被充实，也可以说被意指对象被直观给予对象所充实。胡塞尔之所以还对真理定义了除形式之外的另外一层直观的含义，也是因为基于语义范畴的真理的定义，离不开一种视域，这一视域存在于我们的生活世界。胡塞尔认为，我们日常生活中的一种基于直观的认识就

---

① 〔德〕胡塞尔：《形式逻辑和先验逻辑》，李幼蒸译，中国人民大学出版社，2012，第82页。

② Alfred Tarski, *Logic, Semantics, Metamathematics: Papers from 1923 to 1938*, translated by J. H Woodger, Oxford: Clarendon Press, 1956, p.215.

③ 在德语中无论是胡塞尔的"含义范畴"，还是塔斯基的"语义范畴"，都是同一个德语词 Bedeutungskategorien，英文则是 semantic categories。

可以称为真。在真理问题上，形式化的理解之所以不能够获得一种完备性的理解，也是由于我们忽略了认识的地基，那就是我们的经验世界，模糊性产生于我们经验世界的复杂性与丰富性，这一经验世界也是语义范畴模糊性产生的根源。这一经验世界既包含了那些被共同给予的方向，又包含了预先被给予的方面。前者是指"对个体事物的一切经验都有其内在的视域……总是有一个盈余的东西（un plus），它溢出了在一个特定的经验时刻实际被把握的东西"①。这一共同被给予的视域随时都可以在我们的目光转向中成为意识的焦点；后者则是指作为某种习惯积淀下来、在我们思考真正的对象之前已经作为一种预先给予的部分成为我们认识的地基的部分②。因此即使基于这种复杂多变的含义范畴（语义范畴）概念基础上的直观真理概念，也在生活世界的意义上具有可靠性。

显然塔斯基也认识到了语义范畴所具有的复杂性，这一复杂性，给一种真之形式化的定义造成了根本性的困难，但是塔斯基自己认为，这种形式定义的不可能性，最终还是同演绎系统本身的性质有关系。如果从胡塞尔的角度来理解语义范畴的模糊性，那么我们就真的能够获得关于真理的一些积极的结果。塔斯基在取消了真之定义的可能性之后指出："结论比较确定的是，关于真理的定义，或者更一般地说，对于语义的建立，使我们可以将一些在演绎科学方法中的得到的否定结果与一些平行的积极结果相匹配，从而补充一下演绎知识本身的一些空白。"③ 如果我们联系胡塞尔对于真理的双层构架，"平行的积极结果"可以是一种对于语义范畴之多义性的解释，这一概念的复杂性是根植于生活世界的复杂性之中，这也为我们理解这一概念所带来的困难提供了一个非哥德尔式的解释。虽然哥德尔的不完备定律在很多领域得到了证实，但是相比于数学领域的纯粹性，其他领域——如意识与语言之中——的不完备性定律的应用，还有很多其他因素要考虑，语义范畴这个概念就是一个典型的例子。

---

① 〔法〕苏珊·巴什拉：《胡塞尔的逻辑学：〈形式逻辑与先验逻辑〉研究》，张浩军译，华东师范大学出版社，2021，第 310~311 页。

② 〔德〕埃德蒙德·胡塞尔：《经验与判断——逻辑谱系学研究》，邓晓芒、张延国译，生活·读书·新知三联书店，1999，第 70 页。

③ Alfred Tarski, *Logic, Semantics, Metamathematics: Papers from 1923 to 1938*, translated by J. H Woodger, Oxford：Clarendon Press，1956, pp. 276-277.

如果用胡塞尔的真理理论观照塔斯基的真之定义，那么我们可以说，塔斯基在一种形式化的真之定义上所做的努力——试图获得一种抽象的对于生活经验高度简洁的判断力，是一种对于更原始的基底的回溯可能性的摒弃，在这种情况下，真理的概念是不能从它自身中产生出来的。为了避免这种危险性，胡塞尔对于真理进行一种双重定义，在一种形式定义之外，补充了一种基于生活经验的更直观的定义。胡塞尔对于生活世界的发现为塔斯基真理论中的语义范畴产生的复杂性寻找到了根源，这一根源既给了语义范畴以限制，也为其提供了无限发展的可能性，这一发现也为我们理解塔斯基的真之不可定义性提供了一个新的、非哥德尔式的视角。

# 道路与家：论海德格尔"道论"中双重要素的安置

蒋周伟*

**【内容提要】** 海德格尔的道论建构于家和道路双重喻象的基本洞见。道路之思引发广泛跨文化效应，但海德格尔只将道路之思视作西方自身"返乡"的一种方式。因为存在论差异与西方的命运相关联，所以"返乡"或"家"的喻象被海德格尔以存在论差异充实其义理内涵。存在论差异在道路之思中占据支配性地位，为道路之思提供运作方向并划分出步骤。道论中家与道路双重要素如此配置的根源在于海德格尔对现象学与存在论的定位。存在论差异既指向存在论的内容，它也是还原与解构，即现象学的方法的消极部分。道路之思作为积极性的引导，首先仅是方法论层面上的现象学建构。当存在论差异以动机促发和给予存在论之身份的方式参与道路之思时，道路之思才超越方法的定位，迂回地被赋予存在论意义，回馈存在论差异以肯定内容。道路与家以共创的方式参与对存在本身的取譬。

**【关键词】** 道论；存在论差异；现象学；存在论

## 一　引论：从道路的跨文化效应到返乡情切

海德格尔与老子之间思想的亲缘性引发出跨文化思想效应：东西方思想试图摆脱技术时代的无家可归状态①，并在相互修正中以激活各自传统的

---

＊　蒋周伟，华东师范大学哲学系博士研究生，图宾根大学联合培养博士研究生。

① 海德格尔所谓的无家可归的（unheimlich）状态指技术时代将一切归因于单一的统一性上去，以至于"从人那里夺去了扎根于本土所需要的每一种根据和地基"。转入跨文化的语境，"无家可归"意味着由追求普遍性驱动的全球化对文化之特殊性的消解。参见〔德〕海德格尔《海德格尔文集·根据律》，张柯译，商务印书馆，2016，第66页。

方式走向深度相遇。这一效应被引发的契机是海德格尔寻找存在被遗忘的根源以求面对技术时代的危机时，将古老的东方带入视野，以期倾听来自异乡的思想应合。如波格勒所言，海德格尔通过"与老子的相遇，允许我们去谈论那些通向这些深度的方式以及那些遗忘'根源'的方式。以这种方式，思的道路可能变成一条具有多元可能性的道路"①。

　　海德格尔所要面向的是没有被卷入存在之遗忘的欧洲视角中的老子。海德格尔敏锐地洞察到"今天的印度、中国和日本人在许多情形之下都倾向于只以我们的欧洲思想方式来向我们传达他们的经验……从中再也无法分辨出老子是不是一个康德主义者"②。海德格尔对他所能接触到的老子思想保持审慎态度，他认为"老子的诗意运思的引导词语叫做'道'，'根本上'就意味着道路。但由于人们太容易仅仅从表面上把道路设想为连接两个位置的路段，所以，人们就仓促地认为我们的'道路'一词是不适合于命名'道'所道说的东西的。因此，人们把'道'翻译为理性、精神、理由、意义、逻各斯等"③。为避免以追问存在者的方式切入"道"，海德格尔直觉领受式地使用"道路"（Weg）来理解"道"。海德格尔断定最简单的"道路"中暗藏老子的秘密，也"隐藏着运思之道说的一切神秘的神秘"，正是有"为一切开辟道路的道路，由之而来，我们才能去思理性、精神、意义、逻各斯等根本上也即凭它们的本质所要道说的东西"。④ 同时，海德格尔为避免对"道"作实体化、现成化的解释，尝试避免用名词解释"道"，转而将"道"表达为动词式、中间式的 wëgen 或 be-wëgen，意即提供、创建、开辟道路等，或者 be-langen，意指让我们通达与我们相关之物。⑤ "道"被理解

①　奥特·波格勒：《东西方对话：海德格尔与老子》，载〔德〕梅依《海德格尔与东亚思想》，张志强译，中国社会科学出版社，2003，第231页。

②　〔德〕马丁·海德格尔：《海德格尔文集·不莱梅和弗莱堡演讲》，孙周兴、张灯译，商务印书馆，2018，第174页。

③　〔德〕马丁·海德格尔：《在通向语言的途中》，孙周兴译，商务印书馆，2004，第191页。

④　〔德〕马丁·海德格尔：《在通向语言的途中》，孙周兴译，商务印书馆，2004，第191页。

⑤　根据 Rolf Elberfeld 的观点，海德格尔在古希腊语中获得对于中间式理解的视野。海德格尔对语言的"本质"的理解也随之发生转变。语言的"本质"本身便仅仅在运动中间出现。这是一种不能用简单的主动态或被动态描述的中间运动。同时，海德格尔对中介式的语言运动的关注一定程度上促成了海德格尔的思想和方法与东亚之间的切近。参见 Rolf Elberfeld，„'Quellende Wolken und fließendes Wasser'. 道（dao）und Heidegger"，*Heidegger-Jahrbuch* 7，Karl Alber，2013，S. 138-152。

为缘构生成。

相比于传统欧洲视角的道论，海德格尔清晰地知道自身的阐释边界，即他并不以老子为同乡故人。这种边界首要表现为语言的障碍。在给雅斯贝尔斯的信中，海德格尔说放弃翻译老子的主要原因是对语言的陌生。在与日本学者的对谈中，海德格尔认为正是语言的锁闭阻碍对话进行，乃至于因为欧洲人和东亚人栖居在完全不同的存在之家中，对话几乎不可能。[1]海德格尔也并不认为改宗老子就能从技术时代中自我拯救。在《明镜》的访谈中，海德格尔相信技术时代的转变只能"求助于欧洲传统及其革新"，而非"通过接受禅宗佛教或其他东方世界观来发生"。[2]与此相应，海德格尔认为当代西方与东亚不可避免的对话必然以与古希腊思想家的对话为条件，经过如此转化的欧洲思想与东方之间方能有"深层相遇"的可能。[3]换言之，海德格尔对老子诠释的视角和边界乃是海德格尔思想中的返乡情切。对老子的关注只是他迂回地发现和转化西方自身的途径之一。

由上我们初步可见，海德格尔道论在内容上围绕道路喻象建立，在思想基调与动机上偏重于通过家的喻象来呈现。道路与家两重喻象要素贯穿并构成海德格尔的道论及其所产生的跨文化效应。返乡情切通过道路之思的中介在欧亚大陆的两端产生共振。但是，在欧洲与东亚这两种相似的有感之思之中，道路与家园双重要素的配置结构却大相径庭。东亚学者过于建设性地共情海德格尔的道路之思，从而忽视海德格尔对欧洲的家与东亚的家之间的界限的警惕。这种东亚的道论简单地将道路与家画上等号，对海德格尔的道路之思呈现出"别子为宗"的暧昧。以海德格尔的视角观之，这反倒是在返乡情切中从一种无家可归的状态走向另一种无家可归的状态。这种道路之思实质上与技术时代的"道"之遗忘并无二致，它们都属于"作为施暴者跨过了家乡的界限，而且直接朝向了在征服意义下的无家可归状态"[4]。

---

① 〔德〕马丁·海德格尔：《在通向语言的途中》，孙周兴译，商务印书馆，2004，第89~90页。

② 孙周兴选编《海德格尔选集》，生活·读书·新知上海三联书店，1996，第1313页。

③ 〔德〕马丁·海德格尔：《演讲与论文集》，孙周兴译，生活·读书·新知三联书店，2005，第41页。

④ Martin Heidegger, *Einführung in die Metaphysik*, GA. 40, Frankfurt: Vittorio Klostermann, 1983, S. 160.

所以，在建设性地共情之前，厘清海德格尔的道论之中对道路与家园双重要素的安置至关重要，这有助于东亚学者在返乡情切中妥当地释放海德格尔哲学的潜能。

## 二 存在论差异：海德格尔道论中的思乡
### ——以《老子》第十一章的诠释为中心

在海德格尔语境之中，至少西方思想之思乡的所思之物可以被限定为"存在论差异"。"存在与存在者之差异乃是一个区域，在此区域范围内，形而上学，即西方思想，能够在其本质之整体中成为其所是。"① 而所谓的"存在之被遗忘状态乃是存在与存在者之区分被遗忘状态"②。存在论差异也正是海德格尔诠解老子的根本出发点，在1943年《诗人的独特性》中他写道："老子在他的《道德经》的第十一章格言中提到在这个区分之中的存在。"③

在《诗人的独特性》一文中，存在论差异的主题具体化为"历史性"与"历史学"之间的差别。海德格尔援引《老子》第十一章来印证他的洞察。他以自己的方式部分地改译老子。海德格尔在能够阐发哲学意味的思想节点都印上其思想的特征：① "其无"被翻译为"它们之间的空"（das Leere zwischen ihnen）；② 最后两句中"有"被翻译成"存在者"（Seiende），"无"被译为"非-存在者"（Nicht-Seiende）；③ "用"被翻译为"存在"（Sein），相对应的"利"被翻译成"有用性"（Brauchbarkeit）；④ "有其用"中的"有"和最后的"以为"被翻译为"允诺"（gewährt）。这几个思想节点的内在义理存在两重向度，其一是作为义理支点的存在论差异，其二是对存在之缘构生成的揭示。

对道路式的缘构生成的揭示，主要由"之间"和"空"来支撑，尤其是它们与聚集的关联性。在此文中，"之间"是一统时间与空间的聚集，其

---

① 〔德〕马丁·海德格尔：《海德格尔文集·同一与差异》，孙周兴、陈小文、余明锋译，商务印书馆，2014，第56页。
② 〔德〕马丁·海德格尔：《林中路》，孙周兴译，商务印书馆，2016，第416页。
③ Martin Heidegger, *Zu Hölderlin—Griechenlandreisen*, Vittorio Klostermann, 2000, S. 43.

中"在某某当中是其自身在地点和空间里的聚集，'在期间'是其自身在当下和时间中汇集着和伸张着的聚集"①。"空"与"之间"具有一致性，海德格尔写道："在之间——对立着的留逗——纪念——，在遗赠的展伸之中，在之间的对反着之逗留就是所谓'内立状态'——人的'空'。"② 在此，海德格尔没有过多的对"空"的解读。但对比同类的文章，如《物》中对壶的分析、《筑·居·思》中对桥的分析，壶和桥的"空"都承担起聚集的功能，它卷入天地人神四方，并使它们共属一体地逗留于此。这里的"空"也是天地人神的"之间"。

在该篇解说词中，"之间"与"空"除了其自身蕴含的"道路"义之外，它们的义理框架则由存在论差异塑造。"之间于其自身首先在留逗和地带的展伸中伸展和保持敞开"，"对立着的留逗之间作为逗留着的地带而存在"。③ "之间"是时间与空间源初共扭的"时间—游戏—空间"，它与空间性的"在某某当中"和时间性的"在期间"构成存在论差异的关系。例如在《哲学论稿：从本有而来》中，海德格尔就径直将"之间"与存在论差异联系在一起——"（'之间'是）从存有本身中展开出来，成为存在者的敞开的突现领域，在此领域中存在者同时又自行回置到自身那里。"④ 在《诗人的独特性》中，人的"空"与"精神、灵魂、生活的维度和它们以形而上学表象出的统一性"构成存在论差异式的关系。⑤ 在壶和桥的例子中，聚集将壶和桥的本质馈赠、允诺给壶和桥，"空"中的聚集与壶和桥的本质构成存在论差异的关系。

贯穿"之间"与"空"的存在论差异，正是思乡的根源之所在。对于在"空"处聚集的终有一死的人来说，筑造这类行为的意义根源就是存在意义上的栖居。⑥ 海德格尔对《老子》第十一章解读道："于此在之间（In-zwischen）中，人栖居着，如果他的栖居就是思念，即在正保留着的状态中

---

①　Martin Heidegger, *Zu Hölderlin—Griechenlandreisen*, Vittorio Klostermann, S. 43.

②　Martin Heidegger, *Zu Hölderlin—Griechenlandreisen*, Vittorio Klostermann, S. 43-44.

③　Martin Heidegger, *Zu Hölderlin—Griechenlandreisen*, Vittorio Klostermann, S. 43.

④　〔德〕马丁·海德格尔：《哲学论稿：从本有而来》，孙周兴译，商务印书馆，2016，第354页。

⑤　Martin Heidegger, *Zu Hölderlin—Griechenlandreisen*, Vittorio Klostermann, S. 43-44.

⑥　〔德〕马丁·海德格尔：《演讲与论文集》，孙周兴译，生活·读书·新知三联书店，2005，第168~169页。

被留住的思念，那么这正保留着的状态就在对真-理（Wahr-heit）而言的存在遗赠中被保持下来。"① 栖居者的思念指向"在道说中向人诉说的和被遗赠给人的东西"，这是从澄明处或者存在之天命处遣送而来的诗人——老子与荷尔德林——的命运及其独特性，诗人的作诗是对"照着存在发出的呼唤来说的先说"的回应。② 这种在命运中的存在即是"在家"。③ 简单而言，这种被馈赠的东西就是人的本质，故而以"在家"喻之。所以，由存在论差异促成的思念在给予人之本质的意义上被理解为思乡。

在《老子》第十一章的解读中，海德格尔凭借存在论差异理解"无"与"有"的关系。就"无"与存在论差异的关系而言，海德格尔认为："无是对存在者的不，因而是从存在者方面被经验的存在。存在论差异则是存在者与存在之间的不。"④"无"昭示着在规定性上存在的不可能状态，即存在不能以存在者的形式被把握。这回应海德格尔翻译的最后一句箴言中的"非-存在者"（Nicht-Seiende）。"无"对于存在者总是"不着的"，它是一种不化，"作为对脱落着的存在者整体的有所拒绝的指引，它把这个存在者整体从其完全的、迄今一直遮蔽着的奇异状态中启示出来，使之成为与无相对的绝对它者"⑤。"无"呈现为对存在者的拒予、存在自行遮蔽的晦暗，但从"无"出发才能使存在者之为存在者的敞开状态成为可能。正是在这个意义上海德格尔才会对老子的另一条箴言格外关注，即"知其白，守其黑"。"无"的这种启示也是一种存在与我们照面的基本情绪。鉴于人作为有限存在者的身份，与我们照面的基本情绪常常具有否定性，例如海德格尔常提的畏、无聊、急难等。在《诗人的独特性》中，海德格尔在引述《老子》第十一章之前也提到对"不显眼的简朴"有所启示的基本情绪，即"越来越羞怯"。张祥龙认为这里的"羞怯"可比于老子的"损之又损""不敢""柔弱"等。⑥ 存在本身在对存在者有所否定的基本情绪中展露自身。"奇异状态"（Befremdli-

---

① Martin Heidegger, *Zu Hölderlin—Griechenlandreisen*, Vittorio Klostermann, S. 43.
② Martin Heidegger, *Zu Hölderlin—Griechenlandreisen*, Vittorio Klostermann, S. 36-37.
③ 如在《荷尔德林诗的阐释》中，海德格尔说："'家园'意指这样一个空间，它赋予人一个处所，人唯在其中才能有'在家'之感，因而才能在其命运的本己要素中存在。"参见〔德〕马丁·海德格尔《荷尔德林诗的阐释》，孙周兴译，商务印书馆，2000，第15页。
④ 〔德〕马丁·海德格尔：《海德格尔文集·路标》，孙周兴译，商务印书馆，2014，第144页。
⑤ 〔德〕马丁·海德格尔：《海德格尔文集·路标》，孙周兴译，商务印书馆，2014，第133页。
⑥ 参见张祥龙《海德格尔传》，商务印书馆，2017，第271页。

chkeit）一词的词根是 fremd，即陌生，"无"在此的基本情绪呈现为无家可归的经验。存在于无家可归经验中启示自身，这种经验也是对存在本身离去有所提醒的记忆，即思乡。无家可归与思乡是"无"的一体两面。

"无"是从存在者而言，对存在与存在者关联的呈现，而从存在视之，这种关联的运作方式是遣送，它也指向海德格尔对"当其无，有×之用"中"有"的翻译，即"允诺"（gewähren）。虽然"允诺"和"持续"相关，但它并非以存在者的、现成化的方式保证的"持续"，而是从天命处遣送而来的原发的、鲜活的"持续"。所以海德格尔说："只有被允诺者才持续。原初地从早先而来的持续者乃是允诺者……任何一种解蔽之命运都是从这种允诺而来，并且作为这种允诺而发生的。"① 相应地，"只有当存在者着眼于其存在而被称呼之际，'它是（es ist）'和'是（ist）'才被允诺给存在者"②。由此可见，车毂、容器和房子的存在及其持续在场都被存在本身所要求，并作为命运自身的解蔽环节被允诺。存在本身作为"让-在场"的敞开之境，把真正持久的存在者之存在作为赠礼给予诸存在者。与这种馈赠中一并开启的敞开之境是人真正的栖居之处。

海德格尔的老子思想解说呈现出一个思想倾向，即以存在论差异涵摄道路之思，以有无问题涵摄道物问题。"之间"与"空"所关联的发生性的聚集与存在者的存在之间需要"允诺""遣送"等基本环节才能贯通。"允诺""遣送"存在的前提是存在与存在者之间的"不"。"允诺"和"遣送"也留出存在隐去的空间，从而保证存在在显隐之间差异化运作的可能。一方面，"无"呈现出此在所嵌入的可敞开状态，它把握着此在，先行把此在带到存在者的存在面前。③ "无"作为事先被给予的一体之物，它与人的本质同时发生。故而，"无"带出的肯定面向常以"家"的喻象被表达。另一方面，"无"又呈现绝对的超越性，超出关于存在者的思维之外，拒绝任何被把握的可能。人越是以问向存在者的方式朝向"无"，"无"越是离弃人，从而人的本质也无法被馈赠。"无"在此呈现为"无家"的面貌。海德格尔说："到异乡的漫

---

① 〔德〕马丁·海德格尔：《演讲与论文集》，孙周兴译，生活·读书·新知三联书店，2005，第 32 页。
② 〔德〕马丁·海德格尔：《海德格尔文集·同一与差异》，孙周兴、陈小文、余明锋译，商务印书馆，2014，第 117 页。
③ 〔德〕马丁·海德格尔：《海德格尔文集·路标》，孙周兴译，商务印书馆，2014，第 134 页。

游本质上是为了返乡"，"为了熟稔于本己之物的缘故而热爱非家乡存在，这乃是命运的本质法则"，"为了掌握这种本己之物，希腊人必须通过对他们异己的东西"①。作为命运的存在论差异可以被理解为在家与无家的差异化运作。所谓的遗忘存在论差异就是对返乡这一任务的遗忘。但这种遗忘本身又属于返乡过程中的本质法则。以"无"为基本经验昭示的返乡构成海德格尔迂回地经过老子的"道"的思想任务。海德格尔说"道"是"一切神秘的神秘"（das Geheimnis aller Geheimnisse）时，这一语词联系暗示"无"的"神秘"（Geheimnis）与家（Heimat）之间的同一性关系。② Geheimnis 中作为道路之发生的"聚集"（Ge-）就是被返乡的任务标定的路向。

综上所述，海德格尔对《老子》第十一章的诠释彰显出其道论的基本结构。这种结构内部拥有两个存在论环节。它们分别以家和道路为喻象，从而得到展现。其中，作为海德格尔道论之内核的存在论差异主要以家为喻象。家与无家的变迁构成存在之发生或者存在的差异化运作的空间。道路之思由家与无家之间的存在论差异提供运作方向与划分步骤。

## 三　海德格尔道论的分裂幻相及其根源

海德格尔的道论归属于海德格尔对存在的追问，上文虽然预描出家与道路在道论中的大致功能，但是双重喻象似乎各自都能独立地撑起一种存在论的样态，一个是以"道路"为喻象的存在论，另一个是以"家"为喻象的"两层存在论"。③ 虽然这两种存在论从内部看都是自洽的，但海德格尔严格贯彻"家覆盖道路"的理路，道论的分裂只是幻相。分析这种幻相的根源对本文更进一步厘清道路与家双重喻象在海德格尔道论中的功能有所裨益。本节

①　〔德〕马丁·海德格尔：《荷尔德林诗的阐释》，孙周兴译，商务印书馆，2000，第97~103页。

②　〔德〕马丁·海德格尔：《在通向语言的途中》，孙周兴译，商务印书馆，2004，第191页。

③　赖锡三在《庄子灵光的当代诠释》一书中以海德格尔的存在论差异解读道物关系时，曾借用牟宗三的"两层存有论"来称谓道物之间的不二关系。另外他也说从世界的本来真实来讲，只有"道"一层存有论，施设"道""物"两层存有论只是"迷中求悟"时方法论上的区分、工夫论上的方便。他从本体与工夫的关系处理海德格尔思想中的两种存在论。为保持全文的概念一致性，此处将"两层存有论"改为"两层存在论"。参见赖锡三《庄子灵光的当代诠释》，台湾清华大学出版社，2008，第11~15页。

尝试指出存在论差异在海德格尔哲学中的复杂性构成这种分裂幻相的根源。

两种存在论之间存在明显的张力，其张力的核心在于如何处理超越的问题。"道路"式存在论中的超越问题可以透过海德格尔由 physis（自然）追问存在这一策略来澄清。在《论 physis 的本质和概念》中，海德格尔从 hodos（道路）来理解 physis，将其理解为"通向涌现的通道，但因而却是一种向自身的返回，返回到保持为一种涌现的自身"①。在该文之中，海德格尔主要从甄别"techne"（技艺）与 physis 的差异，来厘清 physis。技艺与自然同样关乎出现、运动，而它们的核心差异在于动变之发生是否具有自足性。技艺现象不具备自足性。技艺需要以 eidos（外观）作为外在的télos（目的），从而引导动变的发生。其中，eidos 构成制造活动这种动变之发生的形式因和目的因。外在的目的因作为主导，这在一定程度上给绝对超越者上帝留下空间。而自然则是从自身而来，向着自身行进。它完全在"行进"（Unter-wegs）之中，是纯粹的自动生成。在这种存在论之中，外在的超越既然被清除，超越中所蕴含的超逾自身之义就落实在实现活动的未完成、尚未之中。生成性就在这种超越下保持为"不断到来"的特征。故此，超越就成为"道"自动发生的动力因。

"家"式存在论中的超越则更类似于道路之思中所拒斥的超越。在《〈形而上学是什么?〉后记》（1943）中，海德格尔对之前观点做出修改：将"没有存在者，存在绝不现身成其本质"改为"没有存在者，存在仍然现身成其本质"②。这里所要表达的是海德格尔对前期依靠人这一存在者的生存论分析通达存在路径的怀疑，存在本身远远地超出存在者之外，以至于它可以直接现身。这种外在性也构成超越性。在此前提下，存在与存在者之间依靠允诺、遣送等方式来贯通。海因里希·罗姆巴赫（Heinrich Rombach）认为"遣送"一词透露海德格尔存在论存在客体主义倾向。③ 甘丹·梅亚苏（Quentin Meillassoux）认为海德格尔对绝对性的渴求导致信仰主义。④ 甚至，

① 〔德〕马丁·海德格尔：《海德格尔文集·路标》，孙周兴译，商务印书馆，2014，第 343 页。
② 〔德〕马丁·海德格尔：《海德格尔文集·路标》，孙周兴译，商务印书馆，2014，第 359 页。
③ 参见 Heinrich Rombach, *Phänomenologie des gegenwärtigen Bewußtseins*, Freiburg/München：Karl Alber, 1980, S. 159~167。
④ 参见〔法〕甘丹·梅亚苏《有限性之后：论偶然性的必然性》，吴燕译，河南大学出版社，2017，第 95~96 页。

较早对存在论差异做出划分的马克斯·缪勒（Max Müller）特意区分出一种神学差异。① 道路式的存在论也被这种神学差异所涵摄，如海德格尔曾言："通过存有之启-思的道路并且作为这种道路而成其所是的这个地方，乃是那个为上帝而居-有此-在的'之间'。"② 在这种超越之下，存在成为来自客体的指引。这种超越性让存在既作为让意义发生的敞开域而呼唤人、要求人，同时又具有在人的理喻能力之外的自行隐匿的空间。如此的超越性提供基本的错位或裂缝，这让存在历史中遮蔽与解蔽之间的运作得以可能。这种超越性支持存在作为允诺者、给予者——它"比任何作用、制作和建基都更具有允诺作用"，"它有所端呈的给予才允诺着诸如某种'有'之类的东西"。③ 因此海德格尔强调不能从一个事件、一种发生来思考存在本身，或者"大道"，发生反倒是从给予者这里被给予。与此相应，《存在与时间》认为只有 Ereignis 才能给出时间和存在者的存在。换言之，从不在场到在场的发生和万物的成己只有在存在的支配下才能共同作用。在此，存在论差异中的超越性又恢复为外在性，存在与存在者相互外在保证"两层存在论"的可能。

道路存在论中的超越作为超逾自身的动力，它所面向的是万物如何成其自身的过程。自然的自足性要求超逾自身式的生成过程向着自身行进，从而构成连续的、无外的功能式整体。故此，道路存在论将存在与存在者的关系转译为纯粹发生中的整体与部分之间的关系。在海德格尔分析壶和桥的例子中，天地人神各自作为一个环节在壶和桥的"空"中被聚集为功能式整体。壶和桥的"空"就是整体性的自然朝向自身回溯的功能零点。天地人神的功能式整体与壶和桥的存在通过这种向着自身的运动实现同一。功能式整体向着部分的回溯也是向着自身的行进。所以，存在与存在者之间的同一在道路存在论中也是本然具足的，毋须经过馈赠、允诺这一层转折就可以达成。创生活动所需要的可能性在家存在论中依靠存在与存在者相互外在提供，而在道路存在论中，整体与部分之间的动态张力——超逾自身的未完成性——提供同样的效果。这种纯粹生产性的超逾自身之张力

---

① 参见 Max Müller, *Existenzphilosophie im geistigen Leben der Gegenwart*, Kerle, 1949, S. 66~67。
② 〔德〕马丁·海德格尔：《哲学论稿：从本有而来》，孙周兴译，商务印书馆，2016，第107页。
③ 〔德〕马丁·海德格尔：《在通向语言的途中》，孙周兴译，商务印书馆，2004，第258~259页。

避免直接呈现存在与存在者之间的断裂性。

　　家存在论与道路存在论都能自洽地存在于海德格尔哲学之中，但是海德格尔的道论又明确以存在论差异为内核，以家的喻象涵摄道路的喻象，强调发生活动中馈赠、允诺等环节的必要性。这即是说，如果海德格尔的道论是唯一且一贯的存在论，那么它只能是家存在论。所谓的道路存在论和纯粹生成性的主题在此不能直接设定为存在论的内容，否则只是对发生的表象活动。例如，海德格尔评论尼采的生成论时就曾提及，对生成的直接主题化根本没有说出什么来，这只不过是哲学史上一种观点的重复，这将与偏重发生的自然哲学、过程哲学等大同小异，生成论的要点是思想与被掩盖入幽暗之中的存在的直接关联。[①] 换言之，对存在的思考不是思想的产品，反倒是思想是存在的一个"居有事件"，是有待思的存在本身的涌现。从作为存在者的人来看，思想则又是对存在之呼唤的回应。呼唤与回应的结构与存在论差异保持着密切的关联。所以，海德格尔所强调的存在论差异不首先是对存在的一种规定，而是思想本身如何以存在为主语，如何从存在本身而来对存在进行思想。所以，存在论差异不仅关乎存在论的内容，更关乎存在论如何展开。

　　为避免海德格尔道论的分裂幻相，我们势必需要厘清存在论差异的复杂性。既然存在论差异同时关于思想内容与思想方法，所以我们可以获得一个基本的方向，即在海德格尔哲学中广义上作为方法的现象学在这个存在论构想中的特殊功能，导致两种存在论的幻相。

## 四　家与道路之间的存在论与现象学

　　现象学作为基本的存在论方法参与存在论的展开。[②] 海德格尔存在论的基本出发点是存在的现象性。在《存在与时间》中，海德格尔界定现象与

①　〔德〕马丁·海德格尔：《什么叫思想？》，孙周兴译，商务印书馆，2022，第124~125页。

②　海德格尔在《现象学之基本问题》一书中就将现象学定位为存在论方法，而不能代表一种立场，就存在者表达某种特定内容的论题。参见〔德〕马丁·海德格尔《现象学之基本问题》，丁耘译，上海译文出版社，2008，第24页。海德格尔在深入追问存在的道路上也并没有抛弃现象学，更没有放弃将存在论与现象学糅合在一起，如其晚年时所言："现象学并不是一个学派，它是不时地自我改变并因此而持存着的思的可能性，即能够符合有待思的东西的召唤。"参见〔德〕马丁·海德格尔《面向思的事情》，陈小文、孙周兴译，商务印书馆，2016，第96页。

现象学："现象"的内涵是"就其自身显示自身者"，"凡是如存在者就其本身所显现的那样展示存在者，我们都称之为现象学"。① 存在是其自身的显现，而非假设。现象学的无前提性要求承认"直接的东西可先于一切分析而被给予"②。存在的现象性意味着存在是被直接给予的，而非分析、重构后获得的。海德格尔在回应那托普对现象学方法的质疑时谈到，依靠先行假设而后综合出研究对象之总体的方法自始就已经错失研究对象，研究对象"保持为原样的未获阐明的现象"③。在此回应中，海德格尔也建设性地提出现象学的方法是一种"生命的同感"，是与研究对象本身同一的直观。从这种"解释学的直观"中才可以言及"就其自身"的方法论特征。这种"就其自身"的现象学特征与直观的方法在后期海德格尔思想中也一贯地保持着。如在《关于人道主义的书信》中，海德格尔认为思想——包括对存在的追问——是存在与人的关联的完成，这种关联应该"当作存在必须交付给它自身的东西向存在呈现出来"④。基于这种现象学的方法，海德格尔认为形而上学的追问"不是从外部把形而上学带到我们面前来"，"只要我们生存着，我们就总是已经置身于形而上学之中来"，"形而上学就是此在本身"。⑤ 海德格尔意义上的形而上学，它的运转需要叩问者成其本质地嵌入存在敞开的领域之中，达成与研究对象本身的同一。存在自身显现在哲思之中，唯有这种直接性才能不违背"存在的现象性"这一主题。

存在的自身显现又以存在论差异作为前提。如米歇尔·亨利（Michel Henry）曾言："存在只有与自身保持一定距离时才是一种现象。现象学距离的运行被视为一种存在论力量，它是一种正在展开的距离，而不只是已经铸造好的距离，恰恰由于建立这样的间隔，存在才可以向自身显现。"⑥

---

① 〔德〕马丁·海德格尔：《存在与时间》，陈嘉映、王庆节译，生活·读书·新知三联书店，2014，第41、50页。

② 〔德〕马丁·海德格尔：《海德格尔文集·论哲学的规定》，孙周兴、高松译，商务印书馆，2015，第119~120页。

③ 〔德〕马丁·海德格尔：《海德格尔文集·论哲学的规定》，孙周兴、高松译，商务印书馆，2015，第107~108页；〔德〕马丁·海德格尔：《海德格尔文集·宗教生活现象学》，欧东明、张振华译，商务印书馆，2018，第10~11页。

④ 〔德〕马丁·海德格尔：《海德格尔文集·路标》，孙周兴译，商务印书馆，2014，第368页。

⑤ 〔德〕马丁·海德格尔：《海德格尔文集·路标》，孙周兴译，商务印书馆，2014，第139~140页。

⑥ Michel Henry, *The Essence of Manifestation*, trans. by Girard Etzkorn, Springer, 2008, p.66.

存在论的距离堵绝从存在者通达存在的道路，而作为非-存在者的"无"就成为追问的发起点。就此，海德格尔强调要避开"各种并不是在无的呼声中产生的标记"。① 托马斯·希恩将之称为海德格尔针对"本有"而订立的现象学原则。② 在"无"之中，存在才有可能作为现象被给予。海德格尔在《现象学之基本问题》中给出现象学方法的三个环节，现象学的还原、解构与建构。还原意味着将"研究目光从素朴把握的存在者向存在的引回"，解构意味着"对被传承的、必然首先得到应用的概念的批判性拆除"，建构是"对预先所予的存在者（向着其存在以及其存在之结构）的筹划"，是"以肯定的方式把自己带向存在本身"。③ "无"的原则包含引回存在和拆除先见的功能。换言之，"无"的现象学原则承担现象学还原和现象学解构两项功能。存在的呼唤在"无"中的展现是它作为完全无法预见的意外，击中被呼唤者使之摆脱任何主体性、放弃任何自我的运作，并且抓住被呼唤者使之引回向存在。④ 这是海德格尔对哲学始于惊异的存在论式转译。汉斯·莱纳·塞普（Hans Rainer Sepp）将这种意外视作促发现象学悬搁的开端动机。⑤ 作为临界经验的"无"悬搁一切从存在者发问的方式，打破世界意蕴的内循环，将追问者带到意义筹划的边界。"无"作为存在论方法是海德格尔的"返回步伐"，透露出"返乡"的思想动机。"无"虽然以意外性拆除一切先见并指向与存在本身的关联，拥有定向功能，但"无"作为存在论的方法也仅限于此。"无"作为否定性的开端性条件，辅之存在论差异中彰显的"客体主义"倾向，这会导致追问活动成为等待着被允诺的消极行为。⑥

存在论方法的积极部分由道路之思承担。海德格尔的现象学方法的积极

① 〔德〕马丁·海德格尔：《海德格尔文集·路标》，孙周兴译，商务印书馆，2014，第 132 页。

② 〔美〕托马斯·希恩：《理解海德格尔：范式的转变》，邓定译，译林出版社，2022，第 309 页。

③ 〔德〕马丁·海德格尔《现象学之基本问题》，丁耘译，上海译文出版社，2008，第 24~26 页。

④ 这一点在马里翁的《还原与给予：胡塞尔、海德格尔与现象学研究》的第 6 节与第 7 节中得到详细的阐述，参见〔法〕让-吕克·马里翁《还原与给予：胡塞尔、海德格尔与现象学研究》，方向红译，上海译文出版社，2009，第 339~346 页。

⑤ 参见〔德〕汉斯·莱纳·塞普《现象学与家园学：塞普现象学研究文选》，张任之编，靳希平、黄迪吉等译，商务印书馆，2019，第 103~117 页。

⑥ 如罗姆巴赫就曾认为，海德格尔晚期哲学中的"澄明"，它所拥有的"从高处被'发送'"的含义，将导致丧失寻找的鲜活性。参见〔德〕海因里希·罗姆巴赫《作为生活结构的世界——结构存在论的问题和解答》，王俊译，上海书店出版社，2009，第 80 页。

部分是现象学建构，它是引向存在的肯定性的引导，它在自由筹划中将存在带入视域。道路之思在后期海德格尔思想中承担筹划与现象学建构的功能，这从海德格尔对 hodos（道路）的诠释中可见。"道理——ή όδός, ή μέθοδος（'Methode'）有这样的基本特征：它导向通道，在途中开启一个视域和前景，并由此带来开启了的东西"，"'道路'作为展望和洞察性的提供显现，属于άλήθεια的领域"。① 道路首先扮演方法的角色，展望性的道路承接筹划的工作。海德格尔认为，开辟道路、强制上路就是为将人之存在建基于存有之真理做准备。② 如格奥尔格·施登尔（Georg Stenger）说："道的思想的决定性的环节也许在于它认真对待道的体验（'作'［Übung］），以至于道的意含随着在所走的道路上行走才一并产生与出现。此处创生的思想担当了效用的观念在西方所充任的角色。这个思想很合乎现象学的工作，倘若现象学确实关涉建构活动，尤其关涉到从它之中现象获得其意义内涵以及含义充实的构成活动的话。"③ 所以，道论中的道路之思首先是作为现象学的建构方法，其次才是通过这种方法呈现的存在论内容。这种道路不是在"无"的定向之启示中克服式的回返，而是极具建设意义的道路。用亚历山大·席内尔（Alexander Schnell）的话说，这种道路是一种"出到（hinaus）！出到敞开。出到让实事性得以向我们显现的视域之中"④。在海德格尔存在论中，道路之思首先作为一种现象学建构，才可以避免让发生作为一种形而上学的"倒转"被预先设定，避免将发生的给予者作为一种目标被预先设定。动力式的寻找在思想的实践上优先于目的式的单向归附。道路之思在积极的意义构成之施行中一并开显出发生的存在论向度。

　　家喻的存在论差异以及"无"在两个方面参与现象学建构。第一，"无"的意外性和存在的外在性不断促发意义筹划的别样化，使之不断跃出意蕴的内循环，保持建构行为的动态性。意义筹划的生产与有所指引的被给

--------

① 〔德〕马丁·海德格尔：《海德格尔文集·巴门尼德》，朱清华译，商务印书馆，2018，第96页。
② 〔德〕马丁·海德格尔：《哲学论稿：从本有而来》，孙周兴译，商务印书馆，2016，第106页。
③ 格奥尔格·施登尔：《现象学的新转向？——以德国与日本的哲学为例说明欧洲与东亚思想的互相丰富》，夏一杰译，《清华西方哲学研究》2016年第2期。
④ Alexander Schnell, *Was ist Phänomenologie?*, Vittorio Klostermann, 2019, S. 78.

予性之间的张力促使着现象学建构不断地动态扩展，展望性的道路持续在修正中延伸。如席内尔所言："内在理解力敞开和扩展的理解之筹划再一次与被给予性打交道——但这是以被生成的方式（现象学上'被建构的'），而不是以任何在先持存物或者设定物的方式。"① 否定性和外在性以激发的方式促发和维持着现象学建构的动态过程。第二，"无"提供把握存在的可能，实现现象学建构从方法到真理的转换，亦即是从意义筹划向存在的意义结构之展示的转换。塞普在解释"道"时，就强调对"道"体验中所蕴含的"无意义的对抗"，它在打断对意义世界的关涉中向着"超出－意义"突破，造就把握"道"的可能性。② 在海德格尔的哲学中，"道"或存在的被把握就是存在作为允诺者、给予者，将存在论身份作为赠礼赋予现象学建构的动态进程，实现现象学方法向存在论内容的转换。存在论身份进入现象学建构所敞开的视域之中，意义构成的施行者在鲜活的实在感中被确认为存在本身。在家的情绪于此朗现。道路也从方法论层面上的诸可能性之展开，变成对原初发生的直接命名，抑或原初发生的自我命名。从"开辟道路"变成"为一切开辟道路"。这亦展示家是道路之展开的限制性条件，道路并非漫无目的地乱走一气："道路是一种被定向的ὀρθὰ ὁδός（正确的道路）。只有当道路能够在无蔽者中伸展，它才能直接导向无蔽者，才是被定向的道路。仅当它是被定向的路时，它才是正确的路。"③ 道路的正当性以家为定向，道路的存在论身份在家中被给予。

家虽然占据目的之位，但它却并不直接以目的论的方式参与道路之思。道路也有所谓的歧途，无家可归之状态作为否定性的促发修正着道路的走向。家只以否定的方式修正道路和以不知其所以然的方式馈赠道路以存在论身份。道路之思是在思想实践上完全优先地开辟道路。道路之思和返乡对应着海德格尔对现象学的基本洞见，前者是把现象学"作为可能性来加以把握"④，后

---

① Alexander Schnell, *Was ist Phänomenologie?*, Vittorio Klostermann, 2019, S. 80.
② 〔德〕汉斯·莱纳·塞普:《现象学与家园学：塞普现象学研究文选》，张任之编，靳希平、黄迪吉等译，商务印书馆，2019，第181~196页。
③ 〔德〕马丁·海德格尔:《海德格尔文集·巴门尼德》，朱清华译，商务印书馆，2018，第121页。
④ 〔德〕马丁·海德格尔:《存在与时间》，陈嘉映、王庆节译，生活·读书·新知三联书店，2014，第41、55页。

者是"符合有待思的东西的召唤"①。后者实现之前提是前者自我修正，前者的自我修正则又需要来自后者的促发和确认。哲思就在这种良性的循环之中不断自我铺陈。

综上所述，海德格尔的存在论无论是从内容，还是从如何展开而言都首先立足于关涉家喻的存在论差异。存在论差异既作为存在论的内容，也作为现象学的方法。存在论与现象学耦合在存在论差异之中。道路之思则首先仅作为方法论意义上的现象学建构而展开。当存在论差异以动机促发和给予存在论身份的方式参与道路之思时，我们从存在论的角度描述整个意义构成的发生过程。由此，道路之思超越于方法的定位，将其中展开的内容纳入存在论的领域之内。道路经此迂回就被赋予存在论意义。道路与家园也才能以共融的方式参与对存在本身的取譬。

## 五　结语

家园与道路这两重要素在海德格尔哲学中都以直觉领受的方式被接纳、呈现，它们既作为直接的哲学内容参与海德格尔道论构建，也作为思想赖以展开的基本隐喻，预描出理论的可能空间。后者通过海德格尔现象学存在论的接引获得理论的形态，从而成为前者；前者通过其内部理喻化的后者从而实现理论成为可供直观的有感之思。例如在道路与家园的隐喻转译中，技术时代的问题才不只是停留在思辨的维度之上，而是更富触动地被理解为我们承担着的实存问题。但这也在一定程度上复杂化海德格尔道论的跨文化效应。例如，道路与家园的直观性促生上述的建设性共情。但陷入这种直观的共情也促生一种可能性，即共情者迷失在反普遍性的普遍性之中，过快地将对无家可归的反省推论到"似曾相识"的在家。它的后果无疑是将单纯的模仿作为跨文化的效应形态，将海德格尔东西方各归其乡的期望误解为归于一乡。本文表明，对家园与道路的结构分析绝对不止于存在问题的视野。海德格尔的道论所涉甚广，它完全溢出存在问题。它至少包含三层由家园与道路共塑的结构，这些结构交织在一起。首先是狭义

---

① 〔德〕马丁·海德格尔《面向思的事情》，陈小文、孙周兴译，商务印书馆，2016，第96页。

上的海德格尔道论结构，即围绕存在问题展开的部分；其次是海德格尔道论的跨文化效应的结构，包括它何以有跨文化效应、跨文化效应形态如何产生等问题；最后是受海德格尔道论影响，踏上真正属己的寻乡之途的道论结构，它直面的问题是以道路与家园双重要素为中介如何释放海德格尔道论的归乡潜能。而将道路与家园作为基本线索，这无疑可以在理论与实践统一的维度上，为我们拓展出一种可供解析的宏大视野，把海德格尔的道论及其效应与潜能一并纳入其内。

# 海德格尔元存在论的现象学意蕴

## ——"隐匿"的本源性地位的确立

买买提依明·吾布力*

**【内容提要】** 海德格尔后期思想的现象学特性会引发元存在论的现象学意蕴问题。在现象学的视域内,海德格尔的元存在论可被标示为一种"元现象学"。作为对此在现象学的一种彻底化,这种元现象学以存在者整体的存在方式本身为自己的现象,并要从其显现方式或现象性而来让这种现象得到显明。"深度无聊"构成了承载这一现象学之思想经验的基本情调。通过这种思想经验,存在方式本身的显现即"存在自身"作为"自行隐匿"而发生,并让一种存在方式得以被建立。至此,"隐匿"在海德格尔的思想中获得了其不可被动摇的且源始的地位。

**【关键词】** 元存在论;现象学;存在;隐匿

海德格尔在 1928 年的一篇讲课稿中提出了"元存在论"(Metontologie)的研究计划。① 海德格尔认为,以"存在者整体"为主题的这种元存在论是对《存在与时间》时期的基础存在论的彻底化(Radikalisierung)。② 在紧随其后的若干年期间,海德格尔持续专注于"存在者整体"的问题。鉴于海德格尔

---

* 买买提依明·吾布力,维吾尔族,山东大学哲学与社会发展学院博士研究生,主要研究方向为现象学与诠释学。

① 本文把 Metontology 译为"元存在论",以突出该词的前缀"meta-"之"前提和条件"等含义。相关讨论参见方向红《试论海德格尔元存在论概念的出现及其意义》,《同济大学学报》(社会科学版)2018 年第 1 期。

② 〔德〕马丁·海德格尔:《从莱布尼茨出发的逻辑学的形而上学始基》,赵卫国译,西北大学出版社,2015,第 220~222 页。

把关于存在者整体的追问看作形而上学的基本任务①，元存在论通常被看作一种独特的形而上学。② 结果，元存在论中可能运作着的现象学往往被忽略。海德格尔在《存在与时间》中曾把存在论指明为现象学，并把以此在为主题的基础存在论标明为"此在的现象学"。③ 这样一来，如果元存在论是对此在现象学的一种彻底化，而且其本身也是一种存在论，那么，对元存在论的现象学意蕴进行追问将会是现象学的合理诉求。而鉴于形而上学与现象学在诸多方面的不相容性，在形而上学视域内的考察无法代替或穷尽现象学的追问。

基于现象学式追问相对于形而上学式考察而言的独特性，已有学者注意到元存在论的现象学特性。克罗威尔（Steven Crowell）在近来的一篇文章中认为，海德格尔的思想向元存在论的过渡根源于某种现象学的要求④，只有当海德格尔把这种元存在论的根基置于一种"元政治"（Metapolitik）的时候⑤，海德格尔才离开了现象学⑥。恩格兰（Chad Engellan）也认为，海德格尔在元存在论中的思想转向，是为了现象学地阐明在《存在与时

---

① 〔德〕马丁·海德格尔：《海德格尔文集·形而上学的基本概念：世界—有限性—孤独性》，赵卫国译，商务印书馆，2017，第13~15页；〔德〕马丁·海德格尔：《海德格尔文集·形而上学导论》，王庆节译，商务印书馆，2017，第3页。

② 参见 László Tengelyi, *Welt und Unendlichkeit, Zum Problem phänomenologischer Metaphysik*, Freiburg/München：Verlag Karl Alber, 2015, S. 415；Steven Galt Crowell, "Metaphysics, Metontology, and the End of Being and Time", *Philosophy and Phenomenological Research* 60（2），2000, pp. 307-331（307，317，329）；陈治国《形而上学的远与近：海德格尔与形而上学之解构》，山东大学出版社，2014，第169~187页；方向红《试论海德格尔元存在论概念的出现及其意义》，《同济大学学报》（社会科学版）2018年第1期；朱清华《元存在论和海德格尔入世的尝试》，《同济大学学报》（社会科学版）2022年第1期。

③ 〔德〕马丁·海德格尔：《存在与时间》，陈嘉映、王庆节译，生活·读书·新知三联书店，2012，第44页；〔德〕马丁·海德格尔：《海德格尔文集·现象学之基本问题》，丁耘译，商务印书馆，2018，第487页。

④ Steven Crowell, "The Middle Heidegger's Phenomenological Metaphysics", in Dan Zahavi ed., *The Oxford Handbook of the History of Phenomenology*, Oxford：Oxford University Press, 2018, pp. 234-235.

⑤ 〔德〕马丁·海德格尔：《〈思索〉二至六：黑皮本：1931—1938》，靳希平译，商务印书馆，2021，第134页。

⑥ Steven Crowell, "The Middle Heidegger's Phenomenological Metaphysics", in Dan Zahavi ed., *The Oxford Handbook of the History of Phenomenology*, Oxford：Oxford University Press, 2018, pp. 246-247.

间》时期的思想所敞开出来的维度。① 韦斯特伦（Fredrik Westerlund）则指出，海德格尔元存在论时期的转向实际上是他考察现象问题的方法的转向。②

这些研究表明，海德格尔的元存在论或许可以被标明为一种现象学。然而，由于这些研究并不是对元存在论所蕴含的现象学的专门考察，因此它们并没有把这种现象学的运作落实到海德格尔元存在论的思想经验中。为了做到这一点，首先需要从后期海德格尔与现象学的关系出发，阐明把元存在论当作一种现象学来考察的必要性，并依据现象学的一般原则确立这一考察的任务。其次需要阐明元存在论所蕴含的现象学之实质，并指出这种现象学在何种意义上可以构成对此在现象学的彻底化。最后要探讨这一现象学的现象是如何通过此在的思想经验，在其显现方式中显示出来的。

## 一 问题的缘起与考察的任务

如果现象学与存在论之间的亲缘性为考察元存在论的现象学意蕴提供了可能性，那么海德格尔后期思想的现象学特性将标明这种考察的必要性和紧迫性。

然而，这种必要性在一开始是隐而不显的。海德格尔在1927~1928年冬季学期的讲课稿《康德与形而上学疑难》之后几乎不再明确地把自己的哲学标示为现象学，而且开始在积极的意义上使用"形而上学"。不仅如此，海德格尔在1936年的笔记中明确指出，现象学必须被摒弃③，因为"现象学的欺骗"让《存在与时间》误入了歧途④。到了1963年，海德格尔更是指出，为了"有益于思想的事情"，现象学"作为一个哲学标题就可以不复存在了"。⑤ 基于此，很多学者认为后期海德格尔放弃了现象学。较早

---

① Chad Engellan, "The Phenomenological Motivation of the Later Heidegger", *Philosophy Today* 53 (4), 2009, p.186.
② Fredrik Westerlund, *Heidegger and the Problem of Phenomena*, London, New York: Bloomsbury, 2020, p.129.
③ Martin Heidegger, *Zu eigenen Veröffentlichungen*, Frankfurt: Klostermann, 2018, S.38.
④ Martin Heidegger, *Zu eigenen Veröffentlichungen*, Frankfurt: Klostermann, 2018, S.41.
⑤ 〔德〕马丁·海德格尔：《海德格尔文集·面向思的事情》，陈小文、孙周兴译，商务印书馆，2014，第115页。

地提出并坚持这种观点的是理查德森（William J. Richardson）。他认为，海德格尔的思想经历了从胡塞尔式的现象学（海德格尔 I）到"思想"（海德格尔 II）的转向，而这种"思想"不再是现象学。① 之所以如此，是因为这种思想不再关注此在的实际经验，而是要考察"存在本身"，后者作为超越于此在并且向着此在自行给予的先行事件，不再是由此在的生存经验所显现出来的现象。施皮格伯格（Herbert Spiegelberg）和卡坡比安科（Richard Capobianco）等人都出于同样的理由而认为，后期海德格尔的思想构不成一种现象学。②

然而，后期海德格尔事实上仍然保留了其思想的现象学特性。一方面，他很早就指出，"谈论现象学无关紧要"③，因为现象学"只不过是一种研究方式"④。这表明，"现象学"一词的缺席并不能证明现象学本身作为一种研究方式的缺失。另一方面，海德格尔在1935年的讲课稿里指出："存在的意思说的就是现象。……存在就是作为现象才在起来的。"⑤ 这表明，只要"存在"是海德格尔思想的主题，那么这种思想就可以被指明为一种现象学。因此，在1962年的一次讨论班里，海德格尔指出自己"保持了真正的现象学"。⑥ 而且，海德格尔在同一年给理查德森的回信中明确指出，自己的

①　William Richardson, *Heidgger: Through Phenomenology to Thought*, New York: Fordham University Press, 2003, pp. xxv-xxxviii; Tobias Keiling, "Phenomenology and Ontology in the Later Heidegger", in Dan Zahavi ed., *The Oxford Handbook of the History of Phenomenology*, Oxford: Oxford University Press, 2018, p. 253.

②　〔美〕赫伯特·施皮格伯格：《现象学运动》，王炳文、张金言译，商务印书馆，1995，第568页；Richard Capobianco, "Overcoming the Subjectivism of Our Age（or Why Heidegger is Not a Phenomenologist）", in Gregory Fried and Richard Polt, eds., *After Heidegger?*, London: Rowman & Littlefield, 2018, p. 317。

③　〔德〕马丁·海德格尔：《海德格尔文集·存在论：实际性的解释学》，何卫平译，商务印书馆，2016，第83页。

④　〔德〕马丁·海德格尔：《海德格尔文集·存在论：实际性的解释学》，何卫平译，商务印书馆，2016，第87页。

⑤　〔德〕马丁·海德格尔：《海德格尔文集·形而上学导论》，王庆节译，商务印书馆，2017，第121页。需要指出的是，这里的Erscheinen不再表示《存在与时间》里的"现相"，而是被用作"现象"（Phänomen）的同义词。相关的讨论见下文，也可参见〔德〕马丁·海德格尔《存在与时间》，陈嘉映、王庆节译，生活·读书·新知三联书店，2012，第34页注释①（译者注）。

⑥　〔德〕马丁·海德格尔：《海德格尔文集·面向思的事情》，陈小文、孙周兴译，商务印书馆，2014，第63~64页。

运思历程不是"从现象学到'思想'"，而是"通过现象学到'思想'"。①
这种回应提示着他的后期思想仍然为现象学作出了贡献。② 分别在 1964 年
和 1965 年做的两次演讲中，海德格尔把"思想的事情"规定为"敞显"
（Lichtung）③，并把它指明为"原现象"（Urphänomen）④，进而强调了这种
现象与思想经验的关联性⑤。于是，学界就出现了关于现象学在海德格尔思
想中的地位的第二种解释。这种解释认为，海德格尔的思想自始至终是现
象学的。例如，希恩（Thomas Sheehan）认为，海德格尔的思想始终没有离
开现象学，这种现象学是意义的现象学。⑥ 萨里斯（John Sallis）认为，海
德格尔直到后期也始终关注着现象学的意向性问题。⑦ 李章印认为，只要把
海德格尔的现象学方法标示为"解构—指引"，那么可以把后期海德格尔的
思想看作其早期现象学的延续。⑧

需要指出的是，这种解释认为海德格尔前后期的现象学是同一种现象
学。然而，如果海德格尔在他的后期文本中一方面提出要放弃《存在与时
间》时期的现象学，另一方面则表示自己的思想保持了真正意义上的现象
学，那么他的前后期现象学不能是同一种现象学。因此，需要推进到第三
种解释。根据这种解释，海德格尔的后期思想是现象学的，但这种现象学

① 〔德〕马丁·海德格尔：《海德格尔文集·同一与差异》，孙周兴、陈小文、余明锋译，商务印书馆，2014，第155页。
② Tobias Keiling, "Phenomenology and Ontology in the Later Heidegger", in Dan Zahavi ed., The Oxford Handbook of the History of Phenomenology, Oxford: Oxford University Press, 2018, p. 253.
③ 〔德〕马丁·海德格尔：《海德格尔文集·面向思的事情》，陈小文、孙周兴译，商务印书馆，2014，第92~93页；〔德〕马丁·海德格尔：《海德格尔文集·讲话与生平证词》，孙周兴、张柯、王宏健译，商务印书馆，2018，第750页。
④ 〔德〕马丁·海德格尔：《海德格尔文集·面向思的事情》，陈小文、孙周兴译，商务印书馆，2014，第94页。
⑤ 〔德〕马丁·海德格尔：《海德格尔文集·讲话与生平证词》，孙周兴、张柯、王宏健译，商务印书馆，2018，第751页。
⑥ Thomas Sheehan, "But What Comes Before the 'After'", in Gregory Fried and Richard Polt, eds., After Heidegger?, London: Rowman & Littlefield, 2018, p. 50.
⑦ 转引自 Tobias Keiling, "Phenomenology and Ontology in the Later Heidegger", in Dan Zahavi ed., The Oxford Handbook of the History of Phenomenology, Oxford: Oxford University Press, 2018, p. 253。
⑧ 李章印：《解构—指引：海德格尔现象学及其神学意蕴》，山东大学出版社，2009，第9、15~16页。

已经让现象学的"事情本身"与运思方法经历了实质性的变化。海德格尔后期的一些文本支撑着这种解释。海德格尔在 1953～1954 年所作的一篇对话录里指出，他放弃"现象学"这个术语并不是"为了否定现象学的意义"，而是为了让自己的思想"保持在无名之中"。① 之所以这么做，是因为他要思考现象学本身的本质。② 而这意味着思索现象学本身的可能性与显现方式，这种思索将构成对其早期现象学的一种彻底化。由于在海德格尔的后期思想中作为现象学之"事情本身"的存在显现为一种隐匿事件③，因此他在 1973 年的策林根讨论班里把被彻底化了的这种现象学指明为"本源意义上的现象学"，并把它命名为"隐而不显者的现象学"。④

对海德格尔后期思想之现象学特性的一些重要研究，进一步巩固了这种解释，并指出了这种现象学与海德格尔早期现象学之间的差异。菲加尔（Günter Figal）指出，海德格尔的后期思想仍然保持了彻底意义上的现象学⑤，这种现象学实质上有别于他的早期现象学⑥。迈克内尔（William McNeill）阐明了同样的看法。⑦ 而正如贝尔奈特（Rudolf Bernet）所指出的那样，这两种现象学最为基本的差异在于，海德格尔的后期现象学把"隐匿"或"遮蔽"标示为就其自身而言不可被消除的根本现象。⑧ 用恩格兰的话说，海德格尔的思想转变是现象学的内在发展，它要从关于被遮蔽者的研

---

① 〔德〕马丁·海德格尔：《海德格尔文集·在通向语言的途中》，孙周兴译，商务印书馆，2015，第 116 页。

② 〔德〕马丁·海德格尔：《海德格尔文集·在通向语言的途中》，孙周兴译，商务印书馆，2015，第 95 页。

③ 〔德〕马丁·海德格尔：《海德格尔文集·面向思的事情》，陈小文、孙周兴译，商务印书馆，2014，第 33 页。

④ 〔德〕马丁·海德格尔：《海德格尔文集·讨论班》，王志宏、石磊译，商务印书馆，2018，第 481 页。

⑤ Günter Figal, *Zu Heidegger. Antworten und Fragen*, Frankfurt am Main: Vittorio Klostermann, 2009, S. 37.

⑥ Günter Figal, "Tautóphasis: Heidegger and Parmenides", in Günter Figal, Diego D'Angelo, Tobias Keiling, Guang Yang, eds., *Paths in Heidegger's Later Thought*, Bloomington: Indiana University Press, 2020, p. 185.

⑦ William McNeill, *The Fate of Phenomenology: Heidegger's Legacy*, London: Rowman & Littlefield, 2020, pp. 121-122.

⑧ Rudolf Bernet, "Phenomenological Concepts of Untruth in Husserl and Heidegger", in John J. Drummond, Otfried Höffe, eds., *Husserl: German Perspectives*, trans. by Hayden Kee, Patrick Eldridge, Robin Litscher Wilkins, New York: Fordham University Press, 2019, p. 253.

究纲领，进展到自隐者的现象学。① 同样地，雅尼克（Dominique Janicaud）认为，鉴于隐匿的本源性在海德格尔的思想"转向"中已经得到确立，又鉴于"隐匿"与"隐而不显者"之间的亲缘性，"隐而不显者的现象学"已经开始匿名地运作于海德格尔的"转向"及其后的整个思想道路上。② 黑尔德（Klaus Held）也指出，"即便在转向（Kehre）之后的几十年里，海德格尔的思想仍然是现象学的"③；但只有当海德格尔的后期思想标示出本源性隐匿之时，"现象学家海德格尔"才"迈出了超越胡塞尔的决定性步骤"。④ 在国内，吴增定与尹兆坤等学者也指明了后期海德格尔思想的现象学特性，并突出了遮蔽或隐匿在这一现象学中的源始地位。⑤

这些讨论表明，后期海德格尔的思想保持了现象学，其现象是通过自行隐匿而显现的存在，这种现象学是对海德格尔早期现象学的彻底化。显然，关于海德格尔后期思想之现象学特性的这一基本结论并不能取代对海德格尔后期现象学的具体阐明。然而，这一结论足以表明，海德格尔的后期思想是一种现象学，而且这种现象学是对《存在与时间》时期的现象学进行彻底化的结果，这种彻底化本身发生于海德格尔的"转向"时期。而海德格尔之"转向"时期的思想，正是他的元存在论。因此，为了揭示海德格尔是如何通过元存在论而走向其后期现象学的，必须考察元存在论的现象学意蕴，进而阐明"隐匿"在海德格尔后期现象学中的地位是如何被确立起来的。的确，隐匿或遮蔽的问题在早期海德格尔的现象学中已经出现。但是，在直至《存在与时间》的著作中，海德格尔始终把遮蔽看作需要被祛除的非本真状态。只有通过"转向"时期的元存在论，海德格尔才把"隐匿"或"遮蔽"规定为源始的且不可被去

---

① Chad Engellan, "The Phenomenological Motivation of the Later Heidegger", *Philosophy Today* 53 (4), 2009, pp. 182-189 (182).

② 转引自 J. Aaron Simmons and Bruce Ellis Benson, *The New Phenomenology: A Philosophical Introduction*, London, New York: Bloomsbury, 2013, p. 29。

③ 〔德〕克劳斯·黑尔德：《世界现象学》，倪梁康等译，生活·读书·新知三联书店，2003，第144页。

④ 〔德〕克劳斯·黑尔德：《世界现象学》，倪梁康等译，生活·读书·新知三联书店，2003，第155页。

⑤ 吴增定：《〈艺术作品的本源〉与海德格尔的现象学革命》，《文艺研究》2011年第9期；尹兆坤：《现象学的匿名性与自身遮蔽——海德格尔的后期现象学研究》，《现代哲学》2018年第1期。

除的现象。① 这样一来，对元存在论之现象学意蕴的考察，同时意味着对"隐匿"的本源性在海德格尔的思想中的确立过程进行考察。

　　这种考察要在元存在论中标示出一条现象学之路，阐明相应于这一现象学的思想经验以及在这一思想经验中得到显明的现象。在扎哈维（Dan Zahavi）看来，为了在思想的一种转变过程中标示出一条现象学之路，需要提出两个问题：①这种转变是否源于现象学的动机？②转变后的思想对其主题的考察是否值得被称作现象学？② 这表明，为了在元存在论中走出一条现象学之路，首先需要提出如下两方面的任务：一是，需要把海德格尔对其早期现象学的推进和彻底化置于其现象学的动机上来，进而阐明"存在的自行隐匿"作为事情本身是如何得到确立的。二是，需要在海德格尔对"自行隐匿"的考察活动中标示出一种合乎现象学之尺度的运思方式，进而探讨元存在论所蕴含的现象学之实质。

　　那么，什么是"现象学的动机"和"现象学的尺度"？这里所涉及的，实际上是现象学之根本原则的问题，即现象学的划界标准问题。卡尔曼（Taylor Carman）基于胡塞尔的现象学而指出了现象学原则的三种表现形式。第一种表现形式是"朝向事情本身"。③ 作为一种哲思方式，这一原则意味着悬置各种实在性信念与理论预设，在直接而亲密的经验活动中首次让源初的现象显现为其所是。④ 现象学原则的第二种形式在于，它不关心某种超验的东西，而是关心人们对自行显现者的直接觉知。⑤ 卡尔曼用胡塞尔所提

① 参见 William McNeill, *The Fate of Phenomenology: Heidegger's Legacy*, London：Rowman & Littlefield, 2020, p. 131；Francisco J. Gonzalez, *Plato and Heidegger: A Question of Dialogue*, University Park：The Pennsylvania State University Press, 2009, p. 307；Jean-François Courtine, "The Preliminary Conception of Phenomenology and of the Problematic of Truth in Being and Time", in Christopher Macann ed., *Martin Heidegger: Critical Assessments*, London：Routledge, 1992, p. 90。

② Dan Zahavi, "Michel Henry and the Phenomenology of the Invisible", *Continental Philosophy Review* 32（3）, 1999, pp. 223-240（235）.

③ Taylor Carman, "The Principle of Phenomenology", in Charles B. Guignon ed., *The Cambridge Companion to Heidegger*, Cambridge：Cambridge University Press, 2006, pp. 98-99.

④ Taylor Carman, "The Principle of Phenomenology", in Charles B. Guignon ed., *The Cambridge Companion to Heidegger*, Cambridge：Cambridge University Press, 2006, pp. 99；William McNeil, *The Fate of Phenomenology: Heidegger's Legacy*, London：Rowman & Littlefield, 2020, p. 1.

⑤ Taylor Carman, "The Principle of Phenomenology", in Charles B. Guignon ed., *The Cambridge Companion to Heidegger*, Cambridge：Cambridge University Press, 2006, pp. 99-100.

出的"一切原则之原则"标识了现象学原则的第三种表现形式。<sup>①</sup> 根据这一原则，"每一种原初给与的直观"都要被看作"认识的合法源泉"，它们"只应按如其被给与的那样，而且也只在它在此被给与的限度之内被理解"。<sup>②</sup> 除了这三条原则之外，亨利（Michel Henry）基于马里翁（Jean-Luc Marion）的现象学而总结出了现象学的第四条原则："还原越多，给予就越多。"<sup>③</sup> 作为一种现象学操作，还原并不是限制或缩减，而是开放与呈现<sup>④</sup>，因为还原把被还原者悬搁起来，把它置于其显现方式中，并由其显现方式而来让它得到现象化。根据这一原则，只有当一种现象被还原之时，它才能够在其显现方式中被给予、被呈放为一种现象。

现象学的这四条原则指向一条根本的原则：显现出来的任何事情，都要在其显现方式中得到现象化。黑尔德把这一原则标示为"相关性原则"，并指出，"唯坚持这个原则的哲学思考，才配享有'现象学'之名"<sup>⑤</sup>。席勒尔（Alexander Schnell）把这一原则称作"相关主义"。<sup>⑥</sup> 由于显现者始终要通过人的某种生存姿态或某种思想经验而向着人显现为其所是，因此相关性原则所涉及的"显现方式"始终关联于人。这就是说，人的某种经验方式源始地植根于现象的被给予性结构之中。<sup>⑦</sup> 在此意义上，现象学的这一根本原则也可以被称作"经验相关性原则"。

虽然现象学的这些原则很难穷尽现象学原则的所有方面，但对于标明元存在论的现象学特性来说，它们足以提供一种尺度和引导。现象学的这些原则表明，要在元存在论中以合乎现象学之尺度的方式走出一条现象学道路，意味着把海德格尔向着元存在论的推进置于其"朝向事情本身"的动机上去，并从海德格尔的思想经验而来，阐明"自行隐匿"作为现象学的事情本身是如何通过此在的生存姿态而显现出来的。由此可见，这里的

---

① Taylor Carman, "The Principle of Phenomenology", in Charles B. Guignon ed., *The Cambridge Companion to Heidegger*, Cambridge: Cambridge University Press, 2006, pp. 101-102.

② 〔德〕胡塞尔：《纯粹现象学通论》，李幼蒸译，商务印书馆，2009，第98页。

③ 〔法〕M. 亨利：《现象学的四条原理》，王炳文译，《哲学译丛》1993年第1、2期。

④ 〔法〕M. 亨利：《现象学的四条原理》，王炳文译，《哲学译丛》1993年第1、2期。

⑤ 〔德〕克劳斯·黑尔德：《世界现象学》，倪梁康等译，生活·读书·新知三联书店，2003，第99页。

⑥ 〔德〕亚历山大·席勒尔：《什么是现象学?》，李岢巍译，福建教育出版社，2022，第39页。

⑦ 〔德〕亚历山大·席勒尔：《什么是现象学?》，李岢巍译，福建教育出版社，2022，第39页。

任务不是用现象学的原则去评判元存在论，而是基于这些原则并在这些原则的范围内，在海德格尔的元存在论中走出一条现象学之路。

## 二　元存在论作为一种"元现象学"

在《存在与时间》的导论中，海德格尔曾把存在者的存在本身规定为现象学的现象。① 这意味着要从其显现方式或现象性而来显明存在者的各种存在方式本身。这里的"现象性"所标示的是"存在方式—存在者"这一关联整体本身的显现方式，海德格尔把它标明为"存在的意义"。根据海德格尔，由于此在在其生存状态中承荷着所有存在者的存在方式，也就是说，由于此在在其生存状态中展开着存在者与存在者之存在之间的"存在论差异"②，因此，只要把"此在"整体地置于括号中并从其显现方式而来让它得到现象化，就能够在其现象性中揭示出诸存在者的存在方式本身，即让存在论差异本身置于其显现方式中，以此执行《存在与时间》的现象学任务。于是，海德格尔在《存在与时间》时期展开了一种"此在的现象学"，并把它标示为"基础存在论"。③

然而，《存在与时间》时期的现象学并没有完成这一任务。这是因为，一方面，《存在与时间》对此在的现象学考察只是描述了已然被给予的此在之如此这般的"实情"及其可能的本己状态。④ 换言之，此在现象学始终处于此在的范围内，因而始终运作于存在论差异之中，却没有让这一差异本身获得其现象性。换言之，海德格尔始终没有悬搁或还原此在本身，因而没有让此在作为现象学的现象而在其现象性中被给予；它只是描述了此在的存在状态，而没有把"此在"置于其存在的事件性中。另一方面，当海德格尔确实要让整体的此在本身置于存在的意义中时，他又把"意义"理

---

① 〔德〕马丁·海德格尔：《存在与时间》，陈嘉映、王庆节译，生活·读书·新知三联书店，2012，第42页。
② 〔法〕让-吕克·马里翁：《还原与给予：胡塞尔、海德格尔与现象学研究》，方向红译，上海译文出版社，2009，第220页。
③ 〔德〕马丁·海德格尔：《存在与时间》，陈嘉映、王庆节译，生活·读书·新知三联书店，2012，第44页。
④ 〔德〕马丁·海德格尔：《海德格尔文集·路标》，商务印书馆，2014，第165页。

解为此在之赋予意义的活动。① 这样一来，存在的意义又被归结为此在的生存活动。结果，此在现象学始终被困在此在之中，此在本身始终没有在其显现方式中作为完整的现象而被给予。

因此，如果要坚持"朝向事情本身"的根本原则，那么就要揭示出《存在与时间》时期得到描述的此在之实情本身的显现方式，这种显现方式在"此在之外"并规定着此在。《存在与时间》时期的现象学所标明的两个方面的实事，为这种深化指明了方向。一方面，当海德格尔对此在之本己状态进行考察时指出，为了经验到让此在获得其完整性的"有死性"②，此在必须在"畏"这一情调中朝向"无"，并由无之趋迫而来获得自己的规定性，进入其各种可能性当中。③ 在此意义上，此在只有从无的发生而来才能获得自己的本己状态。虽然在《存在与时间》时期，"无"始终只是通过此在的"有死性"而得到显明的，但海德格尔已经暗示，此在的本己状态源于某种不再属于这一本己状态的事件。这个事件在根本意义上规定着此在，并让此在的实际生存在其被规定性中变得可见。另一方面，海德格尔在对器具进行现象学描述时指出，寻视着的操劳活动可能会碰到不合用的器具、缺乏的器具以及拒绝成为器具的顽固之物。④ 它们是上手之物所隐含的现成性。⑤此在之所以能够碰到无用的现成物，是因为所有的器具都蕴含着存在者之更为源始的存在特性，即现成性。⑥ 进言之，由于此在就其自身而言始终不得不消散于诸存在者之中，它就必须依赖于以某种方式已然存在了的诸存在者。此在赖以为生的这些存在者承载着此在，此在无论如何都无法主宰它们。⑦ 于

---

① 〔德〕马丁·海德格尔：《存在与时间》，陈嘉映、王庆节译，生活·读书·新知三联书店，2012，第177页。
② 〔德〕马丁·海德格尔：《存在与时间》，陈嘉映、王庆节译，生活·读书·新知三联书店，2012，第269页。
③ 〔德〕马丁·海德格尔：《存在与时间》，陈嘉映、王庆节译，生活·读书·新知三联书店，2012，第303页。
④ 〔德〕马丁·海德格尔：《存在与时间》，陈嘉映、王庆节译，生活·读书·新知三联书店，2012，第86~87页。
⑤ 〔德〕马丁·海德格尔：《存在与时间》，陈嘉映、王庆节译，生活·读书·新知三联书店，2012，第87页。
⑥ 〔德〕马丁·海德格尔：《存在与时间》，陈嘉映、王庆节译，生活·读书·新知三联书店，2012，第84页。
⑦ 〔德〕马丁·海德格尔：《康德与形而上学疑难》，王庆节译，商务印书馆，2021，第246~247页。

是，先于此在之寻视操劳而已经在此存在的单纯存在者，作为有待被现象化的东西而被摆到了《存在与时间》之后的海德格尔面前。

因此，海德格尔在 1928 年关于逻辑学的讲稿中写道："在存在领会活动中给出的可能性，必须以此在的实际生存为前提条件，而后者反过来又以自然的实际现存为前提（Vorhandensein der Natur）。"① 这里，"自然的实际现存"指的无非是包括此在在内的诸存在者整体的存在方式本身。而根据现象学的原则，如此这般被标明的事情必须被放在其显现方式中。因此，紧随《存在与时间》之后的现象学任务在于，通过把存在者整体的存在当作现象学的现象，让那一并规定着此在与其他诸存在者的"存在规定性"或存在方式本身在其显现方式中得到现象化。对此，海德格尔写道："只有当存在者的一个可能的整体性已经在此存在时，所有这一切才可能变得清晰可见或作为存在而得到理解。"② 也就是说，现象学为了能够兑现"朝向事情本身"的承诺，必须让存在者整体的整体性或存在规定性（例如"在场性"或"对象性"）本身得到显明，现象学需要被推进到把"存在者整体的存在"作为其现象的一项研究。

海德格尔在 1928 年提出的"元存在论"（Metontologie）能够承担起这项研究。这是因为，虽然海德格尔把"存在者整体"指明为元存在论的主题③，但是在海德格尔那里，"存在者整体"是承载着其"整体性"的整体。换言之，当海德格尔把"存在者整体"指明为元存在论之主题时，他所做的并不是让所有存在者之总和成为主题，而是"让整体性中的存在者在存在论之光中成为主题"④。由于这种"整体性"乃是让整体成其所是的规定性，因此它在主题中处于首要地位，并且命名着一切存在者的存在方式，例如形而上学史上的"在场性"或"对象性"等。海德格尔进一步用

---

① 〔德〕马丁·海德格尔：《从莱布尼茨出发的逻辑学的形而上学始基》，赵卫国译，西北大学出版社，2015，第 220 页。

② 〔德〕马丁·海德格尔：《从莱布尼茨出发的逻辑学的形而上学始基》，赵卫国译，西北大学出版社，2015，第 220 页。译文有改动。此处"当存在者的一个可能的整体已经在此存在时"的原文为"wenn eine mögliche Totalität von Seiendem schon da ist"。

③ 〔德〕马丁·海德格尔：《从莱布尼茨出发的逻辑学的形而上学始基》，赵卫国译，西北大学出版社，2015，第 220 页。

④ 〔德〕马丁·海德格尔：《从莱布尼茨出发的逻辑学的形而上学始基》，赵卫国译，西北大学出版社，2015，第 221 页。

"世界"标示了这一整体性①，因为在海德格尔那里，世界是"存在者的某种情状、存在者之如何存在的概念"②。而由于存在者整体的这种存在方式同时也是"整体此在"的存在方式，因此这一存在方式规定着、支配着人。

为了突出这种支配性，海德格尔还用希腊词 physis（自然）标示了元存在论的主题。③ 在 1929~1930 年冬季学期的讲座中，海德格尔把表示"自然"的希腊词 physis 阐明为"生长"以及"生长出来的东西"。④ 而"生长"意味着"自身形成着的存在者之整体的主宰"⑤。作为对存在者整体的这种主宰，它构成了存在者整体的整体性，即"在其被主宰性中的"存在者整体。⑥ 在 1935 年的夏季学期讲稿中，海德格尔进一步把 physis（自然）的根本意义指明为"既绽放又持留着的存在力道"⑦。由此可见，"这个 physis（自然）是存在自身，正是凭借它，存在者才成为可被观察到的以及一直可被观察到的东西"⑧。

这表明，元存在论确实以存在者的存在方式本身作为其主题⑨，这种存在方式规定着包括此在在内的诸存在者。海德格尔通向元存在论的这一思想道路表明，他对元存在论的提出源于现象学之朝向事情本身的动机。⑩ 根

---

① 〔德〕马丁·海德格尔：《从莱布尼茨出发的逻辑学的形而上学始基》，赵卫国译，西北大学出版社，2015，第 252 页。

② 〔德〕马丁·海德格尔：《从莱布尼茨出发的逻辑学的形而上学始基》，赵卫国译，西北大学出版社，2015，第 242 页。

③ 〔德〕马丁·海德格尔：《海德格尔文集·形而上学导论》，王庆节译，商务印书馆，2017，第 21 页。

④ 〔德〕马丁·海德格尔：《海德格尔文集·形而上学的基本概念：世界—有限性—孤独性》，赵卫国译，商务印书馆，2017，第 38 页。

⑤ 〔德〕马丁·海德格尔：《海德格尔文集·形而上学的基本概念：世界—有限性—孤独性》，赵卫国译，商务印书馆，2017，第 38 页。

⑥ 〔德〕马丁·海德格尔：《海德格尔文集·形而上学的基本概念：世界—有限性—孤独性》，赵卫国译，商务印书馆，2017，第 39 页。

⑦ 〔德〕马丁·海德格尔：《海德格尔文集·形而上学导论》，王庆节译，商务印书馆，2017，第 17 页。

⑧ 〔德〕马丁·海德格尔：《海德格尔文集·形而上学导论》，王庆节译，商务印书馆，2017，第 17 页。

⑨ 根据这些讨论，下文出现的"存在者整体""世界""自然""存在者的存在""存在者的存在方式"等都表示同一种含义。

⑩ Steven Crowell, "The Middle Heidegger's Phenomenological Metaphysics", in Dan Zahavi ed., *The Oxford Handbook of the History of Phenomenology*, Oxford: Oxford University Press, 2018, p. 234.

据现象学的原则，被标示的任何事情为了获得合法地位，都需要在其现象性中得到现象化。而《存在与时间》时期的此在现象学，在其展开过程中已经把"在此在之外"的某种存在规定性作为此在自身的前提而标示了出来。而已经被表明出来的前提和条件本身恰恰构成了元存在论的主题。而现象学地看，"把……当作主题"就意味着让这一主题本身置于其显现方式或现象性中，让它得到现象化。换言之，只有当一种存在方式或一个世界在其显现事件中被给予，此在才能由这一存在方式而来获得自己的规定性，并以相应于这一规定的方式"在世界之中存在"。而在《存在与时间》时期，被具体展开的"此在现象学"实际上被呈现为此在之生存活动。① 这样一来，让此在之"实情"得到现象化，同时意味着让置身于这一实情中的"此在现象学"在其可能性或显现方式中变得可见，让此在现象学本身得到现象学的揭示。正是在此意义上，元存在论构成了对此在现象学的彻底化。

那么，元存在论可以被呈现为何种现象学？首先可以指出的是，当元存在论把自己的主题标示为"自然"即"自行展开"的"存在力道"时，已然运作于某种现象学的道路上。这是因为，海德格尔继续把 physis 标示为显现者的显现②，继而把这种显现即自行展现的存在力道指明为"现象"③。也就是说，海德格尔通过 physis 而思索的，实际上是现象学的现象。④ 只要"现象"是一个专门术语，那么与之相应的思考方式必然呈现为一种现象学。这就是说，一旦"显现"本身作为"从自身而来展开自身"的现象而被规定为元存在论的主题，那么对这一主题的考察就必须让它如其自行显示的那样显示出来，进而构成一种现象学。如果在《存在与时间》时期存在论（Ontologie）被指明为现象学（Phänomenologie），那么，元存在论（Metontolo-

① Miguel de Beistegui, "'Boredom: Between Existence and History': On Heidegger's Pivotal The Fundamental Concepts of Metaphysics", *Journal of the British Society for Phenomenology* 31（2），2000，pp. 145-158（p. 145）.

② 〔德〕马丁·海德格尔：《海德格尔文集·形而上学导论》，王庆节译，商务印书馆，2017，第 85 页。

③ 〔德〕马丁·海德格尔：《海德格尔文集·形而上学导论》，王庆节译，商务印书馆，2017，第 120~121 页。

④ Günter Figal, "Phenomenology: Heidegger after Husserl and the Greeks", trans. by Richard Polt, in Bret W. Davis ed., *Martin Heidegger: Key Concepts*, Durham: Acumen Publishing Limited, 2010, p. 38.

gie）或许可以被标示为一种"元-现象学"（Meta-phänomenologie）。

虽然"元现象学"不是海德格本人的概念，因而显得格外陌生，但它是一个合法的现象学概念。根据笔者有限的阅读，它首次出现在德里达对列维纳斯思想的阐释中。列维纳斯曾把趋向"善"的活动称作"出越"，并把它刻画为"一个摆脱存在以及描述它的范畴的过程"。[①] 这种出越存在并朝向善的思想活动被德里达称作"元现象学"[②]，因为它要把作为存在论的现象学即置身于"存在论差异""之中"的现象学本身置于其可能性与规定性中，让它变得可见。这样一来，"元现象学"被用来指称列维纳斯的现象学。[③] 而根据韦士尔（Andrew T. H. Wilshere）的解释，列维纳斯的哲学之所以能够被理解为一种"元现象学"，是因为这种现象学"把与他者的关联规定为胡塞尔现象学之可能性条件"[④]，进而要"考察现象学方法得以运作的条件"[⑤]。由此可见，一种元现象学（Meta-phänomenologie）所要做的，是要让这一现象学所"超越"（meta-）的那个现象学本身获得其规定性，进而让它得到显明。因此可以说，海德格尔的元现象学要揭示此在现象学本身的显现方式和可能性条件。

## 三 "自行隐匿"作为存在的显现方式

为了把元存在论标明为真正意义上的现象学，还要阐明作为元现象学之主题的"存在者之存在方式"或"世界"如何在其与海德格尔之思想经验的关联中显现为其所是。

在考察这种思想经验时，此在之生存结构中的"情调"（Stimmung）要

---

① 〔法〕列维纳斯：《从存在到存在者》，吴蕙仪译，江苏教育出版社，2006，第1页。

② Jacques Derrida, *Writing and Difference*, trans. by Alan Bass, London and New York: Routledge, 2001, p. 106.

③ Hent de Vries, *Minimal Theologies: Critique of Secular Reason in Adorno and Levinas*, trans. by Geoffrey Hale, Baltimore: Johns Hopkins University Press, 2019, pp. 359-360.

④ Andrew T. H. Wilshere, The Rights of the Other: Emmanuel Levinas' Meta-phenomenology as a Critique of Hillel Steiner's An Essay on Rights, PhD Dissertation, Manchester: The University of Manchester, 2013, p. 20.

⑤ Andrew T. H. Wilshere, The Rights of the Other: Emmanuel Levinas' Meta-phenomenology as a Critique of Hillel Steiner's An Essay on Rights, PhD Dissertation, Manchester: The University of Manchester, 2013, p. 177.

被摆到突出的位置。这是因为，根据海德格尔的观点，情调作为此在的被规定状态，标示着"一个人据之而如何这样或那样存在的方式"①。因此，"哲学向来发生于某种基本情调之中"②。这就是说，就此在通过其生存经验而让存在者的存在自行显示而言，标示着其被规定状态的情调承担着最为基础的显现任务，用亨利的话说，它"并非单纯地能够显示这一物或那一物，而是能够向我们显示出那显示着一切事物的东西，即世界自身作为世界，作为虚无"③。在此意义上，标示出让存在者的存在自行显示的思想经验，首先意味着指明元现象学运作于其中的基本情调。

元现象学的基本情调，在《存在与时间》的语境中已经得到提示。海德格尔对器具进行现象学描述时指出，寻视操劳可能会被不合用的、缺乏的或多余的现成之物所打断，因而进入一种停息或克制的姿态；而正是在这一姿态中器具和世界才能显示出来。④ 虽然《存在与时间》突出了畏这一情调，但是此在之停息着的克制姿态并不是畏，因为此在在畏中受着威胁和趋迫，进而毫无停息地趋向其可能性。而由于诸现成物所促成的克制和停息姿态不能够把这些存在者指引入因缘关联中，"在其使用中被突出出来的存在者逐渐丧失了它的特殊地位"⑤。于是，此在在这些就其"存在规定性"而言无差别的赤裸裸的单纯存在者面前变得无所事事。因此，海德格尔把存在者的这种无差别状态所促成的停息姿态称作"无聊"（Langeweile）。⑥ 在1929~1930年的讲稿中，海德格尔提出了三个层次的无聊，并把最彻底、最深层的"深度无聊"标明为元现象学之哲学活动的基本情调。⑦

---

① 〔德〕马丁·海德格尔：《海德格尔文集·形而上学的基本概念：世界—有限性—孤独性》，赵卫国译，商务印书馆，2017，第 101 页。

② 〔德〕马丁·海德格尔：《海德格尔文集·形而上学的基本概念：世界—有限性—孤独性》，赵卫国译，商务印书馆，2017，第 12 页。

③ Michel Henry, *The Essence of Manifestation*, trans. by Girard Etzkorn, The Hague：Martinus Nijhoff，1973，p. 586.

④ 〔德〕马丁·海德格尔：《存在与时间》，陈嘉映、王庆节译，生活·读书·新知三联书店，2012，第 85~90 页。

⑤ 〔法〕让-吕克·马里翁：《还原与给予：胡塞尔、海德格尔与现象学研究》，方向红译，上海译文出版社，2009，第 294 页。

⑥ 〔德〕马丁·海德格尔：《海德格尔文集·形而上学的基本概念：世界—有限性—孤独性》，赵卫国译，商务印书馆，2017，第 120 页。

⑦ 〔德〕马丁·海德格尔：《海德格尔文集·形而上学的基本概念：世界—有限性—孤独性》，赵卫国译，商务印书馆，2017，第 120 页。

从现象学的角度看，"无聊"让某物对此在而言"失效"，因此它所标示的是此在之思想经验的还原姿态。作为元现象学之基本姿态的深度无聊首先不是第一层次的无聊即"被某事物搞得无聊"①；也就是说，它不只是让这个或那个存在者失效。其次，它也不是第二层次的无聊即"在某事物中感到无聊"②；这就是说，它不只是对此在之外的所有存在者的还原。只有到了无聊的第三个层次即"深度无聊"，此在本身才与存在者整体一道被还原，它"不再作为主体而伫立"，而是发现自己处于无差别的、失效了的存在者之整体中。③ 由于在这种无聊中此在悬搁了其作为此在的独特性，即悬搁了它的各种可能性，因而这种无聊是对"无差别的此在"即对"某人"而言的无聊，即"某人无聊"。④ 根据元现象学的任务，在深度无聊中被还原的是存在者整体的整体性，即诸种存在方式本身。因此，当存在者整体的一种存在方式被还原之际，此在的存在规定性也一并被悬搁。海德格尔在1930年前后依然用"存在者之在整体"来标示这种整体性，并指出，在实施如此这般的还原之际，此在自己也卷入如此这般拒绝着的存在者整体当中，"此在发现自己这样被交付给了自行拒绝着的存在者之整体"⑤。这里的"自行拒绝"标示着"存在者之整体"的而被悬搁状态。而由于深度无聊中的此在已悬搁对存在者有所作为的一切可能性，因此这种拒绝并不是此在的某种行动所造成的后果。正是在此意义上，它被指明为"自行拒绝"。在1929～1930年的讲课稿中，海德格尔把这种"自行拒绝"称作"自行隐匿"。⑥ 这样一来，只要此在处于深度无聊中，包括此在在内的"存在者整体"（始终被理解为"在其整体性或存在方式中的整体"，进而被理

① 〔德〕马丁·海德格尔：《海德格尔文集·形而上学的基本概念：世界—有限性—孤独性》，赵卫国译，商务印书馆，2017，第117页。
② 〔德〕马丁·海德格尔：《海德格尔文集·形而上学的基本概念：世界—有限性—孤独性》，赵卫国译，商务印书馆，2017，第159页。
③ 〔德〕马丁·海德格尔：《海德格尔文集·形而上学的基本概念：世界—有限性—孤独性》，赵卫国译，商务印书馆，2017，第207页。
④ 〔德〕马丁·海德格尔：《海德格尔文集·形而上学的基本概念：世界—有限性—孤独性》，赵卫国译，商务印书馆，2017，第198页。
⑤ 〔德〕马丁·海德格尔：《海德格尔文集·形而上学的基本概念：世界—有限性—孤独性》，赵卫国译，商务印书馆，2017，第209页。
⑥ 〔德〕马丁·海德格尔：《海德格尔文集·形而上学的基本概念：世界—有限性—孤独性》，赵卫国译，商务印书馆，2017，第219页。

解为存在者整体的一种存在方式）自行进入一种被悬置的状态。①

然而，如此这般自行隐匿的存在者整体，仍然向着与存在者整体一道被悬搁的此在被给予。这是因为，被还原了的东西在被还原之际必然会在其显现方式中被给予。通过这种还原，"存在者之整体并没有消失，而恰恰是作为那种整体以其莫不相关性而展示自身"②。由于存在者整体的这种自行拒绝或自行悬搁始终是对于如此这般被悬置的此在而言的悬搁③，它向着如此这般被悬搁起来的、处于深度无聊中的此在显示自身。由于此在处于"自行拒绝"或"自行隐匿"这一回事情的支配之下，因此，为了让"存在者整体自行隐匿"这一事件本身保持可见的状态，此在"不可能听任这种自行隐匿（Sichentziehen）。……存在者身上表明的这种隐匿（Entzug），只有当此在本身不再可能随之一道，作为此-在被吸引，更确切地说，整体被吸引时才是可能的"④。换言之，只有当此在处于不被隐匿所席卷的姿态中，被寻求的存在方式本身才有可能在其显现方式中被给予；而深度无聊恰恰是能够让此在不被吸引的姿态。因此，深度无聊不仅是一种"现象学还原"的姿态，而且也是能够让被还原者即一种存在方式或一个世界自身被给予的思想姿态。

那么，存在者整体的一种存在方式如何被给予？正如上文已指出的那样，海德格尔用"世界"标示了存在者的存在方式，它是包括此在在内一切存在者的规定性，因而是起支配作用的"存在力道"。就此而言，世界主宰着此在，并作为这种主宰力量，通过此在而显露自身。与此同时，海德格尔又指出："人作为人，就是建立着世界的。"⑤ 由此可见，世界与此在之间的关系呈现出了三重性：世界主宰着此在，此在显示着世界，此在建立

---

① 〔法〕让-吕克·马里翁：《还原与给予：胡塞尔、海德格尔与现象学研究》，方向红译，上海译文出版社，2009，第 295 页。

② 〔德〕马丁·海德格尔：《海德格尔文集·形而上学的基本概念：世界—有限性—孤独性》，赵卫国译，商务印书馆，2017，第 207 页。

③ 〔德〕马丁·海德格尔：《海德格尔文集·形而上学的基本概念：世界—有限性—孤独性》，赵卫国译，商务印书馆，2017，第 210 页。

④ 〔德〕马丁·海德格尔：《海德格尔文集·形而上学的基本概念：世界—有限性—孤独性》，赵卫国译，商务印书馆，2017，第 219～220 页。为了保持行文一致，译文有改动。

⑤ 〔德〕马丁·海德格尔：《海德格尔文集·形而上学的基本概念：世界—有限性—孤独性》，赵卫国译，商务印书馆，2017，第 407 页。

着世界。只要区分"主宰性世界"与"被建立的一个世界"就会明白，这三重关系并没有构成一个矛盾，而是在其同一性和单一性中构成了世界或存在者的存在方式本身的显现事件。对此，海德格尔指出："存在者本身之整体的敞开，世界，形成自身，而世界，只有通过那样一种建立，才是其所是。"① 也就是说，世界的显现发生为这样一种事件：此在通过基本情调而让自身受到源自主宰性世界的支配，并从这一支配而来建立一个世界，通过这种建立而显示一个世界。这里，与元现象学之一开始的设想相比，此在的地位被提升了：此在所受的支配和规定不再源自一种存在方式，而是源自让这一存在方式本身得以显现的存在事件或主宰性世界。

因此，这里处于首要地位的是此在之被规定状态的产生。上文已指出，由于此在处于自行隐匿的存在者整体之中，此在受着自行隐匿的支配和趋迫。海德格尔借助"无"对此在的排斥来解释了这种趋迫。海德格尔指出："深度的无聊，其被搞得无所事事状态，就是被交付给整体自行拒绝着的存在者，所以是一种整体上的空虚。"② 而这种"空虚"并不是存在者整体自行拒绝之后唯独此在能安身其中的处所，因为此在本身也处于如此这般自行拒绝着的存在方式之支配下。因此，这种拒绝持续地被此在经验为对自己的一种拒斥和急迫："无所事事……所指的不是完全的虚无，而是自行拒绝、自行抽离意义上的空虚，所以是作为贫乏、缺乏、急迫（Not）意义上的虚空。"③ 换言之，"虚无不是什么都没有的空无，不让任何事物现存的空无，而是不断地排斥着的力量"④。正是在此意义上，"无并不引向自身，而是本质上拒绝着的"⑤。这种无排斥着此在，让此在经验到这个急迫所带来的威胁和排斥，并在这种强力之下通过建立世界而显示一个世界。

这里的问题是，尽管海德格尔把哲学活动的基本情调指明为深度无聊，

---

① 〔德〕马丁·海德格尔：《海德格尔文集·形而上学的基本概念：世界—有限性—孤独性》，赵卫国译，商务印书馆，2017，第407页。
② 〔德〕马丁·海德格尔：《海德格尔文集·形而上学的基本概念：世界—有限性—孤独性》，赵卫国译，商务印书馆，2017，第242页。
③ 〔德〕马丁·海德格尔：《海德格尔文集·形而上学的基本概念：世界—有限性—孤独性》，赵卫国译，商务印书馆，2017，第242页。
④ 〔德〕马丁·海德格尔：《海德格尔文集·形而上学的基本概念：世界—有限性—孤独性》，赵卫国译，商务印书馆，2017，第425页。
⑤ 〔德〕马丁·海德格尔：《海德格尔文集·路标》，商务印书馆，2014，第133页。

但让此在能够经验到无之威胁的情调是畏而不是深度无聊①，因为在深度无聊中，此在无所事事并且不被任何东西所胁迫、所吸引。只有在畏这一情调中，此在才能经验到由无之急迫而来的威胁，并在逃离这种虚无之际建立一个世界。② 而元现象学运作于其中的基本情调已被标示为"深度无聊"。于是，这里需要澄清这两种情调在元现象学中的地位以及它们之间的关系。首先可以指出的是，当海德格尔把"深度无聊"标明为哲学活动的基本情调时，他并没有让"畏"失效。③ 因此，虽然深度无聊规定着此在的哲学活动，因而构成着让元现象学得以运作的基本姿态，但在这一过程中，"畏"持续地运作着；只有在"畏"的运作中，此在才能够"受到威胁"并经验到的自行隐匿所施加的急迫和强力，并在此驱迫的支配和约束之下建立一个世界。

如果畏是受趋迫并"建立着地"趋向一个世界的"实事姿态"，那么深度无聊是"经受住"并显示着"畏之实情"的"现象学姿态"。深度无聊一方面把此在带入隐匿之急迫之中，以此让它能够受约束并在畏的情调中建立世界；另一方面，当此在在畏的情调中建立世界之际，同一个此在在其深度无聊的克制姿态中显示着此在如何在畏中受无之驱迫，进而建立一个世界。正因为如此，海德格尔把让此在获得其规定性的存在事件称作"时机"④，并指出，"深层无聊的这种基本情调，如果它是醒着的，就能够在给我们造成这种窘迫之缺席的同时，也能够促使这种时机得以彰显"⑤。这表明，基于深度无聊的元现象学执行着双重任务：一是，通过还原而让此在进入受隐匿之驱迫的状态之中；二是，克制着地显示出此在如何在"畏"的情调中由无之驱迫而来建立一个世界。这就是说，只有通过深度无聊，此在本身才得以被悬搁，一方面获得自己被自行拒绝着的世界或无本身所主宰的可能性，另一方面显示出自身如何在畏中受趋迫而建立一个

---

① 参见〔德〕马丁·海德格尔《海德格尔文集·路标》，商务印书馆，2014，第128~131页。
② 参见〔德〕马丁·海德格尔《海德格尔文集·路标》，商务印书馆，2014，第130~131页。
③ 海德格尔在1936~1938年对"畏"这一情调的强调表明了这一点。参见〔德〕马丁·海德格尔《哲学论稿：从本有而来》，孙周兴译，商务印书馆，2016，第18~22页。
④ 〔德〕马丁·海德格尔：《海德格尔文集·形而上学的基本概念：世界—有限性—孤独性》，赵卫国译，商务印书馆，2017，第222~223页。
⑤ 〔德〕马丁·海德格尔：《海德格尔文集·形而上学的基本概念：世界—有限性—孤独性》，赵卫国译，商务印书馆，2017，第256页。

世界。

这表明，此在一旦通过深度无聊而进入其被规定的可能性，那么它就通过畏而接受到、经验到隐匿所施加的驱迫力量，并在此经验中建立世界。只有在畏中，无才能够自行显示为簇拥着此在的那个急迫；而只有在无中让自己能够被规定之时，此在才能够由此规定而来建立一个世界。因此，当海德格尔在 1929~1930 年的讲稿里讨论"建立世界"的三个方面时①，明确地把"让自己受约束"放在首位②。根据海德格尔，只有在这一受约束状态下，此在才能够实施本己的、非盲目的"行动"（Verhalten）。③ 通过这种行动，一个世界或一种存在方式在其显现方式中得以显现。而这一显现方式标示着这样一种事件：此在受迫于支配性世界的自行隐匿而建立一个世界并以此揭示出存在者之一种存在方式或一个世界。这就是说，在元现象学的克制姿态中，世界隐匿自身，并通过这种隐匿对此在的趋迫而给出一个世界。这里，如果被给予的这一个世界可被指明为元现象学的现象，那么"自行隐匿"将构成这一现象的现象性：一个世界通过世界之自行隐匿而显示自身。

如何理解看似悖谬的这种说法？首先需要指出的是，世界的隐匿和显现在海德格尔这里所标示的，是现象性与现象之间的层级关联，而不是"既隐匿又显现"的辩证张力。海德格尔对"自行隐匿"的世界和"自身显现"的世界所做的区分进一步标明了这一实事。根据海德格尔在 1928 年的阐述，自行隐匿的，乃是"此在的某些其他的可能性"，即其他可能的诸多世界；而显现出来的，则是"现实地"被筹划出来的一个世界。④ 换言之，正是通过"诸多可能的存在方式"之自行隐匿，这种隐匿才让"一个现实的存在方式"得以显示自身。这里，自行隐匿的诸多存在方式的可能性，指的是让各种存在方式本身得以显明的源始现象性，即存在方式本身的存

---

① 〔德〕马丁·海德格尔：《海德格尔文集·形而上学的基本概念：世界—有限性—孤独性》，赵卫国译，商务印书馆，2017，第 504 页。

② 〔德〕马丁·海德格尔：《海德格尔文集·形而上学的基本概念：世界—有限性—孤独性》，赵卫国译，商务印书馆，2017，第 489 页。

③ 〔德〕马丁·海德格尔：《海德格尔文集·形而上学的基本概念：世界—有限性—孤独性》，赵卫国译，商务印书馆，2017，第 392 页。

④ 〔德〕马丁·海德格尔而：《海德格尔文集·路标》，商务印书馆，2014，第 198 页。

在或"存在自身"。这意味着，这一"存在自身"发生为其自身的隐匿，并构成一种存在方式本身的显现事件。

需要指出的是，这种隐匿并不表示存在"自主地"离我们而去，而是意味着元现象学让"存在自身"所承担的含义向着一个实际此在的思想经验隐匿自身。从现象学的角度看，"存在方式本身的现象学"要求一种让那诸多存在方式本身得以显明、得以现象化的一个同一的且源始的"显现方式"，即不再是元现象学之"主题"的源初现象性。正如存在者的存在方式在其同一性中承担着诸存在者之无差别的规定性，海德格尔在根本意义上把存在者之存在方式本身（例如海德格尔晚期思想中的"在场性"、"被创造性"、"对象性"或"可顶置性"）的存在也看作同一的或"最独一无二的"。① 然而，这两种同一性有所不同。存在者的存在方式在其同一性中作为诸存在者之无差别的规定性，在此在的经验中同时规定着诸多存在者，并能保持其自身超出一切存在者之外的同一性。然而，存在者之存在方式本身的存在事件或"存在自身"却无法同时规定诸多存在方式。它总是只能发生为一种特定存在方式的显现，因而只能发生为其"规定诸多存在方式的单一存在"这一含义的隐匿。换言之，一旦存在自身让一个世界得以被建立，那么它就不能保持自身为"所有世界之同一的显现方式"。因此，一个世界被开启，必然伴随其他诸世界之可能性——存在自身——的隐匿。

之所以如此，是因为由自行隐匿而来的趋迫"总是在个别行为中让存在者存在"②。这就是说，由于此在无法置身于一切存在方式之外而让这些存在方式获得其同一的存在规定，当"存在自身"在此在的生存姿态中给出一种特定的存在方式之际，对于这一此在来说这一"存在自身"同时隐去了其"超出一切存在方式之外的同一性"这一含义，这种"同一的存在自身"只能作为其同一性的隐匿而发生。由上文可以看出，这种隐匿首先标示着诸多存在方式之被还原状态，只有当这样一种还原发生之际，一种存在方式才能在其"发生空间"中被给予；其次，它也标示着通过此在而

---

① 〔德〕马丁·海德格尔：《海德格尔文集·形而上学导论》，王庆节译，商务印书馆，2017，第 93~94 页。相关的讨论，参见 Jussi Backman, *Complicated Presence: Heidegger and the Postmetaphysical Unity of Being*, New York：Suny Press, 2015, pp. 4-12, 161-174。

② 〔德〕马丁·海德格尔：《海德格尔文集·路标》，商务印书馆，2014，第 225 页。

给予一种存在方式之际存在自身的隐匿，存在自身发生为自身的隐匿，并通过这一隐匿而给出一种存在方式。因此，唯当"存在自身"自行隐匿，存在者的一种存在方式才在这一隐匿中被给予。这种隐匿标示着存在者之一种存在方式的显现方式即现象性。

这样一来，如果元现象学要把"世界"或"存在者的存在方式本身"当作自己的现象，因而要从这一现象的显现事件或现象性来让它得到显明，那么，由于一种存在方式本身的显现发生为存在自身的自行隐匿，因此现象学要做的是在其深度无聊的姿态中保持住这种隐匿本身的敞开状态。这种现象学把此在带到其被规定的可能性中，并让一种存在方式通过受隐匿之趋迫的此在而自行发生，并在其克制姿态中显示出这一发生事件。因此，海德格尔把现象学运思的这种姿态称作泰然任之（Gelassenheit）。① 只要"隐匿"是存在方式本身的存在方式，那么元现象学的任务不是消除这一隐匿，而是在听之任之的克制姿态中保持这一隐匿，让它作为存在方式本身的存在或现象性而保持开放。鉴于海德格尔在《存在与时间》时期仍旧把隐匿或遮蔽看作需要被消除的非本真状态，海德格尔在他的元存在论或元现象学中对隐匿之源始现象性地位的这种确立构成了他对其早期现象学的最为基本的推进。②

## 四　结语

本文表明，从海德格尔后期思想的现象学诉求以及现象学的一般原则出发，可以把海德格尔的元存在论阐释为一种元现象学。在元现象学的思想经验中，"存在自身"自行隐匿，并通过这种隐匿而给出存在者的一种存在方式或一个世界。

这里的问题是，由于此在总是已经"在世界中存在"，因此，对于实施着元现象学的一个此在来说，一个世界或存在者的一种存在方式总是已经

---

① 〔德〕马丁·海德格尔：《海德格尔文集·路标》，商务印书馆，2014，第232页。
② Rudolf Bernet, "Phenomenological Concepts of Untruth in Husserl and Heidegger", in John J. Drummond, Otfried Höffe, eds. , *Husserl: German Perspectives*, trans. by Hayden Kee, Patrick Eldridge, Robin Litscher Wilkins, New York: Fordham University Press, 2019, p.253.

被给予。因此，当这种元现象学把存在方式本身当作自己的现象，并要从其显现方式来对它进行现象化时，它首先要做的是把已经如此这般被给予的存在方式或世界置于其显现方式或存在之中，让这个存在方式或世界在其现象性中可以被看见。在此意义上，海德格尔的元现象学首先不是要去建立一个世界，而是要去揭示一个世界是如何被建立起来的。然而，现象学既然能把思想带到让一个世界得以成其所是的源初显现事件的领域，那么，这种现象学也可以承担起建立或开创一个"新世界"的思想条件。然而，无论这种现象学要描述一种已然发生的存在方式本身的显现，还是要为一种新的存在方式之发生做准备，它始终只是从形式方面标示了一种存在方式如何从存在自身之自行隐匿事件来显现为其所是。这就是说，至此为止的讨论并没有指出，隐匿对此在的何种主宰和趋迫，敞开出何种存在方式。海德格尔在他的后期思想中从两个方面对"存在自身"的这种形式规定进行了"去形式化"。一方面，海德格尔通过指出存在自身之发生事件的历史性，进而阐明了哲学史上的具体存在论之显现方式。他的"存在历史之思"属于这一尝试。另一方面，他通过对一些具体存在者进行现象学描述，直接标示出了一个世界的显现方式。他对艺术作品、"秘密"或"物"等现象的分析属于后一种尝试。

# 阿多诺思想的康德侧影

## ——读杨顺利的《自律的辩证法：阿多诺与康德》

庄 威[*]

**【内容提要】** 杨顺利的《自律的辩证法：阿多诺与康德》一书强调康德思想是阿多诺的思想根源。物自体引发的阻隔意识，成为阿多诺思想的关键词。知识自己阻塞自己，自己否定自己，自己成就自己。这是阿多诺观察一切的原点，是一切二律背反的原型，通过康德的二律背反，阿多诺维持了黑格尔辩证法的激进性和批判性。阿多诺的全部思想，可视为基于上述元二律背反的种种换喻，其中最重要的一个换喻就是自由或自律的辩证法。阿多诺追求的没有幻觉的个体自律，即没有意识形态扭曲的现代主体性，只可能是康德意义上的理性而自由的能动主体。

**【关键词】** 阿多诺；阻塞；二律背反；辩证法

四川大学杨顺利老师的《自律的辩证法：阿多诺与康德》（人民出版社，2024）是个人化的对阿多诺的有力解读。这里的"个人化"不是贬义词，而是褒义词。这种个人化是他多年钻研体会阿多诺的结果，体现着深刻的洞察。

我个人阅读的第一本哲学著作就是阿多诺的《道德哲学的问题》。阿多诺说："在听我讲课时无法做笔记，而做笔记在听其他课程时是司空见惯的事，因此，人们感到没有办法把在这里所获得的东西带回家……我在这里所用的方法并非随心所欲和偶然的，而是直接与本质的东西相关……"[①]

---

\* 庄威，湖北大学哲学学院教授，主要研究方向为德法哲学、现象学、美学。

① 〔德〕阿多诺：《道德哲学的问题》，谢地坤、王彤译，上海人民出版社，2020，第 26 页。

"我鄙弃那种让读者反复咀嚼一本书中简单而明白的道理的做法，这样的做法与我的想法格格不入。"① 读到这两处，我想这可以作为进行书评的某种依据了，因为可借此为自己诉诸直觉开脱。

正如书的题目《自律的辩证法：阿多诺与康德》所说的，该书的特点就是强调阿多诺和康德之间的思想关联。这一点作者在导论中已讲得非常明确，康德就是阿多诺的思想根源。张一兵在二十多年前写的书里聚焦黑格尔与阿多诺，聚焦《否定辩证法》，现在看来张先生做到了对阿多诺黑格尔一侧的准确表现。但像阿多诺那样的哲学家，是有多重面向的，更深层的源头还要从阿多诺对康德的创造性解读和发挥上说起。杨顺利的切入点正是这样的，这在国内的阿多诺研究中是不多见的。

具体来说，这个切入点就是阿多诺读出来的"贯穿康德思想体系的阻隔（block）意识"。这种阻隔意识是阿多诺从康德物自体思想那里琢磨出来的，用杨顺利的话来说就是："实在与对象之间总是存在着缝隙，我们的概念范畴无论如何不能把整个世界装进去，总有它无法应对、无力顾及的'盲点'。物自身仿佛是一个思想标识，提醒我们'主观性的知识并非是故事的全部'……"② 在我看来这一点正是阿多诺思想的根源，这种物自体引发的阻隔意识，成为阿多诺思想的关键词，是他观察一切对象的基点。物自体引发的"阻隔"意味着知识天然有缺陷，但知识又必然是要生发的：知识是非知识，因为它无法抵达物自体，但知识又必须成为自身，必须不完全顾及物自体才能成就自己。故而，可以说知识自己阻塞自己，自己否定自己，自己成就自己。这就是阿多诺观察一切的原点，是一切二律背反的原型。这是这本书告诉我的一个道理。

杨顺利说："康德二律背反学说对否定立场的坚持是贯穿始终的，而黑格尔辩证法通过否定之否定，最终与外部世界达成和解，否定在他那里是达成概念与现实之间和解的过渡阶段。在这个过程中，黑格尔辩证法抹杀了客体自身不能被同质化的多元性、差异性，最终成为独断的概念框架。"③ 所以通过康德的二律背反，阿多诺维持了黑格尔辩证法的激进性和批判性。

---

① 〔德〕阿多诺：《道德哲学的问题》，谢地坤、王彤译，上海人民出版社，2020，第28页。
② 杨顺利：《自律的辩证法：阿多诺与康德》，人民出版社，2024，第7页。
③ 杨顺利：《自律的辩证法：阿多诺与康德》，人民出版社，2024，第71页。

所以杨顺利指出来康德就是这样被阿多诺视为一位非同一性的哲学家的。

阿多诺认为这种元二律背反的本质就在于标记出了理性批判的澄明意图与形而上学拯救意图之间的冲突。这令我想起德里达哲学里的"绝境"思想，那无非就是阿多诺"阻隔"视角的一种变形，"绝境"是对种种背反—辩证情境的另一种称呼。阿多诺片断化写作表达的就是各种各样的阻隔、绝境和难题，对他来说"在哲学中不讨论难题是没有意义的"①。这种阻抗已经不完全属于辩证话语了，而是一种思想的姿态，是辩证法的精微震颤。

阿多诺说："我认为，同一的因素……是理解全部康德道德哲学的关键，因为在康德理论哲学与实践哲学之间的同一因素，就存在于理性这个概念自身之中。"② 懂一点康德哲学的大概都知道康德的道德哲学和他的理论哲学的同一因素或交汇点就在第三个二律背反那里，即自由因果性和自然因果性问题，阿多诺亦认为这是康德道德哲学的首要问题。我觉得杨顺利对阿多诺在自由问题上的处理值得斟酌，他认为阿多诺"错误地将自由因果性与自然因果性混为一谈"，"阿多诺完全否认了自然必然性（自然因果性）与实践必然性（自由因果性）的区分对于整个批判事业的意义"（该书第五章第二节）。③ 但阿多诺认为："自由概念在事实上完全是一个在自身中包含着许多纠缠不清的东西的结。"④ 这里的"纠缠不清"意味深长。在阿多诺看来自然因果性和自由因果性并不是那么截然二分，这两个层次的交叠正是构成第三个二律背反的根由，也是我认为的元二律背反——来自物自体之阻隔的知识的二律背反——的一种基本表现。"康德既反对机械论原则的绝对化……也反对非定形物、偶然和随意"⑤，自由正处在行动和理论、强力冲动和理性立法的交汇点上。这也正如邓晓芒教授提出 logos 和 nous 的背反。德里达也讲过"一种疯狂守护着思想"这样类似的观点。所以，阿多诺从康德那里读出了生动的辩证法，或者说他用黑格尔的方式在读康德。因为这种冲动和强力，理性立法和自律本身就带着矛盾运动。阿

---

① 〔德〕阿多诺：《道德哲学的问题》，谢地坤、王彤译，上海人民出版社，2020，第18页。
② 〔德〕阿多诺：《道德哲学的问题》，谢地坤、王彤译，上海人民出版社，2020，第30页。
③ 杨顺利：《自律的辩证法：阿多诺与康德》，人民出版社，2024，第105页。
④ 〔德〕阿多诺：《道德哲学的问题》，谢地坤、王彤译，上海人民出版社，2020，第39页。
⑤ 〔德〕阿多诺：《道德哲学的问题》，谢地坤、王彤译，上海人民出版社，2020，第65页。

多诺的启蒙辩证法思想、社会批判之方式背后运用的都是这种取自康德的辩证法的"原生态"。

我想阿多诺的哲学居于黑格尔和康德之间，处在知性思维的批判运动中，是一个独特的康德黑格尔的综合体。他完全汲取了黑格尔的精髓，但不谋求体系，而待在批判的运动浪尖之上。从这一点上说，阅读阿多诺的著作很累，无法休息。因为只有体系化的和解才会令哲学阅读有喘息的机会。然而他的写作和思维是反体系的，完全投入不安、不满和躁动的批判中去的。他的作品文字"崎岖"，不安慰读者，毫无平滑，他将自己置于颠簸之中。

杨顺利的写作是必然要分层次的，他有一种体系意识，先处理康德，再进行某种应用，要照顾读者：先在上篇处理康德，再于中篇进行阿诺多的个案批判分析，最后再就阿多诺十分重要的关于大众文化和艺术美学的思想进行讨论。我欣赏他的结构处理。对此我有一个偷懒的办法来概括阿多诺的全部思想，即将它看作基于元二律背反或辩证法的种种换喻，当然其中最重要的一个换喻就是自由或自律的辩证法。这种辩证法的表现不再像黑格尔那样安排在体系中，而是呈现出片段式的写作，灵光乍现，体现于阿多诺借自本雅明的"星丛"中。

读杨顺利的书，我有不少盲点，例如不太懂克尔凯郭尔。他的研究方向之一便是政治哲学，在这方面我仅把罗兰·巴特（我的守护神）的一个讲法看作我自己对政治的定义："如何共同生活"，这一说法契合"polis"的城邦本义。杨顺利这本书的一个重要维度便是政治、世界、社会，哲学家必然要关注这样的宏观对象。按照他的说法，"整个资产阶级世界都是建立在自律概念之上的……自律、自由是现代个体的主体性条件"①。自由和自律如上却被阿多诺读出来又是辩证的，自律也会变质，变得武断、盲目，变得非理性，于是又要求新的自律。阿多诺批评"伪装成第二自然的社会他律"，而社会他律正是由人的某种自律形成起来的社会自然或神话。杨顺利指出："他（阿多诺）追求的没有幻觉的个体自律，即没有意识形态扭曲的现代主体性，是且只可能是康德意义上的理性而自由的能动主体。"② 这

① 杨顺利：《自律的辩证法：阿多诺与康德》，人民出版社，2024，第 9~10 页。
② 杨顺利：《自律的辩证法：阿多诺与康德》，人民出版社，2024，第 109 页。

就是自律或自由的二律背反在政治层面的表现，人本身就处在这种辩证的节奏之中。

在最后一章，杨顺利说道："阿多诺的审美理论可谓是康德、黑格尔的辩证综合，它主张本真的艺术作品通过自身的形式法则来实现它的社会使命，即，主张艺术的社会性在它的自律中得以实现。"① 这与前述阿多诺的辩证态度同构。作者指出，在阿多诺眼中艺术形式需要一些客观材料，"材料是一个现成的框架，由'概念、规则、标准、名字'等构成的一个独立于艺术家的意志而存在的客观世界"②，"伟大的艺术家是在艺术史的关键时刻重新定义材料的人，或者说是重新定义了什么是材料、什么不是材料的人"③。材料当中凝固了先前的时代精神，而定义新的材料则是艺术家的自律和创造，也是将其激起的矛盾意识客观化，因此"现代艺术代表了最先进的政治意识"④。所以艺术的敏感和政治的成熟息息相关。艺术的破与立也是自律和他律的表现，在同一和差异之间、固化和冲突之间的永恒震荡。

杨顺利的阿多诺研究并非毫无瑕疵，但立足于康德无疑是极具眼光的。出于个人知识结构的有限，全书还有不少章节无法逐一评介，我只能用前面那个元二律背反的根本换喻的说法来掩饰。我借杨顺利的书了解到阿多诺，满足了获取未知物的贪婪。

① 杨顺利：《自律的辩证法：阿多诺与康德》，人民出版社，2024，第177页。
② 杨顺利：《自律的辩证法：阿多诺与康德》，人民出版社，2024，第180页。
③ 杨顺利：《自律的辩证法：阿多诺与康德》，人民出版社，2024，第181页。
④ 杨顺利：《自律的辩证法：阿多诺与康德》，人民出版社，2024，第182页。

# 康德的图型被当作了"范畴应用于直观的条件"

## ——论《纯粹理性批判》"图型法"一章中的"同质性"概念[*]

迪特·洛玛[**]/文　李广涵　师庭雄[***]/译

【内容提要】　《纯粹理性批判》中，康德用"图型"这一中介来满足范畴应用于直观之上所要求的"同质性"。他将一个对象表象的内容和来源两个不同的方面都包含在"同质性"当中，造成了一些困难。将"图型"理解为范畴应用于直观的"最低限度条件"——以"因果性"范畴的应用为例，这一条件最终表现为"两个现象至少有一次彼此相继地出现"——这就回答了"图型如何确保范畴得以应用"。但"哪些范畴应该应用于何种直观之上"在康德这里始终难以解决，实用主义和现象学提供了一些思路。

【关键词】　图型法；同质性；范畴；直观

本文将详细论述"把范畴应用于直观之上"这一难题的几个方面。在对该难题作出简要的交代之后，我将去探讨"我们该如何去理解概念和直观所表明的那样一种同质性"——它是为了达成"合法地归摄"而在（康

──────────────

[*] 本文译自 „Kant's Schemata als Anwendungsbedingungen Von Kategorien auf Anschauungen Zum Begriff der Gleichartigkeit im Schematismus Kapitel der Kritik der reinen Vernunft", in *Zeitschrift für philosophische Forschung* Band 45，1991。本文系 2021 年度教育部人文社会科学研究规划基金西部和边疆地区项目"《胡塞尔全集第 40 卷》的翻译与研究"（项目批准号：21XJA720001）的阶段性成果。

[**] 迪特·洛玛（Dieter Lohmar，1955~　）德国哲学家，曾在科隆大学、波恩大学和伍珀塔尔大学学习数学和哲学，获得哲学博士学位。1986 年起在科隆大学任教，随后担任胡塞尔档案馆馆长至 2021 年。主要研究方向为现象学、经验主义、人类学和超越论哲学。

[***] 李广涵，甘肃会宁人，硕士研究生，西北师范大学哲学与社会学院，主要研究方向为德国古典哲学；师庭雄，教授，西北师范大学哲学与社会学院，主要研究方向为德国近现代哲学。

德）谈论图型法那一章的第一句话里被提出来的。尚存争议的是：起中介作用的诸图型（在自身也是范畴的情况下）能否提供这一同质性。诸图型所发挥的效用在这一讨论范围内可以得到更为明确的说明：据说，诸图型不只是要确保"把范畴（纯粹概念和经验性概念）应用于直观一般说来是可能的"。同时，诸图型还要被用作"什么样的范畴（概念）可以被允许合法地应用于什么样的直观之上"（归属难题）的"标准"。诸图型想要具备"应用条件"的特征，就得对上述两个方面作出合理的解释。（此外）我将在本文的最后一个部分中去讨论康德于《任何一种能够作为科学出现的未来形而上学导论》中提出并在随后的著作中付诸实施的那一种"转变"——这是他为了与休谟划清界限而作出的"转变"。①

康德认为"出现于判断之中的"概念与对象的关系是间接的（A 68/B 93）。只有当一个直观已然与一个对象产生了直接联系的时候，普遍性概念或范畴才通过该直观而与该对象产生联系。与此同时，某些从属概念也可以被穿插到直观与对象之间。判断因此就意味着：把一个对象的给定表象，亦即直观，变成一个新表象的基础，"判断乃是……关于某个表象的表象"（A 68 / B 93）②。被包含于每一个判断之中的概念又包含着一些低于自身的从属概念，不过，首先是包含着各种各样的直观。假如被包含于主干概念之中的那些推论性特征也已经包含于从属概念之中了，那么从属概念就从属于主干概念（从属关系）。假如被包含于一个概念之中的推理性特征也已经包含于从属于该概念的那一个直观之中，那么（作为该直观的）对象就从属于该概念（归摄关系）③。现在，假如某个概念适用于某个给定的直观，那么该概念就通过判断而与"给出对象的"该直

---

① 更具有一般性的问题是：什么东西可以让我们有权仅凭直观就把"既不从直观中得出，又不能完备地体现于直观之中的"概念运用于直观之上？在这里，首先牵涉到的是我们日常认识中那些主要的思维模式：普遍化、同一性、因果性、物性等等。因此，康德围绕着范畴的应用条件所做的努力可以被看作为一切认识论做准备工作。

② 本文所涉及的《纯粹理性批判》译文，均撷自邓晓芒先生的译本（〔德〕康德：《纯粹理性批判》，邓晓芒译，杨祖陶校，人民出版社，2017），个别字词偶有调整，下同。——译者注

③ 关于推理性特征和直觉性特征的讨论，请参阅 R 2286 以及 Stuhlmann-Laeisz 的著作：*Kants Logik*，Berlin，1976，S. 73，89 f.。在这里，我要感谢 G. Schmidt 教授和 R. Stuhlmann-Laeisz 教授对本文早期版本的展读和批评。

观直接相关（unmittelbar bezogen）。与此同时，对象也间接地被认识到了（mittelbar erkannt）（A 68/B 93），比如说，普遍概念的个中情形就表明了这一点。①

下判断的能力（作为规定性的判断力）② 表现为一种审查能力，通过这一审查才能去辨别"某物是否从属于某个给定的规则（casus datae legis）之下"（A132/B171）。"给定的规则"——要像"原理分析论"的开头部分所建议的那样去做——不但要被理解为"作为由知性给定的基本概念的"范畴，而且也要被理解为"经验性概念"（vgl. R 2853，R 2867，R 2855，R 2908）。

上述辨别能力只能被理解为反思和比较（Reflexion und Vergleich）。"一个人在反思"也就意味着他"逐渐"认识到了某个表象的各个组成部分，并通过"'在表象的各个组成部分之间进行相互比较'以及通过这些给定的诸概念而被表象出来的诸特征所具有的那种一致性"来探究这一表象。③ 针对作为组成部分的诸表象展开反思性探讨对于直观而言成了一个必不可少的步骤，而且，在某些特定的概念那里，这一步骤还有助于我们去攘除我们所碰到那种未加分析的判断或自相矛盾的判断（vgl. B 10-14，B415）。

讨论图型法的那一章，开篇就抛出了"范畴应用于直观这回事儿究竟是如何可能的"（A 137 / B 176）这样一个难题，它把我们再度拉回到"纯

---

① 请参见 G. Prauss, *Erscheinung bei Kant*, Berlin, 1971, 29 ff., 39, 43 ff.。康德关于判断的观点，请参见 R. Stuhlmann-Laeisz, *Kants Logik*, a. a. O., S. 55。在每一个判断那里，尚不确定的是：判断是否可以通过诸认识方案之间的挈长度短来作出断言。比如，如果我们不曾审查过某个概念得以应用的所有前提条件，那么我们也可能作出错误的判断。判断是一种行动，因此，在大多数情况下，它往往是草率的。请参见 A 68 / B 93；A 77 / B 102 f.，u. ö.，也可参阅笛卡尔第四个沉思中的错误理论。可参见〔法〕勒内·笛卡儿《第一哲学沉思集》，徐陶译，中国社会科学出版社，2009，第 47~58 页。——译者注

② 为了照应上下文，也就是说为了探讨"范畴的应用条件"这一问题，我们不应超出"规定性的判断力"的范围。反思性的判断力与规定性的判断力之间的区别，请参见 AA，V，179 f.，385 f.。

③ 请参见 R 2878 和 R 2276，以及 Stuhlmann-Laeisz 的著作：*Kants Logik*, a. a. O., S. 82。这里所要求的逻辑的反思（客观的比较）与先验的反思之间的区别，请参见 A 260 ff. / B 316-320。

粹知性概念不具有任何特征"这个论题上来。① 这一点显得尤为关键，因为我们只有借助"概念和直观都共同具有的"那些特征才能展开认识活动。

一方面，康德说范畴是"无内容"的，也就是说，范畴不能"作出任何解释"（A 244）。诸范畴既不能通过自身的各种推论性特征彼此区分开来，也不能通过自身的各种推论性特征而被定义，这意味着：范畴不具有明显的特征（A 245）。只有借助"普遍的感性条件"，也就是说，只有借助范畴的图型化（Schema），范畴才能获得一种"确定的意义并与任何一个对象相关"（A 244 f.）。但是，上述感性条件却从诸纯粹范畴（reinen Kategorien）那里"被剔除了"（"被抽掉了"），所以，诸纯粹范畴就只展示为一种"逻辑机能"，"从这种逻辑机能中根本不可能认识和分辨任何东西"（A 245）。因此，纯粹范畴根本就不是这样的概念：通过该概念，借助判断力所具有的辨别力，一个对象本可以得到认识。在此仍然还不确定的是，"我们必须将这一机能而不是另一种机能使用于其上的到底是什么样的一些物"（A 246）。因此，在抽掉了感性条件之后，从纯粹范畴"折返到"可以拿来使用的"不-纯粹"范畴的路子似乎就被斩断了。

另一个更进一步、毋宁说更形式化的论证表明：在范畴中不容许出现任何部分概念（Teilbegriffe），因为部分概念就相当于真正的上层概念（Oberbegriffe）②。③ 这与范畴"作为知性的基本概念、主干概念或本源概念"这一特征是相矛盾的（A81/B107）。即使我们给上述论证添加上某些形式化的特征，比如"无矛盾性"或者"适合客观性的构建"，也不能借此就搞清楚了"范畴理应获得运用的原因"。

---

① 相关研究请参见 W. Detel，„Zur Funktion des Schmematismuskapitels in Kants Kritik der reinen Vernunft"，*Kant-Studien* 69，1978，S. 17-45，尤其要关注的是他针对研究现状的形成过程所写就的那些言简意赅的文字和 P. Baumann 以《康德先验图型法的基础和功能》为题写就的那些文字。《纯粹理性批判》谈到了从概念分析到原理分析论的过渡，针对这一内容的研究，请参见 *Bewußtsein und Zeitlichkeit*，Hrsg. H. Busche / G. Heffernan / D. Lohmar，Würzburg，1990，S. 23-59。

② 在康德看来，范畴就是上层概念，故有此说。——译者注

③ 范畴可以包含着派生性从属概念。康德曾探讨过"概念的范围和内容"，对此问题的研究，请参见 R. Stuhlmann-Laeisz，*Kants Logik*，a. a. O.，S. 87-92 以及同一个文本中的另一处内容：„Über Kants Problem der ‚Anwendung der Kategorien' durch den ‚Schematismus des reinen Verstandes'"，*Archiv für Geschichte der Philosophie* Bd. 5，1973，S. 304。在这里，"感性直观对象的哪些规定……已经被各自的范畴预先规定好了"这一问题仍然悬而未决。

因此，假如还得去区分"某个直观的被给予物是否从属于某个给定的概念（以及从属于什么样的概念）"，那么，不论如何去夸大"规定性的判断力"给我们造成的困难都不为过（A133/B 172）。

## 一　"同质性"一词在图型法一章中的各种表达法

上文中提及的这种区分，我们可以从图型法那一章的开篇文字中找到一些端倪。在那里抛出了"同质性"（Gleichartigkeit）的第一个方面和第一个概念：

> 每当把一个对象归摄到一个概念之下来时，对象的表象都必须和这概念是同质的（gleichartig），就是说，这概念必须包含有归摄于其下的那个对象中所表象出来的那个东西（dasjenige），因为这里所表达的意思恰好是：一个对象被包含在一个概念之下。（A 137／B 176）

此处所要求的"同质性"是以内容方面的一种反差为基础的：概念性表象的一部分概念（特征）不同于从直观上给定的表象内容。纯粹概念和经验性概念具有一部分推论性表象的特征。直观包含着一部分直觉性表象。

在上述谈论"同质性"的第一种理解中，"那个东西"（dasjenige）这一表达的含义是以我们的（某种合法地达成归摄的）前理解（Vorverständnis）为根据的，也就是说，概念的所有（alle）推论性特征也要通过直观而给定为直觉性特征。换句话来说：概念不可以具有任何推论性特征，该特征也不能从直观中被找到。"归摄到概念（及其特征）之下"这一（限定）条件，我们称为"强"同质性①。不但诸从属性概念之间存在着"强"同质

---

① 请参见 E. Curtius,„Das Schematismuskapitel in der Kritik der reinen Vernunft"，*Kant Srudien* 19，1914，S. 346 f.。我们会认为：在这里涉及了归摄（更确切地说，从属关系）的一个充要条件。从判断活动的行为特征来看，关于"充分（或必要）"的谈论被认为是以"人们也想要去认识"为前提的。相应地，归摄的"最低限度条件"就等于说：我充分地占有了足以达成一种行为的手段。

性，而且普遍概念和个别对象之间也存在着"强"同质性。①

因为人们都期待着给上述"强"同质性概念提供一个例证，所以康德首先就通过盘子和圆圈的例子，给该概念添加了一个"较弱的"却以相同的方面为基础的同质性概念。较弱意义上的同质性意味着：一个表象至少有一个（mindestens ein）特征也包含于别的表象之中。因此，盘子和圆圈都具有"圆形"（Rundung）的特征，否则人们就不会在它们二者之间达成一种归摄关系。② 这一关系乃是归摄的一个必要条件。我们拓展着同质性，使之超出了"只是在经验性概念和纯粹概念之间去阐明同质性的"那个例子所限定的那一狭窄范围。这样一来，就像康德的例子所表明的那样，同质性就能够（以均衡或不均衡的方式）出现于同一个主干概念的诸从属概念之间、直观与概念之间、诸直观之间。

从内容方面的特征去看，纯粹的知性概念与诸直观、诸经验性概念和诸纯然感性的概念是"完全不同质的"（B176/A137）。一方面，因为要不是这样，范畴也就本可以从直观中提取出来了；另一方面，因为一部分包含于范畴之中的表象本该是真正的主干概念。因此，"完全不同质的"只能作如是解：内容在特征方面的两个变化导致了"不同质"。③

接下来，在探究介于（上述）二者之间、起中介作用的"第三者"（Dritten）的过程中，"诸表象间的比较"这一全然不同的方面将开始发挥效用。康德对这一中介提出的要求是：它"一方面必须与范畴同质，另一方面必须与现象同质"。它必须是"纯粹（没有任何经验性因素）的，但一方面是智性的（intellektuell），另一方面是感性的（sinnlich）"（A 138 / B 177）。

上述"同质性"概念的根源就寓于表象之中。"与范畴具有同质性₂ₐ"

---

① 尽管未被明确表达出来，但是康德却一并提到了从属关系。请参见 A 68/B 93 "（不论这表象是直观还是本身就已经是概念）"已经表明了一种区别。

② 为了避免流于表面的理解，就得借用"圆形与盘子""圆形与圆圈"这两个例子来说明同质性₁ₐ并因此去说明合法的归摄。两个例子中都包含着同一个纯然感性的"圆形"概念。请参见 Detel, a. a. O., S. 38 f. und Baumanns, a. a. O., S. 39。

③ 紧挨着这一论断，康德问到："现在，那么，（一方面）把后者（纯然感性的概念和纯然经验性的概念）归摄于前者（范畴）之下，从而（另一方面）把范畴应用于现象之上是如何可能的？"（A 137/ B 176. D. L. 附加的注释）我们会认为：假如图型法一章的第一句话想要继续生效，那么，为了范畴得以应用，要么是归摄的意义必须发生改变，要么是同质性的意义必须发生改变。请参见 Curtius, a. a. O., S. 348。

意味着：仅仅来源于知性，也就是说，是智性的。从这一先验的方面去看，可以说所有范畴都是同质的<sub>2A</sub>。与此相应的一个平行概念乃是"与直观具有同质性<sub>2B</sub>"，它意味着：（正在作比较的）两种表象都仅仅来源于感性。因此，所有纯然感性的概念以及所有经验性直观都本该是同质的<sub>2B</sub>。

现在，几乎不需要任何进一步的暗示就可以看出：在这里，康德已经把两个有着根本性差异的方面（以及这两方面各自的变化）都统合为同质性这一概念。乍看起来，这是令人费解的，因为直到"由知性的经验性运用与先验的运用相混淆而引起的反思概念的歧义"那一章，康德才把这两个方面明晰地区别开来（A 260-262/B 316-319）。① 在那里，以"先验的拓扑学"为题，他要做的是对"各种表象起源于不同的知性能力"这一反省（Überlegung）进行研究。"逻辑的反思"（作为"单纯的比较"，它并不牵涉到来源于不同认识源头的各种表象 [A 262 / B 318 f.]）与拓扑学的问题走向截然不同。前者只关注后者的内容并发问：该内容是不是相同的，是不是有差异的，是一致的还是彼此冲突的。

按照康德的看法，作为"先验时间规定"的图型满足了这一要求：也就是被当作起中介作用的第三者来使用。因为图型（作为规则）是普遍的和先天的，所以它与范畴是同质的<sub>2A</sub>。"但另一方面，就一切经验性的杂多表象中都包含有时间而言，先验时间规定又是与现象同质的。"（A 139/B 178）因此，先验时间规定与直观是不同质的。作为纯粹想象力（A 124）和直观的感性产物，诸图型并不来自同一种内心能力。就"作为部分而包含于两种时间规定之中的表象"而言，诸图型是同质的。图型并不是绝对同质的，因为每一个经验性的杂多表象之中已然包含着时间的表象，然而并非每一个直观也都可以被合法地归摄到每一个范畴底下。因此，被"中介"当作基础来立足的乃是对于"两个各不相同却享有同一个名称的概念"的糊涂运用。

---

① 从"延伸"（"大小"）需要一系列条件这个角度看，可以从理性的理念与知性的概念（或可能的经验概念）之间看出一个较为宽泛的——在我们看来较为次要的——同质性概念。请参见 A 528 / B 556 ff.，A 486-489 / B 514-517。据说，通过"数学式综合行为的同质性与'在力学的综合中完全是可设想的'力学式综合行为（例如：原因与结果）的不同质性"之间的对立，该同质性概念还可以被用来证明某个理知的原因的可思维性（B 201的注释）。

如果我们试图这样去做，也就是把被探究的第三者所具有的中介功能仅建立在从先验-拓扑学方面去考量的同质性（2A 和 2B）之上，那么我们就会碰到两个难题：① ①由此将会造成一种与图型法一章第一句话所要求的同质性$_{1A}$ 不一致的同质性，而众所周知的是，前者已经被确立为范畴得以应用的前提。如此一来，为了（贴近）范畴，直观概念甚至是"归摄"概念都得作出相应的改变。②想要通过想象力这个中介（A 124），在知性与感性之间架设起一座"桥梁"——这一起初被颇为乐观地宣告出来的计划，现在却面临着诸多难题。想象力一方面属于感性，因为它能够"甚至当一个对象不在场时也可以把它在直观中表象出来"（B 151），所以人们可以从想象力的产物找出一种同质性。然而，想象力同时又是"知性对感性的一种作用"（B 152）。它是一种通过知性的自发行为而产生出来的感性刺激（B 153 f.）。这样一种自我刺激的可能性至少承认了想象力这一能力（Vermögen）与知性之间存在着同质性$_{2A}$。不过，这一点却绝不适用于由该刺激造成的直观的结果（anschauliche Ergebnis）（产物），也就是说，绝不适用于先验的图型。因此，为了保证图型与知性有着同质性，诸先验图型就必须成为从图像中生出概念的规则（A 140 f. / B 179 f.）。不过，如此一来，想要从先验-拓扑学方面找出一个中介的尝试就落空了。

架设桥梁这回事儿始终是个幻相：桥太短了。从感性方面出发，虽然刺激的直观性结果（Ergebnis）（一种感性的桥墩）可以通过知性实现桥梁的架设（同质性）；同样地，作为先天规则的先验图型与知性是同质的，因而就是一种"知性的桥墩"。但是，图型——作为产生某个直观的规则与作为直观的产物（形象）——的这两个桥墩之间却从先验-拓扑学的向度上裂开了一道无法弥合的鸿沟。可以这样说：只有自发性的知性行为才能做到从鸿沟的这一边"泅渡到"鸿沟的那一边去。知性作用于感性的这一自发

---

① 我们有可能错误地认为，通过康德所设想的"第三者"来达成联结既无价值也无可能：因为从先验-拓扑学的角度去看（2A 和 2B），同质性关系的两种变化之间是可以相互转化的，知性和感性之间的同质性亦复如此。然而，这样的话，从同一个方面（2A 和 2B）得出的两种变化之间的差异性就本该被忽略。L. Chipman，"Kant's Categories and their Schematism"（*Kant-Studien* 63，1972）一文也得出了同样的结论，却并未在各种同质性之间作出区分。

行为被康德称为形象的综合（B 151）。①

如果我们去探究范畴和直观在内容方面的同质性，那么我们将会得到一个类似的结果。范畴和直观性表象在较弱$_{1B}$意义上是不同质的，因而在强意义$_{1A}$上也就是不同质的。就"范畴和图型这二者都是先天地得来的"而言，它们是同质的。（同时）图型与直观是同质的。因此，"同质性"这一语汇在迄今为止的应用场景中可谓意义驳杂，根本就不存在只有一种意义的（einsinnige）②"直观与范畴的同质性"。

康德把图型理解为"想象力为了一个概念获得其形象的普遍处理方式"（A 140／B 179 f.）。在把范畴应用于直观的过程中起中介作用的这个第三者乃是这样一种表象，它既与范畴有同质性，又与直观有同质性。因此，图型法那一章的第一句话无论如何都表达了"归摄到图型之下"这个意思。因此，"把直观归摄到范畴之下"的意思本就只能作出改变（"以被中介的方式"）（A 139／B 178；A 244 ff.）。

经验性（empirischen）概念与直观之间的关系较为单纯。被认为存在于经验性概念之中的那些特征也已经包含于直观之中了，因为这些概念本可以

---

① 在我们的问题框架内，我们尽量不涉及"用图型来'加工'直观"这一问题。从感性方面"提供"的标本是以图型为依据的。因为诸应用条件必须被满足，所以它们同时也是对此一"提供"的"修正"。E. R. Curtius（a. a. O.）展示了"归摄法与图型法"之间的尖锐对立，由于对立着的二者彼此不相容，所以该对立很难被维持下去。如果我们把图型理解为"知性作用于直观这一综合行为"的规则和模型，那么图型化和形象的综合（synthesis speciosa）就能形成一种协同合作的关系。请参见 P. Baumanns, a. a. O., S. 38 und W. Detel, a. a. O., S. 39 f.。例如，如果我们看到一个人把自己的部分身形隐藏了起来，那么我们就会去联想隐藏起来的缺席部分或者确保能够通过想象来填充缺失的那部分形体。由此而来，较为合法地去应用"人（其主要特征就表现在具有一定的构形）"这一概念的理由才是充足的。P. Baumann 认为形象的综合——它最先构成了某个概念的一个事件（即存在）［das Fall-eines-Begriffes-Sein］——得出的结果与"具体地从直观上被给予的东西"有关，这一点儿也不奇怪，a. a. O., S. 34—40。他认为"理解图型法的关键"（S. 57）就在于空间和时间表象的本质是可以被限制的。除了单纯的"直观形式"，时间和空间中还有一种"形式的直观"（B 160，注释），后者已经是"形象的综合"得出的结果，是一种"直观形式之范畴的综合规定"（S. 34）。在康德看来，空间和时间表象在本质上的可限制性就意味着：一切确定的时间"只有通过对一个作为根据的时间的限制才是可能的"（A 32／B 47 f.，关于空间的讨论，请参见 A25／B 39）。因此，按照 Baumanns 的看法，"时间所具有的因果性标志以及一般范畴的标志"就被"转移到了"一切经验性表象之上（S. 35）。这样一来，某种"初步的合理性"似乎就被灌注到一切经验性直观中去了（S. 57）。

② 在现象学文本中被译为"单义的"。——译者注

经由比较、抽象和反思而从直观中得来（vgl. AA，IX，93 ff. 以及 R 2854，R 2876）。经验性概念和从属于该概念的诸直观是同质的。从属于共同的主干概念的那些直观也是同质的。

因此，乍看起来，经验性概念似乎不需要图型这个中介。尽管如此，康德还是举了一个例子来说明经验性概念的图型，亦即狗的构形（Gestalt）①（A 141 / B 180），他如是写道："一个经验对象或者它的形象任何时候几乎无法达到经验性的概念，相反，经验性的概念总是直接地与想象力的图型相关联……"（A 141 / B 180）因此，我们完全有理由推定：康德也曾经认为"'归摄于经验性概念之下'这回事儿也必定要乞灵于图型这个中介"②。由此而来，我们就会作出如是猜测：经验性概念和直观是不同质的2B。经验性概念并不仅仅来源于感性。为了获得这些经验性概念，我们还得仰仗于知性所具有的"比较、抽象和反思"这样一些能动性。

## 二　图型乃是范畴得以应用的条件

在康德看来，图型所具有的机能并不仅限于对（想象性、构造性）行为的方式（Wie）——该行为从某个推论性表象出发，产生出一个形象——作出规范。作为标准，图型首先应发挥这样的机能：我们能否把纯粹知性概念置放到合乎知觉的被给予之物中，如果可以，那么置放到哪一个（welche）被给予之物中显得尤为合适？作为范畴得以应用的"感性条件"（A 136/B 175），仅"图型"这个名称就已经暗示了上述机能。康德只是借助三个对比，颇为含蓄地阐明了这一机能。

---

① 亦可译为"形态"。——译者注

② 与此相反的观点，请参见 R. Stuhlmann-Laeisz, *Über Kant's Problem der „Anwendung"*…，a. a. O.，S. 308 f.。他对"必须把经验性概念作为中介"的观点提出异议，矛头直指康德的这一论述：在不涉及纯粹知性概念之应用的情况下，"……使对象得以普遍的被思维的概念与具体地表象这个对象（如同它被给予的那样）的概念是没有这样的区别和异质性的……"（A 138/ B 177）。他的这一反对意见由于下述事实而丧失了自身的说服力：在这里，康德已经在使用那个他终究还得取消掉的单数概念（conceptus singulares）——这一概念在此处被用作了起中介作用的东西，因为据说该概念一方面是普遍概念，另一方面则是个别概念。请参见 R. tuhlmann-Laeisz, *Kants Logik*，S. 77－80。因为只有这样一些东西才是概念——它们"如同对象被给予的那样"去表象对象，这意味着，它们通常也"如同直观被给予的那样"去规定直观。

第一个对比通过一个法学问题来展示"应用过程中遭遇到的各种掣肘"这一难题：我们如何去分辨"某个个案能否被纳入某条已被预先确定下来的法律条款之下"（A 132f. / 171f.）？在这里，法律于应用过程所碰到的难题就在于：我们都能完全看清法律所具有的一般性意义；尽管如此，在碰到某种具体情形时，我们却很难去分辨：某个个案是否足以满足"规则的条件"，也就是说，是否足以满足"本应被安放到某个应用场景中"的那些条件。例如，有一项法律规定"盗窃要受到惩罚"，然而"什么行为属于盗窃行为和什么行为不属于盗窃行为"却常常无法被厘清（R 2173）。为避免"某项适用于大多数场景的法律被应用于根本就不适用的领域"而造成误判，那就必须去深究"规则的条件"是否得到了满足。一个判断的合法性既表现为"澄清涉及权利（quid juris）的问题"，也表现为"澄清涉及事实（quid facti）的问题"。要搞清楚"一个个别情形是否满足当时的条件"，还得求助于这样一些记号（Kennzeichen）——它们在法律层面被称为"立法的格（casus datae legis）"（A 132 / B 171）。

让我们转移到有待对比的东西上去：先验的图型表明了范畴得以应用的条件。这意味着，在这里碰到的是"被施加于现象及其时间性进程之上的"各种必然条件，不满足这些条件，应用就是不合法的。从范畴的角度看，对这样一些条件——直观必须通过"普遍而又充分的标准"去满足的条件——的阐明乃是针对先验哲学提出的一个必然要求（A135/ B 174 f.）。然而，由于"范畴是无内容的"这一特殊性（请参阅上文），要想满足这一要求也并非易事。

因此，一个判断必得遵从之才能变得合法的那些条件就包含着某种（遵循某个范畴而来的）守法行为的现实性以及某种（遵循某个"满足了范畴得以应用的诸条件的"直观而来的）违法行径的当下性。守法行为和违法行径之所以一般说来都有可能找到与之相对应的法律条文，乃是因为：法律必须给自身的应用场景提供最低限度的条件（Minimalbedingungen）。比如，盗窃就是在未经他人许可的情况下，拿走某些物品，这些物品不仅是他人的占有物，而且还是他人的所有物。虽然对应用条件的说明只是立法领域里发生的事儿，然而，在不与某项实际出现的盗窃行为产生关联的情况下，该说明也能够成立。

而转移到范畴上去就意味着：对"感性条件"予以阐明乃是先验哲学的任务。先验哲学甚至可以对（范畴的）应用场景作出先天的阐明（A135/B174 f.）。因此，为了让某个特定的范畴应用于某个直观之上，前提就是"满足上述'感性条件'"。在纯粹知性概念那里，这一要求可谓切中要害且刻不容缓，因为纯粹知性概念除了"把杂多带到一个概念之下的……逻辑机能"（A245）之外，本身并不包含任何规定。仅凭这一逻辑机能并不能看清：一个对象能否合法地被纯粹知性概念所把握。因此，不对图型所表征着的"感性条件"作出阐明，纯粹范畴就还根本不是"具有归摄意义的"概念。从纯粹范畴这里甚至也看不清：哪些直观满足哪种范畴应用的情况（A 245 ff.）。

第二个对比是通过一个理性推论揭示出来的，诚然，该对比在康德文本中只出现了一次（A 159 / B 198），而且顶多是以"顺带提及的方式"出现的。在"归摄到概念之下"这回事那里——此外也由于"归摄"和"某个规则的条件"这些表达具有模糊性——很容易让人联想到某种三段式的推理方法。不过，这也就是此一对比显得没有可信度或根本就不能代表康德思想的原因。[①] 由于康德认为纯粹知性概念"包含一般规则的条件和仿佛是这规则的指数（Exponent der Regel）"，他就认为"把知性的原理应用于具体情形"与理性推论有一种平行关系（A159/B198）。"规则的指数"指的是这样一个"普遍条件"——它出现于某个三段论的大前提之中（vgl. R 3202，R 3I96，A 330 / B 386 f.，B 360 ff.）。

> 所有的哺乳动物都是生物（大前提）
>
> 所有的马都是哺乳动物（小前提）
>
> 所以：所有的马都是生物（结论）

"马"满足"大前提的条件"（这意味着，马是哺乳动物）——这已经包括在了小前提中。因此，结论本身确实已经蕴含于上述理解模式之中了，

---

① 关于范畴的应用方法是不是一个三段论推理的问题，请参见 P. Plaaß, *Kants Theorie der Naturwissenschaften*，Göttingen，1965，S. 73–78。此外，R. Stuhlmann-Laeisz 也讨论过这一主题，参见 *Über Kant's Problem der „Anwendung"* …，a. a. O.，S. 301–309。三段论推理让我们感兴趣的地方仅在于：在范畴的运用过程中，它可以被当作一种可有可无的理解模式来使用。康德本人并没有把它当回事儿，只不过是用它来消除一些有歧义的术语。

此外，结论还"以设定为前提的方式"而得以昭示。由此看来，这一对比对于问题的澄清鲜有帮助，为此康德也就没把它当回事儿。

第三个，也是更形象的一个对比出现于《任何一种能够作为科学出现的未来形而上学导论》的几处文字中。从表达方式上看，《任何一种能够作为科学出现的未来形而上学导论》使用了"暗喻"的方法，比如范畴赋予知觉"某种添加物""某种附加物"。① 凭借这些附加物，感知才变成了知识。假如这些附加物要想成为一般的附加物，那么它们并不能事先就已包含于直观之中。假如这些附加物不是任意的，那么它们就还得额外对下述事项的标准作出阐明：什么样的附加物在什么样的情形下是被允许的。与此同时，该标准（a）只能与"不含有附加物的"直观的特性有关，而且（b）"该附加物'适合于'什么样的直观"必须从附加物自身所从属的那个"类"中推导出来。

综上所述，我们可以这样说：借助上述那两种适恰的理解模式，一种切实可行的标准得以形成。不用过多地比较，我们就可以从极其特殊的意义上给图型赋予"给认识（它终究还是一种行动）提供标准的"机能。该机能就表现在对"感性条件"作出阐明，也就是对"范畴被允许置放到'从直观方面被给定的诸对象之间关联'中去的最低限度条件（Minimalbedingungen）"作出阐明。这却并不是一个必要条件，因为"几乎是基于内在的冲动"，人的认识活动就可以发生，也就是说，上述"附加物"不需要现实的相应条件就可以介入经验判断中去。这甚至不能充当真理性知识的一个完全充分的标准。这样一个标准是不可能存在的（A 59/B 83）。不管是在和法律判决的比较中，还是在具有隐喻意味的"添加物"的说法中，都必须满足"把诸直观组合起来"的最低限度条件，从而使得"把范畴置放到直观中去"是合法的，也就是说，"范畴的应用"是合法的。

（范畴的）应用难题的几个方面已经从上述诸对比中较为明晰地呈现出来了：①究竟该如何去设想范畴得以应用的可能性？或许能够这样来回答：指出得以应用的条件——直观原则上可以充当这些条件。这就要求范畴

---

① 请参见 AA，IV，305，注释以及"添加"的：AA，IV，299，注释；320。通过"把秩序'放进'自然界中去"，上述对比就完成了，A125. 接下来还可参见 A. A. IV，319；B162，Anm. u. ö.。

（概念）及其附属的应用条件之间本应存在着一种明见的联结（einsichtige）①。②假如感性直观并不独自提供或不能独自提供那些得以应用的条件，那么"通过剖析直观也就可以满足得以应用条件"又是如何可能的？一种回答是：凭借"生产性想象力（再生的综合［synthesis speciosa］）的作用"。例如，尽管时间自身无法被知觉（B 233），但是生产性想象力却可以给发生了的事件提供一个时间次序，由此也就可以有助于去满足因果性范畴得以应用的那些前提条件。③诸应用条件必须表明：什么样的（welche）直观可以被什么样的（welche）概念合法地把握？康德以这样的方式来表达这一"分配难题"（Zuordnungs-Problem）：一个完全确定的直观是否从属于一个完全确定的"给定的规则"之下（A 132）。在 A 245 f. 这个地方，为了讲清楚纯粹范畴的"感性条件"是什么，他把该难题表述为：感性条件必须说明"什么样的客体从属于范畴之下"，更确切地说，"人们必须将这一机能而不是另一机能使用于其上到底是什么样的一些物……"（A 246）

现在，如果有这样的最低限度条件，那么它就必定存在于一切直观之中，因为范畴对于所有类型的表象都应当是适用的。就这一点而言，唯有内感官的诸规定，亦即诸时间规定（"诸先验的时间规定"）才有可能符合于这一条件。一方面，作为内感官形式的诸时间规定包含于一切表象之中，也就是说，诸时间规定和诸范畴是同质的2A。这些最低限度条件表明了：一个直观的复合物必须去满足哪些时间规定，以便我们可以把一个范畴合法地应用于其对象之上。

因此，例如，要想把一个事件与另一个事件必然地联结起来（因果性），就必须把对"某个有一定规律的现象序列，亦即某个重复且相似的现象序列"的观察作为条件，也就是说，必须把对"杂多之物的相继状态（只要这相继状态服从某种规则）"的观察作为条件（A 144/ B 183）。相应地，"实体性"要求的则是"实在之物在时间中的持存性"（A 144/B 183），也就是说，要求的是，某物必须在直观中把自身显示为"持存的"，例如某个直觉性标记至少在一段时间里没发生改变。②

---

① 还可以译为"认识的"。——译者注
② 康德认为"一个持存性的直观"是"一个概念的客观实在性不可或缺的条件"（B 142）。例如，否则我们就缺乏"实体概念……（得以）应用的必要条件"（B 413）。

# 三　在《任何一种能够作为科学出现的未来形而上学导论》及随后的著作中应用条件发生了转变

从此处得出的不确定性直接造成了：我们能够以两种根本不同的方式去理解关于"附加规则"和"持存性"的那些讨论。从来源上看，范畴要得以应用就必须仰仗的那些"感性条件"（A 136 / B 175）（例如，"实在之物在时间中的持存性"）就是由纯粹想象力先验地得出的产物。图型并不是形象。为了不损害图型的普遍性特征，康德完全可以把图型仅只理解为对"展开着形象化说明的想象力"进行综合的规则。由于图型只来源于知性（A 138 / B 177），所以它与知性就是同质的$_{2A}$。就连此处从自身中给出规则的想象力也不是"能够从记忆的形象中联想出新形象的"经验性的想象力，而是纯粹先天的生产性想象力。

从上述描述而来，我们必定会希望看到：比如，要求具有"感性条件"的持存性就是"实体范畴"在客观方面必然的持存性。不过，这样一种假定却会造成一个无法克服的困难：通过范畴的应用才被放进经验中去的那个东西，如何预先就已经作为应用的"感性条件"而呈现于范畴之中？

即使我们为了部分地消解这一困难而诉诸那些已经"根据范畴的统一性而被思维为对象"的现象，也就是诉诸 Phänomena①，"'诸应用条件的满足'已被设定为前提"这一点也还依然是个难题。由于康德认为图型就等同于现象（A146/B186），所以他也发现了这一难题。但是，考虑到本该存在着"根本就不'符合于'范畴的"各种现象这样一种可能性，我们就不应把康德的这一等同太当回事儿（A 89 f. / B 122 f.）。②此外，还可以出于同样的理由来看待康德的这一观点：图型法"间接地导致……统觉的统一"（A145 / B185）。"诸现象服从于综合的普遍规则，并借此使它们顺理成章地彻底联结于一个经验之中"（A146/B185）这句话想要表达的无非是"给定的规则按照自身的应用条件应用于现象之上"。这种说法不解决问题，只是重新表述了问题。

---

① 亦即"现象"，德语的外来词。——译者注
② G. Prauss, *Erscheinung bei Kant*, a. a. O., S 18 ff.

似乎必须从前-范畴的角度把持存性的"感性条件"理解为直观到的-持存性①。与此同时，我们还可以从另一个角度（比如，通过直观上给定的标记）来思考持存性，这样一来，持存性就是"在一个确定的时间段里未发生变化"。因此，比如实体的图型（即"实在之物在时间中的持存性"）就本该被视为一种"至少必须持续了'一小段时间'的"感觉。相应地，因果性范畴就本该被确立为感知的一个附加规则，该规则还不想成为客观的，因为它并未把所发生事件的相似序列视为必然的。康德已经明确提到了这样一种可能性，即现象之中有可能还存在着一种尚未成为客观规律的东西（A 91/ B123 f.，A 120 ff.；AA，IV，312）。

关于这一可能性的专题化研究出现于《任何一种能够作为科学出现的未来形而上学导论》中以"知觉判断"为题的那些段落之中，那里的相关研究显得更为详尽。在本文里，对这一可能性之特性的探究却只能止步于此：把该可能性理解为"诸感性条件"的一种特殊性。

在A版演绎中康德就已经找到了现象序列中的那种附加规则，后者乃是再生的综合得以施行的前提条件（A 100 ff. 以及 A 653 f. /B 681 f.）。要是不以之为前提，那么联想的能力就会总是处于未被使用的状态，确定的表象之间也不会形成一种习惯性联结。②康德紧接着去追问联想得以可能的先天根据并把该根据称为"先验的亲和性"（transzendentale Affinität）（A113 f.）。他确实认为联想出来的诸个别联结都只是联想的经验性法则（该法则也要被视为一种必然性，一种不能仅来自知觉的必然性）所展示出来的各种具体情形。因此，现象序列中的"附加规则"在此处似乎就可以被描述为：它的用处仅限于"达成范畴之应用"。

《纯粹理性批判》第一版中也确实大致勾勒出了一种尚未具有客观性的规则。知性在"任何时候都致力于勘察现象，为的是在现象中找出某种规则来"（A 126）。客观的规则就叫作规律（Gesetze)③，它是知性之最高的先天原理呈现出来的一个殊相。因此，"知性并不仅仅是通过对诸现象的比较来为自

---

① Beharrlichkeit-in-der-Anschauung，亦可按字面意思译为"处于-直观之中的-持存性"。——译者注
② 请参见 A 100，A 121。关于"从习惯上去看的"用法，请参见 A 91/ B123 ff.，A 113 以及 AA，IV，301 页的注释；关于作为主观必然性的联想和习惯，请参见 B 127 u. ö.。
③ Gesetze，亦可译为"法则"。——译者注

己制定规则的能力，它本身就是对自然的立法"（A 126）。不过，知性也总是表现为一种"通过对诸现象的比较来为自身制定规则的"能力。我们可以把"联想的规则"理解为上述"不具有－客观性的规则"，这是因为，比如说，诸现象之间的相互比较就可以被算作知觉判断了。① 像"诸现象之间具有同质的序列"这样的东西借之被觉察到的那个最初的形式乃是一种联想——我可以通过一个知觉判断把它表达出来。至少从语言的表达方式来看，在康德给出的例子中，这里的知觉判断不就是经验判断嘛："当一个物体被太阳晒了足够长的时间，它就变热。"（AA，IV 312）。然而，从与这个阐述相关的上下文中可以看出，这一联结并未包含着关于客观性和必要性的设定（Setzung）。"它仅只对主观有效"（AA，IV，298 u. ö.）顶多也只能被理解为"主观的有效性"。这无异于在说：当我看见一块正被太阳照射着的石头，我就觉察到了一个由联想引起的迫切期待：石头将会变热。我仿佛已经感受到了从石头传来的热度。

现在要问的是：这样一些知觉判断（它们被视为后天习得的习惯性联想）的"当下性"是不是真的可以被当作"把范畴放进知觉中去的最低限度（minimale）条件"？从图型法那一章的原文来看，康德本该作出肯定的回答并以此为出发点，不过，这也意味着：康德本该把"由休谟发现的那个关于因果性的印象"完整地接受下来——这一印象就表现为"只能以反思的方式才被觉察到的习惯性联想"。②

与之相反，康德的各种暗示所指向的却是这样一种区别：也就是"合法地放置范畴的最低限度条件"与知觉判断之间的区别。他一再说，对范畴的放置而言，"无论我或者其他人以什么样的频率感知到了相似的现象序列"都是无关紧要的（AA，IV，301，注释以及 B 142）。不过，"相似的现象序列"的发生频率对于联想的持存和强度却显得至关重要。康德曾经抛弃了对习惯性联想的过分要求——这一点的证据可以从下述尝试中被看

---

① 请参见 AA，IV，305 "（它由于比较而成为普遍的之后）"；AA，IV，300 "仅仅比较诸知觉"；AA，IV，301 "通过比较"；AA，IV，307 "一致的知识……现象彼此之间"。关于休谟意义上作为后天习惯性联结的知觉判断，请参见 D. Lohmar，„Kants Wahrnehmungsurteile als Erbe Humes?"，*Zeitschrift f. Philos. Forschung*。

② 请参见 D. Hume，*Untersuchungen über den menschlichen Verstand*，Hamburg，1973，S. 90–96，尤其是第 91 页的内容。

到：也就是已经试着把知觉判断理解为只是由两种感觉之间的某种相互关系（某种一次性的相继或某种一次性的并存）所造成的一个可能的后果（AA，IV，299）。

于是，在一个相当不起眼的段落里，最低限度条件发生了明显的变化。康德说，"只要在现象中间发现一个时间序列，即发现了一个事件"，那么把这一现象归摄于原因范畴之下就是可能的（AA，IV，307）。因此，为了允许我们把两个事件之间的关系视为客观的因果关系，两个现象之间只要有一次呈现为"相继出现"就足够了。①

上述看法只是以相当隐晦的方式浮现于 B 版演绎之中。一个最容易让人觉察到的暗示就表现为："再生的综合"（A100）以及从"经常相继或伴随"的诸表象之间联想出来的联结（A 100）都几乎无迹可寻地、貌似毫无理由地（从文本中）消失了。根据这样一种看法，即允许把范畴"放进"现象进程中去的最低限度条件必须与"习惯性联想（换个词来说：知觉判断）应具有当下性"的迫切要求区别开来，如此一来"再生"就不再充当构成知识的必然部分。② 在第二版中，图型法一章与此相关的阐述并没有发生任何改变，其实，为了与上述看法对应起来，这些阐述是本该作出一些改变的。只是在第二类比中的证明中，"'诸现象彼此相继'，更准确地说，'两个知觉彼此相继'（B 233）就足以把因果关系'放进'现象序列中去"才被确定下来。

"在范畴和图型之间存在着一种明见的联结"这一点暴露了一个悬而未决且由于范畴缺乏规定性而根本无法被澄清的难题：哪一种先验的时间规定从属于一个确定的纯粹范畴？由于作为知性之纯粹机能的范畴不具有任何特征，也就是说，从范畴之中找不出什么线索和任何别的应用条件，所以上述难题也就无法被消除。就此而言，本该现成地存在着这样一种解决

---

① 把"事件"与诸现象某一次的序列等同起来，就此问题的探讨，请参见 A 192 ff. / B 237 ff.。

② 尽管如此，我们事实上却可以从大多数经验性判断中发现再生想象力的踪迹。一般情况下，除了主张客观性之外，这些经验性判断中还包含着针对真理之"外在"标准的先行把握。每一个个别经验至少都想要与我那些形形色色的经验达成一致，可以说，这就是与别人的意见达成一致的第一步。然而，只有在相似的相继性事件那里才能产生联想式联结，而且，凭借后者才能在达成真理之"外在"标准的向度上迈出关键的一步（R 2171—2176）。不过，联想式联结却取决于经验，并不构成知识得以可能的先天条件。

方案：既不要从先天能力的高度去贬低那些最先使得客观性成为可能的共同意指（这样一来，我们就还没有在范畴与应用条件之间达成一种明见的联结），也不要只是从感知中得出该共同意指，从"共同意指"的本义去看，它并不能出现于感知之中。

除去上述那两个来源外，"共同意指"总是还有一些触手可及的来源。其中一个来源就栖身于这样一个东西之中——它通过下述表象的应用条件所具有的主体间关联而被证明是可行的：一方面这些表象有助于形成最宽泛意义上的经验；然而，另一方面它们却根本不是由感知造成的。后来，这一点被确定为"经验想要具有客观性"标准。这就是实用主义者提出的方案。

还可以"对我们的感性经验中所包含的范畴内容展开前-形式上的反思"，这是胡塞尔现象学在实用主义的解决方案之外给我们提供的新思路。《经验与判断》第一章以及相应手稿中的探讨就是沿着这一思路展开的。客观化范畴可以被理解为由动机引发的观念化——基于上述直观性的前-形式以及被体验到的"我能够"，该观念化就被实现出来了。"观念化"绝对承受得住批判性的审查，而且，后者或许还可以被证明是由"理性的动机"引发的。① 从上述诸方案中形成一种从直观到（超越了直观的）概念的"跨越"，而且，该"跨越"是以这样一种方式来展开的："回退到"诸应用条件上去。由此我们就可以大胆地作出猜测：应用条件与具有意指性的范畴之间存在着一种明见的联结。

---

① 对此可参见 D. Lohmar, *Phänomenokogie der Mathematik*，Dordrecht/Boston/London，1989，S. 133-143。

# 进行开端的反思：对《逻辑学》开端的注释[*]

〔德〕安德烈亚斯·阿恩特[**]/文　魏非夺[***]/译

【摘　要】　对黑格尔来说，《逻辑学》的开端是直接的，因为作为开端的纯粹存在，摆脱了一切规定性，从而不包含任何中介。那么，《逻辑学》之必然内在的进展，是如何从这个开端中产生出来的，而该开端却预设了诸差别和诸中介？该问题是近年来黑格尔研究的焦点。本文对诸权威性解读进行了批判性讨论，继而提出了解决该问题的新方案。依黑格尔所言，开端具有无中介的直接性，它是任意和偶然的，故而在结构上，它对应于他所宣称的外部反思，在其中主体任意在无规定的基质上设定诸规定。是故，开端在自身之内已然包含了一种反思或中介结构，以使《逻辑学》之内在进展得以可能。

【关键词】　纯粹存在；直接性；任意性；内在

"进行开端的反思"（anfangende Reflexion），指的是那种造成黑格尔《逻辑学》开端的反思，同时也表示借助它开端得以被造成的反思。本文是

---

[*]　本文为河南省高校人文社会科学一般项目"海德格尔对谢林《自由论文》的存在论阐释"（项目批准号：2024-ZDJH-731）、中国国家留学基金委"国家公派博士后项目"（项目批准号：202407040094）的阶段性成果。原文参见 Andreas Arndt, „Die anfangende Reflexion. Anmerkungen zum Anfang der ‚Wissenschaft der Logik“, *Hegels Seinslogik. Interpretationen und Perspektiven*, hrsg. v. Andreas Arndt und Christian Iber, Berlin: Akademie Verlag, 2000, S. 126-139。

[**]　安德烈亚斯·阿恩特（Andreas Arndt），德国著名的黑格尔、施莱尔马赫与马克思研究专家，柏林洪堡大学资深讲席教授、国际黑格尔协会前主席（现为荣誉主席）、柏林—勃兰登堡科学院施莱尔马赫研究中心主任，代表性作品有《辩证法与反思：对理性概念的重构》、《逻辑学中的事情：黑格尔论概念与实在性》、《作为哲学家的弗里德里希·施莱尔马赫》、《革命的改革：时代中的弗里德里希·施莱尔马赫》与《卡尔·马克思：对其理论之内在联系的尝试性考察》等。

[***]　魏非夺，郑州大学哲学学院讲师，主要研究方向为康德哲学、德国观念论与施莱尔马赫神学。

对黑格尔《逻辑学》开端的注释，与其说它是对这个开端内部结构的注释，不如说是对以这个开端为开端的问题的注释。这似乎是一项多余的工作，因为这个开端——按照黑格尔的说法——既是单纯的，又是无预设的和无规定的。

　　然而，正如将要表明的那样，这恰恰导致了似乎无法克服的困难。而黑格尔对这些困难洞若观火，并试图在对开端进行正式的阐明之前，反驳那些可能的疑虑和异议。但迄今为止的讨论进展表明，无论在同代人那里，还是在后世中，他都没有获得成功。然而，这并不意味着，可以由此断言开端无法得到辩护。但这显然需要特殊的努力，而且比黑格尔所意欲承认的更多，以使开端本身易于为哲学意识所理解。

　　在下文中，我试图使逻辑学开端赢获一种（对我们的反思而言，亦即对洞察我们认识活动的本性而言）合理性。诚然，我是在黑格尔所谓外在反思的层面上来进行的。我的思考作为注释所具有的特征考虑到了这一点；尽管如此，我还是希望可以表明，一种如此这般的外在反思（äußerliche Reflexion），最终能够渗入事情本身的开始（Beginn）之中，因为造成开端的反思，作为一种外在反思，与借助它开端得以被造成的反思，是同时发生的。

　　乍一看，这是一个完全非黑格尔式的断言，因为按照黑格尔的说法，开端既不应当由一种反思所导致，也不应当以任何方式，是一种经过反思的开端。这个开端，在其无预设性与无规定的直接性中，非但没有引导我们进入它，反而被一种与它相对的外在反思之诸侵入（die Einfälle）所阻挡。但正如接受史已表明的那样，人们不能仅仅通过将这些侵入视为不属于事情的东西而搁置一旁来反驳之，也不能仅仅通过逻辑学发展的进步来消除之。相反，逻辑学的开端——更确切地说，在该开端之开端活动本身（Anfangen selbst）中，而不仅仅是在该开端之回溯论证中——必须使自身成为某种能被外在反思（至少能被逻辑学读者的反思）所接受的东西，以至于我们一般能沉浸在事情本身的进程之中。而我想提出的主导性论题是，逻辑学的直接开端，作为纯粹知识之无预设的开端，必须同时是这样一种东西，通过它，外部反思从一开始（von Anfang an），就处于逻辑学诸思想规定的发展中，并在其中一起被主题化，而不是必须从外部侵入它。换言之，逻辑学开端，同时也是进行开端的反思，因为在无规定的直接性之零点（Nullpunkt）

中，外部反思与内在反思（äußere und immanente Reflexion）同时发生，而外部反思被卷入了事情本身的内在进展之中。

我将分三步展开我的思考。首先，我关注的是这样一个问题，在该问题中，对进行反思的意识（das reflektierende Bewußtsein）而言，实际上存在着一种对开端的苛求，或者更确切地说，一种对以黑格尔所造成的开端为开端的苛求。其次，我将追问，按照阐释者的观点，黑格尔以之作为开端的无规定的直接性，实际上具有何种功能，以及它对开端之理解意味着什么。最后，在与这些阐释划清界限的过程中，我将尝试鉴别出那个既造成开端、又在开端之直接性中得到谈论的反思。

## 一 开端的诸困难

《逻辑学》的开端，尽管其阐释史悠久，但如今可被视为黑格尔哲学最难的部分之一。显然，黑格尔本人持有不同见解，因为他将这个开端描述为无预设的，因而描述为"单纯的"，以至于它不需要"任何的准备或进一步的导论"。① 至少在这一点上，黑格尔似乎在事实上已经被驳倒了，因为黑格尔生前的文献证明，恰恰是这个开端导致了各种问题。当然，这并非意味着，这些问题位于开端本身之中。它们也可能植根于诸阐释者的态度和期望，也就是说，植根于一般难以参与这个开端的各种预设。事实上，每一个阐释者从一开始，就陷入了将太多东西放进开端的危险，正如沃尔夫冈·维兰特（Wolfgang Wieland）所表述的那样，陷入了"在存在概念背后去寻找太多东西"的危险。② 当然，倘若果真如此，那么恰恰是开端的直接性、单纯性和无预设性，更确切地说，独立于任何一种可能的辩护，似乎才是问题所在，也就是说，之所以如此，显然是因为这个开端——对逻辑学的读者和阐释者的反思意识而言——包含着诸般苛求。

黑格尔也不能让开端在这方面成为问题，尽管开端具有"单纯性"，但

---

① G. W. F. Hegel, *Wissenschaft der Logik. Erster Band. Die Objektive Logik. Erstes Buch. Das Sein* (1812), neu hg. v. H. -J. Gawoll, mit einer Einleitung von F. Hogemann und W. Jaeschke, Hamburg, 1986, S. 44. （该书以下简称 WdL I¹）

② Wolfgang Wieland,„Bemerkungen zum Anfang von Hegels Logik", in *Wirklichkeit und Reflexion. Walter Schulz zum 60. Geburtstag*, hg. v. H. Fahrenbach, Pfullingen, 1973, S. 396.

他还是为开端本身预先进行了大量导论性与准备性的探讨，以便首先使读者确信，"为进入哲学，不需要任何其他的准备，也不需要任何其他的反思和触点"①。毋宁说，正如黑格尔所保证的那样，开端应当而且必须"全然是一个直接者，或者更确切地说，仅仅是直接者本身。正如它无法与他者相对而具有一个规定，它也无法将任何规定、任何内容包含在自身之内，因为诸如此类的东西，是有差别者之间的区分与相互关联，故而是一个中介。所以，开端就是纯粹存在"②。为了开端之无预设性与直接性的缘故，人们当然不能将这个"所以"理解为一种结论。黑格尔恰恰想要避免在纯粹存在之处的开端显现为任何中介的结果。这适用于两个方面：它本身应当是一个直接者，并且它应当通过一种与它相对的"外部"反思，来避免任何混合之物的干扰；无论是这种反思对开端本身进行了中介，还是它以反思的方式与开端进行了关联，从而产生了进展。故而，所谓的苛求在于，我们应当无预设地参与事情进程，并实行之，为此，对我们而言，不仅——在《精神现象学》意义上——听（Hören）和看（Sehen），而且一个事情（作为一个被规定的对象）的意识，同样还有我们本身（作为进行反思的主体）的意识，必须是已经消逝了的。开端的无预设性，显现为我们所能苛求的最阴森可怖和最艰涩生硬的预设，也就是说，显现为不仅是对我们的"自然态度"的抽象，而且甚至是对一种在哲学上得到净化的意识的抽象，该意识能够从对《精神现象学》结果的回忆出发，在一种知识那里洞察到开端，并使之合法化，正如黑格尔所要求的那样，该知识已经从意识的诸对立中解放了出来。③ 所以，正如黑格尔所强调的那样，在开端本身之中，哲学就是"一个空洞的语词或某种假设性的、未经辩护的意见"④。

对我们而言，在一个单纯的、无规定的直接者（正好是纯粹存在）之处，黑格尔所苛求的这种意义上的"非哲学的"开端，恰恰必须遭到一种如此这般的哲学意识的怀疑，在此，自然意识的基本架构在一个抽象对象

---

① WdL I¹（Anm. 1），S. 38.

② G. W. F. Hegel, *Wissenschaft der Logik. Erster Teil. Die Objektive Logik. Erster Band. Die Lehre vom Sein*（1832），neu hg. v. H.-J. Gawoll, mit einer Einleitung von F. Hogemann und W. Jaeschke, Hamburg, 1990, S. 58f.（该书以下简称 WdL I²）

③ Vgl. Ebd.，S. 57f.

④ WdL I¹（Anm 1），S. 38f.

上得到了更新，因为在此，作为开端的纯粹存在是"现存的"（vorhanden），它是一个被给予者，并且通过对这个开端的"观察"（Betrachtung），"那位于其中的东西，应当进入知识之中"。① 黑格尔所使用的反思表达方式，似乎是与开端之无规定的直接性对立的，而该直接性，应当明确"摆脱与本质相对的［……］规定性"②，也就是说，摆脱与本质逻辑学范围内反思逻辑学意义上的直接性之规定的任何关联。如今，毋庸置疑的是，黑格尔恰恰想要使这样的反思逻辑学内涵远离开端，他在展现开端时所遇到的困难很大程度上在于，这些困难无法在语言上得以避免，因而必须不断加以防止。

但即便人们准备接受，逻辑学的开端与进展，和《现象学》的开端与进展，具有一种完全不同的结构（当然，在对两部著作的方法论差别进行解释时，黑格尔的沉默克制造成了某些困难），而即便如此，问题仍然在于，我们如何才能根本不陷入这种无规定的直接性，而是顺应它并从它出发来造成进展。因为，倘若这种直接性不应当是一种进行抽离的反思之结果，倘若因此——用黑格尔的话来说——开端不应当是"被导致的"③，那么我们总是已经直接处于这个开端之中了。开端必须为我们提供一种明证性（Evidenz），该明证性完全迫使我们参与到开端之中，与此同时，该明证性不仅迫使我们放弃我们的反思，而且迫使我们放弃任何的反思。所以，尽管在黑格尔生前，对开端的所有异议，已经全部提出了，而他对此也心知肚明④，但在修订《存在逻辑学》⑤ 第二版时，他认为自己无法在正文中，以任何方式对开端进行修改。他仅仅修订了否定意义上准备性的探讨和解释性的注释。但正如持续至今日的争辩所表明的那样，这个开端没能以此而获得直接的说服力。

但即便人们承认黑格尔的主张，即在其单纯的直接性中的开端，能够

---

① Ebd. , S. 43；对开端之"现存存在"（Vorhandensein）的谈论，以及对"观察"（Betrachten）或"观看"（Zusehen）的谈论是无处不在的；前者是通过以下方式产生出来的，即开端不应当被明确视为《现象学》的结果，而后者则表示纯粹的观看，也就是说，将我们的反思作为一种外在反思，排除在逻辑学诸思维规定之过程的建构之外。

② Ebd. , S. 47.

③ Ebd. , S. 44.

④ Vgl. Dieter Henrich, „Anfang und Methode der Logik", in（ders.）*Hegel im Kontext*, Frankfurt a. M. 1971；Bernd Burkhardt, *Hegels „Wissenschaft der Logik" im Spannungsfeld der Kritik. Historische und systematische Untersuchungen zur Funktion und Leistungsfähigkeit von Hegels „Wissenschaft der Logik" bis* 1831, Hildesheim, Zürich und New York, 1993.

⑤ "Seinslogik"（《存在逻辑学》），指黑格尔《逻辑学》的存在论。——译者注

提供所要求的那种明证性，那么也无法看出一种纯粹的直接性——在该直接性处与在该直接性中，没有任何东西可以被区分——究竟应当如何能够（在缺乏一个站在它之外的主体的反思的情况下）从其本身出发过渡到中介。特伦德伦堡（Trendelenburg）首先提出了这一针对黑格尔的有力论点，即便他本人绝不能被视为该论点之始作俑者，而谢林对黑格尔的批判却恰恰基于此。① 这一异议可以用一个非常简短的方式表达出来，即存在与虚无在它们之直接性中静止在自身之内，而且无论如何，没有任何种类的运动，能够从它们之中提炼出来。毋宁说，这是一个被预设的主体的行为，即该主体使它们相互比较，并在被预设的对转变进行直观（Anschauung des Werdens）的帮助下，使它们相互关联，以至于产生了开端性范畴的一种自身运动的映象，从而产生了一种内在进步的映象。

　　就我目之所及，迄今为止对开端问题的讨论，主要就是与这个问题的争辩。开端性的纯粹存在之无规定的直接性，在如下方面遭到了质疑，即在逻辑学诸思想规定的过程中，它是否有能力发起一种内在进步，也就是说，在缺乏一种外部反思帮助的情况下，使直接性从其自身出发，转化为经过中介的和进行中介的反思运动。然而，与此同时，依我之见，仍然规定不足的是，实际上应当将何种功能归于开端性的、无规定的直接性。对此，所给予的答复，大多具有思辨的本性。它们遵循黑格尔的指示，即逻辑学诸规定之发展中的进步，同时也是一种对开端的回溯论证。于是，开端便显现为无预设的和直接的，因为它是一个全然论证自身的绝对者（ein schlechthin sich selbst begründendes Absolutum），尽管是一个抽象的、仍须获得在自身之内的具体的规定性的绝对者。在这个方向上，黑格尔本人给出了许多指示，并将纯粹存在与绝对者联系起来，甚至将前者的无规定性与对有限的、被规定的存在之超拔（Erhebung）联系起来。② 于是，纯粹存在

---

① 关于谢林，参见布克哈特（Burkhardt）的研究（注 10）；关于特伦德伦堡，参见 Josef Schmidt, *Hegels Wissenschaft der Logik und ihre Kritik durch Adolf Trendelenburg*, München, 1977；进一步的讨论，参见 Jürgen Werner, *Darstellung als Kritik. Hegels Frage nach dem Anfang der Wissenschaft*, Bonn, 1986。

② Vgl. WdL I² (Anm. 4), S. 80：应当记住的是，"人应当在其意念（Gesinnung）中，将自身提升至这种抽象普遍性，在该意念中，一百个塔勒［……］是否存在，他是漠不关心的，就像他漠不关心自身是否存在，也就是说，在有限的生命中是否存在那样"。

之无规定的直接性，将会是绝对者的第一个展示，或者甚至就是其直接的自身设定，因为它在此是通过自身无预设地建立自身。① 于是，开端的无预设性，将会是黑格尔哲学意义上绝对者的预设，也是其自身阐明的开始。

现在看来，在某种程度上，这也是正确的，尽管它并没有说出任何关于黑格尔绝对者言谈之意义的东西。但对这种言谈及其论据方面论证的怀疑，对逻辑学开端的观点产生了持久的影响，并使该开端显现为成问题的，至于这些怀疑是否基于误解，在这里根本不重要。从谢林和其他同时代批判者开始，经过费尔巴哈和克尔凯郭尔，直至最近的众多阐释者，体系的诸思辨后果被投射到开端之中，并已经在那里遭受了批判。而黑格尔的辩护者，无论是否愿意（nolens volens），在很大程度上，也遵从这种观点，因为他们意欲通过无规定的直接性，将开端从一种乞题（petitio principii）的怀疑中解放出来，而该直接性在逻辑学结束之处，将自身重建为经过中介的直接性。因此，他们坚持开端的反思性（Reflektiertheit）。按照亨利希的说法，这已然是黑格尔直系学生的策略②，更是"后形而上学"时代一种"拯救性"批判的策略，对该时代而言，绝对者哲学，从一开始，就被视为无法挽回地克服了，而且再也无法恢复了。③

从体系的角度来看，在某种程度上关乎危亡的东西，才是这里的关键所在，作为备选方案，迪特尔·亨利希（Dieter Henrich）是这样来表述的："要么成功地阐释逻辑学开端的结构，而该逻辑学与经过反思的诸思想规定之逻辑学有所区别，并按照这个结构，来发展无规定的直接性的概念。要么在逻辑学开端之中，必须已然假定了经过反思的诸环节。在这种情况下，就不可能坚持逻辑学（作为一门纯粹思想科学）的理念。因为在它之中，

---

① 对此，参见 Karin Schrader-Klebert, *Das Problem des Anfangs in Hegels Philosophie*, Wien und München, 1969。这部专著恰恰给人以这样的印象，即不是诸阐释者将太多东西（zuviel）放进了开端，而是黑格尔本人意欲借助开端一次性带入太多意向（zuviele Intentionen），这使他陷入了一种无法消解的矛盾心理和窘迫疑难之中。

② Vgl. Dieter Henrich, „Anfang und Methode der Logik" (Anm. 10).

③ Vgl. z. B. Alexander Schubert, *Der Strukturgedanke in Hegels „Wissenschaft der Logik"*, Meisenheim und Königstein/Ts, 1985；然而，关于开端与反思问题的关涉，舒伯特（Schubert）提供了一种很有见地的阐释，该阐释多次影响了我的思考，即便在我无法从整体上跟随它的地方。

必然要有一个最初的并且全然单纯的基本规定。"① 按照亨利希的说法，黑格尔的批判者和辩护者，都走上了第二条道路。批判者们，"意欲在无规定的直接性的思想与存在-虚无这个对立之间找到一种差别，从而首先使两者彼此分离，以便随后使它们相互关联"②。而辩护者们，由于没有意识到此处涉及二者择一，故而在未加译注的情况下，便接受了这种批判的预设。

## 二　未经反思的直接性？

与此相对，亨利希本人则走上了另一条道路，该道路意欲在开端之中——按照黑格尔的指示——既在自身之内，又与反思逻辑学相对，来保持开端的非反思性（Nichtreflektiertheit）。而亨利希的关切是，"在与反思逻辑学的区别中，通过否定［……］来阐明纯粹存在逻辑学［……］"③。这种认真对待开端性的、无规定的直接性，并在不借用反思逻辑学的情况下，来对开端进行阐释的尝试，导致了这样的结果，即逻辑学开端想要使"思想之间摆脱了任何建构的内在联系变得显明"，而该内在联系"避开了任何建构"。④ 因此，它也可以"永不被扬弃"，并且通过更丰富的进展结构，也可以"永不被充足地阐释"。⑤ 这就导致了这样的情况，即不可能从完整意义上论证性地获取它，也不可能"通过直接的相反根据，来驳倒诸种异议"，这使它成为"一种无法扬弃的歧义性之来源"。⑥

---

① Dieter Henrich, „Anfang und Methode der Logik" （Anm. 10），S. 84.

② Ebd. , S. 79.

③ Ebd. , S. 79f. 正如舒伯特｛Schubert, *Der Strukturgedanke*（Anm. 15），S. 30f.｝所提议的那样，"通过否定"（via negationis）不是必须以直接的形态来展现对经过反思的诸范畴的一种预期。相反，"出自否定"（ex negativo）只应当认真对待如下事实，即黑格尔并没有在与反思逻辑学之关联中来规定开端。

④ Dieter Henrich, „Anfang und Methode der Logik" （Anm. 10），S. 89.

⑤ Ebd. , S. 93.

⑥ Ebd. , S. 90. 弗里德里克·希克（Friedrike Schick）甚至得出这样的结论，即对开端的诸争议性解释，同样能够在文本上得到证明（*Hegels Wissenschaft der Logik-metaphysische Letztbegründung oder Theorie logischer Formen?*, Freiburg und München，1994，S. 152）。与此同时，他本人也支持这样的解读，即开端作为一种形而上学终极论证的尝试已经失败了。然而，在一种较弱意义上，几乎所有新近的逻辑学阐释者，都赋予了开端以一种歧义性或矛盾性（Ambivalenz）；参见 Alexander Schubert, *Der Strukturgedanke*（Anm. 15），S. 23。对此，他引用了大量证据。

倘若果真如此，那么黑格尔逻辑学寻求一个开端——该开端允许诸思想规定的一种内在进展——的计划当然就会失败。于是，开端之不可扬弃的直接性，便未经中介地与反思相对立，而该反思则排斥这种直接性，并毁灭之。事实上，亨利希还导致了一种后果，该后果对作为"纯粹思想科学"的逻辑学之地位而言，其毁灭性丝毫不亚于这样一种企图，该企图从一开始就使经过反思的诸环节隶属于逻辑学开端。故而，鉴于"《逻辑学》"必须"与逻辑学诸思想规定之过程区别开来"①，并且由于它"往往只能在回溯论证中并着眼于整体来展开自身"，我们需要"这些论证的一个方法论，而该方法论将会具有一种'元逻辑学'的特征"。但如此一来，黑格尔对一门自身阐明性的科学的要求就被摧毁了，该科学是在诸思想规定之实行过程中来论证自身的，而拯救性的尝试则付出了与那些黑格尔辩护者同等的代价，按照亨利希的说法，这些辩护者轻率地放弃了直接的开端。

在《存在与映象》一书中，迈克尔·特尤尼森（Michael Theunissen）提出了通过逻辑学中的批判来展现形而上学②的论题，在该论题之框架内，他还试图在纯粹存在的直接性（有别于其无规定性）那里索求一种真理环节。这种存在在其直接性中是某种类似于一种基于雅可比模式的"先行的总在"（vorgängige Totalpräsenz）的东西③，只是黑格尔没有将它理解为源初者本身（das Ursprüngliche selbst），而是仅仅将它理解为本源在开端之中的当前性（die Gegenwärtigkeit des Ursprungs im Anfang），以致这个开端在其直接性中通过一个真正的源初者而成为经过中介的，而该源初者并不是存在。毋宁说，"存在的确定性"指向"思维的自身确定性"，故而它也只能"从思维本身的渐进发展中期待""揭示出处于存在之中的真理"。④ 这种阐释归

---

① Dieter Henrich, „Anfang und Methode der Logik" （Anm. 10）, 92 （das Folgende 92f.）. 迈克尔·沃尔夫（Michael Wolff）进行了一个有趣的尝试，通过将开端阐释和辩护为从一个"否定的"困境在形式逻辑学意义上转化为一个"肯定的"困境，来化解开端的歧义性，当然，"对逻辑学起点论题的内容性阐释"仍被公然排除在外（„Die 'Momente' des Logischen und der 'Anfang' der Logik in Hegels philosophischer Wissenschaft", in Skeptizismus und spekulatives Denken in der Philosophie Hegels. hg. v. H. -F. Fulda und R. -P. Horstmann, Stuttgart, 1996, S. 226-243；hier 238）.

② Vgl. bes. Jürgen Werner, Darstellung als Kritik （Anm. 11）.

③ Vgl. Michael Theunissen, Sein und Schein. Die kritische Funktion der Hegelschen Logik, Frankfurt a. M. 1980, 198-215；hier bes. 212f.

④ Ebd., S. 214.

功于在"思维进程中的第一者与对思维而言的在先者"之间（zwischen dem Ersten im Gange des Denkens und dem Prius für das Denken）所作出的一种区分①，也就是说，归功于逻辑学本身之直接开端中的"模棱两可性"。该模棱两可性产生自这样一个事实，即在开端之直接性中的思维，似乎将其在先者沉入了这个开端之中，因为它使这个对象性的直接者，从而使自身成为一个不可预思的直接者，通过该直接者，开端之直接性被先行给予了。正如所有直接性哲学家所意欲的那样，只有以这种方式，才能在思维之开端性的直接性中，同时显示出一种源初者，而该源初者就是一种脱离反思并超越意识的存在。由于在开端之中进行直观的、而非在概念意义上进行反思的思维之直接性，被洞观为这种对象化的"器官"（Organ），对象化本身也遭到了批判，从而它也摆脱了开端的模棱两可性。②

因此，在开端之直接性中的真理环节便存在这样一个事实，即在该直接性中，尽管是以一个扭曲的、被物化的因而是映象性的形态，同样能够指明一个对思维而言的在先者，该在先者被证明是这样一种东西，该东西对思维的开端进行中介，并在其进展中将自身阐明为源初者，而该源初者如今不再是一个不可预思者，而是正如黑格尔所意欲的那样，它仅仅在其自身阐明之运动的整体中才具有其真理。当然，只有当这里所涉及的直接性，还具有一种与思维中的第一者和对思维而言的在先者之歧义性不同的另一种歧义性时，这种真理环节才能被洞察为在直接性本身中在场的（präsent）。因为在先者，作为对开端进行中介的，以及在进展中将自身与自身进行中介的，在其迄今为止的规定中，完全是一个经过反思的东西，而不是一个直接者。换言之，对一种进行物化的思维的批判，在将直接性演示为映象时，也面临着这样的任务，即为直接性本身辩护，而不仅仅是为其所意谓的东西辩护，如若不然，它就无法避免一种外部反思和一种映象性开端的责难，而所谓映象性开端，并不是真实的开端，而仅仅是全然不真实的开端。前面提到的将直接性解释为"先行的总在"，应当通过以下方式来实现这一点，即将自身置于真理之基础上，而按照黑格尔的说法，该真理就是整体。

---

① Ebd. , S. 204.

② Vgl. ebd. , S. 207.

　　然而，如果存在这种直接性，那么它可以与开端之直接性没有任何关系，而是完全沉入后者之中，并且无区别地与它合为一体。倘若这种直接性并非如此，那么开端就是一个在自身之内经过反思的东西，并且只有如此这般，诸环节才能在其中被一般地区别开来。但纯粹存在恰恰相反；它是无规定的，因为人们无法从它那里一眼看出其真实规定，而是必须首先在结果中得到证明。这种直接性先行包含整体，并将其纳入自身之内，在开端本身之中，它纯然就是一种所意谓的直接性，通过它，我们将不包含在开端之中的诸规定带入开端之中。而且，只有作为一种如此这般所意谓的差别，即与无规定的直接性之遭到批判的其他方面的差别，它才能对一种进行比较的反思有所助益。即便在与直接性之其他方面的差别中，它也可以被直接地证实，只要它是直接性，它甚至不能从其本身出发来实施这种批判，因为对此，它必须首先进入一种关系之中，也就是说，它必须已经离弃了直接性的地位。

　　亨利希和特尤尼森试图从在其无规定的直接性中的开端那里夺取一种真理环节，而与之相对立的是这样一种批判，该批判在开端之中不再能被认识为一种倒不如说纯然分散的论证意图之混合体，而这些论证意图在试图将直接性转化为反思时相互冲突。在这种情况下，黑格尔的诸思辨意图首先就被点名了，与这样一种洞察——对进展而言，开端具有必然的中介性（Vermitteltheit）——相矛盾，这些意图会诱使他（似乎反对更好的知识）将开端之直接性肯定为是必然的，而不是将其谴责为纯然的映象，当然，倘若如此，该映象不再能作为真实的开端。① 事实上，认真对待开端之无规定的直接性所导致的困境，使人容易想到一种如此这般的后果。虽然人们可以有充足的理由对批判者提出这样的反驳，即他们在寻找黑格尔相互冲突的诸论证意图时，再次将太多的东西放进了开端之中，以便在它们还根本没有出现的地方，来防止事实性的或臆测性的诸思辨后果，而且如此行事，也没有将反对者置于其论证性展开之强度的周围。但即便如此，倘若人们接受在其无规定的直接性中的开端，正如它给予自身的那样，人们也很难让规定性和中介从开端本身中产生出来。例如海因茨·罗特格斯（Heinz

---

　　① 对此，特别参见前面提到的克莱伯特［Schrader-Klebert（Anm. 13）］、舒伯特（Anm. 15）］与希克［Schick（Anm. 21）］的工作。

Röttges）、于尔根·维尔纳（Jürgen Werner）和贝恩德·布克哈特（Bernd Burkhardt）所进行的相应的、高度差异化的尝试，这些尝试的特点是将开端问题和方法问题结合了起来①，它们或多或少默认了逻辑学必须被规定为一种对思维的思维（ein Denken des Denkens），以至于存在着一个尽管在方法上合法却并非任意的、伴随性的反思主管机关（willkürliche begleitende Reflexionsinstanz），而该反思主管机关似乎在观察直接性，并在从存在到虚无之未经中介的已过渡存在（Übergegangensein）中，回忆起了其来源，以便一般能够设定一种差别，而该差别将反思带入了进程之中。②

在逻辑学诸思想规定本身的发展之外，假设一种如此这般的反思主管机关，是亨利希试图认真对待开端性的直接性的基础。对于逻辑学与元逻辑学之间的区分，他引证了如下命题，即逻辑学诸思想规定之过程的科学，就是"精神现实性的一种方式"③。遗憾的是，他并没有进一步阐明这种思想，而该思想确实造成了困难。因为按照黑格尔在第一版《逻辑学》序言中所提供的信息，精神就是理性之真理，就是"概念之内在发展"，就是"认识活动之绝对方法，并且同时也是内容本身之内在灵魂"。④ 因此，逻辑学诸思想规定之过程，恰恰就是"精神现实性的一种方式"，即精神在其自身之基础上运动所采取的那种方式，也就是说，正如黑格尔在回顾《精神现象学》时所强调的那样⑤，精神将自身从意识的对立中解放出来所采取的那种方式。倘若所应当意谓的不是精神的这种现实性（在该现实性中，逻辑学与元逻辑学同时发生），那么亨利希的评论只能着眼于精神哲学中认识活动的一个"进一步的具体形式"来加以理解。但这就意味着，逻辑学，只要它是逻辑科学，就必须从更具体的认识活动之形式那里，来借取其论

---

① 除了已经提到的工作，还可参见 Heinz Röttges, *Der Begriff der Methode in der Philosophie Hegels*, Meisenheim, 1976。

② 与此同时，于尔根·维尔纳［Jürgen Werner, *Darstellung als Kritik*（Anm. 11）］最终依靠的是本质逻辑学的绝对差别范畴（参见§11）；与之相对，贝恩德·布克哈特［Bernd Burkhardt, *Hegels "Wissenschaft der Logik"*（Anm. 10）］则首先以思辨命题来进行论证。但问题是，开端根本无法在命题中得到表达，因为直接性缺乏任何关系性，而这种关系性首先使一个判断成为可能。

③ Dieter Henrich, „Anfang und Methode der Logik"（Anm. 10），S. 92.

④ WdL I¹（Anm 1），S. 6.

⑤ Vgl. ebd., S. 57f.

证活动的方法。

但或许亨利希所意谓的也只是这样一种事态，该事态被沃尔夫冈·维兰德（Wolfgang Wieland）描述为黑格尔的一种"实用主义的"预设，即逻辑学至少必须考虑到其读者的"反思能力"。① 所以，逻辑学的展现运行在这样一个层面上，该层面"在其自身范围内，从未被主题化，它就是有限精神的层面"②。吕迪格·布伯纳（Rüdiger Bubner）将这描述为"无法忽视的反思事实"③。科学之中的存在，无法与这种事实分离开来；一门科学首先通过如下方式来建构自身，即它在这种事实中"自为地接受决定性的和终极性的预设"④，更确切地说，即它并不能让自身外在地先行给出诸预设，而是"将预设活动（Voraussetzen）毫无保留地置于自己的统治之下"⑤。它只有在将外在反思转换和融合为内在反思，即"事情本身"的运动，并借此而服从一种内容性的秩序时，才能做到这一点。⑥ 就与逻辑学开端相关联而言，这意味着，逻辑学开端的绝对无预设性，表述并明确设定了一种科学之预设，即"人们不应当未经反思地接受任何预设"这样的预设。⑦ 在其中，反思的事实将会被承认，而同时，诸异议也将会通过一种外部反思的诸随意预设而被抵制。"事情本身的进程"与外部反思所带来的诸预设之间的差异，将会通过如下事实而被扬弃，即开端道出了它。⑧

倘若事情本身的进程，为了一般地能够启动，需要一个外部的反思主管机关，那么对这种外部反思而言，开端性的直接性意谓什么的问题，当然就变得更加紧迫了。难道它只是一个意欲跳过这种反思事实的开端，以便随后在进展中被反思所追上？或者说，恰恰着眼于这种反思，直接性才具有一种真理环节，以致从一开始就通过该反思而融入了逻辑学诸思想规

---

① Wolfgang Wieland，„Bemerkungen zum Anfang von Hegels Logik"（Anm. 2），S. 403.

② Vgl. ebd.，S. 405；正如维兰德所言，恰恰因为它没有被主题化，所以也就没有必要离开这个层面。

③ Rüdiger Bubner，„Die ‚Sache selbst' in Hegels System"，in *Seminar: Dialektik in der Philosophie Hegels*. hg. v. R. -P. Horstmann，Frankfurt a. M.，1978，S. 107.

④ Ebd.，S. 109.

⑤ Ebd.，S. 106.

⑥ Vgl. Ebd.，S. 116.

⑦ Ebd.，S. 106.

⑧ Vgl. ebd.，S. 109.

定之发展中？

这个问题的关键不再仅仅是逻辑学在黑格尔思辨体系之内在联系中的位置；毋宁说，关键是逻辑学所要求的合理性一般的理性概念（der Vernunftbegriff von Rationalität überhaupt）。一个如此这般的概念，只有在它成功使主观外在的反思服从一种思想运动之学科（Disziplin）时，才能要求所谓的有效性，而该思想运动就是其自己的思想运动，也就是说，该思想运动也能与其诸预设和"诸侵入"取得一致。

那么，人们不禁要问，逻辑学开端如何能够通过以下方式得到理解，即在它之中与所有外观（Anschein）相反的一种外部反思进入语言之中？

## 三　进行开端的反思

布伯纳对反思事实的思考，旨在解决黑格尔本人很大程度上所忽视的一个问题。[1] 正如布伯纳所表明的那样，"为了强调方法之所要求的必然性，他过于强调事情之自身运动的自主性"[2]。但正因如此，他便没有使这种反思事实或一种反思差异成为逻辑学的起点，而是将这些问题置于探讨事情本身的最前沿。在其无规定的直接性中的开端本身，不应当明确由如下事实所导致和所论证，即它是一种"所有先行中介之自身扬弃"[3] 的结果。这只有在逻辑学进一步的进程中才会显明。同样，纯粹存在之纯朴的单纯性，也不应当仍然指示他者，因为倘若如此，它就不再是无反思的直接性。因此，布伯纳的阐释，尽管很诱人，却面临着与其他尝试同样的困难，这些尝试也旨在为逻辑学开端赢获一种合理性：为了迫使反思进入事情本身的

---

① 关于黑格尔哲学中外在反思与内在反思之关系的基本问题的讨论，参见 Walter Jaeschke, „Äußerliche Reflexion und immanente Reflexion", in *Hegel-Studien* 13，1978，S. 85–117.

② Rüdiger Bubner, „Die ‚Sache selbst' in Hegels System"（Anm. 36），S. 116.

③ Ebd.，S. 111；在此，布伯纳提到了《百科全书》（1830 年）第 51 节，该节的主题是直接知识作为"思想对客观性的第三种态度"。然而，在我看来，在那里针对雅各比而发展出的中介之自我扬弃的思想，与其说涉及逻辑学的开端，不如说涉及逻辑学的结果，即经过中介的直接性，也就是说，从中介之中产生出来的直接性。甚至与逻辑学中直接采取的《现象学》结果的联结，即从意识的对立中被解放出来的知识，也没有明确被黑格尔把握和承认为对开端的论证；相反，逻辑学的开端发生在对现象学诸中介的遗忘（Vergessenheit）之中。但只要现象学之绝对知识的模式恰恰是回忆（die Anamnesis），那么人们便不禁要追问，逻辑学一般而言还能否与《现象学》建立一种联结。

进程，为了使外在反思服从内在反思，开端本身显然必须总是能被洞察为一种反思过程的环节。布伯纳意欲通过如下方式来建立这种洞察，即将开端理解为一种进行抽象的反思之结果，而该结果被道说为是直接的。

然而，黑格尔似乎认为，一种如此这般的进行抽离的反思本身，仅仅与开端处于一种外在关系之中。因为开端不是主观地通过一个在其发生根据意义上的"从何处来"（ein "woher" im Sinne seiner genetischen Begründung）被激发的，而是通过一个在任意地自身决定去纯粹思维意义上的"往何处去"（ein "wozu" im Sinne des willkürlichen Sich-Entschließens zum reinen Denken）被激发的。"只有这个决定是现存的，人们也可以将该决定视为任意（Willkür），也就是说，人们意欲观察思维本身。"① 在第一版《存在逻辑学》中，这种任意不仅与意欲纯粹思维的主体相关联，而且还与"思维本身"所具有的形式相关联。正如黑格尔在这里所写明的那样，开端之直接性就是"某种任意的东西和偶然的东西，因为它并没有得到论证"。②

在这里，人们将不由自主地（unwillkürlich）回忆起 1801 年《差异论文》③ 中的话语，而按照这些话语的说法，"任意和偶然，只有在较次要的观点上才具有空间，［……］它们被从绝对者科学之概念中驱逐出去了"。④ 即使在后来，黑格尔也没有改变在这方面的观点（这一点在他与浪漫主义者的论战中表现得尤为明显），有鉴于此，人们几乎无法从如下事实出发，即黑格尔意欲使任意与偶然——恰好在《逻辑学》中——成为进入绝对者科学的入口。尽管如此，"任意"这个术语，还是为逻辑学开端的形式性地位，提供了一个重要指示：按照黑格尔的说法，任意就是"偶然性之形式中的意志（Wille）"⑤，在该意志那里，形式与内容是相互矛盾的，因为它是与某种偶然被给予的东西相关联的。在这里，意志是抽象的，因为它使作为纯然抽象可能性的偶然性成为其内容。故而，其内容只是某种形式性的东西，从而它本身也只是形式性的，即形式性的意志自由。但在这种形式中，它是与自身等同的；任意，直接将由被给予对象所外在提供的选择

---

① WdL I² （Anm. 4），S. 58.
② WdL I¹ （Anm. 1），S. 36.
③ 即《论费希特和谢林哲学体系的差异》。——译者注
④ HW 2，S. 108.
⑤ Enz. § 145，Zusatz （HW 8，285）.

可能性，经验为意志自由之肯定，在其中，"意志意识到，自身能够立即从任何内容中再次抽象出来，并重建自身之纯粹性"①。

所以，我相信，人们可以将对任意之结构的指示与开端之结构结合起来。在任意中，主体与客体同样都被抽空了所有具体规定性。在主观上，任意只不过是与自身之无规定的、抽象的统一性，只不过是自身规定之纯然的可能性。而在客观上，它则对应于一个无规定的基质，而该基质是作为被规定活动之纯然的可能性（bloße Möglichkeit des Bestimmtwerdens）。在这种结构之中，主观性似乎已经走到了巅峰，非但没有服从事情本身之进程的必然性，反而自命为"高于一切东西的主宰"，对此，正如黑格尔对浪漫主义主观性所指责的那样。② 在主观上，任意早已将所有预设抛诸身后了——除自身之外；它是无规定的、直接的自身等同性，该自身等同性绝对地设定自身。故而，它与纯粹存在是同一个东西。主观主义的巅峰，即外在反思（该反思有可能会阻碍进入逻辑学的事情）的极外提升（die äußerste Steigerung），本身只不过是《逻辑学》中事情本身的开端。在开端之无规定的直接性中，外在反思与内在反思之开始同时发生。

明显的异议是，这种阐释是在主体—客体这种关系之框架内进行的，因而是在《现象学》之基本立场的范围内进行的，而《现象学》总是已经被逻辑学所抛弃。然而，人们可以通过注意主观任意与规定活动的对象之间处于何种关系来反驳这种异议。在这里，客体不是一个被规定的对象，而是一个无规定的基质，而主观性漠不关心地对待该基质。它是被规定活动之纯然的可能性。它被视为主观性将自身所表象为的那种东西，即一个无规定的、单纯的自身等同性。在这种直接性中，主体与客体完全可以互换；它们的差别已经消失在自身之内。换言之，即使是客体，也只不过是在逻辑学开端之处作为纯粹存在而出现的东西。在第一版《存在逻辑学》中，正如我们所回忆的那样，黑格尔也曾将开端性的直接性本身，而不仅仅是针对它的那个决定，描述为某种任意的东西和某种偶然的东西。

但这种直接性（在其中，每一个差别均是已消失了的）在多大程度上

---

① Vgl. G. W. F. Hegel, *Nürnberger Propädeutik. Rechts-Pflichten und Religionslehre für die Unterklasse* (1810 *ff.*). § 11, HW 4, S. 207.

② G. W. F. Hegel, *Ästhetik*, hg. v. F. Bassenge, Berlin und Weimar² 1965, Bd. 1, S. 73.

可以被视为一种反思的环节？在这里，直接性不也是再次未经中介地与反思相对立吗？一个无规定的基质的表象（无论该基质所意谓的是被规定活动的客体，抑或是自身规定的主体）在该主体那里，诸规定首先是通过加入一种反思而被设定的就是外部反思的基本预设。这种基质被表象为一个直接者，而该直接者是反思的一个被给予者之意义上的直接者，是反思的一个现存者之意义上的直接者，是反思的一个僵死基础之意义上的直接者。就此而言，这种无规定的直接性，正如它以纯粹存在来造成逻辑学开端那样，不是任何一种反思之被物化的预设，而是外部反思之被物化的预设，正因如此，该外部反思认为，自身可以不受所有被规定的预设之影响，并能在与其基质相对立的外在性中来自由地建构自身。反思与其所直接预设的东西的这种差异，或者说，直接性与反思的非关联，正如它在逻辑学开端中所重演的那样，被刻入了外部反思本身之中，而恰恰是这种非关联，才是非真理的环节，这种反思在其自身那里，便具有该环节，并且——按照黑格尔的说法——这种反思也将屈从于该环节。

　　然而，在最后对此作出总结之前，我想要指出的是，按照我的阐释，逻辑学开端是以何种方式与外部反思相关联的。该开端以该反思之最极端的、扭曲得几乎无法辨认的形态来接纳之。该开端将该反思当作该反思所给予自身的东西：一个表面上无预设的意欲活动（Wollen），而只有通过取消所有被规定的预设，该意欲活动才能给自身创造出其诸预设。毋庸置疑的是，对黑格尔而言，主体性的绝对尊严与绝对法权，早已处于这种形式性的自由之中了。正因如此，该反思也显现为对逻辑学终端之处所发生事情的抽象预期（当然，这反而可能使开端显得更有问题），在那里，当理念决定将自身释放到自然之外在性中时，任意——尽管不是作为形式性的任意——再次出现了。甚至可以说，黑格尔《逻辑学》的第一个和最后一个词就是自由。同样地，按照另一方面，即"客观的"方面，实体性之表象，就处于无规定的基质之中。由于二者在无规定的直接性中同时发生，故而在这里，实体"同样"（ebensosehr）被表象为主体，尽管是以一种不真实的方式。

　　开端之所以能够要求一种真理环节，只是因为黑格尔不是想要处理任何一种随意的、偶然的反思，而是想要处理一种以偶然性与任意为原则的反思。在后者之中，只有在消除了偶然者〔进行推理的知性（der räsonnierende Verstand）总是从该偶然者中赢获诸种新预设〕之后，内在的预设，即外在的知性反思之建构性原则，才会变得全然清晰起来。黑格尔对这种反思的苛求在于，他指责这种反思自己的、未经反思的——恰恰是直接的——诸预设，并迫使它去反思这些预设。所以，逻辑学开端，就是对那种反思（通过它，开端得到了中介）的一种反思之开始。在这种意义上，逻辑学开端，也是一种进行开端的反思，作为对造成了开端的反思的反思。逻辑学开端的基础，无非是走到了巅峰的外部反思之自身授权（Selbstermächtigung），而该反思所宣称的无预设性，被道说为无意识地预设了这种无预设性的那种东西，作为一种无规定的基质、存在、纯粹存在……

对反思的反思意欲迫使人们去反思这种无意识的预设，因为人们经验到，如果这种基质应当被思维，那么它就无法被坚守，并且它常常不是正在过渡到虚无，而是已过渡到了虚无。这种虚无，是开端性的直接性之未经中介的反面，并且与纯粹存在是同一个东西。当然，在这里所开启的绝对差别，只能被揭示给那种意识，该意识回忆起了开端性的存在，并在从存在到虚无或从虚无到存在之未经中介的已翻转存在（Umgeschlagensein）那里，能够造成一种经验，即一种基本的否定性之经验。只有基于这种经验，那种反思才能被内在地设定到一个进程之中，而在该反思之中，进行外在反思的主体，被卷入了事情本身的进程之中。

我为开端性的直接性赢获合理性的尝试——与注释的特征相应——仅限于逻辑学开端问题的诸方面，不能够而且也不应当完整地重构这个开端。但即使在这些就此而言必然不充分的思考框架内，那个在我看来是开端之基础性的问题也清晰地浮现出来了，即黑格尔放弃了将开端性的反思带入逻辑学本身的开端之中，尽管他必须预设反思的事实，以便能够将开端转化为对一种反思（该反思对这种事实进行了中介）的反思。在这方面，开端本身破坏了造成开端的反思之复杂性。在无反思的直接性中，该反思全然被遗忘和抹去了。而且，无法从一开始就消除这样的怀疑，即黑格尔之所以如此行事，是为了使在其无规定的直接性中的开端，成长为一种在思辨意义上能够得以实现的复杂性（Komplexität），而该复杂性最终能够将自身重新认识为在开端之中所意谓的东西，但在其中，该复杂性之实在的预设，并没有被觉察到，而这种预设已然造成了开端。

**Chinese Journal of German Philosophy**

Issue (2024) Vol.46

July 2024

# 德文、英文摘要

## *Philosophy, History and Ideas*

### Systems of Freedom
—Three Paths of Understanding the French Revolution in Classical German Philosophy and Their Contemporary Significance

Yu Yue / 1

**Abstract**: The "system of freedom" includes, on the one hand, the self-realisation of freedom and, on the other hand, the systematic understanding of and reflection on the various paths of realisation. Faced with the role of freedom in the French Revolution and its positive and negative consequences, Fichte, Kant and Hegel all developed their own "systems of freedom" to understand it. While these paths of understanding vary widely, the role of "arbitrariness" is increasingly emphasised within them. From the indoctrination of arbitrariness in Fichte's doctrine of popular sovereignty, to the emphasis on the tension between arbitrariness and rational consistency in Kant's doctrine of public law, to Hegel's dialectical analysis of arbitrariness in the spirit of the Enlightenment, the question of "arbitrariness" has gradually become a key issue in the understanding of the French Revolution. Only by grasping this key can we obtain stable ideological coordinates to locate the different insights of contemporary philosophy and jurisprudence about the complex interactions between society and law in the aftermath of the French Revolution.

**Keywords**: System of Freedom; Arbitrariness; French Revolution; Law; Society

## Rickert and the Crisis of Historicism

Shao Hua / 30

Abstrcts: Historicism can represent both the methodology of historical research and a worldview. The former upholds the objectivity of historical understanding, while the latter advocates that all cultural creations exist relative to history, which can easily lead to value relativism. On the one hand, Rickert adhered to the objectivity of historical understanding, and on the other hand, he opposed value relativism. In terms of the former aspect, Rickert developed a epistemology and methodology of cultural science from the perspective of Neo-Kantianism, criticizing Dilthey's psychologism. In terms of the latter aspect, Rickert defended the objective validity of cultural values and rooted them in transcendental absolute values. The objectivity of understanding in cultural sciences ultimately depends on the objective validity of values. However, there was always tension between transcendence and experience, eternity and history in his thoughts, and his efforts to overcome the crisis of historicism were not successful, which sparked criticism from later philosophical hermeneutics. However, his thinking still has reference significance for developing hermeneutic methodology and responding to the crisis of contemporary historicism.

Keywords: Historicism; Objectivism; Relativism; Hermeneutics

## From Providence to Duty: The Transformation of Kant's Philosophy of History

Leng Jincheng / 51

Abstract: Kant's philosophy of history is a non-a priori idea that requires an empirical basis, and it is also rooted in the religious tradition of Western philosophy of history. Before the French Revolution, the basis of Kant's philosophy of history lay in the divine will, as well as in some historical experiences; after the French Revolution, Kant again proposed that history is a process of progress toward a better good, and that the basis of the philosophy of history lay in moral obligation, as well as in the historical events led by the French Revolution. With the introduction of the doctrine of moral obligation into the philosophy of history, divine providence, though still mentioned, took a back seat. The meaning of history is no longer given by God, but by man to himself.

Keywords: Kant; Philosophy of History; Religion; Divine Will; Duty

德国哲学 2024年卷（下）总第46期

**Technics as the Tactics of Living**

—On Spengler's Thoughts of Technics

Peng Yang / 66

**Abstract**: Different from his compatriot, predecessor and the founder of philosophy of technology—Ernst Kapp, who regards technics as the extension and projection of human organ, in 1930s Spengler firstly pointed out that technics is the tactics of living. This viewpoint is a new milestone in the history of anthropology and philosophy of technology. He indicated that Faustian technics is the most violent technics in human history, because it rapes nature in order to make whole world become its capture; therefore, human becomes the most ferocious preying animal in the world. Meanwhile, human self becomes enslaved to Faustian technics; for this reason, Faustian technics is the most tragic technics—the tragedy that somebody who plays fire will get burnt finally.

**Keywords**: Spengler; Tactics of Living; Preying Animal; Faustian Technics

**Two Turns of Western Metaphysics from the Evolution of the Concept of "Substance"**

Cao Yuanjia / 88

**Abstract**: The history of western metaphysics can be regarded as a history of ideas centered on "substance". Different interpretations of "substance" not only mean the change of the direction of philosophy, but also mark the change of people's way of thinking and way of living. If the understanding of "substance" is taken as the boundary, from ancient Greece to modern times, western metaphysics can be generally divided into three stages: From Parmenides to Descartes, "substance" is generally understood as some objectifying substance, which is manifested either as a logical substance, such as Logos, or as a religious substance, such as God. Although the two are different, they are both regarded as objective transcendental substances. This kind of metaphysics belongs to object metaphysics. From Descartes to Heidegger, although the transcendental objective substance has not been completely subtracted, it has been replaced by the transcendental subject, and has become the self-evident premise and transcendental basis for the possibility of the transcendental substance. According to Heidegger, philosophers tend to subvert substances, understanding "being" as the "de-existence" of dematerialization, that is, to make "being" dynamic. For if being is regarded as a substance, then being is identified with the being. If the metaphysics of the first two stages is the metaphysics of substance, then the metaphysics of the third stage is the metaphysics of dissolving substance.

**Keywords**: Substance; Being; Metaphysics; Conscious Self-deception

*Studies On German Classical Philosophy*

**Imagination as Differential Unity**

—A New Interpretation of Kant's Linear Analogy of Time

Zhang Qingtao / 105

**Abstract**: The concept of imagination in epistemology is extremely controversial, so I seek to define it, as the faculty of comparison: a logical activity of distinguishing and combining representations a priori. Imagination appears primarily at the analogy of time to a straight line, from which the argument derives two theses: the first thesis explains that time is compared to a straight line and that imagination distinguishes a sequence of time into successive phases of time. The second thesis deals with time as conceived as a straight line, i. e. the imagination unifies the above successive phases of time into a single time series. Both together argue for a new interpretation of the imagination-an a priori comparative faculty: it distinguishes and then synthesizes pure time a priori as a logical activity, thus dividing and synthesizing representations in time in order to reach a differentiated unity.

**Keywords**: Epistemology; Imagination; Time; Space; Synthesis

**The Natural Teleology Argument in** *Groundwork for the Metaphysics of Morals*: **A Necessary Hypothesis**

Yao Xinxin / 121

**Abstract**: In the first section of *Groundwork for the Metaphysics of Morals*, based on a natural teleology, Kant argues that nature endows reason with our will and regards it as the master, not for happiness, but for morality, which causes great controversy in the academic field. Some scholars criticize it. These criticisms can be roughly divided into "Internal Criticism" and "External Criticism". "Internal Criticism" directly challenges the reasonableness of the argument itself, while "External Criticism" challenges the reasonableness of the role of this argument in its context. In the face of these criticisms, some scholars try to put forward defences, which can be summarized as "The Defence of the Theory of Preliminary Work" (PW) and "The Defence of the Theory of Inevitable Thinking" (IT). These defence projects can basically respond to "Internal Criticism", but cannot fully respond to "External Criticism"; The biggest difficulty is that we cannot defend the necessity of this argument itself. The core task of this paper is to propose a stronger defence project, which can more effectively defend the necessity of natural teleology argument. This kind of defence project can be called "The Defence of the Theory of Reasonable Hypothesis" (RH), that is, the natural teleology argument can be defended because it provides a necessary and reasonable hypothesis to prove the reality of good will.

**Keywords**: Purpose of Reason; Natural Teleology Argument; *Groundwork for the Metaphysics of Morals*; "The Defence of the Theory of Reasonable Hypothesis"

## The Hope of the World and the Hope of the world Beyond
—On the Dual Dimension of Kant's Philosophy of Hope

Song Jingshi / 135

**Abstract**: In Kantian philosophy, there exists a dimension of hope: religious philosophy answers the question of "what can I hope for", providing an individual's hope in the world beyond; historical philosophy answers the question of "what can we hope for" and provides hope for humans beings as a species in the world. Kant provided similar arguments in these two fields, showcasing two aspects of human hope, which together constitute a component of Kant's philosophy of hope. The hope of the other world requires people to establish an ethical community and enter an ethical citizenship state; The hope of this world requires people to enter a state of citizenship under the law, and requires the political community to become a universal civil society under the rule of law. The two types of hope have similarities in argumentation logic: both are designed to deal with a desperate situation, both set a target of hope, both require the establishment of a community, and both can promote practice. These two hopes cannot be confused or replaced by each other, but rather have a progressive relationship. The hope of historical philosophy is the preparation and transition of the hope of religious philosophy.

**Keywords**: Philosophy of Hope; The Hope of the World; The Hope of the World Beyond; Individual Hope; Human Hope

## Doctrine of Knowledge and Geometry

—An Analysis of Fichte's "First" Doctrine of Knowledge

Wang Jun / 153

**Abstract**: It is generally accepted that Fichte's lectures at the University of Jena in 1794–1795. Foundations of the Entire Doctrine of Knowledge (1794/95) was the first more complete system of knowledge that he constructed. In fact, Fichte had already used the term "doctrine of knowledge" in his private lectures in Zurich and tried to construct a philosophical system before this lecture. Compared to the subsequent publication *On the Concept of the Doctrine of Knowledge*, the Zurich Lectures differs in its structure and content, especially in the fourth lecture. The content of this lecture is not retained in *On the Concept of the Doctrine of Knowledge* and thus becomes unique to Zurich doctrine of knowledge. The fourth lecture uses geometry as a paradigm to explore the question of the foundational relationship between knowledge and geometry and the question of the methodological differences between the two. This paper attempts to clarify and highlight Fichte's initial insights into the doctrine of knowledge in the Zurich Lectures.

**Keywords**: Fichte; Zurich Lecture; Zurich Doctrine of Knowledge; Geometry; Rational Intuition

## The Metaphysicalization of Aesthetics

—On the Transcendence and Return of Schelling's Metaphysics of Art to Aesthetics

Feng Zijie / 164

**Abstract**: Kant distinguishes between aesthetic and cognitive activities in his *Kritik der Urteilskraft*, and establishes an innate connection between aesthetic activity and feeling of pleasure or displeasure in his examination of reflective judgment. Kant argues that in aesthetic activity, the reflective judgement of the subject's mental state produces the feeling of pleasure (or displeasure), and that this judgement-based aesthetics leads to an "indeterminate conception" when it further inquires into the ground of the free harmony of such mental state. On the basis of Kant, Schelling developed from judgmental aesthetics to the metaphysics of art, and established a system of philosophy of art by depicting the activities of the absolute. Its significance lies in revealing that the principle of art transcends the form of judgment which contains the distinction between subject and object. This article traces the development of Kant to Schelling, not only responding to German aesthetician Gernot Böhme's criticism of the judgemental aesthetics of German idealism, but also pointing out that the German metaphysics of art is not completely antithetical to the contemporary aesthetics' claim to return to sensualism.

Keywords: Aesthetic; Feeling; Judgmental Aesthetics; Metaphysics of Art; Sensualismsensualism

## Studies On Husserl and Heidegger

### Husserl's Presentation and Resolution of the Paradox of Subjectivity

Yue Fulin / 178

Abstract: The paradox of subjectivity presented by Husserl means: subject is the constitutive subject for the world, and an object in the constituted world. This paradox not only concerns the legitimacy of phenomenology itself, but also intensively reflects the principal reason for the inadequacy of modern transcendental philosophy. In order to resolve this paradox, Husserl substituted the transcendental subject for the empirical subject. However, the paradox of intersubjectivity-Others are the same constitutive subjects as the I and are constituted by the I-is derived from the transcendental subject immediately. Husserl's distinction of different constitutive levels of the primal I and I/Others provides core resolution to the paradox of intersubjectivity, meanwhile, resolves the paradox of subjectivity one step further, and ultimately achieves the final form of transcendental philosophy.

Keywords: Empirical Subject; Transcendental Subject; The Primal I; Husserl

### Logic and Truth

—A Comparative Study of Husserl's and Tarski's Conceptions of Truth from the Concept of Semantic Categories

Wu Chengcheng / 193

Abstract: Through the discussion of Husserl's and Tarski's conceptions of truth, combined with Husserl's criticism of the trend towards symbolization in mathematical logic, his double-structured conception of truth explains the difficulties posed by semantic categories in Tarski's theory of formal truth. Husserl emphasises that purely formal truths need to be complemented by an intuitive truth, since the life-world containing pre-giving as well as co-giving determines the complexity of the notion of semantic categories and hence the impossibility of a formal definition of truth, and this understanding of Husserl's view of truth provides a non-Gödelian explanation of Tarski's definition of truth.

**Keywords**: Double-Structured Conception of Truth; Logic; Semantic Categories; Horizon; Lifeworld

**Way and Home: On the Placement of Elements in Heidegger's Daoism**

Jiang Zhouwei / 207

Abstrct: Heidegger's Daoism is constructed by considering the metaphors of way and home as the basic insight. The thought of way has a wide cross-cultural effect. But Heidegger consider the thought of way only as a way of returning to the West. In Heidegger's Daoism, ontological difference is linked to the destiny of the West. Ontological difference takes the metaphor of home and occupies a dominant position, providing the operational direction and delineating steps for the thought of way. At the root of this placement of the dual elements of home and way in Daoism is the question of Heidegger's positioning of phenomenology and ontology. Ontological difference points both to the content of ontology and to the negative part of the phenomenological approach, namely reduction and deconstruction. The thought of way as an affirmative lead, it is first and foremost a phenomenological construction only on the methodological level. When ontological difference participates in the thought of way by motivating and giving ontological feature, the thought of way transcends its methodological orientation and is given ontological meaning in a roundabout way, giving back to ontological difference its affirmative content. The way and the home participate in the inquiry of Being in a co-creative way.

**Keywords**: Daoism; Ontological Difference; Phenomenology; Ontology

# Phenomenological Implication of Heidegger's Metontology

—On the Establishing of the Originality of "Withdrawal"

Mamatimin Obul / 224

**Abstract**: The phenomenological character of late Heidegger's thinking initiates the question concerning the phenomenological implication of Heidegger's metontology. In the horizon of phenomenology, Heidegger's metontology can be designated as a metaphenomenology. As a radicalization of the phenomenology of Dasein, metaphenomenology takes the Being of the "being as a whole" as its phenomenon, and seeks to make this phenomenon appear from its way of appearing or phenomenality. The "profound boredom" constitutes the fundamental attunement which can bear the thinking-experience of this phenomenology. Through this experience of thinking, Being as the appearing of the way of being occurs as self-withdrawal and lets a way of being be formed. With this, "withdrawal" has acquired an insurmountable and original status in Heidegger's thinking.

**Keywords**: Metontology; Phenomenology; Being; Withdrawal

## Book Review

## Kantian Profile of Adorno's Thought

—Read Yang Shunli's *Dialectics of Self-discipline: Adorno and Kant*

Zhuang Wei / 248

**Abstract**: Yang Shunli's *Dialectics of Self-discipline: Adorno and Kant* emphasizes that Kant is the origin of Adorno's thought. The block-consciousness caused by the 'thing itself' became the key word of Adorno's thought. Knowledge blocks itself, denies itself, and accomplishes itself. This is the origin of Adorno's observation of everything, is the prototype of all antinomy. Through Kant's antinomy, Adorno maintains the radical and critical nature of Hegel's dialectics. Adorno's whole thought can be regarded asvarious metonymy based on the above-mentioned meta-antinomy, the most important of which is the dialectics of freedom or self-discipline. The individual self-discipline without illusion pursued by Adorno, that is, the modern subjectivity without ideological distortion, can only be the rational and free active subject in the Kantian sense.

**Keywords**: Adorno; To Block; Antinomy; Dialectics

*Translation*

**Kant's Schema is Treated as "Categories Applied to Intuitive Conditions"**

—On the Concept of "Uniformity" in the Chapter Schematic of *The Critique of Pure Reason*

Dieter Lohmar/Trans. by Li Guanghan, Shi Tingxiong / 253

**Abstract**: In *The Critique of Pure Reason*, Kant uses the intermediary of "schema" to satisfy the "uniformity" required by the application of categories above intuition. He encompasses two different aspects of an object's representation, the content and the source, in "uniformity", which creates some difficulties. Understanding "schema" as the "minimum condition" for the application of categories to intuition—in the case of the application of the category of "causality", which ultimately manifests itself as "two phenomena occur sequentially one after the other at least once" —answers the question "how does schema ensure that categories are applied". But the question of which categories should be applied to which intuition is always difficult to solve in Kant's case, and pragmatism and phenomenology provide some ideas.

**Keywords**: Schematic; Uniformity; Categories; Intuition

**Reflection that Enacts the Beginning: Remarks on the Beginning of *The Science of Logic***

Andreas Arndt/Trans. by Wei Feiduo / 272

**Abstract**: For Hegel, the beginning of *The Science of Logic* is immediate, because pure being, which is the beginning, is free of all determinacy and thus contains no mediation. But how does a necessary immanent progression of *The Science of Logic* come about from this beginning, which presupposes distinctions and mediations? This problem has often occupied recent Hegel research. This essay critically discusses the authoritative interpretations in order to then make a new proposal for solving the problem. Since, according to Hegel, the beginning with its unmediated immediacy is arbitrary and accidental, it structurally corresponds to what Hegel calls external reflection, in which the subject arbitrarily sets determinations on an indeterminate substrate. The beginning thus already contains within itself a structure of reflection or mediation that enables the immanent progression of *The Science of Logic*.

**Keywords**: Pure Being; Immediacy; Arbitrariness; Immanent

# 悼念瓦尔特·耶什克（Walter Jaeschke）

瓦尔特·耶什克（Walter Jaeschke）（1945-2022）曾任波鸿大学哲学教授，主要研究德国观念论哲学，系《德国哲学》集刊的外籍编委，在国际学术界享有极高声望。

2022 年 7 月 14 日，Walter Jaeschke 教授溘然长逝。我们沉痛悼念。

《德国哲学》编辑部
2024 年 12 月

## In memoriam Walter Jaeschke（1945-2022）

Am 14. 07. 2022 ist Walter Jaeschke gestorben. Das *Chinese Journal of German Philosophy* hat einen unersetzlichen Verlust erlitten.

Walter Jaeschke war Professor für Philosophie mit besonderer Berücksichtigung des Deutschen Idealismus an der Ruhr-Universität Bochum und ausländisches Mitglied des Redaktionsausschusses des *Chinese Journal of German Philosophy*. Er genoss in Fachkreisen hohes Ansehen.

Wuhan, Dezember 2024
Redaktionsausschuss des Journal

# 《德国哲学》稿约

　　《德国哲学》是由湖北大学哲学学院、湖北省哲学史学会联合主办的专门研究德国哲学及相关问题的学术性刊物。《德国哲学》首任主编为张世英先生（1986~2001年在任），洪谦先生、贺麟先生、熊伟先生为顾问；现任主编为彭富春教授和舒红跃教授。自1986年创刊至今一共出版了45期，对推进德国哲学乃至整个外国哲学研究作出了积极而卓有成效的贡献，在中国乃至外国哲学界都产生了广泛而重要的学术影响。

　　自创刊以来，本刊得到学术界的大力支持，编辑部希望国内外热爱德国哲学、热衷外国哲学研究的同人继续给本刊提供稿件，让《德国哲学》成为国内外同人研讨德国哲学和外国哲学的理论平台和前沿阵地。

　　本刊采取严格的三审制。来稿（包括译稿）请按以下体例：

　　（一）来稿字数以1万~1.5万字为宜，优质稿件篇幅可适当放宽。

　　（二）正文请采用五号宋体字，需提供300字左右中英文（或德文）摘要以及英文（或德文）标题，关键词3~5个。文末请附作者简介，包括姓名、出生年月、性别、民族、职称、学位和工作单位等内容，请一并附上作者通信地址、邮政编码、E-mail、联系电话等。

　　（三）引文与注释采用页下注（小五号宋体），每页重新编码。具体注释方式如下。

　　江帆：《生态民俗学》，黑龙江人民出版社，2003，第＊页。

　　孔飞力：《叫魂》，陈兼、刘昶译，上海三联书店，1999，第＊页。

　　吴承明：《论二元经济》，《历史研究》1994年第2期。

Allen Wood, *Kant's Rational Theology*, Ithaca and London: Cornell University Press, 1978, p. *.

Zachary Calhoun, "Kant on Positing: Being as Self-determination", *The Review of Metaphysics*, 2019, p. *.

Theodor W. Adorno, *Gesammelte Schriften*, Band 6, *Negative Dialektik*, Frankfurt am Main: Suhrkamp Verlag, 1998, p. *.

稿件请发至电子邮箱：hddgzx@126.com。可通过该邮箱联系我们。我们的通信地址是：湖北省武汉市友谊大道368号湖北大学哲学学院《德国哲学》编辑部。邮政编码：430062。

《德国哲学》编辑部

2025年3月6日

**图书在版编目（CIP）数据**

德国哲学 . 2024 年卷 . 下：总第 46 期 / 彭富春，舒
红跃主编 . --北京：社会科学文献出版社，2025.7.
ISBN 978-7-5228-5462-5

Ⅰ . B516-55

中国国家版本馆 CIP 数据核字第 20257DU845 号

**德国哲学** 2024 年卷（下）总第 46 期

主　　编／彭富春　舒红跃
副 主 编／庄　威　杨宗伟

出 版 人／冀祥德
责任编辑／周　琼
文稿编辑／周浩杰
责任印制／岳　阳

出　　版／社会科学文献出版社·马克思主义分社（010）59367126
　　　　　地址：北京市北三环中路甲 29 号院华龙大厦　邮编：100029
　　　　　网址：www.ssap.com.cn
发　　行／社会科学文献出版社（010）59367028
印　　装／三河市东方印刷有限公司

规　　格／开　本：787mm×1092mm　1/16
　　　　　印　张：19.25　字　数：304 千字
版　　次／2025 年 7 月第 1 版　2025 年 7 月第 1 次印刷
书　　号／ISBN 978-7-5228-5462-5
定　　价／128.00 元

读者服务电话：4008918866